本项目由深圳市宣传文化事业发展专项基金资助

"深圳这十年"改革创新研究特辑

新时代深圳经济高质量发展研究

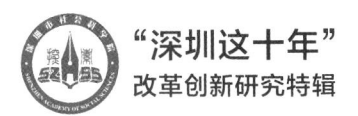

唐杰 尹德云 戴欣 等 ◎ 著

中国社会科学出版社

图书在版编目（CIP）数据

新时代深圳经济高质量发展研究／唐杰等著 . —北京：中国社会科学出版社，2023.1

（"深圳这十年"改革创新研究特辑）

ISBN 978-7-5227-1049-5

Ⅰ.①新… Ⅱ.①唐… Ⅲ.①区域经济发展—研究—深圳 Ⅳ.①F127.653

中国版本图书馆 CIP 数据核字（2022）第 220176 号

出 版 人	赵剑英
责任编辑	喻 苗
责任校对	王 龙
责任印制	王 超
出 版	中国社会科学出版社
社 址	北京鼓楼西大街甲 158 号
邮 编	100720
网 址	http://www.csspw.cn
发 行 部	010-84083685
门 市 部	010-84029450
经 销	新华书店及其他书店
印 刷	北京明恒达印务有限公司
装 订	廊坊市广阳区广增装订厂
版 次	2023 年 1 月第 1 版
印 次	2023 年 1 月第 1 次印刷
开 本	710×1000 1/16
印 张	22
字 数	328 千字
定 价	135.00 元

凡购买中国社会科学出版社图书，如有质量问题请与本社营销中心联系调换
电话：010-84083683
版权所有　侵权必究

作者简介

唐　杰　香港中文大学（深圳）理事，南开大学经济学博士，曾为美国宾夕法尼亚大学富布赖特教授、副教授级客座研究员，曾任深圳市人民政府副市长。主要研究领域为宏观经济学、空间（区域）经济学、创新经济学与低碳经济学。

尹德云　哈尔滨工业大学（深圳）经济与管理学院助理教授，世界知识产权组织（WIPO）研究员、顾问。主要研究方向为技术创新战略、创新经济地理和知识产权大数据分析，研究主题涉及基于机器学习的专利和文献大数据挖掘、中国发明者的区域和组织间流动、全球创新集群和创新网络、科技创新政策等。

戴　欣　哈尔滨工业大学（深圳）经济管理学院博士生。主要研究领域为创新经济学、空间经济学。

内容简介

在短短四十年里,深圳由一个边陲小镇成长为国际领先的创新热土,塑造了人类城市发展历史的奇迹。是什么推动了如此惊人的经济增长?深圳是否走出了一条区别于经典"硅谷模式"的"深圳模式"?进入新科技技术革命时代,深圳如何续写出更多、更精彩的"春天的故事"?这些将成为深圳建设好中国特色社会主义先行示范区、创建社会主义现代化强国的城市范例、推进高质量发展的重要内容。

本书俯瞰全球近半个世纪以来创新格局的嬗变,从全球产业链和全球创新网络的角度解读深圳创新从跟跑到并跑与领跑并存的非凡追赶历程。本书从国内创新网络展示深圳地位的不断攀升,从湾区合作网络中刻画深圳在粤港澳大湾区的定位,从产业创新网络中描绘深圳企业供应网络的活力,对数字化背景下的产业融合及政府鼓励创新作用进行了深入探讨。面向未来,深圳在科学引领的时代与绿色低碳的道路上继续先行先试,携手湾区城市共同走向高质量发展,在新发展格局下肩负担当、有大作为。

《深圳这十年》
编委会

顾　　问：王京生　李小甘　王　强

主　　任：张　玲　张　华

执行主任：陈金海　吴定海

主　　编：吴定海

总 序 一

突出改革创新的时代精神

在人类历史长河中，改革创新是社会发展和历史前进的一种基本方式，是一个国家和民族兴旺发达的决定性因素。古今中外，国运的兴衰、地域的起落，莫不与改革创新息息相关。无论是中国历史上的商鞅变法、王安石变法，还是西方历史上的文艺复兴、宗教改革，这些改革和创新都对当时的政治、经济、社会甚至人类文明产生了深远的影响。但在实际推进中，世界上各个国家和地区的改革创新都不是一帆风顺的，力量的博弈、利益的冲突、思想的碰撞往往伴随着改革创新的始终。就当事者而言，对改革创新的正误判断并不像后人在历史分析中提出的因果关系那样确定无疑。因此，透过复杂的枝蔓，洞察必然的主流，坚定必胜的信念，对一个国家和民族的改革创新来说就显得极其重要和难能可贵。

改革创新，是深圳的城市标识，是深圳的生命动力，是深圳迎接挑战、突破困局、实现飞跃的基本途径。不改革创新就无路可走、就无以召唤。作为中国特色社会主义先行示范区，深圳肩负着为改革开放探索道路的使命。改革开放以来，历届市委、市政府以挺立潮头、敢为人先的勇气，进行了一系列大胆的探索、改革和创新，不仅使深圳占得了发展先机，而且获得了强大的发展后劲，为今后的发展奠定了坚实的基础。深圳的每一步发展都源于改革创新的推动；改革创新不仅创造了深圳经济社会和文化发展的奇迹，而且使深圳成为"全国改革开放的一面旗帜"和引领全国社会主义现代化建设的"排头兵"。

从另一个角度来看，改革创新又是深圳矢志不渝、坚定不移的命运抉择。为什么一个最初基本以加工别人产品为生计的特区，变成了一个以高新技术产业安身立命的先锋城市？为什么一个最初大学稀缺、研究院所数量几乎是零的地方，因自主创新而名扬天下？原因很多，但极为重要的是深圳拥有以移民文化为基础，以制度文化为保障的优良文化生态，拥有崇尚改革创新的城市优良基因。来到这里的很多人，都有对过去的不满和对未来的梦想，他们骨子里流着创新的血液。许多个体汇聚起来，就会形成巨大的创新力量。可以说，深圳是一座以创新为灵魂的城市，正是移民文化造就了这座城市的创新基因。因此，在经济特区发展历史上，创新无所不在，打破陈规司空见惯。例如，特区初建时缺乏建设资金，就通过改革开放引来了大量外资；发展中遇到瓶颈压力，就向改革创新要空间、要资源、要动力。再比如，深圳作为改革开放的探索者、先行者，向前迈出的每一步都面临着处于十字路口的选择，不创新不突破就会迷失方向。从特区酝酿时的"建"与"不建"，到特区快速发展中的姓"社"姓"资"，从特区跨越中的"存"与"废"，到新世纪初的"特"与"不特"，每一次挑战都考验着深圳改革开放的成败进退，每一次挑战都把深圳改革创新的招牌擦得更亮。因此，多元包容的现代移民文化和敢闯敢试的城市创新氛围，成就了深圳改革开放以来最为独特的发展优势。

40多年来，深圳正是凭着坚持改革创新的赤胆忠心，在汹涌澎湃的历史潮头劈波斩浪、勇往向前，经受住了各种风浪的袭扰和摔打，闯过了一个又一个关口，成为锲而不舍的走向社会主义市场经济和中国特色社会主义的"闯将"。从这个意义上说，深圳的价值和生命就是改革创新，改革创新是深圳的根、深圳的魂，铸造了经济特区的品格秉性、价值内涵和运动程式，成为深圳成长和发展的常态。深圳特色的"创新型文化"，让创新成为城市生命力和活力的源泉。

我们党始终坚持深化改革、不断创新，对推动中国特色社会主义事业发展、实现中华民族伟大复兴的中国梦产生了重大而深远的影响。新时代，我国迈入高质量发展阶段，要求我们不断解放思想，坚持改革创新。深圳面临着改革创新的新使命和新征程，市委市政府推出全面深化改革、全面扩大开放综合措施，肩负起创建社会主义现代化强国的城市范例的历史重任。

如果说深圳前40年的创新，主要立足于"破"，可以视为打破旧规矩、挣脱旧藩篱，以破为先、破多于立，"摸着石头过河"，勇于冲破计划经济体制等束缚；那么今后深圳的改革创新，更应当着眼于"立"，"立"字为先、立法立规、守法守规，弘扬法治理念，发挥制度优势，通过立规矩、建制度，不断完善社会主义市场经济制度，推动全面深化改革、全面扩大开放，创造新的竞争优势。在"两个一百年"历史交汇点上，深圳充分发挥粤港澳大湾区、深圳先行示范区"双区"驱动优势和深圳经济特区、深圳先行示范区"双区"叠加效应，明确了"1+10+10"工作部署，瞄准高质量发展高地、法治城市示范、城市文明典范、民生幸福标杆、可持续发展先锋的战略定位持续奋斗，建成现代化国际化创新型城市，基本实现社会主义现代化。

如今，新时代的改革创新既展示了我们的理论自信、制度自信、道路自信，又要求我们承担起巨大的改革勇气、智慧和决心。在新的形势下，深圳如何通过改革创新实现更好更快的发展，继续当好全面深化改革的排头兵，为全国提供更多更有意义的示范和借鉴，为中国特色社会主义事业和实现民族伟大复兴的中国梦做出更大贡献，这是深圳当前和今后一段时期面临的重大理论和现实问题，需要各行业、各领域着眼于深圳改革创新的探索和实践，加大理论研究，强化改革思考，总结实践经验，作出科学回答，以进一步加强创新文化建设，唤起全社会推进改革的勇气、弘扬创新的精神和实现梦想的激情，形成深圳率先改革、主动改革的强大理论共识。比如，近些年深圳各行业、各领域应有什么重要的战略调整？各区、各单位在改革创新上取得什么样的成就？这些成就如何在理论上加以总结？形成怎样的制度成果？如何为未来提供一个更为明晰的思路和路径指引？等等，这些颇具现实意义的问题都需要在实践基础上进一步梳理和概括。

为了总结和推广深圳的重要改革创新探索成果，深圳社科理论界组织出版《深圳改革创新丛书》，通过汇集深圳各领域推动改革创新探索的最新总结成果，希冀助力推动形成深圳全面深化改革、全面扩大开放的新格局。其编撰要求主要包括：

首先，立足于创新实践。丛书的内容主要着眼于新近的改革思维与创新实践，既突出时代色彩，侧重于眼前的实践、当下的总结，同时也兼顾基于实践的推广性以及对未来的展望与构想。那些已经产生重要影响并广为人知的经验，不再作为深入研究的对象。这并不是说那些历史经验不值得再提，而是说那些经验已经沉淀，已经得到文化形态和实践成果的转化。比如说，某些观念已经转化成某种习惯和城市文化常识，成为深圳城市气质的内容，这些内容就可不必重复阐述。因此，这套丛书更注重的是目前行业一线的创新探索，或者过去未被发现、未充分发掘但有价值的创新实践。

其次，专注于前沿探讨。丛书的选题应当来自改革实践最前沿，不是纯粹的学理探讨。作者并不限于从事社科理论研究的专家学者，还包括各行业、各领域的实际工作者。撰文要求以事实为基础，以改革创新成果为主要内容，以平实说理为叙述风格。丛书的视野甚至还包括那些为改革创新做出了重要贡献的一些个人，集中展示和汇集他们对于前沿探索的思想创新和理念创新成果。

第三，着眼于解决问题。这套丛书虽然以实践为基础，但应当注重经验的总结和理论的提炼。入选的书稿要有基本的学术要求和深入的理论思考，而非一般性的工作总结、经验汇编和材料汇集。学术研究需强调问题意识。这套丛书的选择要求针对当前面临的较为急迫的现实问题，着眼于那些来自经济社会发展第一线的群众关心关注的瓶颈问题的有效解决。

事实上，古今中外有不少来源于实践的著作，为后世提供着持久的思想能量。撰著《旧时代与大革命》的法国思想家托克维尔，正是基于其深入考察美国的民主制度的实践之后，写成名著《论美国的民主》，这可视为从实践到学术的一个范例。托克维尔不是美国民主制度设计的参与者，而是旁观者，但就是这样一位旁观者，为西方政治思想留下了一份经典文献。马克思的《法兰西内战》，也是一部来源于革命实践的作品，它基于巴黎公社革命的经验，既是那个时代的见证，也是马克思主义的重要文献。这些经典著作都是我们总结和提升实践经验的可资参照的榜样。

那些关注实践的大时代的大著作，至少可以给我们这样的启示：哪怕面对的是具体的问题，也不妨拥有大视野，从具体而微的实践探索中展现宏阔远大的社会背景，并形成进一步推进实践发展的真知灼见。《深圳改革创新丛书》虽然主要还是探讨深圳的政治、经济、社会、文化、生态文明建设和党的建设各个方面的实际问题，但其所体现的创新性、先进性与理论性，也能够充分反映深圳的主流价值观和城市文化精神，从而促进形成一种创新的时代气质。

写于 2016 年 3 月
改于 2021 年 12 月

总序二

中国式现代化道路的深圳探索

党的十八大以来，中国特色社会主义进入新时代。面对世界经济复苏乏力、局部冲突和动荡频发、新冠肺炎病毒世纪疫情肆虐、全球性问题加剧、我国经济发展进入新常态等一系列深刻变化，全国人民在中国共产党的坚强领导下，团结一心，迎难而上，踔厉奋发，取得了改革开放和社会主义现代化建设的历史性新成就。作为改革开放的先锋城市，深圳也迎来了建设粤港澳大湾区和中国特色社会主义先行示范区"双区驱动"的重大历史机遇，踏上了中国特色社会主义伟大实践的新征程。

面对新机遇和新挑战，深圳明确画出奋进的路线图——到 2025 年，建成现代化国际化创新型城市；到 2035 年，建成具有全球影响力的创新创业创意之都，成为我国建设社会主义现代化强国的城市范例；到 21 世纪中叶，成为竞争力、创新力、影响力卓著的全球标杆城市——吹响了新时代的冲锋号。

改革创新，是深圳的城市标识，是深圳的生命动力，是深圳迎接挑战、突破困局、实现飞跃的基本途径；而先行示范，是深圳在新发展阶段贯彻新发展理念、构建新发展格局的新使命、新任务，是深圳在中国式现代化道路上不懈探索的宏伟目标和强大动力。

在党的二十大胜利召开这个重要历史节点，在我国进入全面建设社会主义现代化国家新征程的关键时刻，深圳社科理论界围绕贯彻落实习近平新时代中国特色社会主义思想，植根于深圳经济特区的伟大实践，致力于在"全球视野、国家战略、广东大局、深圳担当"四维空间中找准工作定位，着力打造新时代研究阐释和学习宣传习近平新时代中国特色社会主义思想的典范、打造新时代国际传播典范、打造新时代"两个文明"全面协调发展典范、打造新时代文化高质量发展典范、打造新时代意识形态安全典范。为此，中共深圳市委宣传部与深圳市社会科学联合会（社会科学院）联合编纂《深圳这十年》，作为《深圳改革创新丛书》的特辑出版，这是深圳社科理论界努力以学术回答中国之问、世界之问、人民之问、时代之问，着力传播好中国理论，讲好中国故事，讲好深圳故事，为不断开辟马克思主义中国化时代化新境界做出的新的理论尝试。

伴随着新时代改革开放事业的深入推进，伴随着深圳经济特区学术建设的渐进发展，《深圳改革创新丛书》也走到了第十个年头，此前已经出版了九个专辑，在国内引起了一定的关注，被誉为迈出了"深圳学派"从理想走向现实的坚实一步。这套《深圳这十年》特辑由十本综合性、理论性著作构成，聚焦十年来深圳在中国式现代化道路上的探索和实践。《新时代深圳先行示范区综合改革探索》系统总结十年来深圳经济、文化、环境、法治、民生、党建等领域改革模式和治理思路，探寻先行示范区的中国式现代化深圳路径；《新时代深圳经济高质量发展研究》论述深圳始终坚持中国特色社会主义经济制度推动经济高质量发展的历程；《新时代数字经济高质量发展与深圳经验》构建深圳数字经济高质量发展的衡量指标体系并进行实证案例分析；《新时代深圳全过程创新生态链构建理念与实践》论证全过程创新生态链的构建如何赋能深圳新时代高质量发展；《新时代深圳法治先行示范城市建设的理念与实践》论述习近平法治思想在深圳法治先行示范城市建设过程中的具体实践；《新时代环境治理现代化的理论建构与深圳经验》从深圳环境治理的案例出发探索科技赋能下可复制推广的环境治理新模式和新路径；《新时代生态文明思想的深圳实践》研究新时代生态文明思想指导下实现生态与增长协同发展的深圳模式与路径；《新时代深圳民生幸福标杆城市建设研究》提出深圳民生幸福政策体系的分析框架，论述深圳"以人民幸福为中心"的理论构建与政策实践；《新时代深圳城市文明建设的理念与实践》阐述深圳"以文运城"的成效与经验，以期为未来建设全球标杆城市充分发挥文明伟力；《飞地经济实践论——新时代深汕特别合作区发展模式研究》以深汕合作区为研究样本在国内首次系统研究飞地经济发展。该特辑涵盖众多领域，鲜明地突出了时代特点和深圳特色，丰富了中国式现代化道路的理论建构和历史经验。

《深圳这十年》从社会科学研究者的视角观察社会、关注实践，既体现了把城市发展主动融入国家发展大局的大视野、大格局，也体现了把学问做在祖国大地上、实现继承与创新相结合的扎实努力。"十年磨一剑，霜刃未曾试"，这些成果，既是对深圳过去十年的总结与传承，更是对今天的推动和对明天的引领，希望这些成果为未来更深入的理论思考和实践探索，提供新的思想启示，开辟更广阔的理论视野和学术天地。

栉风沐雨砥砺行，春华秋实满庭芳，谨以此丛书，献给伟大的新时代！

2022 年 10 月

目　　录

引　言 ……………………………………………………（1）

第一章　变动中的全球创新版图 ………………………（9）
　第一节　半个世纪以来的全球创新经济地理格局：集聚与
　　　　　扩散并存 ………………………………………（10）
　　一　集聚与扩散背后的力量 ……………………………（11）
　　二　来自统计数据的证据 ………………………………（15）
　第二节　走向全球创新网络：全球创新科技合作新
　　　　　趋势 ………………………………………………（16）
　　一　全球创新网络的崛起：从全球价值链到全球
　　　　创新网络 ………………………………………（17）
　　二　全球创新网络的特点和趋势 ………………………（19）
　第三节　全球创新网络中的中国：一些新的趋势 ………（23）
　　一　中国科技创新合作整体趋势及其动因 ……………（23）
　　二　中国创新网络的演变 ………………………………（24）
　第四节　小结 ………………………………………………（25）

第二章　全球创新网络中的深圳 ………………………（28）
　第一节　四十年的经济发展 ………………………………（29）
　　一　从要素驱动到创新驱动型增长：深圳赶超的四个
　　　　阶段 ………………………………………………（29）
　　二　是什么驱动了深圳的经济增长？ …………………（32）
　　三　探索深圳的创新增长的动因：来自创新生态系统和全球
　　　　创新网络的新证据 ………………………………（34）

第二节　深圳在全球创新版图中的位置变迁……………………(36)
　　一　从跟跑到并跑与领跑：深圳由模仿者升级为
　　　　创新者 ……………………………………………………(36)
　　二　深圳的技术轨道变迁：通往全球领先的 ICT 产业
　　　　集群之路 …………………………………………………(39)
第三节　密集的研发投资为深圳的创新增长提供燃料 ……(40)
第四节　全球价值链和全球创新网络助力深圳赶超 ………(44)
　　一　深圳深度嵌入全球合作创新网络 ……………………(44)
　　二　深圳技术知识从哪里来？来自专利引用的证据 ……(45)
第五节　本土民营企业作为创新生态系统的主体为创新增长
　　　　提供最重要的支撑 …………………………………………(45)
　　一　深圳创新主体的地理分布 ………………………………(45)
　　二　民营部门在深圳的创新生态系统中占主导地位 ……(46)
　　三　国内民营企业的崛起推动了深圳的创新升级 ………(46)
第六节　小结 ……………………………………………………………(47)

第三章　中国创新网络中的深圳 ………………………………(50)
第一节　中国创新增长的奇迹 ………………………………………(51)
　　一　从数量到质量：高速增长转向高质量增长 …………(51)
　　二　从沿海到内陆：高质量创新的时间和空间差异 ……(58)
第二节　产业创新升级的步伐 ………………………………………(63)
　　一　从传统到新兴：产业创新取得突破进展 ……………(64)
　　二　从简单到复杂：向价值链上游不断攀登 ……………(66)
第三节　合作创新网络的发展 ………………………………………(73)
　　一　从连接到网络：合作创新培育生态系统 ……………(79)
　　二　从拿来到自主：合作创新与国内为主 ………………(81)

第四章　湾区创新网络中的深圳 ………………………………(83)
第一节　城市群视角下的粤港澳大湾区 …………………………(83)
　　一　湾区、粤港澳大湾区与城市群 ………………………(83)
　　二　从单一城市到城市群：分工、合作、网络 …………(86)

三　从珠江三角洲到粤港澳大湾区：发展优势与
　　　　前景 …………………………………………………（91）
　　四　两大城市群的发展对比：收入趋同还是集聚？……（96）
第二节　湾区科学创新网络中的深圳 ……………………（109）
　　一　大湾区科学论文发表及学科分布 …………………（109）
　　二　深圳科学论文学科演变及机构合作网络 …………（112）
第三节　湾区内部的创新趋同 ……………………………（116）
　　一　创新趋同理论分析 …………………………………（116）
　　二　大湾区创新趋同检验 ………………………………（119）
　　三　发展政策效应检验 …………………………………（123）
第四节　创新趋同背景下的深圳定位 ……………………（126）
　　一　粤港澳大湾区创新发展 ……………………………（126）
　　二　大湾区产业聚集情况 ………………………………（129）
　　三　都市圈分工与深圳定位 ……………………………（132）

第五章　产业创新网络中的深圳 ……………………………（136）
　第一节　深圳产业链与创新链 ……………………………（137）
　　一　有关产业特征 ………………………………………（137）
　　二　多元化产业链分工 …………………………………（143）
　第二节　深圳数字产业创新发展案例 ……………………（149）
　　一　深圳数字产业崛起的回顾 …………………………（150）
　　二　深圳数字产业的创新关联 …………………………（154）
　　三　深圳数字产业的空间溢出 …………………………（157）
　第三节　政府在产业创新网络中的作用 …………………（162）
　　一　产业政策是否有效 …………………………………（163）
　　二　深圳创新政策的实践案例与内容 …………………（164）
　　三　多样化创新政策及统计检验 ………………………（171）
　　四　支持创新融资的新政策工具 ………………………（173）

第六章　走向科学引领的深圳 ………………………………（178）
　第一节　基础科学知识是科技创新的源头 ………………（178）

一　基础科学研究是科技革命重要推动力 ……………… (178)
　　二　加强产学研是科技自主创新实现的重要路径 ……… (179)
　　三　提升认知能力是培养高质量人才的基础 …………… (180)
第二节　突破性创新、国际竞争新趋势与重大科技
　　　　基础设施 ……………………………………………… (182)
　　一　突破性创新内涵特征 ………………………………… (182)
　　二　国际竞争、新技术趋势与突破性技术创新 ………… (187)
　　三　重大科技基础设施成为突破性创新技术发展主要
　　　　载体 …………………………………………………… (194)
第三节　以重大科技基础设施汇聚顶尖科技资源经验 …… (197)
　　一　国外重大科技基础设施建设管理经验 ……………… (197)
　　二　中国重大科技基础设施发展情况 …………………… (206)
　　三　国家综合性科学中心建设的外部环境仍在不断
　　　　完善 …………………………………………………… (216)
第四节　深圳以应用基础研究为导向的大科学
　　　　装置建设 ……………………………………………… (216)
　　一　深圳综合性国家科学中心建设 ……………………… (216)
　　二　深圳基础科研装置建设进程 ………………………… (218)
　　三　深圳建设重大科技基础设施优势与不足 …………… (222)
　　四　深圳自主建立国家综合性科学中心的未来展望 …… (225)

第七章　走向绿色低碳的深圳 ……………………………… (228)
第一节　深圳的双碳之路 …………………………………… (229)
　　一　国际都市经验借鉴 …………………………………… (229)
　　二　碳市场改革创新 ……………………………………… (236)
　　三　绿色金融标准的国内外对比 ………………………… (240)
第二节　深圳实现碳排放达峰研究 ………………………… (253)
　　一　深圳二氧化碳排放现状及趋势 ……………………… (253)
　　二　深圳分领域发展现状及排放特征 …………………… (255)
　　三　深圳市碳达峰情景分析 ……………………………… (263)
　　四　深圳碳达峰实施方案 ………………………………… (272)

第八章 深圳践行高质量发展的总结与未来展望 (283)
第一节 深圳践行高质量发展的路径 (285)
第二节 深圳继续推进高质量发展面临的挑战 (291)
第三节 走向未来的深圳高质量发展之路 (293)
一 以高水平开放促进高质量发展 (293)
二 科学引领是高质量发展的应有之义 (294)
三 绿色是中国和中国企业高质量发展的底色 (296)
四 健全完善的知识产权体系 (297)
五 积极响应建设粤港澳大湾区 (298)

参考文献 (299)

后记 (329)

引　言

"政治家们曾经承诺每个锅里都有一只鸡，如今则是每个州都会有一个硅谷"，亚当·蒂勒（2021）生动地描绘了硅谷作为全球领先的创新热点的标志性作用，以及全世界对于创新增长的热情。然而，近些年来，全球的政策制定者和学者都开始意识到，大部分自上而下的模仿硅谷的尝试都失败了[1][2]。

本书是来自中国的成功案例——深圳，它被誉为"中国的硅谷"。1980年，深圳，正如其名字——"稻田附近的深沟"——所昭示的那样，只是毗邻香港的边陲小镇，居民不到33000人。尽管在漫长的历史中，深圳与香港曾经同属于新安县，但自1840年，清政府在鸦片战争中失败，被迫割让香港后，深圳便与香港分离。到1980年举办经济特区之前，深圳已经与香港形成了巨大的反差，经济总量和人均GDP不到香港的千分之二。贫穷逼迫深圳人逃向香港。

> 兴办经济特区，是党和国家为推进改革开放和社会主义现代化建设进行的伟大创举。1978年12月，党的十一届三中全会作出把党和国家工作中心转移到经济建设上来、实行改革开放的历史性决策，动员全党全国各族人民为社会主义现代化建设进行新的长征。1979年4月，广东省委负责人向中央领导同志提出兴办出口加工区、推进改革开放的建议。邓小平同志明

---

[1] William R. Kerr, Frederic Robert‑Nicoud, "Tech Clusters", *Journal of Economic Perspectives*, American Economic Association, 2020, 34（3）：50-76.

[2] Taylor and Mark Zachary, eds., *The Politics of Innovation: Why Some Countries Are Better Than Others at Science and Technology*. New York: Oxford University Press, 2016.

确指出，还是叫特区好，中央可以给些政策，你们自己去搞，杀出一条血路来。同年7月，党中央、国务院批准广东、福建两省实行"特殊政策、灵活措施、先行一步"，并试办出口特区。1980年8月党和国家批准在深圳、珠海、汕头、厦门设置经济特区，1988年4月又批准建立海南经济特区，明确要求发挥经济特区对全国改革开放和社会主义现代化建设的重要窗口和示范带动作用。

40年春风化雨，40年春华秋实。当年的蛇口开山炮声犹然在耳，如今的深圳经济特区生机勃勃，向世界展示了我国改革开放的磅礴伟力，展示了中国特色社会主义的光明前景。看似寻常最奇崛，成如容易却艰辛。深圳等经济特区一路走来，每一步都不是轻而易举的，每一步都付出了艰辛努力。①

经过40年以20.7%的年增长率进行的高速增长，到2020年，深圳已经成为一个拥有1756万人口的全球瞩目的大城市，GDP已经上升到2020年的4290亿美元，是1980年GDP的近10000倍②，超过了世界国家排名第29名——爱尔兰的GDP，并成为亚洲五大城市之（世界银行，2020）。它已被评为全球前4名竞争力的城市，并在中国排名第一（UN – Habitat, 2020）。在过去几十年中，深圳贡献了中国1/3以上的PCT申请，2020年的PCT申请总量为2.02万件，若按照单一知识产权办公室核算，深圳是全球PCT申请的第五大来源地（WIPO, 2021）。深圳与香港一起，成为位居东京—横滨之后的全球第二大的创新中心（WIPO, 2019c）。与此同时，深圳也成为世界著名的高科技创业者的胜地。20世纪80年代和90年代在深圳启动的一些创业项目，已经成为世界级技术巨头的基地，如华为、中兴、腾讯、比亚迪和华大基因集团。除了孵化包括全球最大的无人机制造商大疆和"非洲手机霸主"——传音科技（Techno）在内的大量高速成长的初创企业，这个创新创业热点城市也吸引了大量外国初创公司——如Revols（加拿大）和Wazer（美国）

---

① 2020年10月14日，习近平在深圳经济特区建立40周年庆祝大会上的讲话。
② 资料来源：http://www.xinhuanet.com/english/2020 – 09/24/c_139394442.htm。

的目光。许多全球领先的科技公司，如苹果、高通、ARM、空客等，都在这里设立了研发中心（《经济学人》，2017）。

深圳一直是经济改革和技术创新的先锋和试验田。深圳在40年间从边陲小镇成长到今天的亚洲第五大城市，是世界城市史上的一个奇迹。作为一个几乎没有资金、技术和技能的地区，深圳几乎是抓住了经济全球化的所有机遇，成为沿着质量阶梯快速向上攀登的经典范例。20世纪80年代开始流行于全球，在经济全球化中发挥了重要作用的模块化生产方式，是发达国家推动产业内纵向分割资本密集型生产和劳动密集型生产阶段，面向全球重新配置的新型产业贸易方式，也为深圳从低端的代工活动进入全球产业链，并逐步通过原始设备制造商（以下简称OEM）进入高端的原始设计制造商（以下简称ODM）和原始品牌生产商（以下简称OBM）活动持续快速实现创新升级提供了机遇。40年前的贫困小镇，30年前进入全球合作创新网络前30名，又10年，稳居全球创新网络前沿，这是一个真实的、鲜活生动的、具有世界意义的故事。讲好深圳故事，挖掘深圳创新增长的秘密，探究深圳践行高质量发展的经验，对于明晰创新驱动高质量增长，理解转换经济增长方式，从廉价转向高效，从数量转向质量，从低端走向高端，跨过一道道沟，翻过一道道梁，经历一次次风霜雨雪，具有重要的理论和现实意义。

基于此，本书的章节安排如下。

第一章纵览了全球创新版图近半个世纪以来的变迁，总结了全球创新发现的新趋势。首先，本章从劳动力技能的供应、市场共享和知识溢出三个角度综述了导致创新集聚的原因，结合全球专利和文献数据，进行了尽可能详尽而不琐碎的统计分析。其次，我们秉持创新依赖于客观存在的创新网络，一个城市、一个国家走向创新的过程是加入、扩大并分享创新网络中知识溢出效应而获得增长的过程，尽管历史上，经常会出现打断创新网络，限制后来者追赶的声音，但知识总会是穿破层层阻碍而传播。我们尝试总结全球区域间创新联系的嬗变过程，叙述全球创新从跨国公司的生产活动所主导的控制型生产网络（Global Production Network，GPN）、到以贸易为纽带的利益分割型全球价值链网络（Global Value Chain，GVC），再到日益突出的各个地区和国家创新者、创业者，大企业与小企业，技术占位者与颠覆者之间的博弈与合作形成的竞争共享型全球创新网络（Global Innovation Network，GIN）。最后一部分聚焦中国在全球创新网络中的科学发现和发明中的新趋势，我们发现，中国科学和技术在国际创新网络中的地位不断提升，开放水平持续提高，但技术国际合作比重却出现了下降趋势，剔除因恐惧而对与中国合作进行限制因素外，中国自身创新的高速增长及国内城市间合作的日益强化，也是出现统计中升降转换趋势的原因。我们发现：北京与深圳两座城市在中国创新活动快速上升中发挥了主导作用，在此基础上，我们尽自己认知的可能对北京与深圳发挥主导的原因进行了初步的探索。

第二章我们坚持以数据说话的实证分析原则，依据海量地理信息定位的国际专利和科研论文数据，从科技合作和知识来源的角度，研究了中国创新变化的原因和面对的潜在挑战。展示了深圳作为世界前沿产业技术创新城市，与国际科技合作伙伴城市和知识来源城市合作关系的变迁。我们发现：过去40年，深圳几乎是从零起步，在深刻而广泛的对内与对外开放中，形成并不断增强自身的创新能力，产出日益强大的创新成果，创新实力不断增强，在国际创新城市网络中的地位亦不断攀升。我们发现，深圳的创新与追赶过程可以分为三个阶段：（1）通过参与全球生产网络和全球价值链获得适用技术的"起飞"阶段；（2）通过模仿积累技术知识并提高吸收能力的"模仿创新"阶段；（3）逐步实现自主创新的"原发创新"阶段。依托于尽可能翔实的创新数据，我们挖掘了深圳高强度研发投入、产业技术与企业的专业化、本地创新生态系统和嵌入全球创新网络（GIN）的角度来解释这一显著的追赶过程。

第三章基于回顾中国创新增长取得的成就，梳理了中国和其他发展中国家实现追赶的关键因素，总结了追赶型经济体所面临的创新转型与可能遭遇创新失败的风险，以及面对挑战跨越难关，抓铁有痕的毅力，敢于挑战自我的勇气，遇挫折而不悔的坚持。习近平总书记指出："新常态下，我国经济发展主要特点是：增长速度要从高速转向中高速;发展方式要从规模速度型转向质量效率型;经济结构调整要从增量扩能为主转向调整存量、做优增量并举;发展动力要从主要依靠资源和低成本劳动力等要素投入转向创新驱动。实现这样广泛而深刻的变化并不容易,对我们是一个新的巨大挑战。"[1] 高质量发展是党和国家在新形势下应对这一系列风险与挑战的药方,实质是加快发展现代产业体系、坚持增强创新能力。为进一步探究国家和地区实现优化产业体系、增强创新能力的现实路径,本章讨论"高质量发展"在创新领域的内涵与外延,分析了"高质量创新"的时空版图;提出创新发展过程,是从简单走向复杂的知识与产业技术转换的过程,转型升级面对风险就是可见可模仿走向不可视不确实不可模仿的过程。我们聚焦新时期中国城市从传统型增长走向新兴产业主导型增长、从简单走向复杂的产业链攀登之路;最后进一步说明了合作是获取、学习复杂知识的关键,详细比较了进入21世纪以来中国创新合作网络从简单到复杂的发展趋势,探讨了创新生态系统中不同行动者动态变化的互动模式,揭示了中国企业从"以市场换技术"到坚持自主创新的政策转变。

第四章主要讨论粤港澳大湾区创新网络中的深圳定位。湾区经济是当今国际经济版图的突出亮点,也是世界一流滨海城市群和经济带的显著标志,目前世界上主要形成了以东京湾区、纽约湾区以及旧金山湾区为代表的三大世界级湾区。湾区正在成为全球创新活动的聚集地与制高点。按照《粤港澳大湾区发展规划纲要》的要求,粤港澳大湾区实施创新驱动发展战略、构建开放型经济新体制提供支撑,建设富有活力和国际竞争力的一流湾区和世界级城市群,全力打造高质量发展的典范。更好融入全球市场体系,建成世界新兴产业、先进制造业和现代服务业基地,建设世界级城市群,具有全球影响力的国际科技创新中心。瞄准世界科技和产业发展前沿,加强创新平台建设,大力发展新技术、新产业、新业态、新模式,加快形成以创新为主要动力和支撑的经

---

[1] 2016年1月18日,习近平总书记在省部级主要领导干部学习贯彻党的十八届五中全会精神专题研讨班上的讲话。

济体系；扎实推进全面创新改革试验，充分发挥粤港澳科技研发与产业创新优势，破除影响创新要素自由流动的瓶颈和制约，进一步激发各类创新主体活力，建成全球科技创新高地和新兴产业重要策源地。本章介绍了湾区经济特征，突出了城市群的比较研究，介绍了美国东西海岸两大湾区的创新集聚，对长三角城市群和粤港澳大湾区的发展情况进行了比较研究。研究了近10年来粤港澳大湾区科学研究产出和合作网络发展，探究湾区科学创新网络的变迁。重点在专利产出视角下实证检验了粤港澳大湾区创新趋同趋势，并对城市群规划政策效果进行了实证检验。深圳在粤港澳大湾区创新网络中的定位值得特别关注，创新要素集聚形成了创新带动，创新要素扩散引起城市间创新趋同。过去40年，深圳从主要与北京之间的城市层面的创新协同，已发展为以珠三角为腹地，扩大在全国创新地理格局中的更大范围的创新聚集与扩散。

第五章立足深圳经历多次转型升级的背景，分别从产业链、产业集群、创新扶持政策的角度入手，深入分析深圳产业形成自我强化趋势的现象与联系，并以深圳数字产业为例对产业之间的硬软联系进行深入分析。深圳从"三来一补"到OEM，从加工贸易转向模仿性创新，从深圳装配走向深圳制造与深圳创造，其背后是深圳在产业链关键环节的专业化创新能力不断崛起，并在新一代无线通信技术、基因测序分析与装备制造、新材料、新能源汽车、显示技术等战略性新兴产业领域形成位居世界前列的自主创新能力。在产业链关键环节的专业性制造具有强烈的聚焦效应和空间溢出效应，在创新蜂聚降低创新成本的同时，与周边地区形成符合经济学规律的分工态势，通过产业链创新链串联粤港澳大湾区建设。深圳提供有效的公共产品，完善有利于创新的开放型的科研体系，探索打破垄断鼓励创新的竞争性产业政策，探索建立有效的经济转型升级的评价体系，是培育产业创新能力的关键。

第六章从突破性创新知识的内涵特征、主要趋势进行回顾分析，总结了知识创新论、技术突破论、新产品商业化论、市场及产业与组织创新论、综合论5种观点，分析突破性创新的不确定性、随机

性、随机性、非线性4个重要特性，就国际竞争态势、创新网络发展、新技术革命（绿色技术、数字技术）背景下，突破性创新的市场结构、创新模式与技术轨道的调整特征进行研究。而大科技基础设施是参与国际科技竞争并与国际科技创新规则接轨的重要一步，是实现突破性创新能力的提升、彻底摆脱关键核心技术受制于人的必经之路。为此，本章分析了美国、欧美以重大科技基础设施汇聚顶尖科技资源经验、开展突破性创新的相关经验，比较了北京怀柔、上海张江、安徽合肥、深圳四个国家科学中心与建设及创新管理体制突破现状，总结了中国综合性国家科学中心建设存在与国家创新发展战略要求不能匹配、政策法规滞后、圈层功能薄弱等突出问题，重点就深圳进一步布局重大科技基础设施、完善国家科学中心体制及实现突破性创新提出政策建议，逐步提出瞄准世界科技前沿领域，聚焦重大产业关键技术突破的源头，以建设具有原始创新能力和国际一流创新生态的综合性国家科学中心为抓手，高效配置全球科学资源，真正建成科技和产业竞争力全球领先、高新技术产业引领全球发展、跻身世界创新型城市先进行列的全球创新创意之都。

第七章从深圳践行绿色低碳的角度出发，梳理总结深圳市自改革开放以来，运用极其有限的资源，以相对低的资源环境代价，在国内实现了多项领先的经济社会发展指标。尽管工业化、大城市化程度高，经济增长速度快，但深圳市政府很早意识到了自身发展的土地空间局限性与环境承载力容量瓶颈带来的挑战，增长的可持续性正在减弱，发展的空间逐渐缩小。首先对哥本哈根、旧金山、阿德莱德、东京、北京等国内外低碳城市的经验做法进行总结分析，思考深圳的低碳路径；其次研讨分析深圳碳排放权交易市场的成就与欧盟碳市场的经验借鉴；再次梳理对比国际通用、欧盟、中国、中国香港的绿色债券标准，以及发达国家城市绿色债券的应用案例，为深圳绿色投融资提供参考；最后通过编制深圳市碳排放清单，分析二氧化碳排放现状趋势及排放特征，在梳理评估减排行动与关键技术基础上，构建在不同发展愿景下的排放路径、减排潜力及可能的达峰时点。

第八章从深圳践行高质量发展的全视角进行梳理，总结了深圳在促进发展中国家和地区基于创新的经济增长方面的政策经验，对深圳面临的现实挑战进行分析，最后针对深圳在全球产业链和创新网络中进一步跃升、从高质量发展的绿色与创新等多个角度提出政策建议。

第一章　变动中的全球创新版图[*]

创新是推动经济增长和提高社会生活水平的引擎。

在21世纪的创新驱动型经济中，城市依然发挥着举足轻重的作用。然而，塑造经济活动的地理环境的力量来源已经发生了变化。由于最有技能和才华的工人往往聚集在城市中，企业往往希望到热点地区谋求发展，且高回报的工作以及热闹的城市生活又进一步吸引了更多高技能人才来到这些热点地区。创新也高度依赖人们之间的思想交流和碰撞。这种交流通常发生在近距离的生活和工作之中。

然而，21世纪的经济地理版图还有一个重要的维度：信息通信技术的发展促进了新的合作和知识分享方式的诞生，从而可以将相距甚远的知识工作者联系起来。因此，新兴的全球创新格局是由地理上集中的创新中心组成的格局，它们被嵌入全球网络中，向多个方向传播知识。

不断演变的创新地理格局至关重要。当前，世界各国政府都在努力创造有利于创新的政策环境。而要实现这些，关键是对当地动态的创新生态系统的理解。例如，政府应当资助哪些机构和哪些技术领域？如何才能更好地培育和提升新生的技术能力？应当如何规划智慧城市才能鼓励知识共享和创造合作的机会？更广泛地说，创新活动在经济体内的传播越来越多地影响到经济体内的收入的区域分布。而反过来，了解这一趋势背后的驱动力，就能制定出更好的应对政策。

---

[*] 本章基于 World Intellectual Property Report 2019 – The Geography of Innovation：Local Hotspots, Global Networks 第一、第二章的内容，细节部分有改动。本章作者：[瑞士] 胡里奥·拉福（Julio Raffo），尹德云。

通过跟踪创新者在数百万件专利中留下的地理足迹,《2019年世界知识产权报告》(World Intellectual Property Report,以下简称WIPR2019)提供了一个关于全球创新地理的经验证据。在过去几十年里,创新者在数以百万计的专利和科学出版物记录中留下了地理足迹。世界知识产权组织(World Intellectual Property Organization,WIPO)的全球创新指数已经采用了这种大数据方法,以确定哪些国家的创新能力强,并用来确定世界上最大的科学和技术集群。WIPR2019更进一步,它采用了自1970年至今的专利和科研文献数据,分析了全球创新半个多世纪的发展趋势、全球区域创新热点的兴衰,并详细探讨了世界各地的创新者如何彼此之间进行合作。WIPR2019发现,少数几个国家的全球创新热点构成了全球大部分的创新活动;协作日益广泛,重大的创新发生在越来越大的团队中。而且,对大多数国家来说,创新越来越具有跨国界的属性。

第一节 半个世纪以来的全球创新经济地理格局:集聚与扩散并存

自工业革命以来,每一次的技术创新都带来了世界经济格局的显著改变。17—18世纪后期,由蒸汽机带来的第一次工业革命在英国爆发后迅速席卷欧洲,一部分地区和城市崛起成为如今的"欧洲核心区域"——如英国的伦敦、曼彻斯特,法国的巴黎、里昂,德国的鲁尔工业区等。19世纪下半叶,由电力—机械相关的发明推动了第二次产业革命的到来,欧洲工业化区域得以扩大,北美则一跃而成为世界高收入国家。过去的一些核心区域走向式微,而另一些则日益繁荣。在欧洲,工业化浪潮席卷了意大利北部的米兰—威尼斯、西班牙东北部、法国西南部、柏林、维也纳等地区,并北扩至斯堪的纳维亚半岛的奥斯陆、哥德堡等城市。在美国,尽管纽约、波士顿和巴尔的摩等城市依然重要,但芝加哥、底特律、明尼阿波利斯等中西部城市也已开始崛起。而自20世纪70年代开始的第三次产业革命涉及信息技术、生命科学和技术以及交通和物流技术上的重大突破。新兴的全球创新中心在美国西海岸的硅谷诞生。与此同时，随着全球贸易和投资的大幅增加，全球创新活动扩展到了东亚地区，先由日本转移到韩国，之后又转移到了中国。其间，日本的东京、大阪，韩国的首尔，新加坡，中国的北京、上海和深圳崛起为大型城市，并逐步走向全球技术创新的前沿。

既有的高收入经济体和目前已经取得成功的新兴中等收入经济体往往具有这样一个显著特征：高收入的区域往往集中在大城市，且一个国家的内部区域之间有着巨大差异。这些大都市区往往是区域创新生态系统的发源地。在美国，两个突出的例子是加州北部的旧金山湾区和马萨诸塞州的大波士顿都市区，通常分别被称为硅谷和128号公路；在英国则是伦敦、牛津和剑桥地区；在德国往往是慕尼黑、斯图加特等城市；在日本，则是关东的东京—横滨地区和关西的大阪—名古屋一带。

一 集聚与扩散背后的力量

那么，哪些力量带来了创新在特定区域的集聚？又是哪些因素导致了全球创新的不均衡扩散呢？这一问题是经济地理学和发展研究最棘手的问题之一，即确定为什么创新的集聚会在某地出现并蓬勃发展。对这个问题的回答涉及了创新集聚背后的一般因素以及这些集聚区的具体地理特点。

有几种不同的经济理论涉及了对这个问题的讨论。最常见的解释通常从熟练劳动力、市场规模和知识溢出相关的经济力量等方面出发。知识溢出是指在高度创新的机构集中的地方，知识可以从一个机构流动（"溢出"）到另一个机构。在历史上，有不少偶然的或刻意设计的政策可以影响创新集群的形成，但到目前为止，没有一个理论或政策可以全面地回答这个问题。与此同时，还存在着一些朝着相反的方向——扩散——作用的力量。但所有的说法都表明，这些力量并不是那么强大。

（一）供给层面：劳动力技能的供应是否有助于推动创新集聚？

主流经济理论将创新的地理集聚解释为劳动力供应的直接或间接的结果。基本上，高技能的员工之所以聚集在一起，是因为他们可以相互交流。所以一个特定地区的劳动力的教育和技能可以作为一种吸引外部劳动力的资源。同时，移民可以改变接收地区劳动力的技能基础，进一步加强集聚效应。

这种情况体现在高技能工人对充满活力的集聚区和创新工作的偏好，因创新而产生的职业提供了更好的职业轨迹和终身学习机会。在自动化越来越威胁到更多传统白领职业的时候，这确保了未来的就业机会。这种工作还提供了高工资，以弥补上升的生活和住房成本。与此同时，成本压力也将收入较低的非技术工人推向了城市边缘地区。经验证据显示，在受过大学教育的工人集中度高于平均水平的地区内，受过大学教育的工人比例、人均收入、专利和其他直接和间接的创新代表方面都有进一步的增长。在美国和欧盟（European Union，EU），当地劳动力供应的特点似乎都影响了创新产生的集聚区的发展轨迹，并影响了区域创新能力。

此外，"技能"并不是一个统一的实体，不同的技术可能需要不同的技能集或组合，这些技能可能并不总是重叠的。相比 IT 工程师，金融工作者更有可能被吸引到不同的地方，因为前者所在的区域和工作是难以被代替的。但与此同时，不同的职业和技能可能对某项创新的生产具有互补性。

（二）需求层面：市场力量如何产生创新中心？

市场经济力量是对劳动力供应力量的补充，是创新活动地理集中的驱动力。主要的市场经济力量是由市场内的组织——特别是私人公司——的"集合"以及随之而来的运输、规模和范围经济产生的。这个"集合"是各地区生产力差异的核心。与"不寻常的个体案例"一样，一个地方经济中的关键公司，即所谓的"旗舰公司"（Flagship Companies），在启动一个创新生态系统方面可能同样重要，然后随着熟练劳动力和相关活动的迁移而有机地增长。在这样的时刻，关键企业可以对集聚产生特殊的影响。但情况并非总是如此。例如，20 世纪 50 年代，摩托罗拉公司在亚利桑那州的凤凰城建立了世界上最大的早期半导体设施，但这并没有使美国城市成为后来的 IT 产业中心。事实证明，只有那些没有从新兴的硅谷的开放源码网络中孤立出来的先行者，如仙童半导体公司（Fairchild）和计算机公司——惠普（Hewlett-Packard），才能跟上快速上升的技术曲线。产业集中的地区从更完整的当地劳动力市场中获益。企业可以更容易地找到专业技能，减少与员工技能转换或搬迁有关的成本。同样，企业的高度集中也更有可能产生新的企业。原有企业群的生产力越高，这些分拆的企业就越可能有更高的生产力。底特律的汽车工业在20世纪前四分之一时间里的集聚和创新能力，在很大程度上是由于分拆公司继承了其母公司的技术和组织实践。

学术机构，特别是大学和研究机构，也是集中的重要因素。大学毕业生和科学、工程和技术工人的集中反映了创新活动在空间上的集中。在美国，技术工人，特别是服务部门的技术工人，都迁往大城市，远离中小城市。学术研究在更大和更多样化的聚集区也更有生产力和创造性，即更不拘一格。

与大多数传统的空间分析不同，地理集聚呈现为一个滚雪球的过程，即各地区逐步吸引供应商企业和人才。在其最简单的版本中，仅生产力或规模经济的区域差异就可以解释两个同等区域之间的地理集中度的分歧，或解释核心区域相对于外围区域的集中度的加强。基本的机制是，在一个特定的地区，任何确认的生产力或创新水平的差异，都会产生或确认更多的创新或生产力的地区的领导地位。由于运输经济、规模经济和品种经济，拥有大型本地市场的集聚区是生产消费品的首选之地。当地企业能够比远方的企业更快、更便宜地服务于当地的大市场时，运输经济就到位了。同样，供应大型市场的公司通过将沉没的投资成本分摊到更多的销售单位，并通过多次迭代优化生产流程，从规模经济中获益。大市场的消费者享有更多的商品种类。不仅消费者可以在更大的市场中找到他们想要的确切的产品种类，企业也可以专门提供这些产品。这三种机制——运输、规模和范围——也会影响到在当地生产中间产品的企业，这就加强了当地供应链下游的经济。

（三）知识溢出和技术条件是否吸引集中？

然而，市场规模和熟练劳动力并不能直接导致一个地区掌握下一波创新。从以前成功的创新过程中获得的优势并不能保证未来的技术优势。与大型市场和完整的劳动力市场一样，信息和知识溢出也是有利于创新企业、学术中心和优秀人力资源同地办公的正外部因素。

知识并不局限于现有组织或个人的技术和组织实践，它可能从一个组织或个人溢出到另一个组织。如果企业从其他企业的经验中学习，就能更成功地利用规模和范围经济。熟练工人在与其他熟练工人互动、更换组织或移民时，会传播隐性知识。大多数经验性证据表明，知识溢出在地理上是极其集中的。这主要是由于编纂、交流和吸收知识的成本很高。虽然信息，如数据，在各组织和地区之间的流动越来越自由，但知识的溢出显然要求更高：企业、学术组织和个人必须积极互动、合作，有时还必须通过人员的移动，才能带来知识的流动。因此，知识溢出的集中既是创新集聚的结果，也是创新集聚的触发因素。创新企业会转移到知识溢出效应较高的地方，加强该地区的溢出效应，并将非创新企业排挤到周边地区。

这种创新和空间的协同演变可以共同决定区域发展轨道，且这在很大程度上是不可逆转的。虽然以前的区域技术禀赋可能会影响随后的创新创造，但并非所有的创新区域都遵循同样的轨迹。在20世纪30年代，美国新泽西州的普林斯顿——RCA实验室所在地和硅谷都是IT行业密切的技术先导，但它们的创新道路却截然不同。硅谷出色的IT创新轨迹是从先前即已存在的、相互支持的电网管、微波管和硅组件的制造业中发展起来的。相关的技术能力和新的管理方法丰富了加州北部的IT创新生态系统，使其很容易被移植到新生的IT产业中。相比之下，只有几家大公司的普林斯顿和其他东海岸中心城市的IT技术生态系统显然更为狭窄。

从这个意义上来说，与狭隘的专业化经济体相比，更加多样化的聚集区更有可能拥有成功过渡到新技术的能力。似乎技术创新更有可能发生在拥有更广泛的技术能力组合的地区，特别是当这些能力很容易重新组合时。主导产业往往会垄断人才、经济生产要素的供应，如资本或企业家精神，以及注意力。这种资源的集中可能会排挤其他活动，并使区域经济的发展走向不同的道路。例如，"汽车城"底特律就常常被认为是一个过度专业化的例子。然而，也有一些高度专业化的机械工程和汽车技术中心，掌握了随后的技术浪潮，如德国的斯图加特。美国波士顿曾经狭隘地专注于以工厂为基础的产业，但其现在是一个高科技中心。区域经济演变的能力受制于进入相关技术品种和技术能力的可能性。

二　来自统计数据的证据

根据进行了地理编码（Geocoding）的全球发明人和科学论文作者的数据，WIPR2019探讨了各国的创新地理的新趋势，我们发现：

（一）知识创造正在向越来越多的国家扩散

在1970—2000年的大部分时间里，美国、日本和德国三国的专利占了全世界所有专利活动的三分之二，如果把西欧经济体包括在内，这一比例则达到了90%左右。但在此后的几年里，世界其他地区从无到有，直到几乎占据了所有专利活动的三分之一。这些地区已发表的科学数据传播得也更加广泛，在过去的20年里，世界其他地区从不到四分之一的所有此类出版物变成了大约一半。

新兴地区的知识生产和创新中的份额上升主要来自中国和韩国；尽管在1990—1999年它们的专利产出仅占全球的3%左右，但在2015—2017年，两国份额共占全球注册专利的20%以上。其他国家，特别是加拿大、澳大利亚、印度和以色列等，也为创新的全球扩散做出了贡献。然而，许多中等收入国家和所有低收入国家的专利活动水平仍然非常低。

知识和创新的流动日益分散和相互关联，反映了复杂的全球网络或价值链的发展，这些网络和价值链可以用于生产和交付商品和服务。特别是，跨国公司将知识密集型的生产阶段——最重要的是研究与开发（R&D）安置在提供专业知识和技能的城市群中。更为普遍的是，面对日益复杂的技术，需要加强合作，这也推动了创新在某些城市地区的日益集中和全球蔓延。

（二）创新越来越本地化，在地理上集中在有限的几个地区

我们还利用空间聚类算法确定了世界上主要的科技活动聚集地。为了捕捉不同区域创新密度的差异，我们把创新密集的区域分成了两种类型——全球创新热点（Global Innovation Hotspots，GIH）以及

专门的利基集群（Specialized Niche Clusters，SNC）。前者显示了科学出版物或专利活动的最高密度；而后者则指的是发明者和科学作者的密度在特定领域很高、但总体上还没有高到成为全球热点的区域。

全球热点和利基集群的新版图表明，每个国家的发明和科学活动都持续地集中在少数大型的国际大城市和繁荣的城市地区。在2011—2015年，纽约、旧金山和波士顿周围的热点地区积累了大约四分之一的美国专利申请。在中国，北京、上海和深圳周围的地区在同期中国所有专利中的份额从36%增加到了52%。全世界所有的发明和科学产出中，只有不到19%是从位于热点地区和利基集群之外的发明人或研究人员处产生的。尽管全球创新状况发生了这一重大变化，但160多个国家绝大多数仍然没有产生什么创新活动，也没有形成任何热点或利基集群。

然而，大城市不一定是创新中心。例如，北美的大多数热点位于东西海岸的密集城市地区，而许多密集的内陆城市地区却没有同等的创新密度。亚洲、拉丁美洲和非洲拥有许多密集的城市地区，但没有相应的创新密度。尽管人口众多，但顶级大城市，如曼谷、开罗、开普敦、吉隆坡和圣地亚哥，在某些专业领域只有适度的创新密度。而人口密度较低的城市地区有时也能承载利基集群。一些例子是美国的伊萨卡、挪威的斯塔万格和瑞士的伯尔尼，这些城市由于当地的学术机构、产业或有时因为某个关键公司的存在而具有很强的创新足迹。

第二节　走向全球创新网络：全球创新科技合作新趋势

近几十年，生产和交付商品和服务的全球网络已经发展壮大。与以往的全球化浪潮相比，在当前全球化中，全球价值链内零部件和最终产品的产业内交换比例要高得多。2000年以前，大多数这种产业内贸易发生在少数几个国家之间，最显著的是在北半球。但从那以后，它越来越影响着发展中经济体与世界其他地区的关系。全球生产网络往往涉及多重或循环贸易流动，出口转化为后续产出，最终成为进口，模糊了国内外生产之间的界限。换句话说，当前的全球化涉及错综复杂的相互依存关系，不仅是整个经济体之间的相互依存关系，更是在经济体系中最微妙的探究工作中，涉及企业和行业内部以及企业和行业之间的相互依存关系。潜在的创新网络和生态系统也是如此，它们既是全球生产一体化的结果，也日益成为全球生产一体化的原因。

日益分散和复杂的知识生产管理系统反映着生产系统的全球化和复杂性。经济活动国际一体化和知识在经济进程中变得重要的结果是创新的全球化。从20世纪中期到2008年前后开始的美国经济大衰退，技术活动也一直在国际化，新的国家开始进入国际创新体系。最近，有一些证据表明，一些关键的研发和创新活动开始有选择的迁回本国。然而，与此同时，在近十几年来，跨国价值链越来越清晰，涉及企业内部贸易流动及其所带来的知识流动的比例越来越高。

一 全球创新网络的崛起：从全球价值链到全球创新网络

长期以来，尽管知识的生产往往局限在特定的区域，区域之间通过生产、贸易和跨国公司的离岸外包等活动产生了关联。可以说，全球生产网络（GPN）和全球价值链（GVC）主导了这一阶段的国际关联。但最近的几十年，位于不同国家的行为主体可以以真正一体化的形式开展创新活动，创新实现了真正的全球化，连接分散知识中心的全球网络逐渐形成并日益推动区域创新的发展。正是在知识和创新全球化的大背景下，全球创新网络（GIN）的概念应运而生。知识和创新的形成是在更高程度的功能整合下完成的。与GPN和GVC不同的是，全球创新网络GIN是各组织即企业和其他组织之间的全球有组织的协作网络，这些组织从事知识生产，从而产生创新。这些网络的特点是：（1）它们是真正的全球传播，即并不仅仅局限于高收入国家的网络；（2）它们具有的网络化性质；（3）产出为无形的新知识和技术，而非有形的产品。它们的形成是相关组织谋求知识战略的结果，这使得全球创新网络不同于寻求更高效率和市场战略的全球生产网络。因此，全球创新网络的重点是知识交流和整合，以及随后的创新，而不是生产或简单制造。全球创新网络在很大程度上是通过企业研发的国际化而形成的。

从这个角度来看，跨国公司可以通过决定投资、生产和知识来源的地点，对全球创新网络的地理集中和全球传播（格局）施加强大的影响。地理条件和现有行业创新体系是供应链中最复杂的高附加值阶段（如研发、设计或先进商业服务）的驱动因素，这一点特别重要。研发活动的离岸外包形成了新的相互联系的创新和研究架构，以及生产活动新的共处一地模式。这为各地区和城市连接全球供应链的不同部分或功能提供了新的机会，从而促进了经济升级和创新。

与此同时，鉴于有可能局限于低附加值和创新程度低的活动，全球参与对较弱地区构成挑战。全球生产网络和价值链中参与度和嵌入度存在地理分布不均的现象，在全球创新版图中形成了新的核心——外围模式。国际商业领域的大部分相关文献表明，基于组织的联系（企业内部和企业间的联系）是全球创新网络形成的原因。国际共同发明（全球创新网络的典型指标）在 21 世纪后已大幅扩展到印度和中国，但很大一部分仍在美国、日本和西欧一些国家和地区的企业控制之下。这表明，企业能够而且确实将研发进程分割成多个阶段/部分（就像它们对商品所做的那样），并使新国家能够根据其比较优势参与不同的部分。这有助于将现有全球价值链或生产网络转变为全球创新网络。

此外，越来越多的研究表明，除了基于组织的关系，人际关系也是全球创新网络形成的关键驱动力。这些关系包括了从与创新相关的人与人之间的直接国际合作，到科学家、创新者和企业家的国际流动。然而，基于组织的相互作用往往是在这种基于人的合作框架内发生的。传统上，跨国公司的内部网络是部分克服与地理距离和不同民族文化相关障碍的合适途径。而且，交通与通信成本的降低肯定有利于促进基于人的国际联系，而这未必会带来相应组织结构的变革。

二 全球创新网络的特点和趋势

随着以中国为代表的新兴市场国家和发展中国家集体崛起，全球科技创新呈现出新的发展态势和特征，科技分工合作日益加深，知识生产高度依存。同时，国际合作已经成为发展中国家和地区获取先进科技知识、增强研发实力的主要途径，对于实现技术赶超具有重要意义。

近几十年，生产和提供货物和服务的全球网络已经大大扩展。与以前的全球化浪潮相比，目前的全球化在全球价值链中的部件和最终产品的行业内交流比例要高得多。在 2000 年之前，这种产业内贸易大多发生在少数国家之间，最明显的是在北半球。但从那时起，它越来越多地涉及发展中经济体与世界其他地区之间的关系。全球生产网络往往涉及多重或循环贸易流动，出口被包裹在随后的产出中，最后成为进口，模糊了国外和国内生产之间的界限。换句话说，目前的全球化涉及错综复杂的相互依存关系，不仅在整个经济体之间，而且在经济系统最微妙的管道内，在企业和行业之间。基本的创新网络和生态系统也是如此，它们既是全球生产一体化的结果，也日益成为其原因。与生产系统的日益全球化和复杂化相呼应的是一个日益分散和复杂的知识生产管道系统。创新的全球化既是经济活动国际一体化程度提高的结果，也是知识在经济过程中重要性上升的结果。

从 20 世纪中期到 2008 年前后开始的美国经济大衰退期间，技术活动也在稳步国际化，国际创新体系中出现了新的国家。最近，有一些证据表明，一些关键的研发和创新活动有选择地回流到本国。然而，与此同时，在美国经济衰退后的时期，价值链的衔接日益超越国界，涉及越来越多的公司内部贸易流动，以及它们所带来的知识流动。推动创新传播的经济力量与刺激创新集中于特定集群的力量非常相似。某一创新热点地区的经济主体将创新传播到世界其他地区，反之亦然，这就是为什么全球创新的传播可以被认为是一个知识和技术流动的双向网络。值得回顾的是，创新向一个地区或国家的周边地区的地理传播往往是有限的，因为推动创新集中的力量过于强大。然而，在一个城市群中运作的强大集中力量也在其他城市群中起作用。这可能导致互惠的关系，产生创新和知识的进一步传播。传播和接受创新的地区有可能保持联系，但这些知识和技术流动往往跳过世界的边缘地区，直接与主要的经济集聚区相联系。

（一）开放创新成为常态，但少数国家和地区主导了全球创新网络

我们分析了以共同发表（coauthored）的国际科研论文的和合作发明（coinvented）的国际专利衡量的全球创新网络的结构和发展趋势。近几十年，全球创新合作呈现了以下趋势。

合作越来越成为常态。数据显示，团队参与到越来越多的科学论文和专利中。在21世纪初，团队已经产生了所有科学论文的64%和所有专利的54%。到2010年代后半期，这些数字分别增长到近80%和70%，大多数高收入经济体也显示出国际合作的上升。推动科学界和公司跨越国界寻求创新伙伴的力量是多方面的。科学界有参与国际合作的悠久传统，而跨国公司则从其研发的国际分工和国际合作中寻求效率的提高。国际化趋势的主要例外是东亚的顶级经济体，其中日本、韩国和最近的中国的国际合作份额在下降，尽管从绝对数量上看不是如此。

少数国家占了大部分的国际联系。大多数国际合作都集中在几个主要国家。在2011—2015年，美国和西欧分别占了所有国际发明和科学合作的68%和62%。大部分合作发生在这些国家的发明人和研究人员之间。来自中国、印度、澳大利亚和巴西等国家的新加入这些合作网络的人，仍然大多与上述经济体合作，而不是相互合作。

热点和集群推动了国际合作和全球网络。大多数全球创新热点地区在过去20年里加强了国际合作。这种合作——无论是国家的还是国际的、专利的还是出版的——形成了一个紧密的联系网，构成了全球创新网络。这些网络的形状一直在演变，通常是随着时间的推移增加更多的节点和联系。全球热点和专精集群内的发明家和科学家比外面的人更多地进行国际合作，特别是在科学文章方面。在过去20年里，热点地区内的科学家在科学出版物中涉及国际合作的

份额是热点地区外的科学家的三倍以上。

协作日益集中。尽管有新的网络节点及其联系，美国、欧洲和亚洲的热点地区在产出和连接方面仍然是全球网络的核心。总的来说，较大的热点地区在国内和国际上都有合作，而利基集群和较小的热点地区则主要在国家层面进行合作。例如，许多法国和英国的热点地区主要通过巴黎和伦敦与世界其他地区联系。在中国，上海、北京和深圳是最主要的联系者。然而，并不是所有的热点地区都有相同的回报。

然而，并非所有的热点地区在连接方面都有相同的相关性。美国的热点地区是连接最多的节点之一。北京、伦敦、巴黎、首尔、上海和东京的连接度也很高，但要比美国低得多。有趣的是，美国热点地区的大量发明和科学活动并不能完全解释其较高的连接性。许多其他热点地区，如东京或首尔，尽管显示出了更大或类似的科学或发明产出，却没有那么高的联系。国际合作的强度在各国之间有很大的不同。例如，印度和瑞士的热点地区具有高度的国际联系，而韩国和日本的热点地区联系较弱。在许多热点地区，国际化往往与只在本地进行的互动份额的增加相伴而生。在中国的许多热点地区，热点地区内的共同发明的数量明显增加，导致这些热点地区以外的国内和国际合作的份额下降。

（二）全球科学合作整体继续保持开放，但技术合作呈现分化趋势

近20年来，全世界主要国家的国际科技合作强度（即合作创新产出占全部产出的比重）都有不同程度的提升。

然而，德国、瑞士等欧洲发达国家的国际技术合作在经历了较长停滞之后，近期出现提升。美国则呈现下降趋势，意味着技术保护主义抬头。日本、韩国等东亚国家与其他发达经济体相比则更为保守，国际合作水平长期维持在8%以下的低水平。

中等收入经济体是跨国公司网络中的新参与者：两个主要的发展解释了这种下降。一方面，这些国家的跨国公司越来越多地将研发活动外包给中等收入经济体，特别是中国和印度，以及在较小程度上的东欧。例如，最近10年，美国跨国公司的所有国际专利中，

有超过四分之一的发明人来自中国或印度。另一方面，来自中等收入经济体的跨国公司也积极参加全球创新网络。来自亚洲、东欧、拉丁美洲和非洲的公司密集地依赖美国、西欧和中国发明人的聪明才智。由于创新中心随时间推移而移动和分散，跨国公司在寻找人才方面可能有非常不同的需求和战略，而且这些需求和战略可能随着时间的推移而改变。例如，谷歌和西门子开始将其发明活动重新集中回各自的总部。在21世纪10年代，圣何塞—旧金山占谷歌专利的54%，高于2000年代的36%。同样，纽伦堡——德国制造业公司西门子最重要的专利来源——在21世纪10年代占32%，而21世纪头10年则为27%。亚洲公司创新活动在总部的集中度甚至更高，尽管这一集中度随着时间推移略有下降。2010年代，东京和深圳—香港是索尼和华为最重要的发明来源，分别占专利的71%和81%。然而，这比前十年的83%和88%有所下降，表明创新的相对分散。

（三）跨国公司位于网络的中心

我们用专利数据揭示了位于全球创新网络中心的企业研发网络。世界各地的跨国公司越来越多地在其专利申请中列出外国发明人，这些外国发明人来自越来越多的国家。在20世纪70年代和80年代，美国公司申请的专利中只有9%有外国发明人；到21世纪10年代，这一比例已上升到38%。西欧公司也有类似的大幅增长，在同一时期从9%上升到27%。这种国际专利采购仍然主要发生在高收入经济体的公司和发明人之间。在20世纪70年代和80年代，86%的国际专利采购发生在跨国公司和来自美国、日本和西欧国家的发明人之间。然而，这一份额在2010年代下降到了56%。

那么，最近20年来，在全球技术保护主义愈演愈烈的趋势下，全球主要发达国家的跨国公司是如何调整自己的人才布局的？同时，面对发达国家的技术封锁和打压，发展中国家的企业又做出了怎样的应对？我们的统计数据表明，近10年以来，为防止技术泄露和强化总部的技术实力，谷歌、西门子、索尼等开始将研发人才从发展中国家逐步撤出并日益集中于总部所在的城市。与此相反，来自发展中国家的跨国公司的国际化进程依然在持续，不断向全球技术发达城市扩张以获取先进的知识资源。而面对美国等国家的技术封锁，华为等优秀的深圳企业业已提前进行布局，逐步将技术人员撤出硅谷等城市，并转移到靠近美国东部的波士顿、纽约等城市的渥太华和慕尼黑等，以求在规避相关风险的同时尽可能的获取海外优秀的知识资源。

第三节　全球创新网络中的中国：一些新的趋势

一　中国科技创新合作整体趋势及其动因

与主要发达国家的趋势相反，中国在国际创新合作中的总量和份额一直保持稳定增长，但合作强度持续下降。我们分析了中国以及前三名城市的科学和技术合作的总体趋势。通过将中国科技合作形式分为国际合作、国内合作、本地合作、无合作四类可以发现，中国以及这三个城市在国际、国内和地方层面都加强了科学合作，中国参与全球技术合作趋势的变化主要由北京、深圳两市驱动。然而，除了上海，北京和深圳的国际技术合作有所下降，国际合作几乎已被国内和地方合作所取代。换句话说，尽管深圳的创新者在科学知识生产方面继续寻求更多的外部（包括国际和国内）合作，但与本地供应商和客户的合作已经取代了与外国跨国公司的国际联系，成为第一合作选择。

这种差异背后有国际和国内的因素：首先，与更多的公共和编码化的科学知识相比，技术知识在本质上是更私人和隐性的，因而需要面对面的互动。因此，科学知识的生产自然具有更高的国际和国内合作强度。其次，技术复杂性的增加通常要求与当地合作伙伴进行密切的沟通[1]。最后，跨境合作通常成本很高，而且存在许多商业甚至政治风险。因此，随着深圳本土企业逐步提高本地创新能力，它们倾向于选择距离较近、成本较低的知识伙伴，并与之建立紧密联系。

---

[1]　van der Wouden, F., "A history of collaboration in US invention: changing patterns of co-invention, complexity and geography." *Industrial and Corporate Change* 29, 2020, 599–619.

二 中国创新网络的演变

创新生态系统的本质是网络结构，基于创新网络视角切入，有助于更好地理解创新生态系统中的相关问题。通过构建创新网络，不仅可以了解创新生态系统中参与者在创新网络中的结构位置，同时能根据网络结构理解参与者之间的合作与竞争等关系的产生和发展，厘清创新生态系统的演化过程。因此，社交网络分析法（Social Network Analysis，SNA）成为分析创新生态系统的主要方法。通过将复杂系统抽象为节点、边以及它们的属性，并利用社交网络分析法计算网络的各种指标，有利于解析系统特征、建立系统模型和研究系统的动态过程。通过网络的视角，可以从全局的眼光对创新生态系统中的问题进行分析。

本节从世界知识产权组织与国家知识产权局的全样本中国专利数据中经筛选清理和匹配后，建立全国跨城市专利合作数据集和全国城市内部专利合作数据集，利用该数据集对全国跨城市专利合作创新网络进行分析。

我们分析了1985—1989年以及1990—1999年全国跨城市专利合作创新网络。在1985—1989年，北京是全国专利合作的最重要核心。在1990—1999年，北京依旧是全国专利合作网络中度中心性最大的城市，另外，哈尔滨、成都、大连等也逐渐成为专利合作的重要城市。长春、深圳、贵阳、武汉和杭州等与北京开展专利合作越发密集，反映了北京与全国各地的专利合作范围进一步扩大。

从2000年开始，广州、深圳和成都等南方城市在网络中的中心行越来越突出，而北方的城市相对变少，南方逐渐成为中国专利申请的主要地区。在2010—2019年，全国跨城市专利合作网络中的连接数量较上一阶段有了大幅增长，体现出在这个阶段中，各个城市之间的合作较之前增长较快，许多城市间已形成了稳定而密切的合作关系。

从全国创新网络的结构来看，北京从1985年开始至今始终是全国创新网络的中心城市，也是全国创新能力最强的城市。北京具有强大的创新能力，积极与各城市开展专利合作，为全国其他城市输送创新资源。同时，深圳等南方城市的创新能力越来越突出，逐渐成为全国的创新核心城市。

从全国创新网络的发展趋势来看，中国的创新网络规模在不断扩大，至今全国已有50%的城市参与专利合作活动，并且城市的数量还在不断增加，体现出参与中国各城市对于专利申请的积极性，同时也反映出全国各城市的创新能力都在不断增强。

第四节　小结

从空间的维度进行观察，我们发现，近百年的创新版图正以一种近乎悖谬的方式发展着。一方面，全球科学知识和创新的形成越来越全球化，但另一方面，却日益向少数几个地区热点城市集中。新的参与者，特别是亚洲国家诞生了越来越多的科学研究和发明，而这些曾经几乎只是少数富裕经济体的专属领域。而与此同时，科学研究和发明也在向着更广阔的国际社会扩散，伴随而来的现象是，在国家层面，创新活动日益集中在少数人口稠密地区。这些城市地区成为充满活力的创新生态系统，例如美国旧金山的硅谷或最近跃升为全球创新热点区域的中国深圳—香港集群。

与此同时，这些创新热点区域连接日益紧密。在这一崭新的创新图景中，全球范围内的创新日益相互交织在一起。前沿的科学发现和复杂的技术突破往往由日益庞大的团队跨国协作产生。其中，跨国公司在全球创新网络的形成和演化中依然扮演了主要的角色，但来自新兴国家和地区的创新者和热点区域也日益走到了国际创新网络的核心。

经验证据同时表明，全球经历了从跨国公司的生产活动所主导的全球生产网络（GPN）、到以贸易为纽带的全球价值链（GVC），再到最近几十年来由来自各个地区和国家的企业和创新者彼此合作，最终带来了全球创新网络（GIN）的形成。

通过聚焦全球创新网络中的中国在科学发现和发明中的新趋势，我们发现，尽管中国科学和技术合作在总体上仍在扩大开放，但已开始呈现出技术国际合作比重不断下降，而本地和国内合作日益强化的趋势。深圳和北京两个城市主导了这一趋势的出现。

这一趋势出现的主要原因：一是20世纪70年代以来，交通运输成本和关税壁垒下降带来的红利日益消失，同时，服务贸易成为全球贸易的主要形式，且越来越具有本地化和不可交换的特征。二是随着部分国家日益接近技术前沿，可以模仿和复制的技术日益枯竭。同时随着尖端技术复杂性的提升，突破性技术创新越来越依赖科研人员面对面的观点碰撞和交流，因而日益呈现本地化特征。三是随着发展中国家的集群技术实力增强，与国内和本地的连结日益紧密，对国际技术交流形成了一定替代。

本章的发现具有重要的政策启示。

首先，经济学的理论表明，追求创新的开放合作带来了共同的收益。WIPR2019所描绘的全球创新地理版图对政策制定意味着什么？我们认为，全球创新网络的发展依赖于有利于开放和国际合作的政策，但这不应该被视为理所当然，特别是在公众对全球化的好处越来越怀疑的情况下。经济学理论为知识的自由交流提供了很好的依据：它促进了世界各地不同创新集群的专业化，导致了更有效和多样化的知识生产。同时，知识的公益性质也加强了开放创新的好处：如果知识流动在国外产生经济效益而不减少国内的经济效益，那么开放必然会带来共同的收益。从理论上讲，在某些情况下，对贸易和知识流动的战略限制可能有利于经济体的增长路径。然而，高收入经济体在过去几十年的经验表明，新技术知识的流动总体上具有积极的影响。

其次，研发生产力的下降强化了全球进一步扩大科技合作的理由。与此同时，持续推动技术前沿的发展正变得异常困难。证据表明，实现与过去相同的技术进步水平需要越来越多的研发投入和努力。研发生产率的下降要求不断增加对创新的投资。同时，为日益复杂的技术问题寻找解决方案也呼吁科技协作和开放创新，需要更大的研究团队和更多的专业化研究，而这两者都可以通过开放性和国际合作来促进。

最后，促进科技创新的国际合作是解决日益扩大的全球和地区差异的有效手段。过去几十年当中，一个令人担忧的趋势是国家内部收入、创新活动和高技能就业及工资的地区间两极分化日益严重。一方面，开放创新可以有效加强对冠军地区的吸引力：正如WIPR2019所表明的那样，嵌入全球创新网络的最有活力的创新热点，往往位于国家内部最富有的都市群中。而另一方面，区域支持和发展政策可以在帮助落后地区方面发挥重要作用。虽然这些政策难以扭转成功地区的引力，但它们可以促进创新驱动的增长，使整个经济体受益。

值得注意的是，促进科技创新的国际合作政策包括了许多方面的内涵：它包括对跨国创新投资的激励以及促进创新者更容易地在国际上开展业务的相关政策。最终，政府可以集中资源，去资助那些超出国家预算或需要不同国家技术合作的大型科技研发项目。

因此，我们提出，有必要对各地的创新生态系统及其在全球创新网络中的嵌入进行深入研究，探索特定地区，特别是发展中国家和地区的技术发展轨道，及其背后的区域创新生态系统的特色和对全球创新网络互动带来的影响等。本书对于深圳这一迅速崛起的全球热点城市的创新发展历程的分析就是其中的探索之一。

同时，在人类不断面临诸多全球性挑战、全球研发效率日益下降、技术复杂性不断增强、全球北方和全球南方、区域之间经济发展水平差异日益扩大的今天，扩大创新的国际合作是解决人类面临的重大挑战、实现可持续的经济增长、缩小区域差距的重要的解决途径之一。

第二章　全球创新网络中的深圳[*]

在过去的40年里，深圳从一个籍籍无名的小渔村快速发展为今天的亚洲第五大城市，是世界经济史上的一个奇迹。作为一个几乎没有资金、技术和技能的地区，深圳是如何实现这样的赶超的？有哪些因素驱动了深圳的创新增长？全球创新深圳的技术轨迹是如何演变的？深圳的创新生态系统具有怎样的特点？深圳的本地创新生态系统、全球价值链和全球创新网络各自在深圳的赶超中扮演了怎样的角色？

本章基于丰富的专利和科研论文数据，通过大量统计分析表明：深圳实现赶超的关键因素之一是深圳抓住了全球产业从资本密集型向劳动密集型国家或地区重新配置的历史机遇，从低端的代工活动活动进入全球产业链，并逐步通过OEM进入高端的ODM和OBM活动。这种通过沿着全球价值链攀升实现的工业化进程，标志着深圳的第一次飞跃，而且这一过程仍在继续。第二次飞跃是深圳从模仿者到自主创新者的转变。通过这一转变，深圳成为全球创新中的重要技术领导者，而不是单纯的追随者。由此，深圳成功地从劳动密集型转为资本密集型再到知识密集型经济。

第二个重要因素是深圳成功构建了以本土民营企业主导的富有活力的创新生态系统。与北京、上海等城市相比，深圳的比较优势在于现有知识的商业化和民营企业对市场需求的快速反应。这些民营企业在早期阶段就接触了来自发达国家的跨国公司和附近港澳台

---

[*] 本章为联合国世界知识产权组织（World Intellectual Property Organization，WIPO）数据分析司创新经济学处与哈尔滨工业大学（深圳）经济管理学院合作研究项目——"探索发展中国家的区域创新生态系统：来自深圳的经验"的衍生成果。本章作者：尹德云，[瑞士] 胡里奥·拉福（Julio Raffo），唐杰。

企业的先进管理和技术知识，同时，来自香港和其后来自北京的丰富科学知识资源为商业化提供了必要的知识输入。这些民营企业在深圳由单纯的模仿者到自主创新者的转变中发挥了主导作用。

第一节 四十年的经济发展

一 从要素驱动到创新驱动型增长：深圳赶超的四个阶段

在过去的 40 年里，中国实现了经济的迅猛增长并跃升为世界第二大经济体，人均 GDP 从 1980 年的 340 美元上升到 2015 年的 8254 美元[1]。中国将经济增长转化为对研究和开发（R&D）的更高投资。自 2014 年以来，中国上升为第二大研发支出国，并不断缩小与美国的差距[2]，虽然略低于经合组织国家的平均水平，但研发强度已经超过了欧盟，并继续上升。对创新的持续投入使中国成为 2019 年 PCT 专利的世界第一申请国[3]。许多学者甚至称，中国已经成功地从"制造大国"转型为"创新大国"[4]。

中国举世瞩目的经济增长和产业升级是由其两个历史上最有活力的城市中心——北京和上海——所引领的。由图 2-1 可见，在过去的 20 年里，深圳在经济和创新方面都大幅度地赶上了这两个中国顶级大城市[5]。自 1992 年以来，深圳的人均 GDP 已经超过了北京和上海，成为中国排名第一的城市。2019 年深圳的人均 GDP 已达到了 30000 美元。

深圳近 40 年来的演变是中国发展的一个缩影。它也显示了成功的创新政策如何促进区域的经济增长和发展。深圳的发展可以分为

---

[1] 世界银行数据，以 2010 年不变美元表示。
[2] OECD, *Main Science and Technology Indicators*, OECD, 2014.
[3] 资料来源：https://www.wipo.int/pressroom/en/articles/2020/article_0005.html。
[4] Shang-Jin Wei, Zhuan Xie, and Xiaobo Zhang, "From 'Made in China' to 'Innovated in China': Necessity, Prospect, and Challenges." *The Journal of Economic Perspectives*, 2017, pp. 49-7.
[5] 资料来源：Fu Jun, "The Story of Spring–Shenzhen: An Instant City", March 17, 2021, https://www.isscad.pku.edu.cn/research/casestudies/512946.htm。

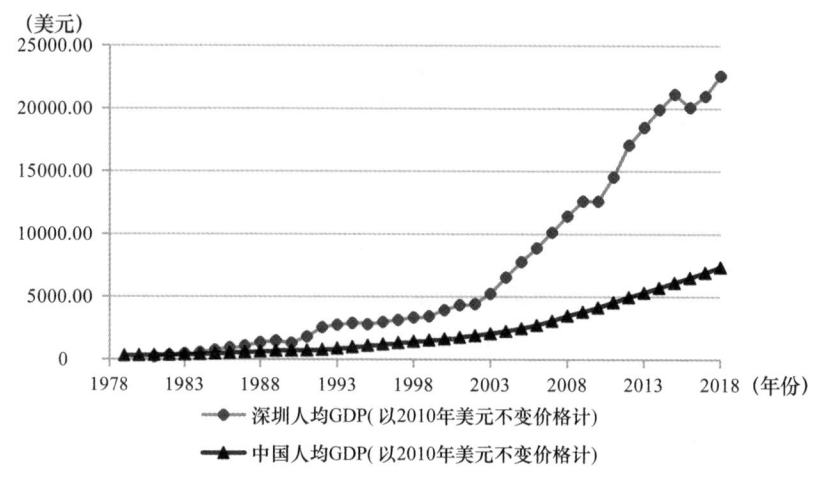

图 2-1　深圳工业化和发展的方程

中国和深圳的人均 GDP，以 2010 年不变美元计算。

数据来源：世界银行和《深圳统计年鉴》。

以下三个阶段。

第一阶段大致开始于 20 世纪 70 年代末和 20 世纪 80 年代初。在国家层面，它与中国 1978 年的国家改革开放政策相吻合。深圳在 1980 年被批准成为第一个经济特区，并在 1981 年升级为副省级城市。自经济特区成立至 1985 年，深圳经历了"套利时代"，即依靠优惠政策，通过价格改革实现的中央计划经济与市场经济之间的价格差异来获取利润。此后，这个小渔村开始了快速的工业化和城市化进程。深圳转变为一个以原始设备组装（OEA）制造商为主导的工业区，这些制造商加工进口原材料、零部件和必要的配件，然后将成品再出口，这种模式被称为"三来一补"。因此，深圳最初参与全球价值链是通过低端的劳动密集型制造业，如纺织、玩具、服装和电子产业等。

1992 年邓小平南方谈话拉开了深圳第二个发展阶段的序幕。鼓励当地决策者加快中国的市场化改革和开放进程，并继续进行政策试验。虽然经济仍在快速增长，但深圳地方政府意识到出现了一些潜在的问题和挑战。首先，由于大多数沿海地区拥护开放政策，并通过学习深圳的实验建立自己的经济特区,深圳经济特区因此不再享有以前的优惠待遇。换句话说,深圳经济特区已不再那么特殊了。其次,由于"三来一补"模式通常由低附加值的企业和具有严重安全风险的重污染企业组成,它几乎不能维持深圳未来的经济增长。此外,当时的基础设施也将扼杀深圳的进一步发展,如狭窄的道路和不稳定的供水。深圳政府推出了一系列措施,旨在建立一个以服务为导向的政府,并改善城市的基础设施,以吸引更多的外国和港澳台企业。在这些措施中,最突出的是广东省政府提出的"腾笼换鸟"政策。这个比喻生动地描述了产业升级政策,将"三来一补"企业迁出,为外国直接投资和高科技公司腾出空间。这一政策开启了深圳从低附加值的 OEA(原始设备组装)向 OEM(原始设备制造)升级以及与外国和港澳台公司的合资企业的系统性转变。同时,深圳政府还制定了创新政策,在学习国外技术的同时促进本土创新。因此,资本密集型产业逐渐取代了劳动密集型产业,成为深圳经济的主导形式。到这一时期结束时,深圳形成了领先的信息和通信技术(ICT)产业集群,拥有世界上最全面的 ICT 供应链系统。从低成本制造到高附加值活动的成功转型,以及紧密联系的信息通信技术集群的形成,使深圳企业得以共同攀登全球价值链的阶梯。

第三阶段,2006 年至今,其特点是深圳的自主创新的能力不断提升。第二阶段建立的突出的技术能力,为其从模仿者到创新者的跨越式产业转型铺平了道路。这与中国的国家科技政策相呼应,中国的国家科技政策旨在减少对外国技术的依赖,并从 2006 年起提高国内创新能力[1]。在这个阶段,为了从全球价值链中获取更高的回报,深圳企业开始了 ODM(原始设计制造),甚至进行 OBM(原始品牌制造)创建自己的品牌,大量投资并进行自主的研发活动。因此在短短 10 年内,深圳的高科技企业数量从几百家上升到几万家。华为、中兴、腾讯、平安保险(集团)、恒大集团等 7 家深圳企业入选世界 500 强。这一转变与以华为和中兴为首的深圳本土公

---

[1] Yang, C. ed., *Evolution of regional innovation systems in China: insights from emerging indigenous innovation in Shenzhen*, in: Chapters. Edward Elgar Publishing, 2016, pp. 322 - 333.

司开始广泛使用知识产权（Intellectual Property，IP）来保护它们的发明密切相关。

二 是什么驱动了深圳的经济增长？

深圳从技术追随者转变为自主创新者，并形成了中国城市中复杂度最高的 ICT 集群。那深圳为什么能在 20 年内实现这样的转变？研究发现，深圳创新增长背后有几个关键互补的因素在发挥作用。

第一，它与邻近的香港在地理上的接近和产业上的互补性[①]。事实上，深圳和香港因其互补性而受益匪浅，刺激了两个城市之间的紧密合作和协同效应。香港拥有众多知名大学，是全球金融中心。这有助于建立科学知识库，是通往风险资本和国际管理人才的门户，支持深圳不断发展的制造业的需求。相反，深圳的综合制造系统为香港企业家和初创企业的创造力提供了一个理想的地点，使其能够以更低的成本更快地实现和商业化[②][③]。

第二，与深圳充足的熟练劳动力的供应有关[④]。与硅谷类似，深圳是一个移民城市。这意味着，作为一个年轻的城市，深圳没有历史负担，没有既有利益集团。经济发展初期，来自香港或是经由香港的外商直接投资，为深圳的发展提供了特殊且丰富的资金支持。此外，来自外地的年轻移民，以及高技能的归国人员，要么被大公司吸引，要么探索创业机会，共同构成了一个充满活力的创新和创业生态系统。同时，华为和腾讯等大公司在吸引和培养研发和创业人才方面发挥了关键作用，为促进本地创新生态系统的良性循

[①] Shen, J., "Not quite a twin city: Cross-boundary integration in Hong Kong and Shenzhen." *Habitat International*, 42, 2014, pp. 138-146.

[②] Motohashi, Kazuyuki. "The Regional Innovation System in China: Regional comparison of technology, venture financing, and human capital focusing on Shenzhen." *Research Institute of Economy*, Trade and Industry (RIETI), 2018.

[③] Kerr William R., RobertNicoud Frederic, "Tech Clusters". *The Journal of Economic Perspectives*, 34 (3), 2020, pp. 50-76.

[④] UN-Habitat, *Global Urban Competitiveness Report* (2019-2020), UN-Habitat, 2020.

环做出了贡献①。

第三，事实证明，深圳创新生态系统背后的体制因素在促进创新方面也发挥了极为重要的作用②③④。为了支持中国第一个经济特区，中央政府给予深圳高度的决策自主权和许多吸引外资的优惠待遇，包括税收优惠、低价土地使用权、免税进口原材料等⑤⑥。同时，深圳的地方政府政策和制度创造了一个以公平竞争和法治为基础的营商友好和市场驱动的环境。深圳政府不断努力改善其创新生态系统，为民营部门提供高效的服务，建立研究基础设施、研发补贴和风险投资机制，吸引了大量高质量的高等教育机构和人才。

第四，为了克服缺乏先进研究机构的制约，深圳孵化出了新型的科研机构，其特点被概括为"四不像"。"四不像"是以市场为导向进行研究的孵化器和研究所，结合了大学、研究机构、企业和政府的力量⑦。从清华大学深圳研究院、哈尔滨工业大学深圳研究院和鹏城实验室开始，这种新型的研发机构已经成为引领整个中国研发的一个新模式。

第五，最新的研究也分析了外国直接投资和深圳融入全球生产

---

① Motohashi, Kazuyuki. "The Regional Innovation System in China: Regional comparison of technology, venture financing, and human capital focusing on Shenzhen." *Research Institute of Economy*, Trade and Industry (RIETI), 2018.

② Chen, Xiangming, Taylor Lynch Ogan., "China's emerging Silicon Valley: How and why has Shenzhen become a global innovation centre", *European Financial Review*, 2017, p. 55.

③ Lai, Hsien-che, Yi-chia Chiu, and Horng-der Leu, "Innovation capacity comparison of China's information technology industrial clusters: The case of Shanghai, Kunshan, Shenzhen and Dongguan", *Technology Analysis & Strategic Management*, 17.3, 2005, pp. 293–316.

④ Jie Tang ed., *Shenzhen: From Labour-Intensive to Innovation-Driven Economic Growth*, Oxford: Oxford University Press, 2014.

⑤ 资料来源：Fu Jun, "The Story of Spring-Shenzhen: An Instant City", March 17, 2021, https://www.isscad.pku.edu.cn/research/casestudies/512946.htm。

⑥ World Bank, *Building Engines for Growth and Competitiveness in China: Experience with Special Economic Zones and Industrial Clusters*, World Bank Publications, 56447, 2010.

⑦ Wang, C., & Wang, L., "Unfolding Policies for Innovation Intermediaries in China: A Discourse Network Analysis", *Science and Public Policy*, 44 (3), 2017, pp. 354–368.

网络（GPN）如何促进本地企业的技术赶超[1][2][3]。作为中国面向世界的南窗口，深圳连接全球和国内市场的独特地位使其能够利用双方的资源促进快速工业化进程。

三 探索深圳的创新增长的动因：来自创新生态系统和全球创新网络的新证据

虽然上述研究提供了许多关于深圳迅速成功完成工业化进程的关键见解，即关于它如何从第一阶段到第二阶段演变为全球领先的信息和通信技术制造中心，但还有一个问题仍然不清楚：深圳如何在第三阶段从低端制造业集群成长为如今的全球领先的创新热点城市？作为一个技术追随者和缺乏本地科学知识的城市，如何能成为本土创新的热土？创新在深圳兴起的主要渠道是什么？

本章认为，深圳的成果转型升级与其充满活力的本地创新生态系统以及其深度融入全球产业链（GVC）和全球创新网络（GIN）并不断升级是密不可分的。

当前，全球创新已由单点式、线性化、程序化的创新特点转变为网络化、空间化、动态化的创新生态系统[4][5]。创新生态系统概念的提出，体现了创新研究的一次范式转变，即由关注系统中要素的构成向关注创新主体之间、要素流动和环境间的动态过程转变。与

---

[1] Boy Lüthje et al. , eds. , *From Silicon Valley to Shenzhen: Global Production and Work in the IT Industry*, Lanham: Rowman & Littlefield Publishers, 2013.

[2] Kerstin J. Schaefer, "Catching up by Hiring: The Case of Huawei. " *Journal of International Business Studies*, February 16, 2020, pp. 1 – 16.

[3] Yang, Chun. "Strategic coupling of regional development in global production networks: redistribution of Taiwanese personal computer investment from the Pearl River Delta to the Yangtze River Delta, China. " *Regional Studies*, 43. 3, 2009, pp. 385 – 407.

[4] Frenkel, A. , &Maital, S. eds. , *Mapping National Innovation Ecosystems: Foundations for Policy Consensus. Edward Elgar Publishing*, 2014.

[5] Lundvall, Bengt‐Åke, "National Innovation Systems—Analytical Concept and Development Tool. " *Industry and Innovation*, 14. 1, 2007, pp. 95 – 119.

此同时，全球创新主体通过复杂的贸易①、研发合作②、人才流动③、风险投资等渠道④，已经形成了密集的全球创新网络⑤。区域创新生态系统模型中的子系统内部和子系统之间、区域与外部区域之间频繁地互动，会促进知识、资源和人力资本的持续流动和交换。区域创新生态系统及其与外部的关联直接反映了区域创新要素聚集与知识流动的状态，由此，基于区域创新生态系统和全球创新网络视角，探究区域内突破性创新的产生以及技术复杂度升级的路径，有助于优化区域创新科技政策，推进区域创新生态系统活力进一步释放，进而驱动区域经济高质量发展。

因此，在借鉴创新生态系统、全球创新网络、技术赶超理论⑥以及本土创新理论⑦⑧等文献的基础上本文试图从技术专业化、本地创新生态系统、嵌入全球创新网络这三个角度分析深圳的技术发展轨迹：

更具体地说，本书试图回答以下研究问题。

第一，在过去的40年里，深圳的技术轨迹是如何演变的？

第二，深圳的创新生态系统的主要特点是什么？与其他领先的创新热点地区，如硅谷、北京和上海，有什么不同？谁是主要的研

---

① Ascani, Andrea et al., "Global networks, local specialisation and regional patterns of innovation." *Research Policy*, 49.8, 2020, 104031.

② Barnard, Helena, and Cristina Chaminade, "Global Innovation Networks: what are they and where can we find them?", CIRCLE – Centre for Innovation Research, Lund University, 2011.

③ Engel, Jerome S., and Itxaso del – Palacio. "Global networks of clusters of innovation: Accelerating the innovation process." *Business horizons*, 52.5, 2009, pp. 493 – 503.

④ OECD, "The Links between Global Value Chains and Global Innovation Networks: An Exploration." *OECD Science*, Technology and Industry Policy Papers, April 10, 2017.

⑤ WIPO, *World Intellectual Property Report* 2019: *The Geography of Innovation: Global Hotspots, Local Networks*. World Intellectual Property Organization, Geneva, 2019.

⑥ Keun Lee ed., *The Art of Economic Catch – Up: Barriers, Detours and Leapfrogging in Innovation Systems*, Cambridge: Cambridge University Press, 2019.

⑦ Fu X, Pietrobelli C, Soete L, "The Role of Foreign Technology and Indigenous Innovation in the Emerging Economies: Technological Change and Catching – Up." *World development*, 39 (7), 2011, 1204 – 1212.

⑧ Yang, Chun, "Evolution of Regional Innovation Systems in China: Insights from Emerging Indigenous Innovation in Shenzhen." *Handbook on the geographies of innovation*, Edward Elgar Publishing, 2016.

发主体，它们之间是如何互动的？在本地民营部门中，大公司、中小企业和初创企业的作用是什么？在公共部门，大学、研究机构和知识中介机构的作用是什么？

第三，创新生态系统及其连接对一个城市的技术追赶和升级有什么作用？

第四，政府政策在深圳的追赶过程中发挥了什么作用？深圳可以为发展中国家和地区的经济增长提供哪些经验？

为了回答这些问题，我们对深圳与整个中国以及中国其他两个最具创新性的城市——北京和上海的特点进行了一系列的比较。

本章利用的详细书目知识产权单位记录数据来自 WIPO 知识产权统计数据库、EPO PATSTAT 以及中国国家知识产权局（CNIPA）的数据库。科学出版物数据是由 Clarivate Analytics 运营的 Web of Science 的 Science Citation Index Expanded（SCIE）中 1998 年至 2017 年的记录。此外，本章还采用了经合组织（OECD）、世界银行和深圳市统计局发布的《深圳统计年鉴》中的其他相关经济数据。

本章的结构如下：第二节从科技产出、投入和技术轨道的角度概述了深圳自 1980 年以来的创新增长历程。第三至五节分别从研发投入、深圳嵌入全球创新网络和深圳本地创新生态系统的角度来解释深圳技术创新的发展。最后一节总结了研究发现，并探讨了深圳的政策经验。

第二节　深圳在全球创新版图中的位置变迁

在 21 世纪头 10 年，深圳是中国内地首个跻身全球技术创新网络前 30 重要节点的城市，到 21 世纪 10 年代，又成功实现了由全球创新网络边缘向核心的巨大跨越。到 2017 年，深圳—香港集群已成功跃升为仅次于东京—横滨集群的全球第二大创新集群，在全球创新网络中的地位不断攀升。

一　从跟跑到并跑与领跑：深圳由模仿者升级为创新者

如今，创新被广泛认为是深圳奇迹的主要动力。然而，即使是像深圳这样一个发展速度惊人的城市，也不会在一夜之间成为创新中心。在深圳工业化的早期阶段，几乎没有任何创新活动（图2-2）。更广泛地参与全球价值链，使深圳企业能够获得一些体现在产品中的国外先进技术。这种长期而缓慢的对外国和港澳台企业生产的学习过程，给深圳带来一些零星的国内专利申请。后来，中国在2001年加入世界贸易组织（World Trade Organization，WTO），使中国更广泛地接触到外国技术，加速了国内企业的学习过程。因此，深圳的技术繁荣在第二阶段末开始，在第三阶段爆发。2006年，深圳人均GDP达到1万美元，国内发明专利年申请量超过1万件，深圳开始申请更多的国际专利，表明这个城市已经初步融入了全球创新网络。

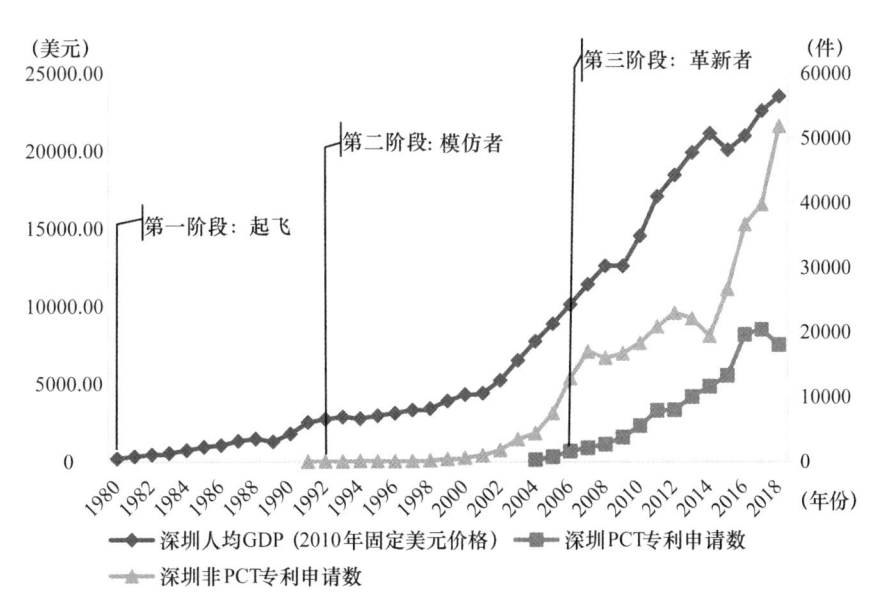

图2-2　1980—2018年深圳人均GDP和专利申请量的变化情况

数据来源：《深圳统计年鉴》，中国知识产权局，WIPO-IES专利数据库。

深圳名字的缩写——SZ，与"山寨"的首字母相同，其字面意思是通过模仿制造出的，价格低但质量更低的产品。一段时间以来，正如这一讽刺性的巧合所表明的那样，深圳的产品是山寨的代名词。然而，尽管"山寨"被广泛嘲笑和批评，它却往往是一个相对落后的地区实现增长的重要的甚至必要的阶段。

仔细观察中国的创新历史和专利质量，将有助于我们理解"山寨"阶段的价值。

创新被广泛接受为现有方法的新组合。因此，我们通过筛选CNIPA专利数据库中所有IPC类别的新组合，确定具有高度原创性的专利。因此，如果一项专利包含首次在专利中出现的IPC类别，或首次在同一专利中组合的两个IPC类别，则该专利被归类为原创的或新颖的。为了避免所有的新颖专利都集中在数据集的早期阶段，我们将所有在前五年出现的IPC类作为一个集合，并排除在外。

从中国三个最具创新能力的城市的新颖专利量的演变可以看出，这些城市的技术创新都经历了一个从低水平的原创性到高水平的提升过程。第二阶段通过干中学和边模仿边学习获得的知识和技能，为企业成为真正的创新者做了充分的准备。正如大量高原创性专利的爆发所示，深圳已经从模仿者演变为自主创新者，从技术追随者演变为第三阶段末期的创新领导者。

知识复杂度（Knowledge complexity）是衡量一个城市技术能力和技术比较优势的另一个重要维度[1][2]。我们基于国家知识产权局的发明专利数据和Hidalgo等的双峰网络模型，借鉴了Balland（2017）提出的方法构建了中国各城市的技术复杂性指数（Knowledge complexity index，KCI）。

技术复杂性的计算方法如下。

首先，每年建立一个城市—技术网络，城市数量用c表示，用t表示根据IPC分类号划分的技术类别数量，其中每个节点$X_{a,b}$表示的是城市a中获得授权技术类别b的专利数量（a = 1，2，⋯，c；b = 1，2，⋯，t）。

技术复杂度衡量的范围是该城市中拥有的相对优势的技术类型，

---

[1] Balland P A, Rigby D, "The Geography of Complex Knowledge." *Economic Geography*, 93 (1), 2017, pp. 1 – 23.

[2] Hidalgo C. A. & Hausmann R., "The Building Blocks of Economic Complexity." *Proceedings of the National Academy of Sciences*, 106 (26), 2009, pp. 10570 – 10575.

即 RTA>1 的技术类型。由此构建矩阵 Ma, b, 表示的是技术 b 是否在城市 a 中具有相对优势。其中，城市的度数中心性（Ka, 0）表示某个城市拥有相对技术优势的技术数量，代表的是城市多样性（Diversity），而技术的度数中心性（Kb, 0）表示拥有某种技术类别具备相对技术优势的城市数量代表的是技术普遍性（Ubiquity），其公式如下：

$$Diversity = K_{a,0} = \sum_b M_{a,b} \qquad (1)$$

$$Ubiquity = K_{b,0} = \sum_a M_{a,b} \qquad (2)$$

经过 n 次迭代的城市多样性和技术普遍性的所得的最终整合指标即城市技术复杂度，其公式如下：

$$KCI_{cities} = K_{a,n}, = \frac{1}{K_{a,0}} \sum_b M_{a,b} K_{b,b-1} \qquad (3)$$

$$KCI_{tech} = K_{b,n}, = \frac{1}{K_{b,0}} \sum_a M_{a,b} K_{a,a-1} \qquad (4)$$

我们的统计数据显示，从第二阶段的简单技术开始，深圳企业已经逐渐掌握了生产更复杂技术的技能。

其次，我们通过结合技术新颖性和复杂性指数，比较了中国所有城市的技术复杂性的相对位置。我们的结果表明，深圳在全国城市的技术复杂度方面排名第一，在新颖性方面排名第三。

二 深圳的技术轨道变迁：通往全球领先的 ICT 产业集群之路

相对专业化指数（RIS），又称巴拉萨指数[①]被广泛用于衡量一个国家或地区的显性技术优势[②]。它的计算方法是该地区在某一技术类别中的专利产出份额与同一技术类别在整个样本中的份额之间的比率。

与 RSI 中全球四大创新热点的国际比较显示，深圳—香港在发展 ICT 硬件产业的国际比较优势方面，走了一条与硅谷相当类似的

[①] Bela Balassa, "Trade Liberalisation and 'Revealed' Comparative Advantage." *The Manchester School*, 33.2, 1965, pp. 99-123.

[②] Soete L, "The Impact of Technological Innovation on International Trade Patterns: The Evidence Reconsidered." *Research Policy*, 16 (2), 1987, pp. 101-130.

技术道路。唯一不同的是深圳在ICT领域的专业化程度更加明显。同时，与这些世界领先的热点城市相比，深圳在医药和半导体行业的多元化程度较低或相当薄弱。

让我们仔细看看深圳的技术轨迹是如何演变的。

在第一阶段，深圳进入了全球价值链。在这个阶段，虽然国内几乎没有任何研发活动，但深圳企业在为外国企业和港澳台企业进行组装和加工时，开始获得先进技术。当时，外国的尖端技术大多体现在消费品（如家电和服装）和电子产品中。

在第二阶段结束时，深圳出现了两个新的国际竞争领域——ICT和视听技术。一场快节奏的追赶开始了。因此，在第三阶段，深圳ICT产业的RSI指数甚至超过了硅谷，这表明深圳形成了具有全球竞争力的ICT产业集群。

深圳的技术状况进一步证实了这一结论。我们的统计数据表明，深圳的专利主要集中在ICT和ICT相关技术，如仪器和光学。深圳在ICT技术方面的高度专业化，以及向许多ICT相关技术的多样化，为其向创新驱动型经济升级提供了后盾。

然而，深圳的本地科学知识基础似乎对其技术发展和基于科学的突破性创新提供了有限的支持。深圳本地科学研究大部分集中在生命科学、化学和物理学，而与信息通信技术相关的学科，如计算机科学和工程，则要弱得多。

第三节　密集的研发投资为深圳的创新增长提供燃料

众所周知，新兴技术在研发过程需要高风险和高金额的长期研发投入，然而一旦研发成功带来的是数百倍的回报和收益，其中就蕴含着全新行业和突破性创新诞生的可能性，而突破性创新是实现技术领跑的立足之点，是关键技术不再受制于人的关键。然而，由于知识的公共品属性，科技研发具有很强的外部性，这导致了民营部门往往对科研投资不足，这就需要政府加大对研发活动、特别是对基础科学研究的投入。同时，尽管那些具有高回报性质的研发从长期来看其社会效益远远大于私有效益[①]——Fink（2022）发现新冠肺炎疫苗的社会效益高达70.5兆亿美元，远超其私有效益的887倍[②]，但这部分活动往往同时又具备高风险、高投入、需要长期投入且短期难以见效等特征，这就对政府的科技投入的相关知识、布局策略、配置效率、甚至远见和耐心都提出了很高的要求。

值得注意的是，近年来，随着国际贸易和技术保护主义的兴起[③]，全球范围内全要素生产率增长持续低迷，并导致了全球包括我国经济增长的放缓。这一趋势的出现，与全球技术复杂性不断攀升[④]、摩尔定律日益趋向极限并即将失效、具有突破性和革命性的新观念越来越难以出现、研发投入产出比不断下降等过程密切相关[⑤][⑥]。

自改革开放至今，中国特别是深圳的科技创新不断进步，实现了从跟跑到并跑、甚至到了部分企业、部分行业领跑的巨大转变。在远离全球技术前沿的跟随、模仿阶段，由于试错成本小，后发国家和企业以较少的投入就可以获得高额的产出。然而，随着深圳企业日益走向全球技术前沿，在研发进入了从0到1的无可跟随、无从模仿的"无人区"后，便需要更多的奇思妙想、摸索试错，也就可能带来投入产出效率的下降。这就对本地的基础科学知识供给、对于人力资本素质、特别是高素质的创新创业人才提出了更高的需求。但与此同时，深圳经过40年的积累和漫长的学习过程，已经形成了全球规模最大的ICT硬件研发—制造集群，因此，我们预计，

---

① Bronwyn H. Hall, Jacques Mairesse, and Pierre Mohnen, "Measuring the Returns to R&D." *Handbook of the Economics of Innovation*, Vol. 2. North - Holland, 2010, 1033 – 1082.

② Carsten Fink, "Calculating Private and Social Returns to COVID – 19 Vaccine Innovation," *WIPO Economic Research Working Paper Series*, April 6, 2022.

③ The Economist, "Globalisation Has Faltered." *The Economist*, January 24, 2019.

④ WIPO, *World Intellectual Property Report 2019 - The Geography of Innovation: Local Hotspots, Global Networks*, Chinese version, WIPO, 2019.

⑤ Nicholas Bloom et al., "Are Ideas Getting Harder to Find?" *Working Paper*, Working Paper Series, September 2017.

⑥ Deborah Strumsky and José Lobo, "Identifying the Sources of Technological Novelty in the Process of Invention." *Research Policy*, 44.8, 2015, pp. 1445 – 1461.

在深圳的科技研发面临新的挑战的同时，也可能出现研发成果的"聚变"——强大的集群效应、富有韧性的产业链、企业与科研院所的长期合作中形成的对科研成果的迅速转化能力将产生强大的协同作用，形成1+1远远大于2的效果。

因此，科学评估深圳过去10年科技投入的构成、科技产出的绩效、科技投入产出的效率和发展趋势，深刻理解影响这些科技投入产出效率、特别是那些高投入、长期投入、高风险、和高回报的新兴技术和突破性技术的产生的因素，总结深圳科技创新发展的经验和教训，及时发现科技创新政策和产业政策存在的问题，是深圳推动技术变革和经济转型的关键，是深圳提升区域竞争力和影响区域竞争格局的重要议题，不仅具有重要的学术研究意义，还具有重要的决策咨询意义。有助于为深圳市鼓励企业加大研发投入和发展基础研究的相关政策提供理论指导和支撑，研究成果亦能有效指导深圳下一步的科技研发布局与投入，有助于深圳优化科技投入结构、完善激励机制、充分调动和发挥高等院校和科研院所的积极性；有助于打开高投入、长期投入、高风险、和高回报的新兴技术的生产黑匣子，呵护全新行业和颠覆式创新的诞生源头，更好地培育突破性创新、高价值创新的创造；有助于打造新的区域经济增长极，优化创新创业环境，保持"创新创业之都"活力源源不断，加速深圳创新创业企业蜂聚式增长，对于深圳更快更好地迈进现代化国际化创新型城市之列、进一步激发创新驱动转型升级的引领作用具有重要意义。

深圳杰出的创新产出与第二阶段开始的创新力度的大幅提升有关（图2-3）。如图2-3的研发/GDP比率所示，深圳的创新强度在20世纪90年代末超过了全国平均水平。到21世纪初，深圳成为继超过上海之后的第二个中国城市。在当前时期，这三个城市保持着中国创新引擎的地位，但深圳，特别是上海，似乎缩小了与北京的一些差距。

近10年来，深圳研发经费总额逐年递增，2020年达到1510.8亿元，R&D经费投入强度首次"破5"，高达5.46%，远远超过全国平均水平的2.4%（见图2-4，左图），位居全国第二。规模以上工业企业全年科技投入达2152亿元，科技活动人员总量在2013年经历了缓慢下降之后，在2018年开始实现了大幅跃升，在2020

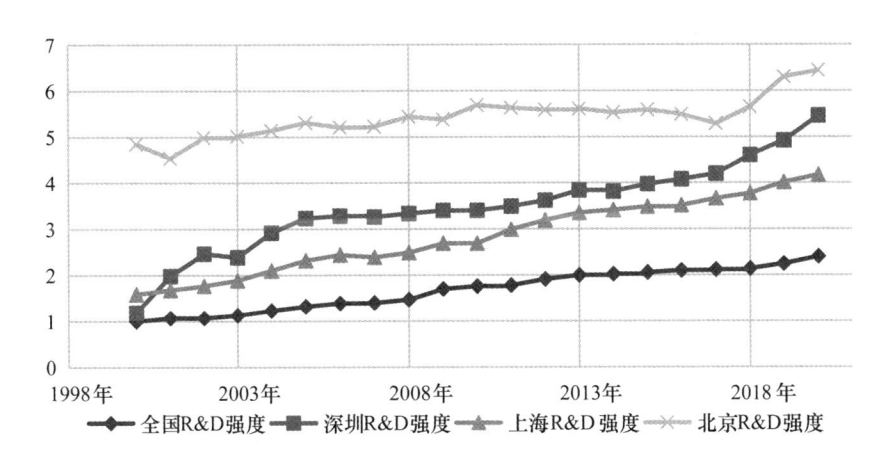

图2-3 深圳与特定国家和地区的创新强度（研发支出/GDP，百分比）

数据来源：世界银行；经合组织主要科学和技术指标，中国统计年鉴，以及北京、上海和深圳的统计年鉴。

年总量达到49.56万人，分别是2011年的3.46倍和2.07倍。这一系列投入培育了中小微企业的创新活力、协助深圳企业打造了完整创新生态链全过程，有效促进了创新集聚的集群效应、增强了公共知识的积累、加固了产业链的创新关联、增强了知识的空间溢出，为推动区域产业相互促共进等提供了有力支持。

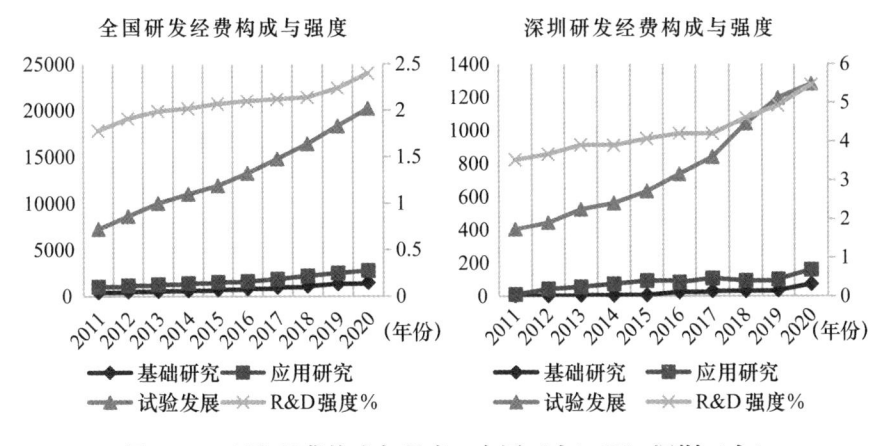

图2-4 研发经费构成与强度：全国（左）VS. 深圳（右）

即使按照国际标准，深圳的创新强度表现也很突出。深圳的研发强度目前仅次于世界最高的国家——以色列——的水平，并有望在未来几年内实现对以色列研发投入强度的赶超。

然而，与经合组织国家相比，中国的研发活动以下游实验性开发为主，用于应用研究的资源份额有限，用于基础研究的资源更少（图2-4）。深圳的情况更是如此。这种对基础研究的投入不足，被普遍认为是深圳未来发展的瓶颈。

最近，在本期实施的促进自主创新基础的政策出现了一线曙光。如果说深圳过去40年的发展，得益于市场红利、改革红利、人才红利，那么，进入"不惑之年"的深圳未来的布局重点则在于提供对基础研究的非常规支持，构筑高质量发展的城市竞争力壁垒。为扭转深圳长期以来的基础研究投入不足的局面，深圳在全国率先以立法形式确立每年不低于30%的市级科技研发资金投向基础研究和应用研究资金的长效机制。2020年，深圳市在基础研究投入增至44.85亿元，占比达38%，基础研究投入增长达到2011年的29.44倍。2021年，全市进一步奋力追赶，安排科技研发资金49.58亿元投向基础研究和应用基础研究领域，比2020年增长10.55%。这一系列措施，都无不在彰显深圳对发展基础研究的鼎力支持和决心。

第四节　全球价值链和全球创新网络助力深圳赶超

一　深圳深度嵌入全球合作创新网络

深圳的国际科技合作对象和区域不断增多。在科学研究上，进一步加强了与美国、欧洲和澳大利亚等其他国家创新热点城市的合作；在技术研发上，深圳的进步更为明显。虽然技术研发更具本地化特征，但深圳在最近10年中成功拓展和强化了已有合作网络，并与美欧更多创新热点区域和城市建立了技术合作关系。

这一趋势的出现，首先与深圳长期对创新的高投入密不可分。近10年来，深圳的创新投入在总量上长期位居全国第三，研发强度位居全国第二，仅次于北京，远远高于OECD国家的平均水平。其次，廉洁、高效的政府和法治化、市场化环境为深圳的创新发展创造了良好条件。最后，经过20年的发展，深圳已经形成了关系紧密、运转良好的创新生态系统，并与香港、北京、上海等技术发达城市形成了密切的科技合作关系。

二　深圳技术知识从哪里来？来自专利引用的证据

我们分析了深圳技术知识来源的前10个产业集群。我们发现，东亚三大创新热点（即首尔、东京和大阪）以及美国的创新中心（如硅谷、圣地亚哥、纽约等）仍然是深圳的重要知识来源地，但国际知识的贡献占比略有下降。深圳对本地和国内知识的依赖程度都在明显提高。通过频繁的互动，深圳与北京和上海在知识供应和消费方面形成了相互支持的关系，尽管上海对深圳的依赖程度较高，但并非相反。许多著名的非本地研究机构的联合大学校园在将外部科学知识引入深圳方面发挥了关键作用，而这将进一步促进深圳的商业化和外部知识的本地化。

此外，在过去20年里，台北虽然是深圳重要的合作对象，但却不再属于深圳的十大知识来源地，这表明知识来源地将随着区域在全球创新网络中的地位攀升而变化。

第五节　本土民营企业作为创新生态系统的主体为创新增长提供最重要的支撑

一　深圳创新主体的地理分布

此外，我们还从地理分布的角度探究了1992—2015年深圳创新格局的演变。在第二阶段，围绕旗舰企业的创新活动逐渐形成了两大创新中心：一个是由龙岗区的华为和龙华区的富士康牵头，两大企业仅仅是一路之隔；另一个是位于南山区的深圳高新技术产业园区（简称深圳高新区）。深圳高新区成立于1996年，是中国最成功的高新区之一。在11.5平方公里的小范围内，深圳高新区已经囊括了185家上市公司，如中兴通讯等，并且孵化了包括腾讯、传音科技等在内的15000多家高科技公司，这其中80%是中小型企业。在第三阶段，当许多高科技中小企业开始成长，从而进一步集中在现有的两个创新中心时，深圳的创新活动也扩展到周边地区。在西丽大学城周围，拥有尖端技术的高科技初创企业，如韶音科技（骨传导耳机生产商）和越疆机器人有限责任公司（轻型机械臂生产商），已经成长为全球工业的领导者。

二 民营部门在深圳的创新生态系统中占主导地位

随着中国从计划经济向市场经济的转型，其国家创新体系也经历了两大转变：从公共部门驱动向民营部门驱动的转变，以及创新活动的制度化。在早期阶段，大多数研发活动是由个人发明者以及研发机构进行的，但企业逐渐成为创新的主体[①]。同时，个人研发份额的萎缩既是发展的结果，也是法规变化的结果。当技术改进变得昂贵并需要团队努力时，就会出现创新的制度化。

深圳是这一转型的领导者，而这也是形成深圳创新奇迹的关键因素之一。可以说，深圳的创新生态系统一直由民营部门，特别是民营企业主导。深圳90%以上的专利是由民营企业创造的。同时，尽管深圳的公共部门研发份额一直很弱，但最近也出现了一些有希望的进展。

三 国内民营企业的崛起推动了深圳的创新升级

接下来，让我们展开深圳的民营部门，仔细看看其构成。图2-5显示了中国（左图）和深圳（右图）的大中型企业的专利活动分布。从1998年到2013年，国有企业是中国创新的一个重要来源，但在深圳却被忽略了。相反，深圳的创新主要来自国内的民营企业（POE）。同时，尽管深圳的份额在下降，但由于其优越的地理优势，深圳是港澳台企业的主要东道地区之一。然而，港资企业很少致力于创新活动。同样，外资企业（FOE）的份额保持稳定，但其对创新的贡献自2010年以来持续下降。总之，国内的民营企

---

① OECD, *OECD Reviews of Innovation Policy*: *China* 2008, OECD Publishing, 2008.

业（POE）已经取代了外资和港澳台（HMT）企业，成为深圳创新升级的主要动力。

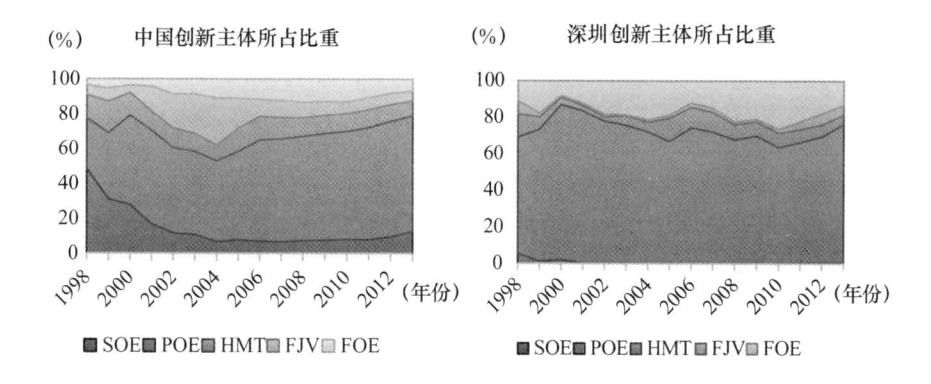

图 2-5　五类大中型企业的专利情况：中国和深圳

注：自下而上分别是 SOEs：国有企业，POEs：民营企业，HMTs：港澳台企业，FJVs：外商合资企业，FOEs：外资企业。

数据来源：CNIPA 和中国工业企业数据库。

那么，深圳本地的创新生态系统的结构是怎样的？这些主要的研发主体是如何相互联系的？我们发现，与北京和上海拥有丰富的本地科研机构不同，深圳的本地合作是由本地民营企业承担。这表明深圳已经在民营企业中形成了密集的本地产业联系。此外，深圳市政府从第二阶段开始对本地大学和研究机构建设的持续投入和支持开始发挥作用：一些与知名大学的联合研究机构，如清华深圳国际研究生院和哈尔滨工业大学深圳校区，开始在本地知识转移中发挥积极作用。

第六节　小结

习近平总书记 2021 年 5 月 28 日在中国科学院第二十次院士大会上指出，我们充分发挥科技创新的引领带动作用，努力在原始创新上取得新突破，在重要科技领域实现跨越发展，推动关键核心技术自主可控,加强创新链产业链融合①。可以说,本地创新生态系统及其外部合作在其中扮演着重要角色。

首先,深圳把握了全球产业链转移的历史机遇,深度嵌入全球生产和贸易网络,并最终实现了沿着全球创新网络的攀升。深圳在其发展之初,敏锐地抓住了全球产业从资本密集型向劳动密集型国家或地区重新配置的历史机遇,从低端的代工活动进入全球产业链,并逐步通过OEM进入高端的ODM和OBM活动。这种通过沿着全球价值链攀升实现的工业化进程,标志着深圳的第一次飞跃。在这一过程仍在继续的同时,深圳又通过全球创新网络实现了从模仿者到自主创新者的转变。通过这一转变,深圳成为全球创新中的重要技术领导者,而不是单纯的追随者。由此,深圳成功地从劳动密集型转化到资本密集型再到知识密集型经济。

其次,根据深圳与其他全球顶级创新热点地区(如硅谷、北京和上海)的比较,深圳的创新生态系统有两个主要特点。

第一,深圳的创新生态系统是由国内民营企业主导的。与北京和上海相反,深圳既没有强大的国有企业,也没有丰富的地方科研机构。经过40年的转型升级,深圳形成了一个蓬勃发展、富有成效的市场驱动型创新生态系统,其中90%的研发投资和专利申请都来自民营企业。在深圳创新生态系统的关键转型中,国内的民营企业,取代了外国公司,成为深圳创新升级的主要动力。另外,深圳从模仿者到自主创新者的演变,也与其国内民营企业主导的创新生态系统密不可分。

第二,深圳的科技知识生产是不平衡的。虽然深圳的科技与硅谷有着相似的专业化模式和轨迹,但其早期的发展路径却与硅谷的模式不同,硅谷的模式是依靠大学的技术转移模式。缺乏本地大学的初始条件决定了深圳的创新生态系统缺乏基于科学的创新和本地产学研合作(University Industry Collaboration,UIC)。本地科学知识供应的弱点可以在早期阶段通过外部联系来克服,然

---

① 《习近平:在中国科学院第二十次院士大会、中国工程院第十五次院士大会、中国科协第十次全国代表大会上的讲话》,中华人民共和国中央人民政府,2021年5月28日,http://www.gov.cn/xinwen/2021-05/28/content_5613746.htm。

而，在突破性创新越来越依赖于基础科学知识研究的今天，构建本地基础科学研究能力就变得至关重要。本书第六章对这一主题做了深入剖析。

第三章　中国创新网络中的深圳*

长久以来，中国在世界经济格局中一直扮演着"追赶者"的角色。重新审视中国和其他追赶型国家的发展之路，我们认识到这种快速增长主要得益于人口、投资和经济全球化等多个红利相互叠加的优势。然而，追赶的结局并不总是光明的。追赶型增长是要素投入主导的数量型增长，而多个红利高度重合的历史机遇终将消失，如果不能从要素驱动高速增长转向创新驱动高质量增长，追赶型国家终将落入中等收入陷阱。

加快发展现代产业体系、坚持增强创新能力是实现创新驱动高质量增长的应有之义。在《中华人民共和国国民经济和社会发展第十四个五年规划和2035远景目标纲要》中已经明确，发展现代产业体系要求在自主可控、安全高效的条件下，不断推进产业基础高级化和产业链现代化。其实质是促进生产具有高价值、难以被编撰、难以被复制的复杂知识，从而为企业、行业或区域获取竞争优势提供稳定基础。如今，我们在高质量发展阶段已经取得了阶段性的成果。面向国际科技创新中心的北京、上海和粤港澳大湾区，以北京怀柔、上海张江、粤港澳大湾区、安徽合肥为节点的综合性国家科学中心和纵横交织的长三角、成渝、郑开科创走廊等，共同构建了一个多层次、全覆盖的创新网络。强化企业创新主体地位，促进各类创新要素向企业集聚，形成以企业为主体、市场为导向、产学研用深度融合的技术创新体系是增强创新能力的关键路径之一。其本质是培育密集层叠的合作创新网络，从而为实现复杂知识的生产提供丰富资源。总的来说，生产复杂知识，培育创新网络对实现

---

* 本章作者：唐杰、江涛、戴欣、吴昭、张超、尹德云。

创新驱动高质量增长具有重要的理论和现实意义。

第一节　中国创新增长的奇迹

过去 40 年乃至过去 70 年时间里，中国经济发展呈典型的高速追赶特征。目前，普遍接受的观点和实证结论阐明，中国追赶过程主要经历了三个阶段：1952—1980 年前后，是中国现代经济增长的起飞过程，经济中长期增长率维持在 5%—6% 这一较高水平；改革开放使中国经济社会发展发生了翻天覆地的变化，中长期增长率显著提升，以近乎 10% 的超高增长率持续追赶了 30 多年；进入经济新常态以来，尽管中长期经济增速逐渐放缓，2020 和 2021 两年 GDP 平均增长仍达 5.1%。总的来说，中国经济高速增长不仅带来了经济规模的巨大成长，也实现了人均 GDP 快速增长。从 1980 年到 2021 年，绝对人口规模从近 10 亿增长到超 14 亿人，净增 40% 的同时人均 GDP 亦从 300 美元增长到 12551 美元（超过 8 万元人民币），已经超过世界人均 GDP 水平，接近高收入国家人均水平下限。进入"十四五"时期，我们将在新发展阶段面临新机遇和新挑战。[①]

一　从数量到质量：高速增长转向高质量增长

当前及今后的一段历史时期，中国仍处于发展的重要战略机遇期，这一重要战略机遇期同世界处于百年未有之大变局产生历史性交汇，两者同步交织、相互激荡，产生了广泛而深刻的影响。2017 年，党的十九大报告指出，中国社会主要矛盾已经转化为人民日益增长的美好生活需要和不平衡不充分的发展之间的矛盾。不平衡不充分的发展充分表现在产业结构、城乡发展、区域发展、收入分配等多个领域，为我国下一步治理和建设指明了方向，即"高质量发展"。党的十九大报告中首次提出"高质量发展"，明确指出中国经济开始由高速增长阶段向高质量发展阶段迈进。其实质是从主要依

---

① 唐杰：《对短期总需求管理与长期供给侧结构性改革关系的分析》，《经济导刊》2021 年第 5 期。

靠增加物质资源消耗的粗放型高速增长,向主要依靠技术进步、管理改善和劳动者素质提高的集约型增长转变。"高质量"在微观上是产品和服务的品质提升,中观上是产业结构更加合理,而宏观上则是全要素生产率的提高。① 总的来说,发展是解决中国一切问题的基础和关键,创新是引领发展的第一动力。以科学技术进步为新动能,解决制约经济发展的深层次矛盾,实现经济向上的总趋势是适应经济新常态、解决社会主要矛盾的紧迫任务,是我们面临的重要时代课题。

(一) 中国历史赶超的速度与奇迹

在世界经济史上,中国作为一个超大型经济体,按10%年增长速度追赶的时间之长、影响之大,是空前也应该是绝后的。1978年到2020年,中国GDP总量从不到1500亿美元增加到超过14.7万亿美元,占全球GDP的比重由1.8%增长到超过17%,对全球经济增长的贡献从3%增长至约32.4%,年均实际增速达到9.5%,远超同期的美国(2.5%)和日本(1.7%)。发明专利申请量从2001年的3.3万件,上升至2020年的149.7万件。2020年尽管全球经济受到新冠肺炎疫情的冲击,但国际专利申请量增长了4%,达到27.59万件申请,这是有史以来的最高数量,其中中国以68720件PCT专利申请、同比增长16.1%的成绩,领先于美国(59230件申请,3%)、日本(50520件申请,-4.1%)、韩国(20060件申请,5.2%)和德国(18643件申请,-3.7%)。

过去10年,中国经济维持波动中下降的趋势,这一趋势应当是中长期经济增长率开始降速的重要标志。从一般的国际经验看,经济增长方式从数量追赶型转向质量效率型,会相伴而生两个典型的经济现象。其一,追赶型经济的发展水平靠近世界前沿水平的过程,就是经济增长降速的过程。这是因为随着发展水平的提高,简单的模仿增长已经失去增长动力,经济增长需要强大的创新动能来支撑。这就引发了第二个现象,追赶型经济缩小与世界前沿经济发展差距的过程,是全要素生产率对经济增长的贡献不断提高并接近

---

① 张超、唐杰:《中国经济高质量发展机制:制度动因,要素保障与实现途径——兼论深圳经济高质量发展的实现路径》,《湖南社会科学》2021年第3期。

世界前沿的过程。一个国家人均收入接近世界前沿的高收入水平时，全要素生产率对经济增长的贡献要同时达到世界前沿的水平。显然，有关追赶型经济减速，转而提升全要素生产率的贡献，是经济增长从依赖廉价要素的数量扩张型转向高效利用要素资源的创新驱动过程。未来20年，中国中长期增速缓缓地落下来，接近于全球平均增速将是一个大概率事件。想要保持过去的高速增长是不可持续的，也是不必要的。追赶型经济本质是体现经济发展从低向高的阶段性问题，这既是观察中国宏观经济走向的长期视角，更是经济发展从数量追赶向质量创新转变的阶段性差异。

回顾历史，中国、日本和韩国等东亚国家和地区能够高速追赶的原因在于充分利用了"三低对三高"的历史机遇。第一，发展中国家农业边际收益低，工业边际收益高，劳动力从农业向工业，从农村向城市的迁移，就会加速经济增长；第二，发展中国家资本存量低，投资边际收益高，投资多，经济增长快；第三，发展中国家的生产能力低，国际市场需求强度高。综合以上三点，就是人口红利、投资红利和经济全球化红利的叠加优势。中国非同一般地跑得长和跑得快，与更加符合国情的改革开放政策有关，与三个红利叠加的优势更加突出有关，与40多年前人均收入水平更低也有关。[①]

令人警醒的是，"追赶型国家"有两种截然不同的结局：要么迈入发达国家，要么落入中等收入陷阱。现实的情况在于一波又一波的高速增长过后，只有日本、韩国两个大型经济体，包括中国台湾、中国香港等几个小型经济体完成了追赶，进入了发达经济体行列，多数追赶型经济体却难以逃脱中等收入陷阱的魔咒。究其原因，追赶型增长是投入主导的数量型增长，劳动、资本以及其他要素的投入增长得快，边际收益递减得也快，持续下去就是投入增长需比产出增长要快，更多的投入换来更少的产出。这类似于熬夜加班，时间延长，效率下降，临近天亮出了错，一夜白干不说，头天的工作成果也搭进去了。这就是不能从数量型增长转向创新增长的中等收入陷阱。中等收入陷阱在不同国家和地区表现形式虽然不

[①] 唐杰：《高速增长结束后，如何奏响中国奇迹新乐章》，《中国经济周刊》2015年第8期。

同,但全要素生产率水平低、要素投入边际收益递减快则是一样的。

无论大国还是小国的高速追赶都是非常态现象,抓住机会,利用三个红利叠加优势,加快追赶过程,意义重大。但相对于300年科学技术和产业革命史,百年全球经济成长,有如昙花般绚烂,终究是短暂的。我们所习惯的劳动力便宜,投资会带动高增长,低端产品的世界市场需求无限,人口红利、投资红利和全球化红利高度重合的历史机遇终将消失,大量高消耗型产业和大量低端产业需要加速淘汰已经在历史中定格。美国金融危机和欧洲债务危机大规模爆发说明,过去40多年,以美国为代表的发达国家掌控科学技术创新前沿,放开低端产品市场,推动自由贸易的全球化浪潮的模式酝酿着重大调整。

邓小平曾自谦地说:"我读的书并不多,就是一条,相信毛主席讲的实事求是。过去我们打仗靠这个,现在搞建设、搞改革也靠这个。经济发展得快一点,必须依靠科技和教育。我说科学技术是第一生产力。近一二十年来,世界科学技术发展得多快啊!高科技领域的一个突破,带动一批产业的发展。我们自己这几年,离开科学技术能增长得这么快吗?要提倡科学,靠科学才有希望。"[①]

邓小平的伟大,就在于坚定不移地推动华夏文明历经由浅入深、由表及里、大开大合式的改革,使其驶入了现代市场经济的蓝海。重视创新,鼓励创新,降低创新风险,实现以全要素生产率提高为核心,而不是以投入为主导,是中国经济最终走出数量型增长,走出边际收益递减陷阱的根本所在。在荡涤一切老传统、老观念,一浪接一浪的科技革命大潮再次汹涌澎湃地来临之际,在发达国家开始新一轮创新增长和智能化的再工业化之时,加快转向可持续的创新引领的增长轨道,是我们当前面临的最为紧迫的任务。

投资、消费和出口"三驾马车"在中国是如此深入人心,如此朗朗上口,不仅成为各级政府抓经济、保增长强力手段,而且使凯恩斯宏观调控理论甚至被误认为是中国特色。实际上,这种头痛医

---

① 邓小平:《在武昌、深圳、珠海、上海等地的谈话要点》(一九九二年一月十八日—二月二十一日),《邓小平文选》(第三卷)。

头、脚痛医脚的短期静态理论是与创新增长的目标相悖的。过去40多年，中国人富裕起来了，独步世界的优质廉价且规模巨大的劳动力优势会因此而消失。劳动力成本提高和产业竞争力下降是同时发生的，工资能够持续提高的唯一条件是，每件产品中劳动成本份额不变。转型发展中最重要的不是保就业，而是不断提高符合创新发展要求的再就业能力，还要不断地培养出更多、更优秀的，可以与美国、德国与日本比创造、比创新、比效率的企业家、科学家、工程师和新一代的产业工人。从数量型增长走向创新增长，科技创新是关键，产业升级是主导，要解决的不是三驾马车能跑多快的速度问题，而是要解决从模仿跟随走向前沿引领创新，从廉价低质走向高价优质，从比谁生产得便宜，到比谁的产品更好、更优也更贵，要让"创新"替代"三个红利"，让"全要素生产率"取代"要素投入"成为经济增长主体。加快淘汰落后产能、过剩产能、低端污染企业，是提高全要素生产率最直接的手段，是防止日本式的"僵尸企业"耗尽内在增长动力的最有效措施，但也因此产生了"保"与"淘汰"、"保"与"转型"、"保"与"创新"之间鱼和熊掌不可兼得的选择。

三个红利叠加推动经济高速成长是一个客观的过程，红利要结束也是一个不以人的意志为转移的客观过程。劳动力成本快速上升，高投资率不再带来更快的经济增长，出口产业收益下降得比出口额快，是遍地开花式的量型增长行将结束的标志。进入新常态是一个痛苦的调整过程，是个水落石出的过程，是个过紧日子的过程，这个痛苦是值得的，是必须经历的，只有如此才可能凤凰涅槃，走向新的增长模式。

（二）继续创造未来中国发展奇迹

过去几十年的伟大成就已经成为历史，10%高速增长率只是一个漂亮的百米冲刺，只是中国奇迹的序曲。我们要做好连续跑两个、三个马拉松准备，在未来30多年，甚至更长时间里持续跑下去，直到我国从最大的发展中国家成长为最大的发达国家，这才是中国奇迹的完整乐章。

"十四五"规划，就未来中国增长方式转型的中长期目标和短期目标的一致性做出了清晰规定。中国经济中长期增长要转向高质量发展，必须立足新发展阶段、贯彻新发展理念、构建新发展格局。必须坚持深化供给侧结构性改革，以创新驱动、高质量供给引领和创造新需求，提升供给体系的韧性和对国内需求的适配性。必须建立扩大内需的有效制度，加快培育完整内需体系，加强需求侧的管理，建设强大的国内市场。①高质量增长的核心是实现劳动生产率动态横向比较的持续提高。实现高质量增长包括经济结构优化，创新能力增强，科技水平提高等一系列因素。归根结底，"高质量发展"的本质是创新发展，刘鹤副总理在署名文章《必须实现高质量发展（学习贯彻党的十九届六中全会精神）》中明确表示，高质量的发展就是创新驱动的发展。这一论断的核心理论依据是：科学技术进步是推动经济增长的关键因素。从而引申出，推动经济的高质量发展依赖于科学知识的高质量创新，两者相互协调、相互促进。"高质量创新"是"高质量发展"的应有之义，是驱动"高质量发展"的不竭动力。

从整体看，中国供给侧结构性改革已经取得了突出进展，进入了高质量发展阶段。新产业、新业态、新产品快速发展，2020年1—11月，规模以上战略性新兴服务业企业营业收入同比增长8.6%，工业机器人、新能源汽车、集成电路的产量都是高位增长，分别为19.1%、17.3%、16.2%。科技型中小企业、高新技术企业的数量突破了20万家。产业结构转型迈出新步伐，2020年装备制造业、高技术制造业增加值分别增长6.6%和7.1%，高于全部规模以上工业3.8和4.3个百分点。第三产业增加值占国内生产总值的比重为54.5%，比上年提高了0.2个百分点。需求结构的调整取得新的进展，高技术产业、社会领域的投资均比上年增长10%以上，为10.6%、11.9%。城乡区域发展的差距继续缩小，农村居民收入增长快于城镇居民收入增长，常住人口城镇化率超过60%。节能降耗取得成效，全年单位GDP能耗下降，天然气、水核风光电等清洁能源的消费量占能源消费总量的比重比上年提高了1个百分点。

---

① 中华人民共和国中央人民政府：《中华人民共和国国民经济和社会发展第十四个五年规划和2035年远景目标纲要》，2021年。

环境质量也明显改善，全年全国337个地级及以上城市PM$_{2.5}$浓度比上年下降8.3%。水环境方面，1940个国家地表水考核断面中，水质优良（Ⅰ—Ⅲ类）断面比例提高了8.5%。从营商环境看，我国营商环境大幅优化，全球排名从2013年的第96位跃升至当前的第31位。从创新能力看，"十三五"时期，中国在联合国知识产权组织（WIPO）等联合发布的全球创新指数中的排名上升了十四位，2020年，创新能力排名稳定在全球前15名，是唯一中上等收入的发展中国家。从创新支出看，过去五年，中国研究开发支出大幅增长，超过了欧盟28国总计，成为世界第二大国。研究开发支出占GDP比例，远高于人均GDP一万美元经济体的平均水平，已与高收入经济体平均水平大致相当。从创新成果看，2021年，中国共授权发明专利69.6万件，每万人口高价值发明专利拥有量达到7.5件，较上年提高1.2件。中国申请人通过《专利合作条约》（PCT）途径提交的国际专利申请达6.95万件，连续3年居于全球首位。专利申请量占全球的比例从2000年前低于5%提高为2018年的接近45%。美国则从接近40%下降到20%以下。从专利授权量看，中国从占全球的比重不足3%上升为25%；美国则从30%以上下降到20%。从创新效率看，中国企业员工研究开发支出的效率远高于东亚发展中国家，具有与以色列相似的创新效率集中度。[①]

创新驱动经济增长在图3-1中能够得到显著验证。在过去30年里，GDP总量在持续上升，并伴随着每年的发明专利数量的持续增长。两者均呈现出指数级增长趋势，表明技术进步显著加快，推动经济增长效果显著。此外，图3-1显示出一个重要的信息，近些年创新驱动的经济增长高度依赖于知识，2010年之后，专利中引用的论文数量明显增多，也显露出指数增长趋势，科学含量越高的专利则促进更高的增长。

---

① Cirera, Xavier, Andrew D. Mason, Francesca de Nicola, Smita Kuriakose, Davide S. Mare, and Trang Thu Tran, "The Innovation Imperative for Developing East Asia." *World Bank East Asia and Pacific Regional Report. Washington*, DC: World Bank, 2021.

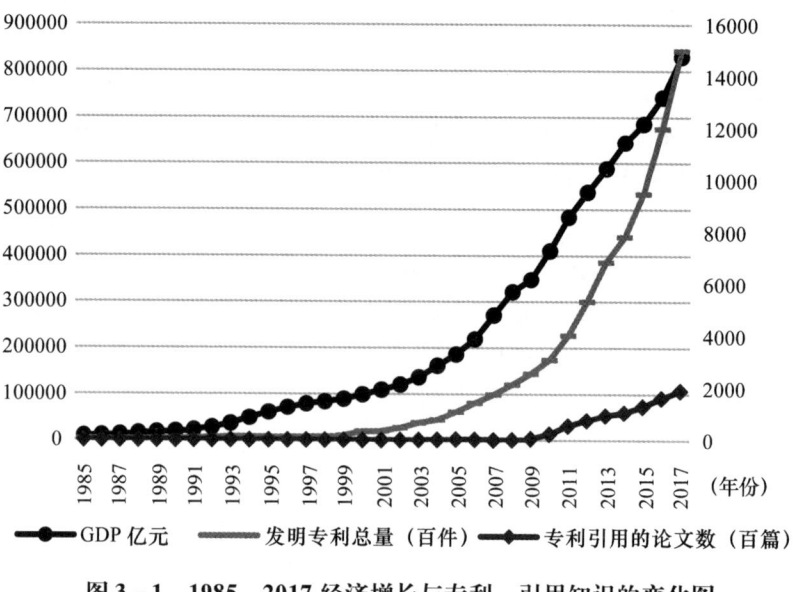

图 3-1 1985—2017 经济增长与专利、引用知识的变化图

二　从沿海到内陆：高质量创新的时间和空间差异

城市是高质量创新与发展重要的空间载体。当前，一个多层次、全覆盖的创新网络正在中国大地上加速形成。在这张创新地图上，有面向国际科技创新中心的北京、上海和粤港澳大湾区，有以北京怀柔、上海张江、大湾区、安徽合肥为节点的综合性国家科学中心和纵横交织的长三角、成渝、郑开科创走廊等，还有 1600 多个国家企业技术中心，涵盖从"中国制造"到"中国服务"等众多领域，遍布全国各地。理论上说，高度资源集聚必然带来大规模、高质量的创新产出。那么，高质量创新是否已然在这片创新热土上出现？如果回答是肯定的，那么高质量创新在何时何地出现？回答这些问题的重要意义在于两个方面：第一，区域和城市在中国创新版图中的地位和作用处于动态变化之中。回顾近 300 年工业革命史，每一次由重大科学技术发明引发的科技革命和产业革命都会引发科学中心和产业中心的转移，成为区域发展的新契机、新机遇；第二，随着高质量发展的深入推进，厘清高质量发展的时空规律，有利于解决区域发展"不平衡不充分"的问题，进而对促进区域经济

的协调发展有重要理论意义和现实价值。

(一) 高质量创新的内涵外延

准确衡量高质量发展是探究其空间格局和动态演进特征的前提。一般而言，专利是描述一个区域创新发展的重要代理变量，它记录了技术发展的内容、时间和地点，有利于从时间和空间两个维度准确识别创新发展的情况。自 20 世纪以来，专利数据已被广泛应用于实证研究中[1]。因此，基于中国 1985 年至 2018 年近 1000 万件发明专利数据，本章试图对中国地级市的高质量创新展开测算工作。

当前，学术界对高质量创新的认识仍然不足。围绕高质量创新有许多概念，如激进式创新、破坏性创新和突破性创新等。激进式创新通常被认为是 "introduces a new way of thinking that moves away from existing practices"，即重点强调"新颖性"，新组合、新业态、新思维或新范式都属于激进式创新的内涵；破坏性创新通常被认为是 "identifies impactful events after introducing new paradigms"，即重点强调"影响力"。在过去的研究中，这两个概念通常被认为是突破性创新的同义词或者近义词[2]。由于三者概念的重叠和用法的互换，认识上的混乱也随之增加。最近的研究意识到，新颖的发明不一定有高影响力，反之亦然。一个全新的发明可能只是昙花一现，并随后消失在人类发明的历史中，没有任何后续发明或商业化。同理，一个激发了大量后续发明的高影响力发明，可能并不完全是新的。综上所述，只有既新颖且具有高影响力的创新才可能是高质量创新。换句话说，高质量创新应该包括新颖性（打破过去）和高影响力（对后续有重大影响）这两个关键内涵。

在实践中，设计、构建和识别不同时间和空间的突破性创新极具挑

---

[1] Griliches Z, "Patent Statistics as Economic Indicators: A Survey." *Journal of Economic Literature*, 1990, 28: 1661 - 1707.

[2] Arts S, Appio FP, Van Looy B, "Inventions Shaping Technological Trajectories: Do Existing Patent Indicators Provide a Comprehensive Picture?" *Scientometrics*, 2013, 97, pp. 397 - 419.
Boschma R, Miguélez E, Moreno R, et al., "Technological Breakthroughs in European Regions: The Role of Related and Unrelated Combinations." *Utrecht University*, *Human Geography and Planning*, 2021.

战性。传统的工作广泛依赖于专利数、专利引用数或专利分类[1]。然而，这些方法都有其自身的局限性，可能会导致对突破性创新的识别不准确。

（1）首先，简单的专利计数隐晦地假设所有的知识具有同等价值，这与大多数专利对丰富新技术或知识库的贡献不大这一基本认识相悖。换句话说，不同专利的重要性或价值存在很大差异，简单的专利计数无法提供有关创新的全部信息，更多的专利数量不一定意味着更多的知识或技术创新，更不一定意味着创新质量更好[2]。

（2）专利引用数被认为可以客观体现知识的关联，不仅展示技术创新的动态过程，还可以看出部门与部门间、行业与行业间的知识流动特征。引用这一方法最早应用于文献分析领域，自文献计量学被引入创新领域后，该指标一直被学术界广泛使用。它的基本假设是：如果一个专利引用了之前的专利，则可以推测该专利使用了之前专利中所包含的知识。然而，专利引用存在以下几个方面的问题：第一，该指标的实质是对前人工作的吸收，天然地倾向于反映前人专利的影响力而非衡量前人专利的新颖性。第二，专利引用数据在一些国家是缺失或不完整的，如中国的专利数据并不要求提供引用列表，尽管目前已经有一些机构尝试补全该引用数据，但其准确性仍需在长期使用中不断验证和确认。第三，假定发明人的知识获取能力和知识搜索能力有限，那么其不一定能够完整地将与其发明工作相关的前人发明列举出来。第四，部分国家的引用是由专利审查员在审查过程中加入的，由审查员进行专利检索以查找与该发明保护的技术领域最接近的现有技术，然而，专利审查员对现有技术和专利本身的理解可能并不到位。综合这些因素，基于专利引用的方式来衡量突破性创新存在一定程度的偏差。

（3）基于专利分类来衡量知识的新颖性和复杂性是近期研究的

---

[1] Trajtenberg M, "A Penny for Your Quotes: Patent Citations and the Value of Innovations." *The Rand Journal of Economics*, 1990, pp. 172 – 187.

[2] Kelly B, Papanikolaou D, Seru A, et al., "Measuring Technological Innovation over the Long Run." *American Economic Review: Insights*, 2021, 3（3）: pp. 303 – 320.

一个重要方向①，然而，基于专利分类是否共同出现的方法天然地倾向于反映专利的"新组合"而非衡量其影响力。此外，四位专利分类号通常过于宽泛（600—800 个），无法充分捕捉发明的详细内容。后文我们将简要介绍如何基于专利分类衡量新颖性，同时，将在第二节中简要介绍基于专利分类衡量知识复杂性的方法及其相关结论。

近年来，随着计算机技术的发展，基于自然语言处理（Natural Language Process，NLP）技术衡量高质量创新是一种新的尝试。通过计算目标专利的标题、摘要或权利要求文本与所有先前或后续专利之间的文本余弦相似度，以确定其新颖性或影响力。文本相似度依赖于专利的关键词组合，同时也考虑关键词在专利中的出现频率。Balsmeier 将新颖专利定义为该专利包含了在样本库中从未出现的关键词②。Shibayama 认为，如果一篇文章引用了语义相近的参考文献的组合，那么它就是新颖的③。

本章基于上述 NLP 方法对中国 1985 年至 2018 年近 1000 万发明专利展开测算，由于计算中还需考虑 5 年时间窗口，故高质量创新的实际范围在 1990 年至 2013 年。④ 解决了高质量创新的测量问

---

① Sorenson O, Rivkin JW, Fleming L, "Complexity, Networks and Knowledge Flow." *Research Policy*, 2006, 35, 994 - 1017; Balland P A, Rigby D, "The Geography of Complex Knowledge." *Economic Geography*, 2017, 93 (1): 1 - 23; Mewes L, Broekel T, "Technological Complexity and Economic Growth of Region." *Research Policy*, 2020: 104 - 156; Boschma R, Miguélez E, Moreno R, et al., "Technological Breakthroughs in European Regions: The Role of Related and Unrelated Combinations." *Utrecht University*, *Human Geography and Planning*, 2021.

② Balsmeier B, Assaf M, Chesebro T, et al., "Machine Learning and Natural Language Processing on The Patent Corpus: Data, Tools, and New Measures." *Journal of Economics & Management Strategy*, 2018, 27 (3): 535 - 553.

③ Shibayama S, Yin D, Matsumoto K, "Measuring Novelty in Science with Word Embedding," *PloS One*, 2021, 16 (7): e0254034.

④ 目前，学术界关于高质量创新的测算方法主要有两种，详见以下两篇论文。但是，无论哪种方法，都需要以五年为移动窗口开展测算工作。因此，在本章中关于高质量创新测算的有效时间范围是 1990 年到 2013 年。
De Noni I, Belussi F, "Breakthrough Invention Performance of Multispecialized Clustered Regions in Europe." *Economic Geography*, 2021, 97 (2): 164 - 186.
Kelly B, Papanikolaou D, Seru A, et al., "Measuring Technological Innovation over the Long Run." *American Economic Review: Insights*, 2021, 3 (3): 303 - 320.

题，就可以进一步探讨我国从高速增长转向高质量增长的现实路径，探索深圳在中国高质量创新版图中的位置。

（二）高质量创新的时空版图

创新增长的差异充分体现在时间和空间上。总的来看，中国城市的高质量创新呈现由平缓增长向快速增长的态势，在空间分布上具有显著差异，有从东向西、从沿海向内陆发展的趋势特征。时间特征方面，我国高质量发展呈现由平缓增长向快速增长的态势。2006年，我国突破性创新几乎没有出现；2008年，以北京、上海和深圳为代表的三大城市显著出现突破性创新，苏州、杭州、南京和广州紧随其后，沿海地区和中部地区开始出现突破性创新的身影。2010年，创新热点集中在北京、上海和深圳三大城市，京津、长三角地区的溢出效应较为明显，区域内的整体创新水平快速提升。2013年，突破性创新犹如雨后春笋般出现在我国各个区域中。

从整体上看有从东向西、从沿海向内陆发展的趋势特征。第一，高质量创新分布于漠河—腾冲线以东，呈现"东高西低"的传统趋势。高质量创新主要来自沿海地区（包括北部沿海、东部沿海和南部沿海地区），例如，以大连、北京、天津、青岛为代表的北部沿海，以江浙沪为代表的东部沿海和以福州—厦门、粤港澳大湾区为代表的南部沿海。此外，西安、成都、重庆、武汉和长沙等部分中部地区省会城市也开始崛起。东北地区的衰落趋势已然显现，哈尔滨—沈阳两地的高质量创新数量相对较少。第二，长三角区域在全国占据着重要的创新地位。空间维度上，高质量创新数量前30位的城市中，长三角城市数量从10个上升到12个，安徽省芜湖市和江苏省扬州市登上中国创新版图。空间维度上，长三角也呈现"东高西低"的特征，上海、浙江、江苏和安徽的高质量创新数量依次递减。以上海为轴心，形成了以上海—苏州—无锡—常州—镇江、扬州—南京—合肥为轴线的创新长廊，此外还有上海—杭州—芜湖—合肥，上海—宁波，上海—南通等多条创新通道，构筑起以上海—苏州为中心，南京、杭州、宁波、合肥为关键支点的创新格局。随着创新的辐射带动作用越来越强，昔日的"淮左名都"扬州和"天下粮仓"芜湖等历史名地，通过嵌入创新网络，在创新浪潮中发挥着更加积极的作用。第三，京津（北京、天津）和广佛深莞（广州、佛山、深圳、东莞）两个区域依然是中国两个稳定的创新高地。2013年，北京和天津两地共有9195件高质量专利，广佛深莞四城共有5898件高质量专利。其中，北京和深圳稳居中国高质量创新前四城。到2013年，北京、上海、深圳和苏州的高质量创新数量已是2010年的10倍以上。

第二节　产业创新升级的步伐

加快发展现代产业体系、促进产业创新升级是实现经济高质量发展所面临的重大挑战。习近平总书记强调："推动经济高质量发展，要把重点放在推动产业结构转型升级上，把实体经济做实做强做优。"产业创新升级既是对旧的产业结构的创造性破坏，也是新的产业结构的创新性催生。科技创新是产业创新的不竭动力，科技创新及其转化，直接推动了产业创新、产业升级甚至产业革命。

复杂知识是科技创新的关键因素。一方面，知识的价值是异质的。和一般知识相比，复杂知识的价值更高，对区域经济增长的贡献更多；另一方面，复杂知识更趋向于隐性知识，难以被编码、传播和复制，具有更强的独占性。在全球化迅速发展的今天，低复杂度的知识和产业发展越来越自由，不会为企业和区域获取竞争优势提供任何稳定的基础。[①] 关于美国的研究结果显示，只有少数城市有能力生产复杂知识，而这些城市恰恰通常是促进经济增长的核心节点，复杂知识越来越成为产业转型升级和提升区域竞争力的核心动力。提高生产知识的复杂性，不断向上游攀登，是全面转向高质量发展阶段面临的关键问题。

第一，具有创新能力的地方机构和产业是复杂知识的主要载体，它们可以通过提高研发活动水平，一方面促进新兴产业的发展，另一方面加快淘汰落后产业，以达到优化产业结构、提升区域技术水

---

① Balland P A, Rigby D, "The Geography of Complex Knowledge." *Economic Geography*, 2017, 93（1）: 1–23.

平的目的。第二，复杂知识可以促进本地创新要素的流动和配置。不同产业的知识基础不同，基于复杂知识的创新对各产业或部门劳动生产率的影响也不同。对创新要素的迫切需求将引发要素在不同产业之间的流动，促使生产要素向高生产率部门流动。这样，具有复杂知识的高技术产业可以吸引更多的要素资源，使要素配置趋于完善，产业结构与要素结构的耦合更加合理，最终促进产业结构升级。第三，复杂知识吸引创新要素空间集聚。复杂知识与更优越的创新环境具有很强的相关性，外部创新要素向创新中心高度集聚，一方面发挥创新生产的规模效应，另一方面不断为创新活动提供人力和资本资源。要素跨区域流动有利于在空间上整合和重组相对分散的资源，提高资源利用和转化效率，最终促进产业结构调整和升级。第四，知识复杂性越高，意味着吸收和消化国外科技的能力越强，掌握和模仿的速度就越快，更有利于促进产业结构升级。区域知识复杂性越高，产业越发集聚、竞争越发激烈，本地企业即更倾向于引进外来先进技术来提升自身创新能力。由此，产业上下游不断向外延伸，极大地促进了区域技术进步，巩固和完善了地方产业的自主创新体系，促进了产业结构转型升级。[①]

一 从传统到新兴：产业创新取得突破进展

进入 21 世纪，中国创新引领经济增长突出地表现为双提高的特征，即经济增长中创新含量明显提高、发明专利创新中科学引用量明显提高。自 2000 年开始，我国发明专利申请量开始加速；自 2010 年开始，我国发明专利引用科学论文的数量陡然上升，发明专利向科学前沿水平靠近的速度持续加快。科技革命引领的产业出现了高速迭代持续突破的特征，如在 AI、计算机、无线通信和生物等产业基础理论、基础技术突破带动了大规模应用技术多层次叠加创新，发明专利量大面广且持续高增长。以半导体、精密装备、交通设备等代表高端工业化的产业升级则对跨领域技术集成运用、多产业协同创新的空间集群化产生了更高的要求。创新引领对城市群发

---

① 陶长琪、郭彦廷：《知识复杂度对产业结构升级的作用机制研究》，《江西师范大学学报》（自然科学版）2020 年第 2 期。

展产生了多方面的影响，从制造集聚转向研发集聚成为空间集聚的新特征。[1] 创新过程更加依赖多样化人才聚集，产业创新与高等教育的关联更加紧密，大城市对创新要素集聚获得了更大的中心吸引力，多样化聚集形成更高生产率，城市群的中心区位对高技能劳动力的吸引力更强，高迭代型与跨领域的创新技术整合过程会更多地向大城市集中。中小型城市并未因此失去吸引产业扩散的优势，产业空间集聚性会变得更加丰富多彩。科技革命和产业升级会打破传统城市界限，形成新的跨城市空间的产业群集聚趋势，[2] 制造业聚集范围往往会绵延达到上百千米半径甚至是更大的范围。[3][4]

未来在加大创新、推动高质量增长的过程中，应当关注与防止出现创新增长中的欧洲悖论。大量证据表明，知识创新（R&D）是提高经济增长质量的核心，表现为全要素生产率对经济增长的贡献显著超过要素投入的贡献。实证研究的结果表明，在新知识的引领创新增长方面，欧洲显著落后于美国，形成欧洲悖论。主要原因是存在着体制机制性障碍，导致大量的研究开发投入的成果只有一小部分能够转换成新的产业技术，形成经济增长的新动能，这被称为知识过滤器。主要原因，一是创新信息的非对称性。创新往往源自既有大学或企业的R&D试验室。发明者和决策者对创新估值的差异过大，加之缺乏创新激励机制，就会产生明显的知识过滤效应。二是欧洲悖论与缺乏创新创业的激励机制关系密切。企业家精神的本质是以创新推动经济增长，企业家的特征是风险承受能力，缺乏具有世界影响力的可持续成长的企业家群体，是欧洲落后于美国的关键。三是政府的推动创新扩散的能力，在知识创新带动经济高质量增长方面具有积极的作用。目前，在以AI与大数据分析等前沿科技

---

[1] Fujita M, Thisse J F, "Does Geographical Agglomeration Foster Economic Growth? And Who Gains and Loses from It?" *The Japanese Economic Review*, 2003, 54 (2): 121-145.

[2] Davis D R, Dingel J I, "The Comparative Advantage of Cities." *Journal of International Economics*, 2020, 123: 103291.

[3] Rosenthal S S, Strange W C, "How Close Is Close? The Spatial Reach of Agglomeration Economies." *Journal of Economic Perspectives*, 2020, 34 (3): 27-49.

[4] Desmet K, Henderson J V, "The Geography of Development within Countries." in Duranton, Gilles, Vernon Henderson, and William Strange, eds. *Handbook of Regional and Urban Economics*, Elsevier, 2015, 5: 1457-1517.

领域，美国市场、中国市场与其他市场的划分正在成为共识。四是知识创造具有典型的多元、分散、非组织的随机特征，有效的产业园区，特别是科技园区往往不在于引入了多少企业，当期能够创造多少GDP，而在于要通过合理的规划机制、市场竞争机制创造出在创新者之间因为空间临近，实现合理的创新协同，有效地推动知识创新的共享、知识外溢的学习与匹配过程。五是要强化企业之间、企业与大学之间的知识流动，增加相互吸收能力。

当我们把注意力放在行业与地区的创新增长的表现上时，便可显而易见地看出，近几年突飞猛进的行业主要的特征表现在专利数量的迅速增长，而专利数量的背后，行业知识的作用体现为显著的差异化。近10年，中国产业创新表现主要有以下两个特征。

一是中国迅速抓住技术迭代迅速的产业如数字通信等发展的风口。中国近些年来在第一类行业中创新速度明显加快，这与中国的改革开放嵌入全球价值链分工体系紧密相连，也与我们抓住了信息革命的时机紧密相连。这些行业依赖科学知识的程度也明显增高，知识促进高技术迭代行业的创新增长作用显著。值得注意的是，中国在半导体领域的专利明显少于数字通信与计算机技术，半导体技术仍是受制于人的行业，但其依赖科学知识的程度明显高于数字通信与计算机技术，进一步验证了中国需要重视基础知识，重视基础知识的应用。

二是中国在依赖基础研究领域上存在差距。中国在生物、化学等行业还存在着较大的创新增长空间，然而这些行业的重要特征是高度依赖于基础科学知识，尤其在生物科技领域，显著高于以上行业。科学知识在行业中显示出明显的异质性，依赖科学知识的密度越高，知识传播的联系就越发紧密，也能够促进创新增长，而且知识越复杂，越不容易传播，但若发生传播就会爆发高质量的创新。

二 从简单到复杂：向价值链上游不断攀登

提升复杂性是占据全球产业链高端的必由之路。产业链的复杂性意味着产业链高度依赖专业化、具备核心技术、深度嵌入全国乃至全球分工，在产业分工中具有不可替代性。要求牢牢把握中间产品的深层次加工，如半导体、精密器件等独特、专业化的产品。这些产品内部包含更多复杂技术和知识，不容易被其他地区模仿，仅局限于某些具有独特创新能力的专业化城市，是发达经济体保持长期竞争优势的基础。如果简单以世界制造门类排名，中国领先日本，但若考虑产业链迭代频率与制造业和其他产业的关系，则日本排名第一，中国远远落后。提高中国制造的质量和不可替代性，迫切要求我们重视创新与产业链复杂性，牢牢抓住核心技术，生产高复杂性产品，攀向产业链高端。

基于①提出的测算方法，本书使用中国专利数据（1985—2019）计算了我国各地级市的知识复杂度（Knowledge Complexity Index，KCI）指标。图3-2展示了从1990—1999年与2010—2019年中国各区域知识复杂度的变化图。图中45°线是知识复杂度增强或减弱的分界线，低于45°表明相对于1990—1999年，2010—2019年该城市的知识技术结构在不断增强，反之亦然。图中显示，大量三线城市位置高于45°线，或聚集在45°线附近，其知识复杂度在30年中未发生显著变化，甚至处于衰落之中。而深圳、北京和上海则是知识复杂度提升最大的三个城市，部分沿海城市和中西部省会城市知识复杂度紧随其后，也表现出较为强势的递增趋势。总的来看，同高质量创新的空间分布一致，知识复杂度也呈"东高西低"的变化趋势，即漠河—腾冲线以东的城市知识复杂度整体呈正增长趋势。

复杂性理论上包含技术多样性和技术的平均遍在性两个维度，技术多样性表示城市拥有相对技术优势的技术数量，技术的平均遍在性表示城市拥有相对普遍的技术数量。图3-3展示了2000—2009年和2010—2019年两个阶段中国城市技术多样性与技术的平均遍在性之间的关系。图中，虚线表示全国城市技术多样性与技术的平均遍在性的均值，并天然地将图像分割为4个象限。从整体上看，第一，两个指标呈负相关关系，说明拥有多样性技术结构的城

---

① Balland P A, Rigby D, "The Geography of Complex Knowledge." *Economic Geography*, 2017, 93 (1): 1-23.

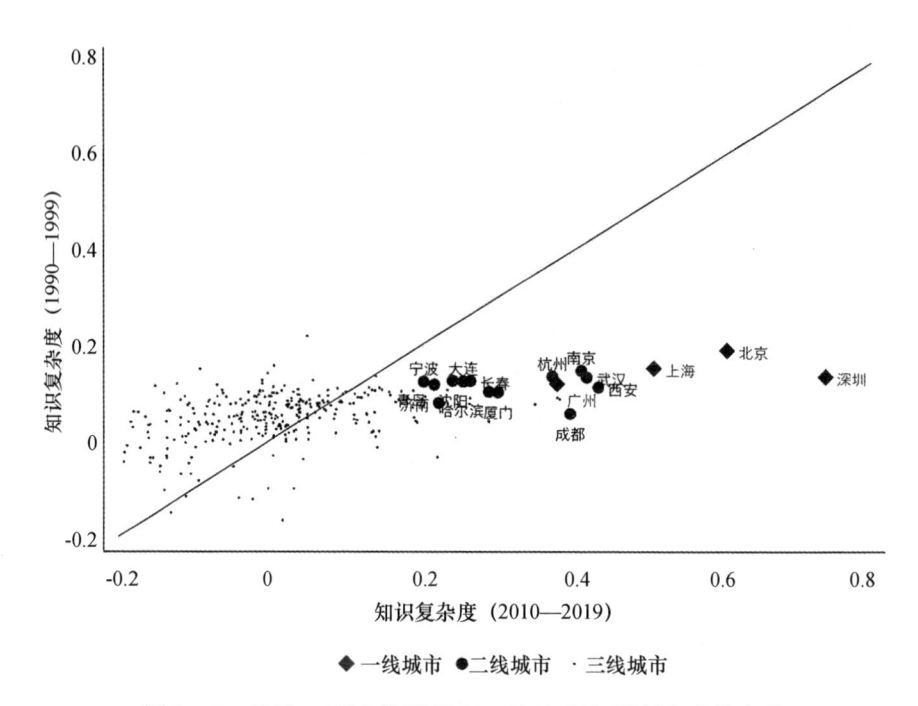

图 3-2 1990—1999 年到 2010—2019 年知识复杂度的变化

市倾向于生产更加独特的技术。① 第二，当前全国平均城市技术多样性均值和技术的平均遍在性均值相对于早期都有显著提升，说明平均而言，中国城市知识生产的广度越来越大。但是，从深圳、北京和上海等大城市的位置来看，一线城市的平均技术遍在性是显著降低的，他们倾向于生产独特的技术。从细节上看，城市在不同象限的分布显示了我国各城市复杂的显著差异。在第一象限，城市技术多样性较多，生产相对遍在的技术，表明这些区域知识生产的深度明显不足，在中国，这种类型的城市非常少；在第二象限，城市技术多样性较少，生产相对遍在的技术，表明这些区域在知识生产的深度和广度上均有不足，其生产的知识缺乏黏性，容易被学习和复制，创新活动严重滞后；第三象限是技术领域相对较窄的城市，

---

① 张翼鸥、谷人旭：《中国城市知识复杂性的空间特征及影响研究》，《地理学报》2018 年第 8 期。

（1）2000—2009 年

（2）2010—2019 年

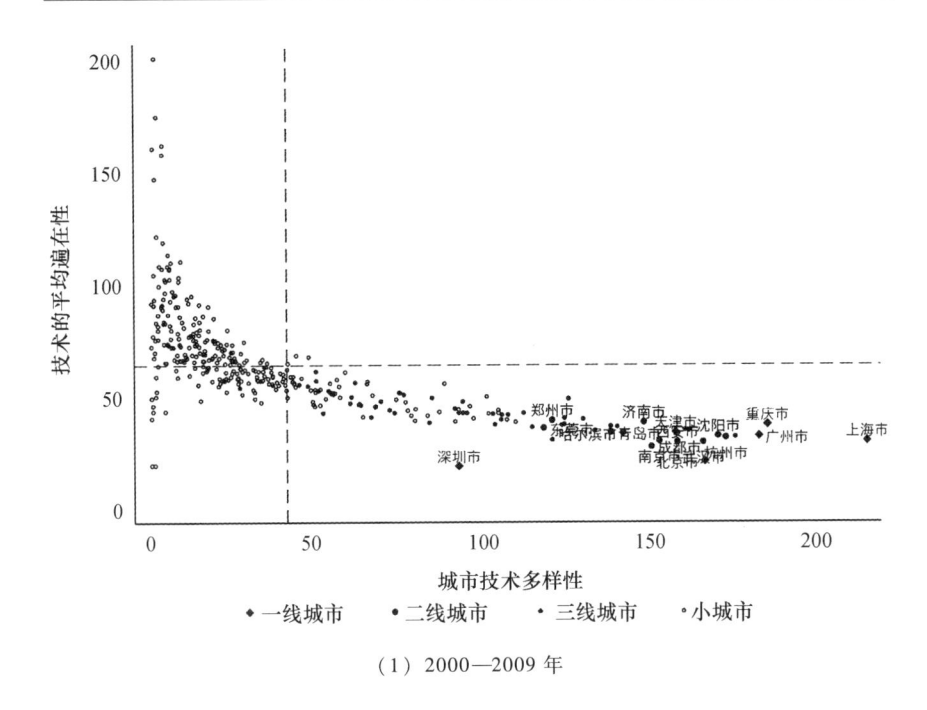

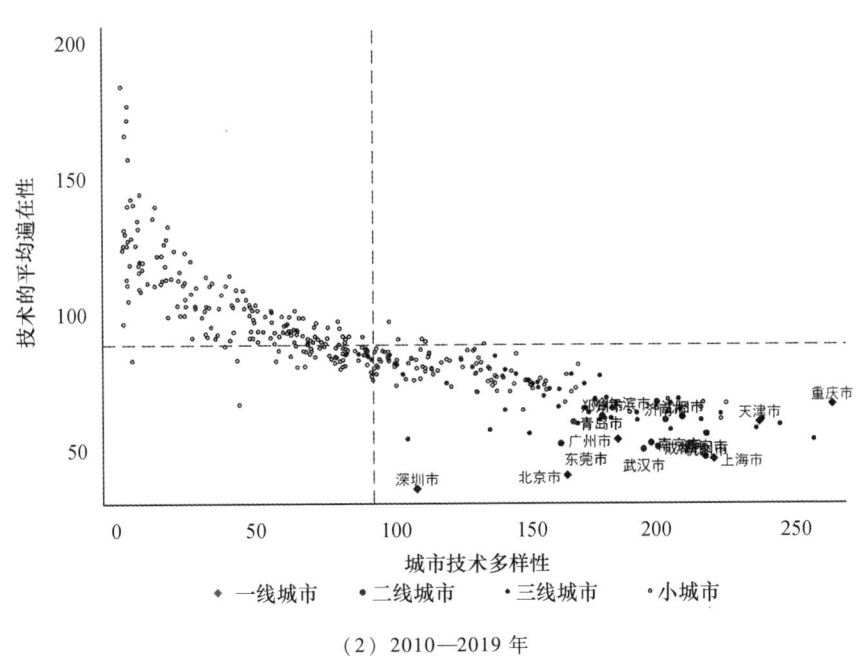

图 3-3　2000—2009 年和 2010—2019 年中国城市多样性和技术的平均遍在性

但他们生产了一些遍在性较低的新技术。在第四象限，深圳、北京、上海、广州、南京、武汉等一、二线城市，得益于雄厚的科技实力、优秀的研发人才及优惠的政府扶持政策，生产了最复杂的技术。

比较知识复杂性指数和发明专利总数，有助于验证知识价值的异质性。一般而言，知识复杂度指数较高的城市其专利数量也较多。但是，这种相关性随着知识复杂度的降低不再显著。例如，珠海、绵阳、厦门、哈尔滨、长春和惠州等城市，知识复杂度较高而专利总数量较低，说明其生产的是更加复杂的知识。

KCI 的分布存在空间上的聚集，在东部以及沿海地区数值较高，如京津冀区域，长三角区域和粤港澳大湾区是我国吸引复杂创新活动的高地，这一结论与国内外相关文献均保持一致。此外，中部和西部的一些省会城市及其卫星城市的 KCI 也较高，如成都—绵阳、重庆、西安和武汉。西部地区的 KCI 显著降低。东北老工业基地、四川、湖南、甘肃和陕西等地区均出现了除省会以外的城市面临着 KCI 降低的情况。

广东地区是实现知识复杂度跃升的重要案例，广东的城市正朝着复杂知识的山峰不断攀登。当前，我国已拥有 41 个工业大类、207 个工业中类、666 个工业小类，形成了独立完整的现代工业体系，是全世界唯一拥有联合国产业分类中全部工业门类的国家。在这 41 个工业大类行业中，广东省拥有 40 个，多种主要工业产品产量居全国首位，且消费类工业品居多，出口额巨大，完整的产业链配套成为广东省制造业发展的重要名片，是吸纳投资的重要优势。此外，根据世界知识产权组织《2020 年全球创新指数报告》，深圳—香港—广州创新集群仅次于东京—横滨创新集群，排名全球第二。广东省的创新资源集聚与活跃程度、科技创新产出以及创新综合环境已位居全球前列，为提高产业链复杂性创造了前提条件。

广东省面向国内市场的产业链复杂性有上升趋势，但仍低于北京、长三角等地区。2012 年，广东省产业链复杂性在全国列于第八位，2015 年列于第十位，2017 年上升至第七位。相比北京、上海、江浙等地，广东省与全国的产业联系程度稍显薄弱。成为内循环重要支点的关键在于依托具有核心技术优势的中间产品或服务，构成以地区为关键产业链节点的巨大中间产品市场，提升与其他省区之间的投入产出关系。

广东省内各市专利技术复杂度差异明显，城市间分工发展不均衡不协调。高复杂度的专利反映核心技术，是复杂产业链的重要组成部分。省内各市专利技术复杂度可以分为四个梯队，前三梯队包含了珠江三角洲的所有城市，其经济发展水平与城市化水平均处于全国前列，复杂程度也普遍高于省内其他城市。广州、深圳等中心城市集聚了全省超过55%的R&D投入、高新技术企业和本科院校，成为构建广东省"一核一带一区"区域发展新格局的核心支柱和动力源，也是产业链核心环节的重要聚集地。但是，广东省内其他地市与广州和深圳差距巨大，城市之间尚未形成协调分工发展的格局，影响了广东省产业链的广度与深度。相比之下，长三角城市群已经形成以上海为超大城市中心，周边大中小城市梯次分布、产业体系配套发达的格局，城市间的合理分工带动产业链扩散，有助于增强产业链复杂性和韧性。

广东省在产业链重构中暴露的短板值得重视。新冠肺炎疫情使得全球产业链和供应链整体呈现收缩趋势，也暴露出广东省供应链、产业链、价值链和创新链的弱项。中国企业创新创业调查（ESIEC）对广东省中小微企业的表现调研显示，新冠肺炎疫情期间，广东省出现断供的企业接近35%、出现断订的企业接近90%。一方面，由于广东省制造业企业多涉及装备制造业，如计算机通信和电子设备制造业企业占全省制造业企业的13%，其供应链较长，涉及部门类别分散，上下游企业依赖性更高。另一方面，广东省高度参与全球分工体系，设备材料、订单等大量来自境外，2020年第一季度进出口总额为1.37万亿元，同比下降11.8%，受新冠肺炎疫情冲击更为强烈。广东省未来面向双循环格局，更应重视与国内的贸易往来，同时从简单加工出口走向复杂产品出口，主动攻克并牢牢把握核心技术，锻造产业链上下游的韧性。

广东省经历40年改革开放，已成为中国参与国际大循环的重要窗口和节点。建议深化产业上下游企业合作，促进城市间协同发

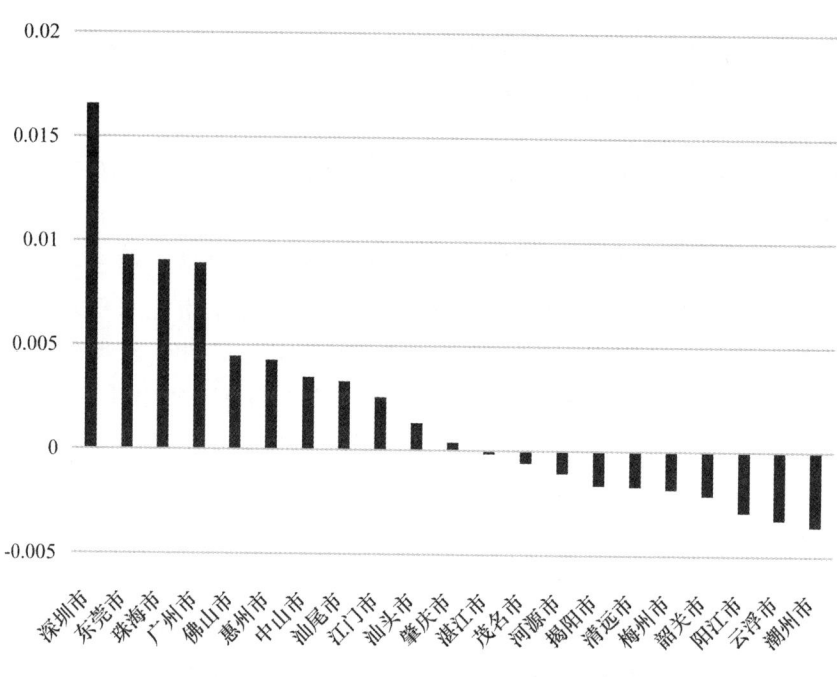

图 3-4　2019 年广东省各城市专利技术复杂性排序

展,适当提高中间产品份额,深度融入国内产业链分工网络,成为畅通国内循环、支撑国际循环的重要支点。延伸产业链边界,组成技术攻关的合作网络。建议发挥大企业在产业链上的组织能力,吸纳更多企业参与攻克产业链上下游共性技术。鼓励头部企业以专利合作等方式支持供应链上的企业发展,形成共同研究、成果分享、多方受益的良性循环。充分发挥大企业与中小企业各自的研发优势,增加在产业链上的合作机会,扩大企业多元化合作领域,促进创新资源跨行业流动,拓宽产业合作内容。大力支持广深高科技企业特别是掌握核心技术的企业参与技术攻关合作网络,提高解决产业链关键技术难题的能力,在牢牢把握产业链上已有的核心技术优势的基础上,进一步提升产业链的复杂性,巩固产业链上的不可替代性。优化产业链布局,构建复杂深化的产业链分工。建议依托粤港澳大湾区发展,发挥广州、深圳等核心城市的引领作用,注重中小城市的差异化分工,引导区域之间加强协同,提升产业链复杂性。借鉴长三角发展一体化的经验,推动粤东西北积极参与战略性产业集群发展，推动广东省制造业与香港、澳门的研发创新、专业服务深度融合，加快广州都市圈、深圳都市圈内其他城市承接产业转移的步伐。鼓励头部企业利用工业互联网等新一代信息技术，完善总部、研发、试产、中试、高附加值产品核心工厂＋分工厂规模化生产的区域分工体系，拓展产业链在省内的空间分布，缩小各地市在经济发展水平上的差距，组成复杂有韧性的分工网络，构成和谐共生的经济体。

第三节　合作创新网络的发展

　　创新的过程是一个黑箱。近年来，学术界越来越专注于破解这一黑箱，探寻创新的来源。来自不同学科的学者已经认识到，知识生产正变得越来越复杂。复杂知识被视为企业和地区竞争优势的关键来源[1]。获得复杂的知识使发明者能够参与到更先进的活动中，并获得可能从这种参与中产生的利益。这些利益可能表现为企业效益，也可能表现为社会经济发展水平的提高。对于复杂知识的追求使得个人发明者越来越难以负担知识生产所需的资源，因此，它不再是"独狼"或"天才发明家"产物[2]。合作在知识生产中承担的作用越发重要，正在成为加强区域创新能力的关键因素。即，解决复杂的问题需要各种各样的知识，没有一个行为者单独拥有这些知识，而是分布在广泛的行为者之间，因此创新活动可能取决于不同行为者的选择和行动，这些行为者由于信息不完全和对每个过程所涉及的复杂性的部分理解而在不确定性下进行互动。广泛的合作趋势在全球范围内的各个领域几乎都能看到。例如，在大科学装置方面，欧洲大型强子对撞机项目汇集了来自100多个国家的资源，连接了数千名科学家和工程师，给研究团队带来了高度多样化和专业

---

[1] Balland P A, Rigby D, "The Geography of Complex Knowledge." *Economic Geography*, 2017, 93（1）: 1-23.

[2] Frank van der Wouden, "A History of Collaboration in US Invention: Changing Patterns of Co-Invention, Complexity and Geography." *Industrial and Corporate Change*, 2020, 29: 599-619.

化的技能。在民营企业中较为经典的案例是，此前从未涉足造车领域的深圳华为，同寂寂无闻的汽车企业重庆小康，跨越了遥远的地理距离开展深度合作，接连发布"问界 M5"和"问界 M7"等几款新能源汽车，在新能源汽车赛道中迅速占据了一席之地。

在过去 10 年中，合作网络作为区域和城市创新的驱动力的作用得到了极大的关注。社会关系和人与人之间的联系既是知识传播的中介，也是创新活动在城市集中的关键解释因素。由点成线，由线成面，知识生产者通过多种多样的方式开展合作活动，构成了日渐丰富的合作创新网络（部分合作类型如表 3 - 1 所示），最终形成了复杂的创新生态系统。在这样一个系统中，知识生产者通过合作来优化资源，提高生产力，降低成本，获得互补的想法和知识。此外，生产力和效率的提高并不是合作的唯一原因，提高创新产出的质量，促进突破性发明的产生，是促使发明人和公司联合起来的其他关键原因。[1]

创新生态系统主要关注两个方面：第一，不同行动者的行动，他们有意或无意地建立互动联系，以及发生这种互动的制度和历史环境。第二，考虑到每个代理人在创新过程中的角色和地位[2]。通过识别关键行动者（如大学、研究中心或公司），有助于理解网络对每个代理人产生的影响。代理人确定并遵循不同的战略，以便从互动中获得利益。例如，在网络中占据中心或中间位置意味着更多的信息流和潜在利益，以获取知识溢出。然而，这种中心位置也将意味着交易成本，这些成本不仅是互动和集体行动所固有的，而且与连接到网络的代理人之间的相对接近性有关。系统理论强调，知识互动的结果取决于不同的和互补的代理人是如何连接的。一方面，代理人之间的互动如果过于紧密，就会减少探索的空间，有可能在一个已经众所周知的知识空间中造成锁定效应。另一方面，代理人之间的互动如果过于遥远，可能意味着难以建立一个允许知识

---

[1] Singh J, Fleming L, "Lone Inventors as Sources of Breakthroughs: Myth or reality?" *Management Science*, 2009, 56: 41 – 56.

[2] Graf H, "Regional Innovator Networks: A Review and an Application with R." *Jena Economic Research Papers*, 2017.

流动的共享语言①。这些学者确定了不同类型的接近（如认知、机构、地理），强调最佳距离将由代理人的特点和网络的相关性决定。已有的研究成果表明，合作与产出的价值、数量或质量呈正相关。在学术层面，合作工作相比于个人工作在学术出版物中的接受率更高，获得了更多的引用。在企业层面，Faems等人发现②，合作的企业比不合作的企业更有可能生产出商业上成功的产品。

表3-1　　　　　　　　部分合作网络示例

网络类型	合作节点	合作方式
企业合作网络	企业	合作
共同投资网络	组织	合作
区域合作网络	区域	合作
共同著作网络	个人	出版物
发明人合作网络	个人	共同发明
申请者合作网络	专利申请者	共同申请
引用网络	专利、著作	引用
产品空间网络	产品分类	共同出现
知识基础网络	产业	劳动力流动

表格来源：Graf Holger, Regional innovator networks: A review and an application with R。

发明人合作网络是合作的一个重要子集，因为它被认为是知识在代理人之间流动的一个关键机制③。在过去的几十年里，从分析合作团队的构成到发明家群体的网络形成，再到研究共同发明和创

---

① Boschma R, "Proximity and Innovation: A Critical Assessment." *Regional studies*, 2005, 39 (1): 61-74.

② Faems D, Van Looy B, Debackere K. "Interorganizational Collaboration and Innovation: Toward a Portfolio Approach." *Journal of Product Innovation Management*, 2005, 22: 238-250.

③ Strumsky D, Thill J C, "Profiling US Metropolitan Regions by Their Social Research Networks and Regional Economic Performance." *Journal of Regional Science*, 2013, 53 (5): 813-833.

新生产率，发明人合作受到了越来越多的关注。其中，Bathelt 等人提出的"本地嗡嗡声"（local buzz）和"全球管道"（global pipelines）概念，为相关研究提供了一个十分重要的分析框架。[1] 根据他的定义，一方面，"嗡嗡声"发生在区域内的行为者之间，它是一种近似于自发的、无意识的学习过程，受益于本地丰富、可重复的沟通方式与手段（如咖啡馆的交谈、非正式的会议等），知识在区域内自由地流动与传播；另一方面，"全球管道"是区域间行为者有意识的联系，它需要双方花费时间、精力与资源维系，从而获取位于当地环境之外的知识。两者促进创新的核心思想是：来自不同技术、组织和制度环境中的知识片段在区域之间和区域内部不断流动、重新组合，促进了创新的产生。沿着这一框架，相关学者围绕知识流动的性质以及本地和非本地合作形式对总体区域绩效的影响程度展开了激烈争论。

其一，有学者认为知识生产在很大程度上依赖于"本地嗡嗡声"提供的面对面互动。"本地嗡嗡声"主要与地理邻近有关，地理邻近为行为者之间的合作提供了一个共同的合作关系基础，合作的发展促进了信任的产生，而信任进一步推动了合作的增长，二者相互交织、互为推动，从而不断加强网络嵌入，增厚社会资本，刺激组织和机构的形成和发展，使知识能够在空间中快速有效地流通。

其二，有学者认为区域间的"全球管道"没有得到足够的重视。过于密集的"本地嗡嗡声"可能会导致两个后果：第一，由于行为人建立和管理合作关系的能力有限，过于密集的本地合作会阻碍行为者寻求外部知识的想法和潜在可能性；第二，过于密集的本地合作会导致行为人之间的知识同化和锁定（locked-in）。因此，本地行为者之间过于密切的知识共享不会导致任何能够刺激知识库发展的创新。"全球管道"则提供了丰富和更新一个地区知识库的重要渠道，使得行为者能够获得互补和多样化的外部知识来源，避

---

[1] Bathelt H, Malmberg A, Maskell P, "Clusters and Knowledge: Local Buzz, Global Pipelines and the Process of Knowledge Creation." *Progress in Human Geography*, 2004, 28 (1): 31-56.

免了区域技术和知识的锁定。此外，尽管地理邻近仍然是交流信息和分享（隐性）知识的优势，但它并不是互动学习发生的先决条件。社会、组织和机构的接近性是影响互动学习、合作机会和知识生产的动力。即知识的交流要求行为者在认知（技术）上有一定程度的接近，而他们的合作可能是他们在社会上、机构上或组织上相互接近的结果[1]。这些区域间的合作关系和网络可能是通过人员的流动自发产生的，也可能是通过企业内部和企业之间的组织安排，或者区域和国家机构内部和机构之间的安排等自上而下产生的制度化变革。

其三，大量学者认为，维持高水平的"嗡嗡声"和"全球管道"平衡共存，具有重要的现实意义。一方面，一个地区获得外部知识来源的能力，取决于它与其他地区的联系程度。而通过区域间合作吸收的知识在区域层面上传播，取决于区域间合作在区域范围内的社会嵌入程度。鉴于建立和管理合作关系的能力有限，地理开放性和区域嵌入性之间必然存在着权衡。因此，一旦区域内和区域间合作分布的显著不平衡，即意味着该地区获得外部知识来源或利用区域间吸收的知识的能力有限。另一方面，从认知的角度来看，区域间和区域内知识流动的语言是不同的。在区域间，技术性语言比操作性语言更胜一筹；而在区域内，知识的创造和传播主要以实践经验和"干中学"为基础。因此，需要在区域内和区域间的合作中取得平衡，以支持技术知识和实践经验的有机转化，反之亦然。总的来说，区域内和区域间合作的平衡确保了各区域在探索、传播和利用外部知识方面的更大效率和效益。

美国的经验是，发明活动主要是一种城市现象。1990—2009年，美国组织的所有专利申请中，约有94%是在大都市区域内产生的，其中最多产的十个城市约占这一时期所有专利活动的48%。创新活动在特定城市聚集的趋势被归因于集聚经济的重要性。集聚经济，尤其是与知识相关的经济，是提高城市经济绩效和

---

[1] Marrocu E, Paci R, Usai S, "Proximity, Networking and Knowledge Production in Europe: What Lessons for Innovation Policy?" *Technological Forecasting and Social Change*, 2013, 80 (8): 1484–1498.

创造力的基础①。大都市环境是新知识创造过程的关键引擎和孵化器，因为它们通过社会接近和面对面的接触促进个人之间的知识联系。城市中厚实的社会互动网络创造了聚集经济，这可能导致创新事件在时间和空间上的巨大变化。创造性个体在同一地区或城市环境中的共处被认为促进了正式的互动和非正式或偶然的相遇，在这种情况下，与发明创造有关的隐性知识被传递和交流。这种关系网络在个人和企业之间产生了普遍的本地化知识流动，保证了思想在地方上的快速传播，这反过来又促进了所有地方行为者的发明生产力②。最近的文献表明，两个特定的网络结构属性（及其组合）对于知识的传播和创造是特别理想的③。首先，网络中的行动者能够通过相对较少的中介机构接触到网络中的其他行动者；也就是说，平均而言，他们在社会上是近似的。其次，网络中的行为者是局部聚集的，即他们倾向于建立紧密的团体（即小团体），其特点是联系的密度相对较高④。在共同发明网络的背景下，当发明者之间的中间人相对较少时（即内部社会接近度高时），知识和信息往往比成员之间的关系链较长时（即内部社会接近度低时）传播得更快，噪音也更小。因此，网络中产生的新信息或想法可能会迅速到达（或流向）网络中的所有其他成员那里，并与他们自己的知识重新组合，从而提高发明生产率。此外，当发明者被嵌入有凝聚力的小团体中时，其中一个行为者的伙伴也会相互合作，信息则会迅速传播。更重要的是，其有用性和可靠性会沿着多种途径得到验证。此外，小团体内的高密度联系创造了一致性和共同的交流准则，这刺激了集体学习，这一论点也在关于知识相关的聚集经济的辩论中提出。最后，密集的小团体可以让网络成员监督机会主义行为，从而

---

① Glaeser E L, Gottlieb JD, "The Wealth of Cities: Agglomeration Economies and Spatial Equilibrium in the United States." Journal of Economic Literature, 2009, 47: 9831028.

② Jaffe A B, Trajtenberg M, Henderson R., "Geographic Localization of Knowledge Spillovers as Evidenced by Patent Citations." The Quarterly Journal of Economics, 1993, 108: 577 – 598.

③ Schilling M A, Phelps CC, "Interfirm Collaboration Networks: The Impact of Large – Scale Network Structure on Firm Innovation." Management Science, 2007, 53: 1113 – 1126.

④ Uzzi B, Spiro J, "Collaboration and Creativity: The Small World Problem." American Journal of Sociology, 2005, 111: 447 – 504.

促进合作伙伴之间的信任和互惠，从而鼓励更高水平的合作①。因此，密集的小团体允许知识被迅速分享和使用，刺激更多的知识创造。

一 从连接到网络：合作创新培育生态系统

2000—2019年中国创新网络揭示了以下四个重要特征。

第一，伴随着中国的创新热潮，中国的创新合作网络在规模上不断扩大，结构上也越来越密集。除了领先地区的城市，越来越多的落后城市，如新疆的乌鲁木齐，内蒙古的鄂尔多斯，均通过互动嵌入中国的创新版图中。

第二，中国最具创新性的三个城市——北京、上海和深圳之间形成了一个清晰的三角形结构，这一结构随着时间的推移不断深化、复杂。其中，北京与全国几乎所有主要城市都建立了联系。

第三，位于中西部的成都和武汉有望发展成为上述三驾马车之外的新支点。成都已经与北京、上海、深圳建立了稳固的联系，并与周边落后的城市如绵阳和攀枝花的互动越来越多。武汉是中国传统的科学中心，是中国中部一个重要的支撑城市。

第四，在2007—2013年，南北方向的联系多于东西方向的联系，即长江沿岸的城市似乎并没有很好地通过合作联系在一起。例如，合肥和武汉这些地理上更加靠近长江三角洲的城市，却与更远的北京和深圳进行了更广泛的合作。到2014—2019年，这一情况虽有所改善但并没有明显的好转。

从创新生态系统的角度来看，企业（Firm）、大学（University）和公共研究机构（Public research institutes，PRIs）是三个主要行为者。自关于美国Bayh-Dole法案的研究浪潮以来，大学与产业界的合作（University-Industry Collaborations，UICs）受到了广泛的关注。UICs为科学知识交流和现实世界商业实践提供了一座无形的桥梁，因此大多数学术工作旨在探索UICs对知识溢出机制的决定因素②以及经济增

---

① Schilling M A, Phelps C C, "Interfirm Collaboration Networks: The Impact of Large-Scale Network Structure on Firm Innovation." *Management Science*, 2007, 53: 1113-1126.

② Rybnicek R, Königsgruber R, "What Makes Industry-University Collaboration Succeed? A Systematic Review of the Literature." *Journal of Business Economics*, 2019, 89: 221-250.

长的重要推动力。然而,与 UICs 相比,并没有那么多学术研究试图讨论其他类型的合作对创新活动的有效性。少数学者审议了不同行动者的不同角色以及合作如何影响知识生产过程[①]。然而,这仍然远远没有厘清不同合作对提高企业和区域的创新能力和绩效的贡献。提高企业和区域的创新能力和绩效一直是最困难的挑战之一。中国过去的改革和转型并没有成功解决这个问题。大学是知识的重要基础设施,是产业和科学联系的核心支柱。同时,不少大学还经营着以技术为基础的企业,积极参与到各个领域的技术推广和商业化活动中。在中国,世界知名的研究型大学不多,真正为国家创新生态系统提供了科学基础的大学更是少之又少。过去,中国的 PRIs 数量很多,承担了大量的基础性研究工作;自 20 世纪 80 年代以来,PRIs 数量有所减少,与大学的规模更加平衡;现在,PRIs 仍然在支持国家重大基础和战略研究方面发挥着关键作用。当前,中国正在建立一个以企业为主体、市场为导向、政产学研相结合的国家创新生态系统,行为者的角色必然在这一过程中不断发生动态变化。他们如何在创新生态系统的建立和完善中互动是我们亟须探讨的问题。

有鉴于此,我们根据企业、大学和公共研发机构这三种不同的行为者,在申请者合作网络中识别了六种不同类型的合作,即:企业—企业(FirmFirm)、大学—企业(UniFirm)、企业—公共研发机构(PRIsFirm)、大学—大学(UniUni)、大学—公共研发机构(UniPRIs)和公共研发机构—公共研发机构(PRIsPRIs)。考察 2000—2006 年,2007—2013 年和 2014—2019 年三个时间段内,深圳的区域间合作网络,我们发现以下两个重要特征。

第一,伴随着中国的创新热潮,深圳的创新合作网络在规模上不断扩大,结构上也越来越密集。除了领先地区的城市,越来越多的城市,通过互动嵌入深圳的创新网络中。

第二,深圳同中国最具创新性的另外两个城市——北京和上海建

---

① Nieto M J, Santamaria l, "The Importance of Diverse Collaborative Networks for the Novelty of Product Innovation." *Technovation*, 2007, 27: 367-377.
Arora A, Belenzon S, Patacconi A, et al. "The Changing Structure of American Innovation: Some Cautionary Remarks for Economic Growth." *Innovation Policy and the Economy*, 2020: 55.

立了稳定联系，这种联系随着时间的推移不断深化、复杂。作为一个缺乏本地科学知识的地区，深圳积极寻求北京作为其外部科学知识来源，以汲取其高水平大学和公共关系机构的科学知识。相比之下，上海在产业技术和科学知识方面与北京一样均衡。深圳和上海之间的共同申请主要集中在公司之间的合作。另外，位于中西部的成都、武汉、南京和合肥等内陆城市的也是深圳外部科学知识的重要来源。

二 从拿来到自主：合作创新与国内为主

如前所述，在过去一段时间，我国在经济、科技等多个方面是一个追赶者角色。在追赶过程中，不可避免地需要获取和吸收外国的科学技术知识。这一实际需求催生了20世纪90年代"以市场换技术"的政策思维，即通过允许外资企业在华设厂（合资或独资）和销售其产品，以试图学习外资先进的科学技术和管理经验。[①]"拿来主义"成为自主品牌发展的捷径，中国汽车工业发展之路是"拿来主义"的一个典型教材。20世纪90年代末，几乎所有中国本土汽车企业都与外资企业建立了合资关系，彼时国内市场90%以上的产品都是合资组装的外国品牌。但时至今日，中国汽车企业仍然未能建立起国际知名的汽车品牌。历史经验已经证明，单纯依靠技术引进和外国资本，并不会促进科学技术和创新能力的提高。来自韩国的追赶案例也再次印证了这一结论。20世纪60年代初，韩国通过"拿来主义"，引进国外技术，进而模仿、消化和吸收，实现了科技开发"从无到有"的转变。20世纪60—80年代，韩国用于外购技术的费用达240亿美元。借助买来的技术，原来连自行车都不能生产的韩国生产出了汽车、火车和轮船。可是，买技术、学技术永远只能居于人后。于是，在实行"拿来主义"数十年后，韩国开始由引进模仿逐步转向自主研发。从此，韩国的精密电子、新材料、半导体、精密化学等高技术行业得以奠基并获得高速发展。总而言之，对于追赶国家和区域而言，科学技术和创新能力的提高仍然需要在技术引进基础上坚持自主创新。只有当技术引进是自主开

---

① 路风：《冲破迷雾——揭开中国高铁技术进步之源》，《管理世界》2019年第9期。

发的补充而不是替代物的条件下，引进技术才能起到正面作用。

图 3-5 和图 3-6 分别展示了 2000—2018 年中国和深圳的合作专利情况，其中，本地合作一直是我国创新合作的主要形式，中国企业和外国企业共同发明的比例虽然呈正增长趋势，但在 2017 年到达了顶峰后，2018 年便开始呈下降趋势。遗憾的是，本章所用专利的完整数据集仅更新到 2018 年，不能更深入地描绘 2018 年以后的发展趋势。

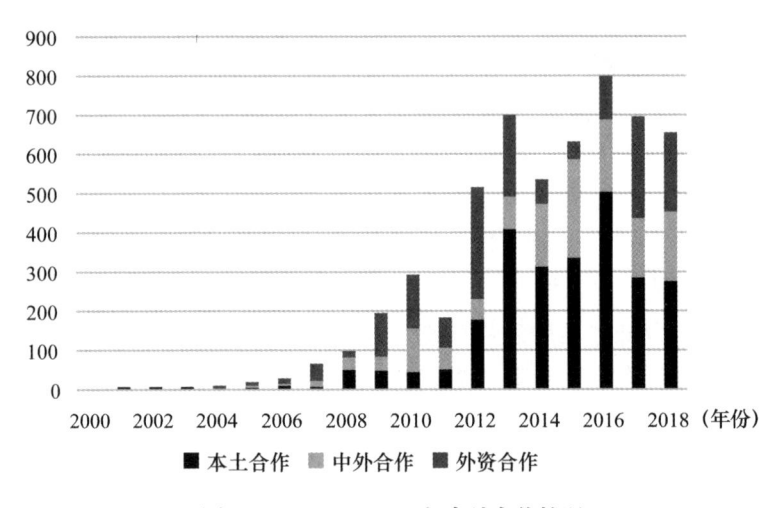

图 3-5　2000—2018 年中外合作情况

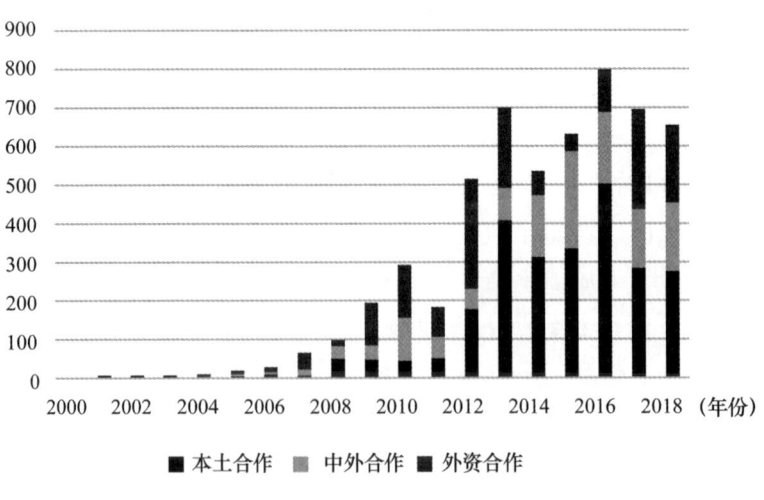

图 3-6　2000—2018 年深圳中外合作情况

第四章 湾区创新网络中的深圳[*]

党的二十大报告指出,"要深入实施区域协调发展战略、区域重大战略、主体功能区战略、新型城镇化战略,优化重大生产力布局,构建优势互补、高质量发展的区域经济布局和国土空间体系"。世界顶尖的湾区城市群经济发展水平最高、竞争能力最强,在高端创新要素聚集与创新趋同的背景下,湾区内部必须形成创新协同,充分发挥创新溢出效应。其关键在于通过制度设计来促进湾区城市间形成功能关联的合作创新网络,形成要素均质和功能错位发展,避免创新策源地城市出现"虹吸效应"。进入知识经济时代后加快高等教育发展形成合理的高等教育体系,是创新性城市的重中之重。而高等教育体系建设中,要形成合理的自然科学与社会科学的分工,亦要创办一定的前沿优势学科,同时要办好解决产业问题的应用学科。同时,深圳高等教育发展要高度关注城市在国家创新网络格局中的地位,加大与北京、上海、广州、香港等城市的联系与合作,增强开放活力。

第一节 城市群视角下的粤港澳大湾区

一 湾区、粤港澳大湾区与城市群

湾区是由优良的港湾、海湾、邻近岛屿共同构成的沿海地带,是超越城市行政边界的空间存在,是形成大规模城市群的最优载体。世界顶尖的湾区城市群经济发展水平最高、竞争能力最强。湾区经济依港而生、沿湾而兴,具有天然的开放属性。世界著名湾区

---

[*] 本章作者:崔文岳,戴欣,江涛,唐杰。

具有开放的经济结构、高效的资源配置能力、强大的集聚外溢功能、发达的国际交往网络等突出的特点，是世界500强、创新公司、研发资源和专利的密集区，是国际竞争力和创新能力的代表，是推动国际经济发展和科学技术变革的先锋。粤港澳大湾区无疑是由多个优良港湾汇聚而成的城市群，与南海依湾相连，与东南亚隔海相望，是世界贸易的主要海运通道，是亚欧经济贸易衔接的核心点，是现在及未来国际贸易的重要主体。粤港澳大湾区拥有得天独厚的区位优势，是海上丝绸之路的必经之路，是"一带一路"建设的咽喉重地，是最具发展空间和增长潜力的世界级经济区域。深入参与"一带一路"建设是湾区经济走向南海、走向中东、走向欧洲、走向世界的重要举措。粤港澳大湾区对于加快"一带一路"建设、深化"一带一路"倡议实施、促进国家经济发展、开创中国对外开放新格局、实现世界经济格局的重大转变具有重要的战略意义。

根据《财富》2021年统计数据，共有99家世界500强企业坐落于世界四大湾区，占500强企业总营收的20%、总利润的35%。总体来看，粤港澳大湾区入围《财富》世界500强的企业数量排名靠前，行业集中度相对较低，地域分布相对集中，但企业平均规模和经济效益相对较小。而以科技湾区著称的旧金山湾区入围《财富》世界500强的企业行业集中度相对更高，地域分布相对分散，城市间布局更为均匀合理，高新技术特征更为明显。从数量来看，2021年粤港澳大湾区有25家企业入围《财富》世界500强名单，而旧金山湾区仅为12家。从产业分布来看，粤港澳大湾区入围企业所属行业相对较为分散，上榜企业涵盖汽车、电力、家电、房地产、零售、互联网、金融保险等诸多行业，而旧金山湾区上榜企业主要以科技型高新技术企业为主。从这方面来看，粤港澳大湾区内部产业结构亟待转型升级。

工业化和全球化持续提高了具有优良港口群，且处于全球贸易主航道上的港口湾区的地位。湾区也因其交通便捷性，成为城市群发展的重要自然地理基础。自18世纪以来，工业化与城市化是现代经济增长的最重要特征，高水平的工业和城市化是世界经济增长的持续动力。过去70年，城市群化已经成为全球城市化的基本方向和

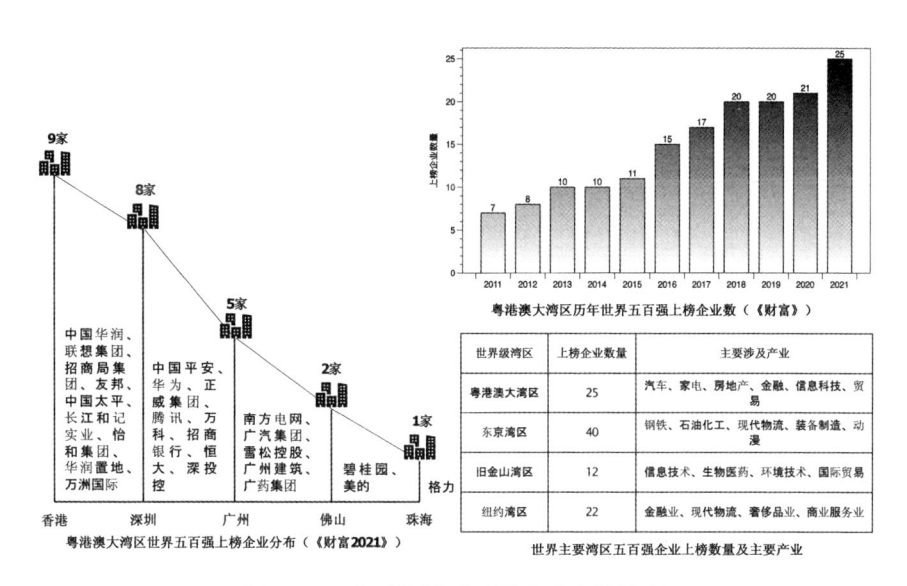

图 4－1 主要湾区五百强企业上榜情况

主体形态。生机勃勃的大城市群不仅人口规模巨大，也聚集着巨大的多种功能形态的经济活动，其中既包含了大规模的生产制造、大规模的国际贸易、也是大学科研机构的密集区、高度活跃的科学技术和产业创新区域。城市群具有多核心的特点，也以标志化的核心大城市为代表。充满活力的大城市群是国民经济的空间支撑，是国际竞争力的展现，也是国民经济效率能够持续提升的关键。从单一的城市发展向城市群化发展的重大区别在于，产业的空间配置不再是以一城一地的效率为依据，而是以城市群组合的效率最大化为基本原则。其中包括三个内容：一是产业功能在不同层级城市中差异化分布，进一步说城市之间产业结构会存在着差异性，这种差异的本质是城市间的分工。二是从城市化到城市群化不仅强化了城市之间的分工，而且强化了一座城市优势产业分工规模。城市优势产业不再决定于城市自身的经济与人口规模，而是决定于紧密相连分工合作的城市群的经济和人口规模。三是城市群的发展，推动了单个城市功能的专业化和城市群功能的综合化。

二 从单一城市到城市群：分工、合作、网络

据联合国估计，到 21 世纪中叶，世界上超过四分之三的人口将居住在城市，巨型城市群将容纳世界五分之一的人口。以超大城市为核心、大中小城市为辅构成的城市群正在成为全球经济核心竞争力的重心。进入创新时代，全球 90% 的技术创新也将集中于少数城市群。①

城市群的蓬勃发展正在抛弃传统的以单一城市论英雄的观念，我们要重点关注城市群长期整体的协调发展。深化城市群发展的理论与实践的研究，对于推进中国以城市群为核心的区域协调一体化具有重要意义。不失一般性，区域协调一体化研究至少包括以下两个分析维度：一是城市群内的城市规模结构；另一个是城市群内的城市功能结构。城市规模结构是指市群内部存在着合理的特大与大中小城市规模结构。功能结构则是指，城市规模异质蕴含着城市功能差异。规模大的城市产业多样化和复杂程度高，创新能力强。规模小的城市，产业多样化和复杂程度低，创新能力会弱。城市规模结构与城市功能结构之间存在着内生的相互依赖关系。这对于准确把握与践行以城市群为主体构建大中小城市和小城镇协调联动、一体化发展，增强超大特大城市全球资源配置、科技创新策源、高端产业引领功能的总体要求有重要意义。

Fujita 和 Krugman 论证了城市间规模等级结构内生的微观基础，专业化与异质性多样化聚集构成空间集聚收益递增，并形成了核心—外围结构。② Henderson 论证了不同规模的城市存在着内生的城市产业结构差异。③④ Fujita 等阐述了城市规模有规律分布与城市间产业多样

---

① Fu Y, Zhang X, "Mega Urban Agglomeration in The Transformation Era: Evolving Theories, Research Typologies and Governance." *Cities*, 2020, 105: 102813.

② Fujita M, Krugman P, "When Is the Economy Monocentric? Von Thünen and Chamberlin Unified." *Regional Science and Urban Economics*, 1995, 25 (4): 505 – 528.

③ Henderson J. V., "The Sizes and Types of Cities." *The American Economic Review*, 1974, 64 (4): 640 – 656.

④ Henderson J. V., "Locational Pattern of Heavy Industries: Decentralization Is More Efficient." *Journal of Policy Modeling*, 1988, 10 (4): 569 – 580.

化差异的关系。① 产业多样化的高阶城市可以提供多元化的商品与服务，有更大的经济辐射力，因此具有更大的规模。与之相对应，中小型城市倾向于专业化。Duranton 和 Puga 实证检验了多样化大城市与专业化中小城市间的相互依存关系。② Grossman 和 Helpman 提出了产品的差异化、产品多样化以及质量阶梯竞争的分析框架。③④ 企业新产品品种的发明是攀登质量阶梯的标志，表现为城市创新部门的成长动态。⑤ Fujita 和 Thisse，Baldwin 和 Martin 以及 Fujita 的研究证明，创新的本质是差异化与专业化的空间集合，产业的多样化推动了创新空间集聚。⑥⑦⑧ Davis 讨论了信息技术革命对城市比较优势和结构演变的影响，信息产业就业占比随着城市规模扩大而提高。⑨ 大城市以技能丰富和专门技能人才密集的产业为主体，城市规模越大，对高技能人才吸引力越大，集聚了更多的高技术密集型产业。

Rosenthal 和 Strange 研究了美国东北部产业集聚特征，制造业在绵延上千千米的东北部城市群产业带上呈现出非集中式聚集，平均每两英里制造业员工聚集量最高为 1200 人。与之相对应，纽约曼

---

① Fujita M, Krugman P, Mori T, "On the Evolution of Hierarchical Urban Systems." *European Economic Review*, 1999, 43 (2): 209-251.

② Duranton G., Puga D., "Diversity and Specialisation in Cities: Why, Where and When Does It Matter?" *Urban Studies*, 2000, 37 (3): 533-555.

③ Grossman G. M., Helpman E., "Quality Ladders in the Theory of Growth." *The Review of Economic Studies*, 1991, 58 (1): 43-61.

④ Grossman GM, Helpman E, "Outsourcing Versus FDI in Industry Equilibrium." *Journal of the European Economic Association*, 2003, 1 (2-3): 317-327.

⑤ Volker Grossman Contest for attention in a quality-ladder model of endogenous growth, presented at CESifo area conference on public sector economics May 2003.

⑥ Fujita. M and Thisse, F. Jacque, eds., *Economics of Agglomeration: Cities, Industrial Location, and Regional Growth*. United Kingdom: Cambridge University Press, 2002.

⑦ Baldwin RE, Martin P, "Agglomeration and Regional Growth." in Duranton, Gilles, Vernon Henderson, and William Strange, eds. *Handbook of Regional and Urban Economics*, Elsevier, Vol. 4, 2004: 2671-2711.

⑧ Fujita M ed., *Dynamics of Innovation Fields with Endogenous Heterogeneity of People*. New Directions: Regional Economic Development, Springer, 2009: 59-78.

⑨ Davis D. R., Dingel JI, "The Comparative Advantage of Cities." *Journal of International Economics*, 2020, 123: 103291.

哈顿3—5千米长的制造业街区上,制造业员工聚集密度每英里超过了2400人,即大都市以更少的空间聚集了密度更高的创新制造。Moretti就美国计算机、半导体和生化产业的创新活动高度聚集于前十名城市的原因进行了实证分析。①② Balland等关注复杂经济活动集中于大城市,分析了美国创新活动,特别是高端创新集中于纽约—波士顿和西海岸少数大城市的趋势与原因。③ 2000年,旧金山湾区每10万人产生139多项专利,占美国所有专利活动的12%。15年后,湾区每10万人专利为340多项,占美国所有专利活动的18%以上,经济活动越复杂,空间集聚的趋势就越发显著,且越发集中在湾区当中。特别值得指出的是,当通信和数字技术快速增长时,以主要由高学历的科学技术工程和数学(STEM)员工组成的信息产业服务业持续向特大城市集中,特大城市信息产业专业化功能正渐突出,创新集中度增长,β系数大于1的放大效应越发显著。由此可以看出,大城市创新引发的新一轮聚集效应,具体表现在复杂性越高,越在大城市集中,且科学论文与创新专利聚集也存在着差别。大城市从简单制造走向复杂制造,从简单技术走向高精密技术,集中了更加复杂的科学知识。合理的城市规模结构和产业结构的相互适应,大中小城市的创新阶段与性质的差异化变得显著,城市之间因专业化与差异化构成协同分工的效果。

尽管城市和城市群于古代社会已经出现,但只在人类社会进入了工业化时代后,大规模生产和贸易才使得城市群具有了一体化协同发展的意义。工业革命到信息革命引起了城市群一体化形态不断演化的动态过程。④ 相对传统社会,以工业化为基础的城市化突出表现为工业在空间上高度聚集,成为城市间经济发展水平及空间差

---

① Moretti E., "The Effect of High‐Tech Clusters on the Productivity of Top Inventors." *American Economic Review*, 2021, 111 (10): 3328‐3375.

② Rosenthal SS, Strange WC, "How Close Is Close? The Spatial Reach of Agglomeration Economies." *Journal of Economic Perspectives*, 2020, 34 (3): 27‐49.

③ Balland P‐A, Jara‐Figueroa C, Petralia SG, Steijn M, Rigby DL, Hidalgo CA, "Complex Economic Activities Concentrate in Large Cities." *Nature Human Behaviour*, 2020, 4 (3): 248‐254.

④ 宫倩楠、阳圆、杨欢、刘志丽:《从城市化到城市群化——中国主要城市(群)人口与发展学术研讨会会议综述》,《人口与经济》2020年第1期。

异扩大的基本推动力。工业化过程始于少数城市，以滚雪球方式带动人口与企业在空间上的聚集与延展，逐渐形成了多样化的产业、复杂和规模庞大的中间产品生产与最终产品生产体系，产业效率因集聚而提高。在这一过程中，生产和技术复杂程度大大提高，产业集群内部的分工越来越细，使企业层面的规模收益不再简单表现为单一企业生产规模扩大，而是形成横纵向多层次的产业节点，产业集群在更宽广的空间上展开。[①] 大量企业构成的多样化生产丰富了本地产品种类，降低了本地价格，提高了实际工资，先行城市因此对周边城市产生了虹吸效应，企业和人口持续集聚使空间差异动态扩大。然而，过度集聚会使聚集优势转为聚集劣势，过度竞争与市场拥挤也会造成成本上升与价格上升，利润和劳动力实际工资下降。在城市中，土地竞争是强大的分散力量。从产品生命周期考察，随着产品进入成熟及饱和期，创新溢价由高向低递减。为降低生产成本，企业会向土地和劳动力成本更低，新市场容量更大的周边城市扩散，由此形成了空间聚集的动态拐点，从集聚走向扩散构成了城市群的一体化发展过程。

相对于初始的核心—外围发展，走向空间均衡的含义要丰富得多。经济发展先是引发工业活动集中一地，周边城市和区域处于被动从属地位，而经济扩散带来的经济一体化，不仅表现为企业和人口从核心转移到外围，更重要的是周边城市与核心大城市的经济发展水平差距从扩大转向缩小，更准确地说是以人均 GDP 表达的空间差异出现趋同，形成了空间发展的钟形曲线。[②]（参见图 4-2 城市间与区域间的人均收入差距由右至左先是扩大而后缩小）。

同一时期的同一城市群内，各个城市可能处在不同的发展阶段。核心大城市进入了复杂多样化驱动的高迭代创新时期，其他城市可能处在规模化生产阶段，还有一些城市则开始进入工业化聚集。规

[①] 唐杰、戴欣、潘强、张致鹏、袁帅：《经济增长方式转型中的创新政策》，《比较》2021 年第 115 辑。

[②] Fujita M, Thisse J-F, "New Economic Geography: An Appraisal on the Occasion of Paul Krugman's 2008 Nobel Prize in Economic Sciences." *Regional Science and Urban Economics*, 2009, 39 (2): 109-119.

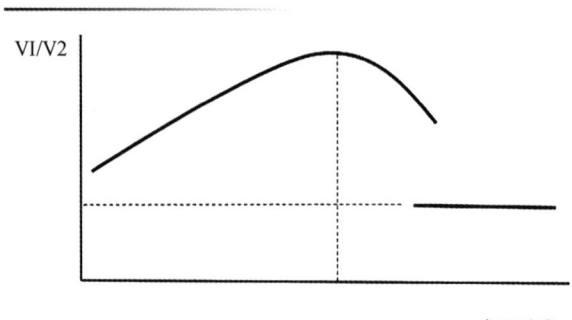

图 4-2　空间发展差异动态变化的倒 U 形曲线

模不同与发展水平各异的城市会按照技术复杂性和空间集聚性形成差异化分工，形成优势各异的产业结构。值得关注的是，现代产业集群的常态是纵向、横向及网络化分工，在空间上表现为城市间依照不同优劣势聚集着产业集群的不同层级。一般来说，产业集群的高创新领域会向高成本的核心城市聚集，资本密集和劳动密集生产会向低成本的中小城市扩散。在创新密度、要素成本、城市产业关联等因素的共同作用下，城市间出现了的产业动态转移和梯度分布现象。城市在空间上组合形成按规模次序分布、功能互补、错位发展、产业共生的一体化发展城市群。产业或是产品进入成熟期后，生产企业的创新溢价水平会持续下降，对土地成本和劳动力成本会越来越敏感。中小城市土地和劳动力成本低，对失去创新溢价能力的企业有很大吸引力，核心大城市多样化产业聚集与传统产业退出过程同时发生，在空间上孵化出了新兴工业化城市。Duranton 和 Puga 用苗圃城市概念阐述了城市群一体化的动态过程。[①] McLaughlin 和 Robock 研究了 20 世纪 30 年代后美国阳光地带城市群崛起的过程后发现，在现实中成熟产业从霜冻地带向阳光地带迁移的距离会远

[①] Duranton G., Puga D., "Nursery Cities: Urban Diversity, Process Innovation, and the Life Cycle of Products." *American Economic Review*, 2001, 91 (5): 1454-1477.

远高于苗圃城市的邻近距离。①

总之，城市不是孤立存在，城市间基于差异化分工塑造出异质的产业结构构成产业内与产业间贸易，在空间上共生成为城市群。现实中，城市规模结构效应表现为，核心大城市与周边中小城市之间依规模进行分工合作；核心城市是提供多样化创新产品的高阶城市，众多中小城市构成了由低阶向高阶延伸的阶梯，产生了城市群集聚收益最大化；最后，产业空间聚集创造了收益递增，也带来了聚集成本。客观存在着的聚集成本收益差异，使得不同的产业或是同一产业生命周期的不同阶段，会依照市场原则选择空间集聚或是空间扩散，随着经济发展水平提高，低聚集收益产业向中小城市迁移，中小城市就会出现缩小经济发展差距的赶超效应，走向城市群一体发展。

三　从珠江三角洲到粤港澳大湾区：发展优势与前景

（一）粤港澳大湾区发展优势

制度优势。首先，三大湾区快速发展的共同点就是：经济开放，自由贸易开放。而粤港澳大湾区完全具备这一条件，粤港澳大湾区是整个中国最开放的地区。香港是自由贸易港；澳门奉行的完全是开放经济；珠江三角洲作为港澳地区的经济腹地，一直采取非常开放的政策，经营着大部分的对外贸易。其次，粤港澳大湾区最大的特点是一国两制，三个布局各具特色的经济体系，多元差异是世界上任何其他的湾区都不具备的，这种差异性将会为湾区的发展带来多元文化、互补互建，会为经济湾区发展带来符合优势，广州、深圳、香港互补性特大城市集群将为大湾区创造更多的经济辐射、资源共享、人才集聚，可令珠三角的发展再上新台阶。

金融优势。粤港澳大湾区拥有广州、深圳和香港三大金融重镇，以及港交所和深交所两大证券交易所，聚集全球诸多银行、保险、证券等跨国金融巨头，因此具有十分明显的金融优势。中国香港是国际金融中心，几乎全世界的金融机构都将亚洲总部设在香港，都

---

① McLaughlin GE, Robock S, "Why Industry Moves South, NPA Committee of the South." *Report*, 1949.

希望通过香港来为中国各地金融提供服务。作为全球离岸金融中心，香港是不少中国企业对接国际资本市场的重要平台，这里税率低、可自由选择借贷货币，手续便利，效率高。近年来先后推出的金融市场互联互通举措即是例证，联通机制既促进了内地资本市场对外开放，也进一步提升了香港国际金融中心的功能。首先，香港完全可以给粤港澳大湾区及其他湾区经济，提供强有力的经济支持；其次，广州作为区域性金融中心，在珠江三角洲地区，有着举足轻重的作用；最后，深圳同样作为区域性金融中心，其金融地位，完全不逊色于北京、上海，深圳的交易所、私募股权基金、风险投资基金、创业投资基金等，都处在全国前列。香港、广州、深圳三大金融中心，可以给粤港澳大湾区，提供源源不断的资金支持，同时，也可以给泛珠江三角洲，提供足够的资金支持。

科技创新优势。科技创新力量是粤港澳大湾区发展的重要依靠，"创新驱动、改革发展"是发展的基本原则之一，通过科技创新来驱动经济发展已经成为国际各大经济体发展的共识，而粤港澳大湾区想要成为国际上首屈一指的湾区，也离不开创新驱动的力量。大湾区的建设将集中优势力量助力粤港澳地区的科技发展再上一个台阶，培育出若干世界级产业集群。同时香港地区发达的金融业以及澳门地区发达的服务业，金融创新、服务业创新的前景也可进行展望，以此期待完成产业融合和现代产业体系的构建。从科研创新能力而言，粤港澳大湾区拥有 16 家世界 500 强企业和 3 万多家国家级高新技术企业。与科技实力较强的旧金山湾区 7 座城市的发明专利总量相比，近 5 年粤港澳大湾区的专利数量已超旧金山湾区，且差距扩大趋势明显。粤港澳大湾区不仅具有香港的金融业，还有深圳的研发、东莞和广州的制造。所以相比世界三大湾区，粤港澳湾区的发展空间更大。

产业优势。粤港澳大湾区航运业发达，拥有全球最繁忙的港口群和机场群，客货运量都位居全球前列，是国家开放格局中的重要门户。大湾区产业结构以先进制造业和现代服务业为主。港澳地区现代服务业占主导，金融、医疗、旅游、贸易、物流、法律、会计、商业管理、餐饮、博彩等行业发达。内地 9 市产业体系比较完备,制造业基础雄厚,是"世界工厂",且正在向先进制造业升级,产品科技含量不断提升,金融、信息、物流、商务、科技等高端服务业发展较快,已形成先进制造业和现代服务业双轮驱动的产业体系。其中的深圳正在向创新经济转型,在全球创新价值链中已经占有一定的地位。目前,从经济总量上来看,广州已经赶超新加坡,珠海与意大利的佛罗伦萨相当,佛山直追欧洲名城阿姆斯特丹,东莞已超越美国拉斯维加斯,中山已超过瑞士日内瓦,惠州已经超过德国第二大港口城市布莱梅,江门与英国著名的文化古城爱丁堡并驾齐驱,肇庆与英国的利物浦等量齐观。粤港澳大湾区具有较为丰富的知识人口储备;具有产业链较高覆盖率和制造快速反应能力,且总部众多。根据投资总部理论,大区域合作,尤其是远距离合作,必须依托社会基础设施完善总部,这些总部所会聚的产业在国际价值链中的地位越高,在全球拔河博弈中所向披靡的可能性就越大,而总部又总是聚集在离覆盖市场最近的城市,这是粤港澳大湾区能够在产业国际中高端产业竞争的基础。

交通优势。粤港澳大湾区拥有完善发达的海陆空交通物流网络。区内机场客运吞吐量和集装箱吞吐量位列全球四大湾区之首。密集的铁路和高速公路网络向外呈放射状分布,不仅使大湾区具备多式联运的物流优势,还巩固其"一带一路"桥头堡的地位。即将全部通车的港珠澳大桥和广深港高铁将大大缩短港澳居民进出内地的通勤时间,增强香港、澳门与内地的连接。至2030年,珠江口东西两岸将建设12条公路和铁路跨江通道。规划33条出省高速公路,其中通香港4条、通澳门2条。此外,日前国家发改委公布的《粤港澳大湾区城际铁路建设规划》,也明确提出打造"轨道上的大湾区"。规划提出,要构建大湾区主要城市间1小时通达、主要城市至广东省内地级城市2小时通达、主要城市至相邻省会城市3小时通达的交通圈。交通基础设施的不断完善和通行政策的持续优化,粤港澳大湾区已逐步实现"人畅其行、货畅其流",为粤港澳大湾区参与国际竞争奠定了基础。

(二)粤港澳大湾区发展前景

粤港澳大湾区已经具备了发展为世界级湾区的基础条件,但与世界一流湾区相比仍有一定差距，发展前景可期。未来粤港澳大湾区将对标国际湾区，在基础设施互联互通、科技创新、先进制造业、现代服务业和战略性新兴产业、粤港澳合作等方面开展重点建设，打造区域新增长极和开放前沿门户。

1. 要素充分流动的区域经济增长极

要素高效便捷流动的一体化市场是粤港澳大湾区协同发展的关键。与京津冀协同发展、长江经济带等国内其他区域发展战略不同，粤港澳大湾区中的11地分属三个关税区，且拥有不同的政治经济体制和法律制度。粤港澳大湾区建设是"一国两制"方针在区域经济合作领域的全新探索，这使得大湾区协同发展存在制度层面的障碍，经济交流在一定程度上受制于行政约束。因此，粤港澳三地间体制机制创新、畅通资源要素流动具有很大发展空间。同时，香港和澳门拥有与国际接轨的法律体系和市场规则，且经济要素流动高度自由，为大湾区打造开放成熟的体制机制和营商环境奠定了基础。

在大湾区的合作发展中，应遵照以经济主导发展的原则，建立由政府引导、市场主导的跨制度合作机制。在经济活动中要遵从市场规律，充分发挥市场配置资源的决定性作用。政府层面则要创新区域协同模式，为大湾区内要素自由流动和资源高效配置营造良好环境，预计更多先行先试的创新性制度和政策将出台。一是探索内地、香港和澳门在关税、行业、项目建设等标准与规范上的融合与协调，如在港珠澳大桥建设中建立粤港澳三地常态化建设协调与决策管理机制，采取"就高不就低"的项目建设标准等，就是对大湾区融合发展的有益尝试。二是将港澳地区与国际接轨的营商环境、法治环境、知识产权等方面的先进制度引入珠三角地区。大力推进贸易投资自由化和便利化，通过财税改革、简化行政审批、推进职业资格互认、提供安居保障等手段推进大湾区人才的自由流动，促进大湾区的技术、资金、人员、商品、货物等顺畅流通，从而使港澳地区开放创新的体制机制、公开透明的竞争环境及国际先进的金融市场推动整个粤港澳大湾区的国际化发展，同时也使珠三角地区丰富的人力资源、充沛的产业活力促进港澳地区的繁荣发展。三是对标国际湾区进行制度和规则创新，推进大湾区税制、商事制度、投融资体制等与国际接轨，并逐步成为国际规则的制定者和引领者。新制度和新模式的探索将全面提升大湾区的市场自由度和经济开放度，营造良好"软环境"，为粤港澳大湾区的发展注入全新活力，并示范和带动其他城市群的协调发展。

2. 产业高度协同发展的国际样板

粤港澳大湾区有着丰富的创新资源，具备发展高端产业、成为国际科技创新中心的基础。广州是全面创新改革试验区和国家自主创新示范区，创新氛围相当浓厚，在高新技术企业培育、新型研发机构建设、孵化育成体系建设、高水平大学建设、创新人才队伍建设等多个方面排名全省第一。深圳是成功转型发展的先行地区，始终把自主创新作为重点任务，2008年就已成为首个国家创新型城市建设的试点城市。2020年，深圳先进制造业和高技术制造业增加值分别占规模以上工业比重72.5%和66.1%，分别增长3.9%和2.3%。其中，医疗仪器设备及器械、3D打印设备、民用无人机分别增长了200.3%、144.8%、111.1%。战略性新兴产业增加值达10272.72亿元，占地区生产总值比重为37.1%。新一代信息技术产业、高端装备制造产业、绿色低碳产业、海洋经济产业、生物医药产业均有所增长，其中生物医药产业增加值为408.25亿元，增长24.4%，增幅最大，创新驱动经济增长已取得一定成效[1]。香港则拥有国际一流的科研能力和教育水平，2019年有4所大学进入国际高等教育咨询机构QS的世界大学排行榜前百强，美国麻省理工学院、瑞典卡罗琳医学院等世界顶尖科研机构均在港设立了海外科研中心。香港强大的基础科研能力、高素质人才与广东的科技产业可形成优势互补，形成合力推动粤港澳大湾区科技创新发展。

未来大湾区建成全球科技创新高地和新兴产业重要策源地，可发挥广州、香港等城市的基础科研与创新引领作用，对接深圳的应用科技创新以及珠三角完整的制造业链条，促进研究成果的产业转化，将创新驱动渗透到各产业发展中去，以科技创新引领产业升

---

[1] 数据来源：深圳市2020年国民经济和社会发展统计公报。

级、驱动全面创新。一是根据大湾区内各城市的比较优势发展战略性新兴产业，重点培育新一代信息技术、生物医药、新材料、节能环保等产业，打造战略性新兴产业集群。二是发挥珠三角在制造业产业结构、配套、物流上的综合优势，将互联网、大数据等先进技术与传统工业相结合，打造以先进装备制造、电子信息产业、智能制造等为主导、各城市分工错落有致的先进制造业产业集群，如深圳、东莞、惠州重点发展电子信息产业，广州、佛山、肇庆侧重于智能制造、高端装备制造等，同时与港澳地区的工业"空心化"和高度发达的服务业构成互补。三是充分发挥港澳地区现代服务业的辐射力，带动珠三角生产性服务业和生活性服务业的发展，一方面促进研发、航运、物流、金融、法律、会计等现代服务业与制造业的有机融合；另一方面促进文化娱乐、休闲旅游、养老教育等服务业向高端化转型。四是在粤港澳区域交通互联的基础上，促进大湾区内部人才与技术的双向流通与互动交流，推进协同研发和技术扩散，从而在整个区域内创造良好的产业创新和发展环境。五是进一步提高粤港澳大湾区的开放水平，对接全球创新资源，通过税收、奖励、住房等相关优惠政策，吸引全球创新人才流入和高新技术企业扎根，形成集聚效应，将粤港澳大湾区打造成全球创新网络的重要枢纽。

3. 助力"一带一路"发展的动力源

粤港澳地区拥有与国际对接的区位优势、产业链优势、制度优势。广东省是名副其实的外贸大省，拥有和港澳、东南亚对接的便利以及经济特区、自由贸易试验区的开放制度叠加效应。香港和澳门经济也高度开放，外汇管制宽松。随着大湾区战略的确立，这一地区建设高水平对外开放门户枢纽迎来了新的机遇。未来粤港澳大湾区将与"一带一路"倡议联动发展，利用珠三角的制造业产业链和外贸优势、香港的金融体系和融资系统、澳门的国际联系全面参与和助力"一带一路"建设，推动与"一带一路"沿线国家的航空航运交通互联和物流通道建设，扩大贸易与投资合作，成为"一带一路"的重要支撑。

四 两大城市群的发展对比：收入趋同还是集聚？

长三角和广东省是中国经济科技重心与人口跨区域迁徙的集聚

区，2020年占中国经济总量31%，47座城市人均GDP是全国平均水平的约1.5倍（见表4-1）。两大城市群与全国平均水平呈现动态缩小趋势，城市群内部均衡发展趋势显著。2020年两大城市群的人口总量为2.9亿，[①]比2000年净增8100多万，占全国人口的比例上升了四个百分点，相当于全国同期人口净增量的56.5%；两大城市群的城镇化人口超过了2亿，20年翻了一番，城市化率约75%，提高了二十个百分点，已与发达国家水平大致相当。核心城市在城市群发展中发挥了重要作用，以深圳、上海、广州为代表的常住人口增加超过400万人的八座城市，合计增加了5000余万人（见表4-2）。

表4-1 两大城市群经济总量与人均GDP与全国比较 （单位：百分比）

年份	47城GDP/全国	47城人均GDP/全国	长三角人均GDP/全国	广东人均GDP/全国
2020	31.0	1.49	1.71	1.21
2015	31.7	1.68	1.81	1.48
2010	32.6	1.75	1.91	1.54
2005	33.7	1.99	2.13	1.79
2000	30.5	1.84	1.91	1.75

表4-2 2000—2020年常住人口增加超过400万的城市 （单位：万人）

年份	上海	苏州	杭州	合肥	广州	深圳	佛山	东莞	8城总和	47座城市总和
2020	2487	1275	1194	937	1868	1756	950	1047	13532.72	29062
2015	2415	1062	902	779	1350	1138	743	825	11229.07	25931
2010	2303	1047	871	570	1271	1037	720	822	10650.81	24879
2005	1890	790	751	463	950	828	580	656	8912.49	22279
2000	1609	679	735	438	995	701	534	645	8335.71	20913
20年差额	878	596	459	499	918	1055	416	402	5197	8149

[①] 按照第七次人口普查的常住人口计算。

值得关注的是，两大城市群之间的经济总量、经济发展水平和城市化率三个方面的差距扩大了。2020 年长三角城市群经济总量已约是广东省一倍、人均 GDP 从 1.1 倍上升为 1.41 倍。长三角 26 市间的城市化率大致均衡，广东 21 市间的差异则较大。其中，珠三角九市的城镇化率超过了 85%，而其余 12 市的城镇化率则从 2000 年比全国平均水平高五个百分点，到 2010 年持平，再到 2020 年已低了四个百分点。

我们采用人均 GDP 的变异系数来衡量两大城市群的空间均衡的动态变化。统计学中变异系数的表征是数据离散性的相对百分数，相对于标准差更合适判断数据的离散程度①。本章分别计算了 2000—2020 年长三角 26 座城市和广东省 21 座城市各年份的人均 GDP 各年的平均值与标准差，得到基期的变异系数（相对标准差），从而将 47 个城市 21 年的面板数据转换为可度量比较的时间序列。在 $t_{2000}-t_{2020}$ 的封闭时间内，若可观察到人均 GDP 的变异系数出现由高到低的规律性变化，即可证明城市群内经济发展差距趋向缩小。以表 4 – 3 和图 4 – 3 分别展示了 2000—2020 年长三角和湾区两大城市群 47 座城市人均 GDP（城市生产总值/城市常住人口）的变异系数。由前述理论分析可知，当城市群内部出现可以识别的空间趋同时，可以认为出现了从空间集聚到空间扩散的转变。②

表 4 – 3　　2000—2020 年两大城市群人均 GDP 变异系数

	47 城人均 GDP	长三角人均 GDP	广东省人均 GDP	广东/长三角
2020	50.61	34.43	67.80	1.98
2015	51.78	38.87	66.71	1.71
2010	52.36	39.31	67.88	1.73
2005	63.03	51.90	77.19	1.49
2000	59.37	51.31	69.39	1.35

---

① 标准差与平均数的比值称为变异系数，写为：变异系数（CV）= 标准差（SD）/均值（Mean）*100%。变异系数消除了单位和（或）平均数不同对两个或多个数据集变异程度比较的影响，可以对两个数据集的离散程度进行直接比较。

② 戴欣、张猛、唐杰：《创新驱动与粤港澳大湾区城市群发展》，《开放导报》2018 年第 6 期。

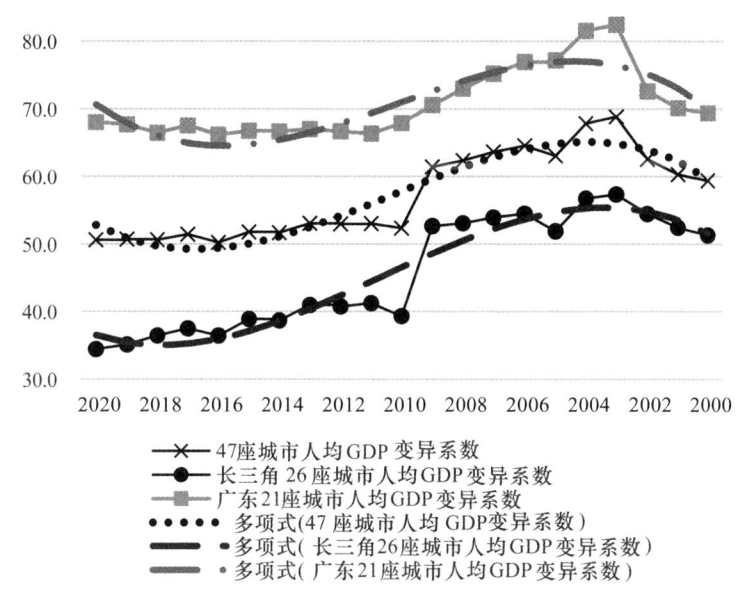

第四章　湾区创新网络中的深圳　99

图4-3　两大城市群人均GDP变异系数

从图 4-3 中可以很清楚地看到，2000 年以来，47 座城市作为一个整体已经越过钟形曲线的拐点，人均收入差异持续缩小。47 座城市的总体变异系数从大于 60% 下降到 50%。两大城市群人均 GDP 的趋同走势是一致的，但两大城市群之间的差别还是比较明显：广东省人均 GDP 是在高位上达到了空间不均衡的收敛拐点，离散程度比长三角要高得多；相对于长三角，广东省城市空间趋同过程还不稳定，存在着空间差异再度扩大的可能。

城市群空间趋同是从一城独大走向协调发展的结果。长三角在空间趋同方面进步更快，这与两个城市群规模结构与功能结构的差异性关系密切。四十年前，广东得改革开放之风气在先，主要是依赖"三来一补"方式进入全球化分工体系，时至今日还有鲜明的"两头在外"的特点。广东省城市之间经济联系和产业集群的内在联系要松散得多。从城市规模结构看，两大城市群在工业化和城市化历史积淀的差异十分突出。广东城市化历史过短，改革开放初期只有五座地级以上城市，基础设施严重落后，空间集聚效应仍显著大于扩散收益①,在缺乏合理的城市规模结构时,核心城市产业外溢明显受限。②③④ 相对于湾区城市群,上海、南京、苏州、杭州、宁波等历史名城构成的长三角城市体系,不仅城市规模结构清晰且城市功能结构明确,产业分工合作相对顺畅,人文教育传统厚重,使城市间创新分工效率更高。⑤

(一)产业的梯次推进提高了空间均衡与效率水平

过去 20 年,两大城市群空间结构中的趋同现象是在更大尺度空间上实现人口与产业再配置的结果。由空间集聚效应得到的合理推论应当是,常住人口密度较高的城市,人均 GDP 应当会更高些。以常住人口城镇化密度代表城市化集聚水平可对城市进行分组比较。具体方法为:常住人口城镇化密度 = (城市常住人口 * 城市城镇化率)/城市行政辖区面积。表 4 - 4 是 2000—2020 年两大城市群 47 座城市分组。第一组每平方公里城市人口密度大于 3000 人;第二组大于 500 而小于 3000 人;第三组大于 200 而小于 500 人;第四组小于 200 人。样本总计为 970 个(铜陵市因辖区面积变更,仅包括

---

① 齐普夫定律是城市规模结构著名的经验定律,它准确揭示了城市结构具有显著的规律性。

② Rossi - Hansberg E, Wright ML, "Urban Structure and Growth." *The Review of Economic Studies*, 2007, 74 (2): 597 - 624.

③ Anderson G, Ge Y, "The Size Distribution of Chinese Cities." *Regional Science and Urban Economics*, 2005, 35 (6): 756 - 776.

④ Zipf G. K. ed., *Human Behavior and the Principle of Least Effort*, Addison - Wesley, Cambridge, 1949.

⑤ 中国历史上城市间的人力资本分布存在较为明显的不均衡格局,江浙一带、两湖地区和环北京地区是明清时期进士较为集中的地区。这种分布的不均衡格局从明朝到清朝的几百年间基本被延续下来了,即使当时政府也处于均衡考虑在科举录取额上给予落后地区一定的优惠政策,明清两朝地区间进士空间分布的相关程度依然保持在了较高水平(相关系数 r = 0.742)。改革开放后,城市间人力资本空间分布与历史上的人力资本空间分布存在高度的相关性,历史上人力资本水平较高的城市现在的人力资本水平也较高,在城市层面,历史上的人力资本作为一种历史遗产被继承下来了。参见夏怡然、陆铭:《跨越世纪的城市人力资本足迹——历史遗产、政策冲击和劳动力流动》,《经济研究》2019 年第 1 期。

六年的数据）。① 分组数据证明，空间集聚与城市人口密度正相关。人口密度越高，人均GDP水平越高。此外，人均GDP的离散程度随着人口密度上升而下降。换句话说，城市经济不发达的原因可能有很多种，城市人均GDP提高的原因却只有一个，即进入了工业化的城市化集聚过程。

表4-4　　　2000—2020年两大城市群空间集聚与人均GDP

	人均GDP	密度>3000	人均GDP	500<密度<3000	人均GDP	200<密度<500	人均GDP	密度<200
均值	111665	4305	81681	1222	49880	340	21275	152
标准差	47726	1217	47591	511	29968	80	14339	69
样本数	N=38		N=344		N=323		N=265	

图4-4长三角城市人口聚集密度有序排列展示了合理的城市规模结构，即变化了齐普夫法则的表现形式②合理的城市规模结构产生了比较理想的人口集聚密度与人均GDP的时变关系，形成了集聚

---

① 当然，无论是从理论还是从实践方面考察，我们都不能简单化认为，只要提高城市化人口密度就能提高城市人均GDP水平。如统计显示，表4-4中四组的人均GDP的变异系数值较高，还具有随城市人口密度上升而人均GDP变异系数降低的特点。这说明在进入持续工业化过程之前的较低人均收入水平时，城市化人口密度，或是集聚因素不是关键的解释变量。这一统计现象与空间经济学集聚增长的理论内涵是一致的。

② Rozenfeld et al（2011）基于随机增长过程构建了一个经济模型，由其可近似地推导出关于人口与面积的齐普夫定律。引入随机增长模型的推导结果：（a）城市人口S与城市面积A的稳态分布服从指数为ζ的幂律分布：ζ=1/（1-π），当π趋向于1时，ζ指数趋向于1（齐普夫定律的值）。（b）城市人口S与城市面积A成比例，密度D=S/A独立于城市规模。（c）收入中花费在土地上的费用独立于城市规模之外。参见沈体雁、劳昕《国外城市规模分布研究进展及理论前瞻——基于齐普夫定律的分析》，《世界经济文汇》2012年第5期。

合理、分层配置、梯次扩散的城市群体系①②。相比之下，湾区城市群还未形成良好的城市规模结构。

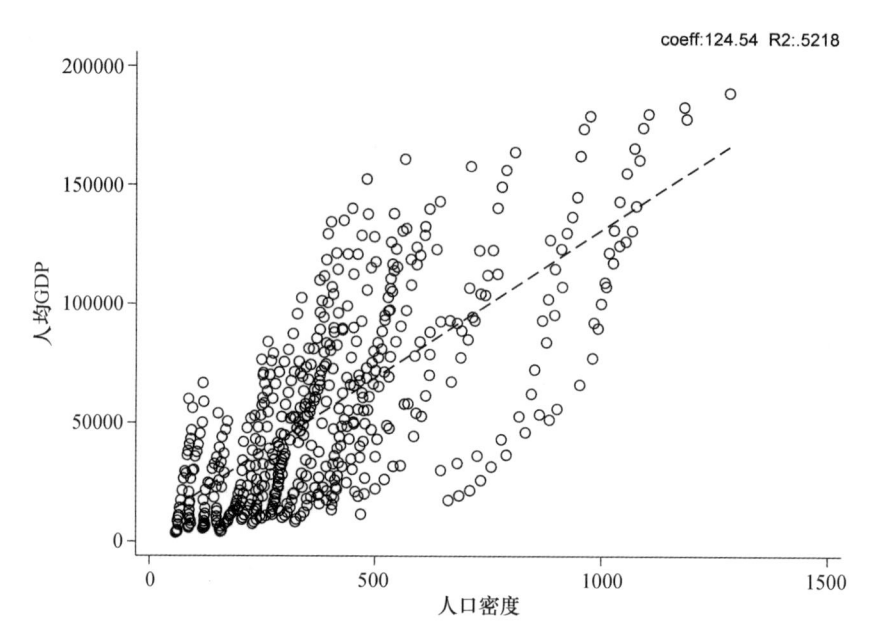

图 4-4　2000—2020 年长三角城市人均 GDP 与人口密度

（二）不合理的城市规划结构限制了工业空间均衡

与合理城市规模结构一致的是产业分层配置。城市群可以发挥制造业产业链条长的特点，实现从中间产品到最终产品跨空间分布，为更加广泛的城市分工提供强有力的空间基础。制造业分领

---

① 按联合国和 OECD 的定义，城市是指人口密度至少为每平方千米 1500 人，人口至少有 5 万的聚集区域，参见余永定和杨博涵（2021）。镇是指人口密度至少为每平方千米 300 人，人口应该至少有 5000 人的聚集区域。在中国，城市是指城市市区，市区又分为设市辖区市和不设市辖区市。如果市辖区人口密度为每平方千米 1500 人，市区为区辖全部行政区域。但市辖区人口密度也可能小于每平方千米 1500 人。在图中我们剔除了上海，集中展示了常住人口密度在 50—1500 人范围内城市人均 GDP 和城市体系的关系。

② 余永定、杨博涵：《中国城市化和产业升级的协同发展》，《经济学动态》2021 年第 10 期。

域、分阶段向外扩散，形成新的产业聚集，构成了城市化的新阶段。[①] 从图 4-5 和图 4-6 的对比中可以看到，过去 20 年，长三角人均 GDP 更快增长与工业在不同规模的城市间合理分布的关系密切。其中，上海的工业增加值占长三角工业增加值的比重从 23.5% 下降到了 12.5%；南京等江苏九座城市占比上升了约九个百分点；安徽八座城市上升了五个百分点。相比之下，湾区城市群的工业增加值仍过度集中在广佛深莞四座城市，其中深圳占比从 20.5% 上升到了 24.5%。

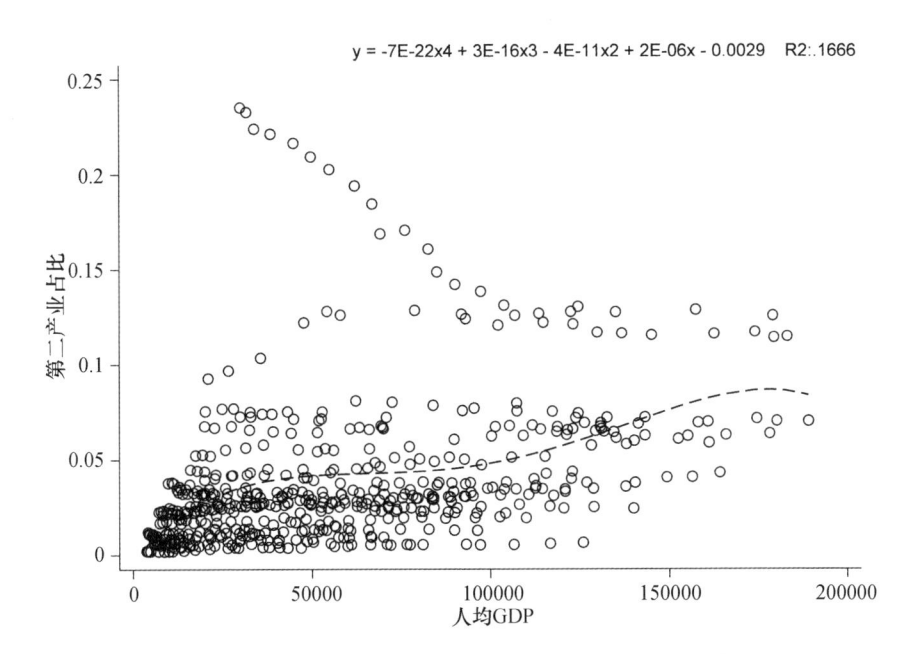

$y = -7E-22x^4 + 3E-16x^3 - 4E-11x^2 + 2E-06x - 0.0029 \quad R^2:.1666$

图 4-5　2000—2020 年长三角 26 市人均 GDP 与第二产业占 26 市比例

---

① 在此需要说明的是，有关区域一体化钟形曲线的证明是基于贸易成本变化及产业多样化规模化聚集两个变量集。过去二十年，长三角与粤港澳湾区城市群的交通基础设施建设均取得了显著进展，故我们将比较分析集中于产业多样化集聚与扩散等方面。有关证明可参见库姆斯等《经济地理学：区域与国家一体化》，安虎森等译，中国人民大学出版社 2011 年版。

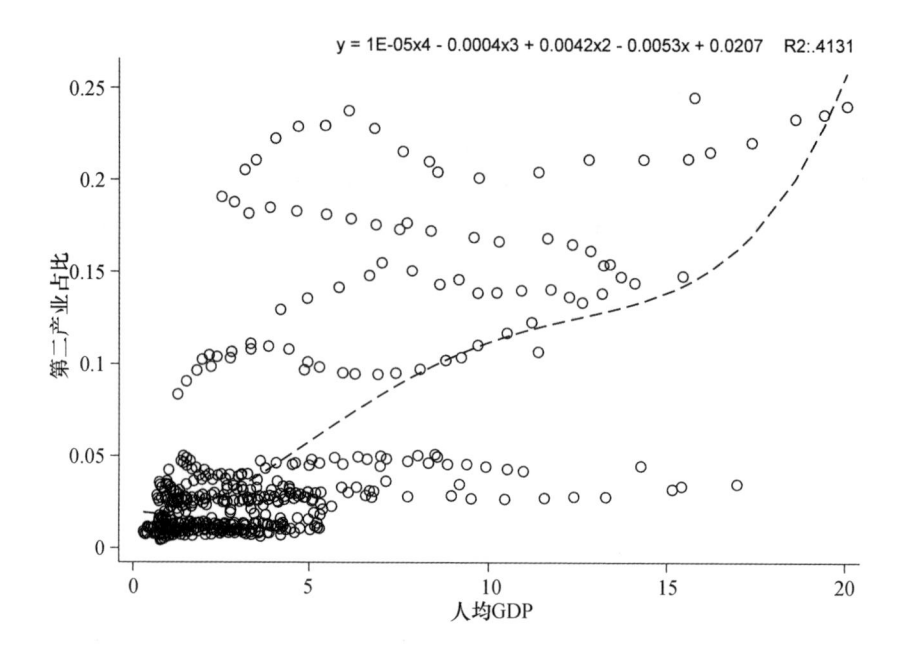

图 4-6　2000—2020 年广东 21 市人均 GDP 与第二产业占 21 市比例

表 4-5　　　　两大城市群工业与人口均衡的变异系数

年份	长三角	广东	广东/长三角
2020	0.31	0.57	1.86
2015	0.34	0.67	1.97
2010	0.41	0.70	1.71
2005	0.56	0.87	1.55
2000	0.55	0.74	1.34

为剔除城市间人口差异影响，本章计算了两个城市群的工业占比与城市人口占比的比例关系，即当城市 i 的工业增加值占比/常住人口占比等于 1 时，表示工业分布与人口分布是一致的；大于 1 则意味着城市 i 是工业聚集区；小于 1 时，则表明城市 i 是工业化滞后区域。分别求两个城市群比例的均值与标准差，可得到工业空间均衡分布的变异系数序列，表 4-5 显示，自 2000 年以来，两个城市

群工业空间分布均衡化趋势是一致的。差别在于，2000年广东省工业空间分布不均衡程度仍高，转向均衡的进展要慢。两大城市群工业空间不均衡比例进一步扩大，2000年广东是长三角的1.34倍，2020年上升到了1.86倍。

（三）两大城市群规模结构和功能结构

依据国家统计局和各城市统计局发布的统计数据，我们计算了47座城市2003—2019年九个产业部门的区位熵[①]，以区位熵表达不同城市的比较优势产业。在区位熵可加性基础上，将制造业、批发零售业、交通运输仓储和邮政业、住宿餐饮业、信息传输与计算机软件服务业服务、金融业、租赁和商务服务业、科学研究和技术服务业、文化体育和娱乐业等九个部门的区位熵求和，即表示一座城市由比较优势产业构成的多样化水平（以下定义为城市多样化指数）。表4-6和表4-7简要报告了两个城市群内主要城市产业区位熵和多样化指数从2005年至2019年的变化。

表4-6　2005年与2019年长三角主要城市9个产业区位熵和多样化指数对比

城市	年份	制造业	批发和零售业	交通运输、仓储和邮政业	住宿和餐饮业	信息传输、计算机和软件服务业	金融业	租赁和商务服务业	科学研究和技术服务业	文化、体育和娱乐业	多样化指数	数字+科研
上海	2019	0.87	2.39	1.68	2.13	2.18	1.13	2.67	1.97	1.14	16.16	4.15
上海	2005	1.14	1.66	1.21	2.45	1.29	1.18	2.79	1.57	0.99	14.29	2.86
南京	2019	0.86	1.36	1.24	1.48	3.20	0.72	1.63	1.85	1.57	13.90	5.05
南京	2005	1.20	1.97	0.96	0.81	1.46	1.00	0.94	1.88	1.20	11.41	3.34
苏州	2019	2.70	0.77	0.74	0.77	0.67	0.53	0.63	0.55	0.40	7.77	1.22
苏州	2005	2.28	0.58	0.47	0.80	0.79	0.90	0.54	0.31	0.52	7.19	1.10

[①] 假设城市i的j产业的就业人员占城市i所有产业的就业人员比例为a，全国的j产业就业人员占全国所有产业的就业人员比例为b，本文的区位熵计算为a/b。

续表

城市	年份	制造业	批发和零售业	交通运输、仓储和邮政业	住宿和餐饮业	信息传输、计算机和软件服务业	金融业	租赁和商务服务业	科学研究和技术服务业	文化、体育和娱乐业	多样化指数	数字+科研
无锡	2019	2.19	1.03	0.57	1.14	0.90	0.63	0.90	0.84	0.89	9.09	1.74
	2005	1.68	0.83	0.89	1.13	1.11	1.27	0.80	0.97	0.71	9.39	2.08
常州	2019	1.95	0.59	0.58	1.32	0.46	1.13	0.72	1.02	1.05	8.82	1.48
	2005	1.67	0.85	1.00	1.01	0.70	1.15	0.62	0.78	0.79	8.55	1.48
杭州	2019	0.90	1.04	0.84	1.39	2.35	0.95	1.06	1.31	0.94	10.79	3.66
	2005	1.27	0.84	1.17	1.84	1.45	1.27	1.76	1.55	1.33	12.48	3.00

表4–7　2005年与2019年广东省主要城市9个产业区位熵和多样化指数对比

城市	年份	制造业	批发和零售业	交通运输、仓储和邮政业	住宿和餐饮业	信息传输、计算机和软件服务业	金融业	租赁和商务服务业	科学研究和技术服务业	文化、体育和娱乐业	多样化指数	数字+科研
广州	2019	0.81	1.46	1.76	1.89	2.12	0.97	2.58	1.67	1.09	14.35	3.79
	2005	1.23	0.98	1.97	2.41	1.67	1.00	1.61	1.36	1.38	13.60	3.03
深圳	2019	1.83	1.10	0.93	1.22	2.29	1.03	1.70	1.11	0.69	11.91	3.40
	2005	1.59	1.05	1.23	1.71	1.56	1.02	2.24	0.88	0.74	12.02	2.44
珠海	2019	1.96	0.79	1.12	1.36	1.44	0.44	2.13	0.74	1.69	11.44	2.18
	2005	2.32	0.51	0.56	1.30	1.09	0.60	0.72	0.23	0.76	8.09	1.32
佛山	2019	2.40	0.82	0.68	0.58	0.33	1.23	0.72	0.57	0.56	7.89	0.90
	2005	1.52	0.60	0.70	1.10	1.32	2.03	1.01	0.42	0.54	9.25	1.74
东莞	2019	3.08	0.74	0.29	0.53	0.23	0.21	1.06	0.75	0.40	7.29	0.98
	2005	1.27	0.47	1.00	0.28	1.05	3.04	0.38	0.42	0.67	8.59	1.47

上海、广州和深圳三座一线城市与南京和杭州两座省会城市处

于城市群的核心位置。表4-6与表4-7展现出，两大城市群核心城市与非核心城市存在着显著的功能差别：一是核心城市是优势产业多样化指数高的城市。上海作为全国的核心城市，优势产业多样化指数明显高于其他核心城市；二是核心城市数字经济（信息传输、计算机和软件服务业）加科学研究产业区位熵的合计值明显高于非核心城市。几个核心城市分别为：上海4.2，南京5.1，杭州3.7，广州3.8，深圳3.4，苏锡常珠佛莞的平均值为1.4。其余有数据的35座城市平均值为0.9。三是苏锡常莞佛处于承接核心向外扩散的位置。制造业区位熵有了明显上升，制造业成长为比较优势产业，相对应的则是多样化指数较低。过去20年，除深圳外，其他四座核心城市的工业区位熵均已由大于1，转变为小于1；四是沪宁杭产业多样化水平明显高于穗深。最后以数字经济和科学研究作为城市创新能力的代理变量可以有如下判断，核心城市除了以现代服务业为主体的功能，最重要的功能就是创新引领。

（四）教育与人力资本是空间均衡的重要条件。

教育是特别值得关注的空间均衡因素。相对落后的城市要实现较快增长，需要凭借合理的城市体系，承接核心城市的产业扩散，也需要有良好的人力资本积累。高技能和受过良好教育的劳动者是高质量发展最重要的驱动力，是实现产业升级的关键。[1][2] 劳动者平均受教育年限与人力资本存量是可识别的正向关系，在校大学生规模及其占人口的比例是研究空间均衡的有益指标。[3] 图4-7是2000—2020年两大城市群47座城市常住人口人均在校大学生数与人均GDP的OLS的回归结果。[4] 常住人口大学生数量单一变量对人均GDP增长率解释为45%，影响系数为0.51，含义为常住人口人

---

[1] Florida R, Mellander C, Stolarick K, "Inside the Black Box of Regional Development—Human Capital, the Creative Class and Tolerance." *Journal of Economic Geography*, 2008, 8 (5): 615-649.

[2] Riddel M, Schwer RK, "Regional Innovative capacity with Endogenous Employment: Empirical Evidence From the US." *Review of Regional Studies*, 2003, 33 (1): 73-84.

[3] 菲利普·阿吉翁：《寻求竞争力：对中国增长政策设计的启示》，《比较》，中信集团2014年版。

[4] 两个变量均取+1的对数值，即人均GDP的对数为ln（人均GDP+1）。

均在校大学生提高10%，人均GDP可提高5.1%。对比长三角和广东省可以识别出，教育特别是高等教育发展滞后对空间经济均衡有突出影响。

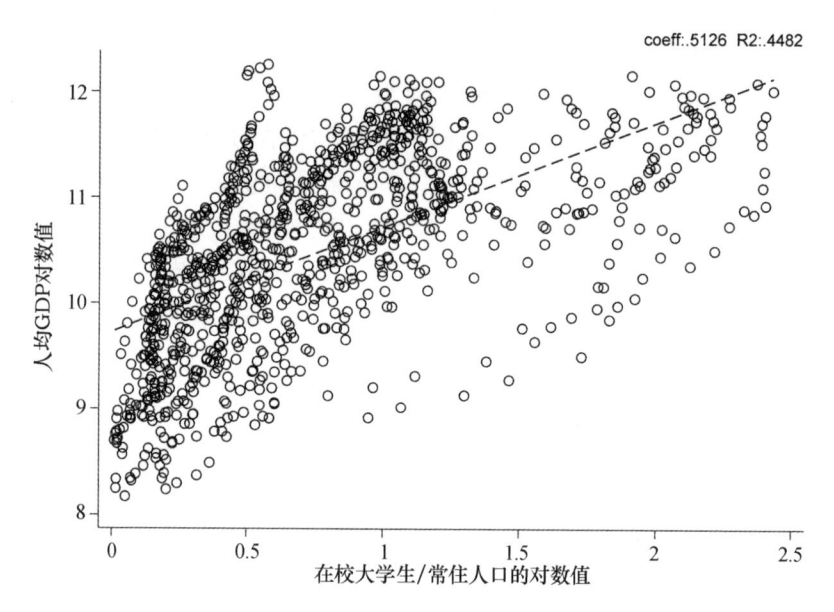

图4-7 2000—2020年47城市在校大学生与人均GDP

自2000年以来，两大城市群高等教育发展都很快，二者合计的在校大学生总量从125万人上升到670万人。其中，长三角从93万人上升到434万人，广东省从26万人上升到236万人。2000年长三角常住人口百人在校大学生为0.75人，沪宁杭肥四市为1.84人。同期广东省为0.3人，广州市为1.4人，穗深珠佛莞0.5人。到2020年，长三角26市平均水平达到了2.63人，沪宁杭肥四市为4.4人。广东省上升到1.9人，穗深珠佛莞平均水平为2.9人。两个城市群常住人口在校大学生的差距从近50%缩小到了20%。快速的人力资本积累是湾区城市群走向空间均衡的重要支撑。但即使如此，2020年广东21市在校大学生总量仍低于沪宁杭肥四市244万人在校大学生规模。两大城市群差异还表现为，长三角城市间高等教育不均衡状态得到了很大改善。2020年，沪宁杭肥四市占26座城市在校大学生比例为56%，比2000年下降了10.6个百分点。江苏八市在校大学生由40万增加到187万，占比稳定为43%。浙江八市从18万上升为近百万，占比从19%上升为23%。安徽八市进步最大，在校大学生从12万上升到94万，占比从13%上升为22%，常住人口在校大学生数从2000年的0.5人，上升为3.3人。同期，穗深珠佛莞五市占广东21市在校大学生的比重超过70%，相对2000年提高了十个百分点。从一定意义上说，教育不均衡是空间不均衡的表现，也是实现空间均衡的重要限制因素。

第二节 湾区科学创新网络中的深圳

一 大湾区科学论文发表及学科分布

本节我们对2010年以及2020年粤港澳大湾区内11座（9+2）城市发表的论文类别和学科关联网络进行分析，以便梳理近十年粤港澳大湾区学科发展规律。本节内容使用的论文数据来自WOS核心数据库。在搜索时只要论文作者单位的地址位于粤港澳大湾区内，即将其纳入研究样本。经过筛选后，2010年共计有14174篇论文，2020年共计有81154篇论文。

从论文发表数量上来看，2020发表论文数量是2010年的5倍以上，年均增速达到50%。而2019年粤港澳大湾区常住人口数量达到7264.92万人，年均人口增速约2%，远低于科学论文产出增速。这表明粤港澳大湾区科学生产率水平在近十年有显著提升。从发表论文的类别上来看，2010年粤港澳大湾区发表论文的主要类别是电子工程、材料科学、生物学、肿瘤学等。与2010年相比，2020年发表的论文中计算科学、纳米技术以及电信学科开始涌现出来。

接下来，我们将根据Web of Science对这些论文所属学科的分类绘制出学科分布共现网络结构图，以便于分析十年间粤港澳大湾区科学发展趋势。相应的学科分布共现网络如图4-8和图4-9所示。图中节点大小代表所属该学科论文出现频次的高低，即节点越大则论文数量越多。节点之前连线的粗细代表两种学科之间联系的强弱，即连线越粗则代表学科之间联系越强（下同）。不同颜色代表不同的聚类。

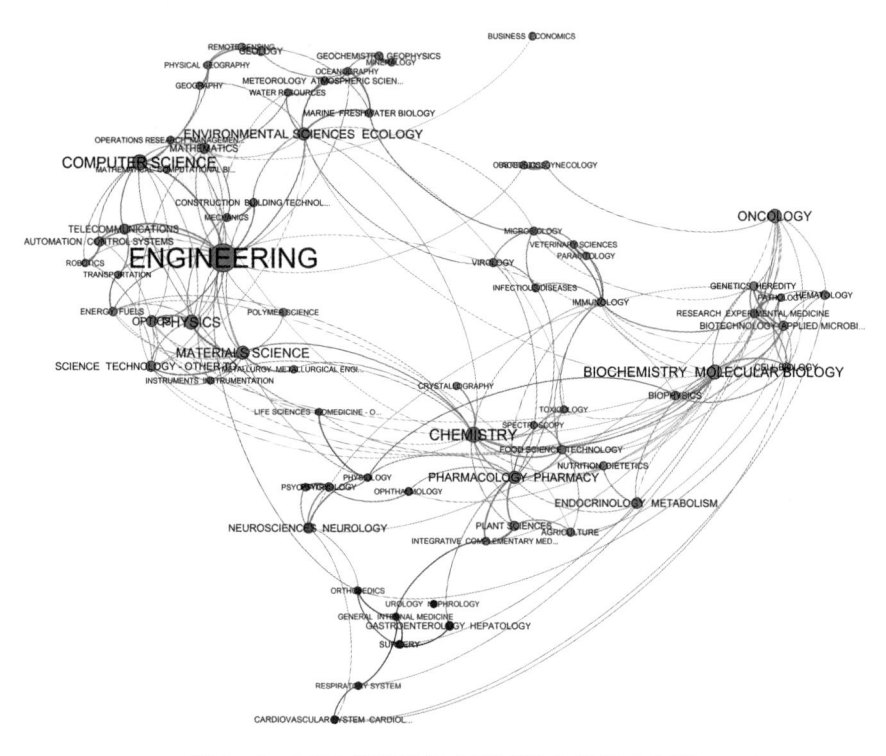

图 4-8　2010 年粤港澳大湾区论文学科分布图

由图 4-8 可以发现，2010 年大湾区科学研究主要集中在工程、环境、化学、计算科学、生物学、医学等学科。在学科联系方面，可以发现计算科学、工程学与数学等学科的联系较为密切，化学、医药学、免疫学等学科之间的联系也比较紧密。

图 4-9 是采用同图 4-8 同样的方法绘制的 2020 年大湾区科学研究学科分布网络图。图 4-9 与图 4-8 相比有三个明显的特征。首先，2020 年大湾区科学研究学科分布相比于 2010 年出现了更多强势学科。这体现在图 4-9 中是更多和更大的网络节点。例如，计算科学、工程学、环境科学、材料科学、化学、物理学、经济学

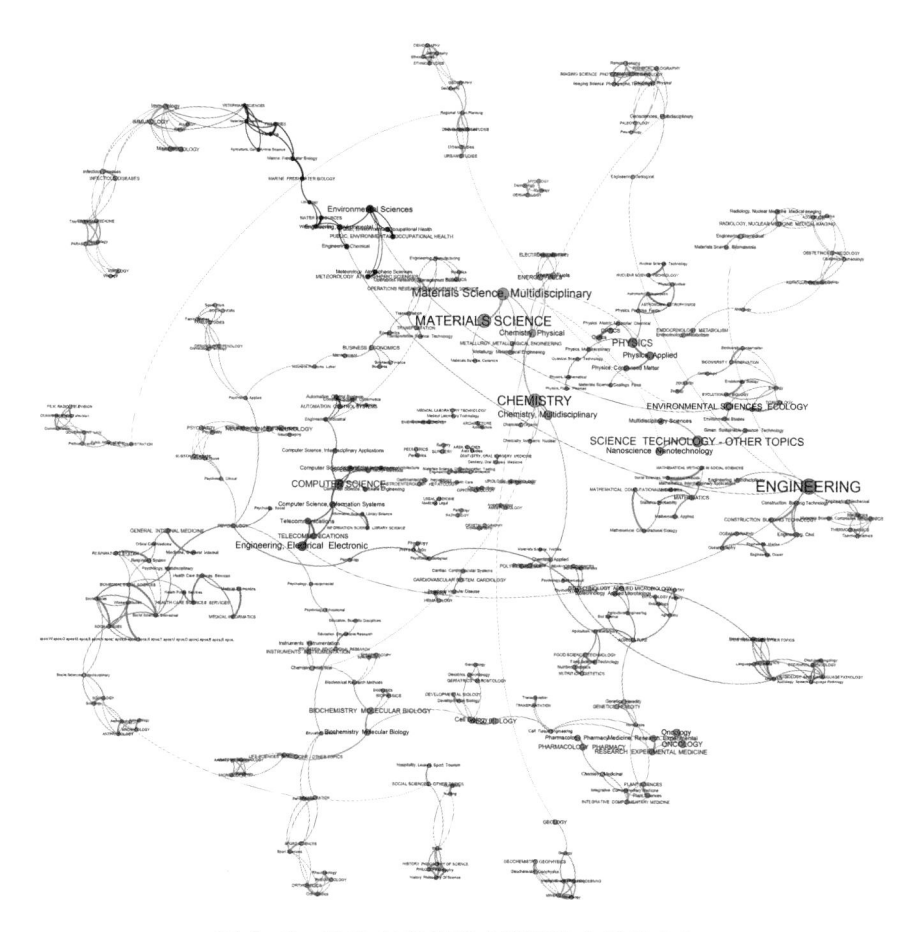

图 4-9　2020 年粤港澳大湾区论文学科分布

等。其次，2020 年科学研究的学科分布更加细分，这体现在图 4-9 中更多的细分节点上。这些更细分的学科围绕在核心学科周围，只有数量超过我们所设定的阈值才会在图中显示出来。最后，2020 年科学研究学科之间的联系更加紧密。这体现在图 4-9 的网络密度的增加和核心学科之间联系强度的增加。以计算科学为例，计算科学与信息系统学、工程学、通信科学、电子学等学科联系更加密切，且这些学科都属于强势学科。

不难看出，近 10 年来粤港澳大湾区在国际学术期刊上发表的论文在数量上和种类上都有明显变化。首先，在发文数量上2020年粤港澳大湾区是2010年的7倍以上。这表明大湾区在科学产出上取得了显著进步。其次，在发文类别上可以发现以计算科学、电子信息以及纳米材料等学科开始涌现。这在一定程度上代表了大湾区内部科学发展方向。最后，通过各学科共现网络可以发现，出现了许多以计算科学、工程学、环境科学、材料科学为代表的强势学科。同时，在强势学科之间也涌现出了许多细分学科，学科与学科之间的紧密度明显提升。

二 深圳科学论文学科演变及机构合作网络

（一）深圳科学论文学科分布

本小节进一步对深圳科学论文学科分布以及湾区内部论文合作网络进行分析。具体而言，我们使用与上一小节相同的方法来分析科学论文学科分布情况，同时我们也对粤港澳大湾区内部城市之间合作发表论文情况进行了分析。本小节所使用的数据与上一节相同，为上一节样本数据的子样本。

深圳市2010年与2020年所发表论文的学科共现网络如图4-10所示。不难发现，近10年来深圳市科学论文发表所属学科类别没有很明显的变化。强势学科主要为工程学、计算科学、环境科学、材料科学以及化学等学科。这在共现网络中表现为突出的节点特征。此外，还可以发现2020年与2010年相比所发生的一个显著的变化是学科之间的联系越发密切，学科之间的边界开始模糊。换而言之，交叉学科发展趋势显著。这一特征体现在2020年学科共现网络密度和学科间联系强度的显著提升。

（二）深圳与各城科学论文合作情况

根据论文作者单位所在城市，可以绘制论文合作共现网络。具体而言，在一篇论文中同时出现大湾区内的两座城市时，则计作一次共现。如果一篇论文中出现多做大湾区内城市时，则计算其他城市组合时可重复使用该篇论文。

深圳与粤港澳大湾区内各城科学论文合作情况如图4-11所示。其中，左图为2010年合作情况，右图为2020年合作情况。首先，

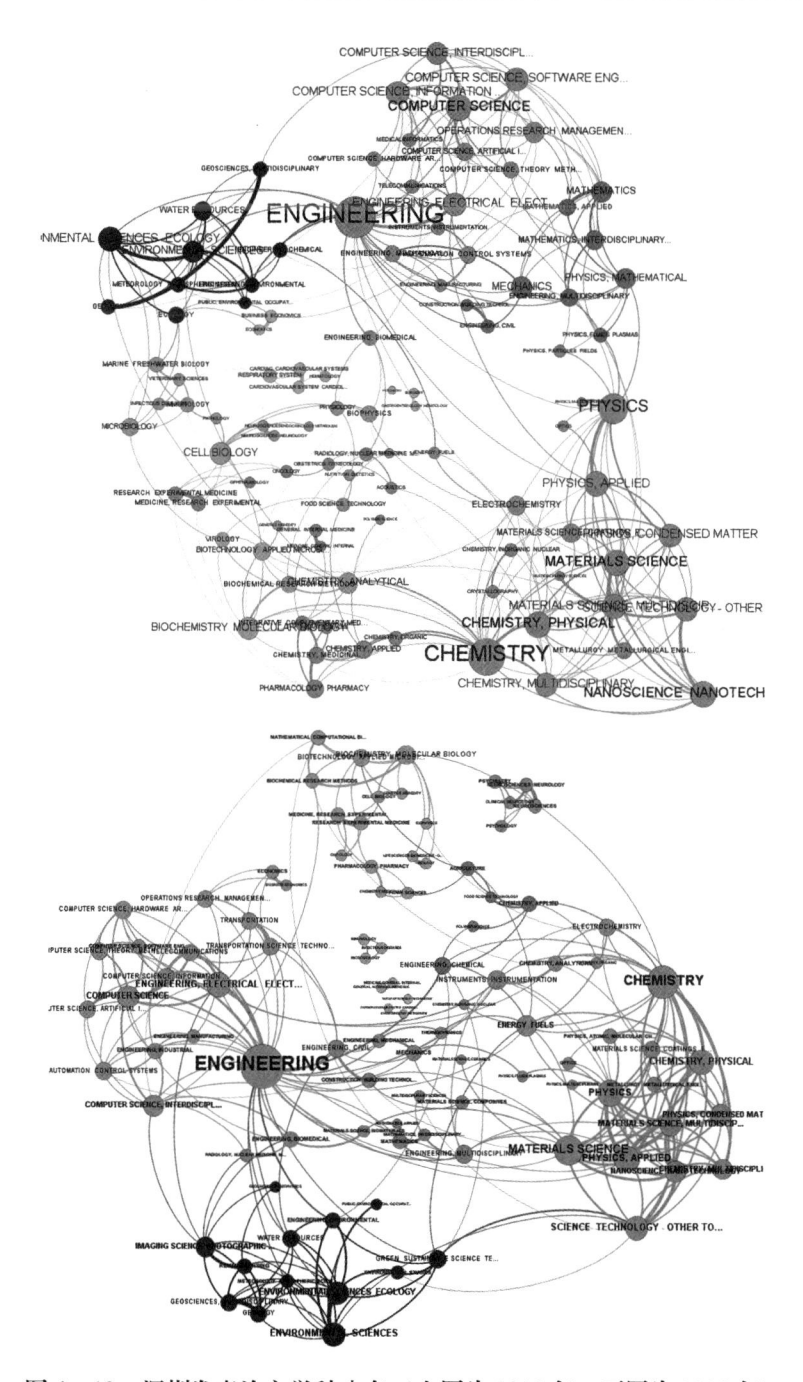

图4-10 深圳发表论文学科分布（上图为2010年，下图为2020年）

从图4-11中可以看出，近10年来粤港澳大湾区内科学论文发表合作主体没有发生变化，广州、深圳和香港仍是大湾区内主要合作单位。这体现在图4-11中城市间合作联系强度上，合作发表次数越多则城市间连线越宽。其次，可以发现2020年与2010年相比，大湾区内各城市间科学论文合作联系越发密切，这体现在图4-11的网络密度明显提升。这表明越来越多的城市形成了科学合作关系。其中变化比较明显的是江门、肇庆、惠州等卫星城市。这些城市在2010年时与湾区内其他城市合作发表关系有限，但2020年与之合作的城市明显增多，并且合作强度也有一定提升。最后，还可以发现深圳与香港和广州的科学合作强度显著提升，这体现在图4-11中深圳与广州和香港合作联系的显著提升。2010年大湾区内广州与香港的科学合作联系最强，隐约形成双中心趋势。而2020年可以发现深圳、香港和广州三城间科学合作没有明显差异，已然形成三足鼎立之势，这也表明深圳已经站稳大湾区内科学创新主体位置。

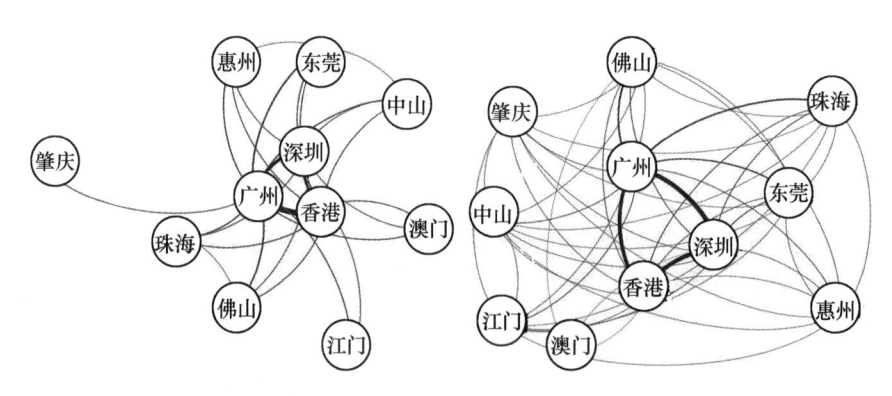

图4-11 深圳与大湾区各城论文合作情况（左图为2010年，右图为2020年）

（三）港深已经成长为世界创新中心

过去40年信息技术革命从通信方式，社交方式，信息处理传输方式等多方面改变着人类生产生活方式，世界各大湾区在历史发展过程逐渐形成以特大城市为核心，以大中小城市为支撑的城市规模结构，在一波波的信息技术浪潮过程中，城市规模等级越高，在创新中的地位越高,创新功能越强,大城市功能逐渐或已经转变为创新中心。

港深是湾区的国际金融中心、国际航运枢纽和国际贸易窗口,人口规模和经济规模分别约占整个湾区的16%和36%,是中国创新能力最强、知名国际大学最多、城市活力国际影响力最高的城市区。港深交易所总市值超过6.5万亿美元,位于全球第三,拥有全球最繁忙和最高效率的国际集装箱枢纽港,集装箱吞吐量位列全球第一,约占全球远洋集装箱总运量的1/5。深圳国家高新技术企业总量有10988家,居全国第二位。对标国际大湾区的PCT专利总量,粤港澳大湾区近5年的PCT专利总量始终处于上升趋势,2017年粤港澳大湾区PCT专利总量达到2.14万件,而其中主要的贡献城市即为港深。根据《WIPO2018世界创新指数报告》对世界城市集群的评估(图4-12)发现,深圳—香港的专利总量已达48084件,排名紧随东京-横滨后,位居世界创新集群的第二。

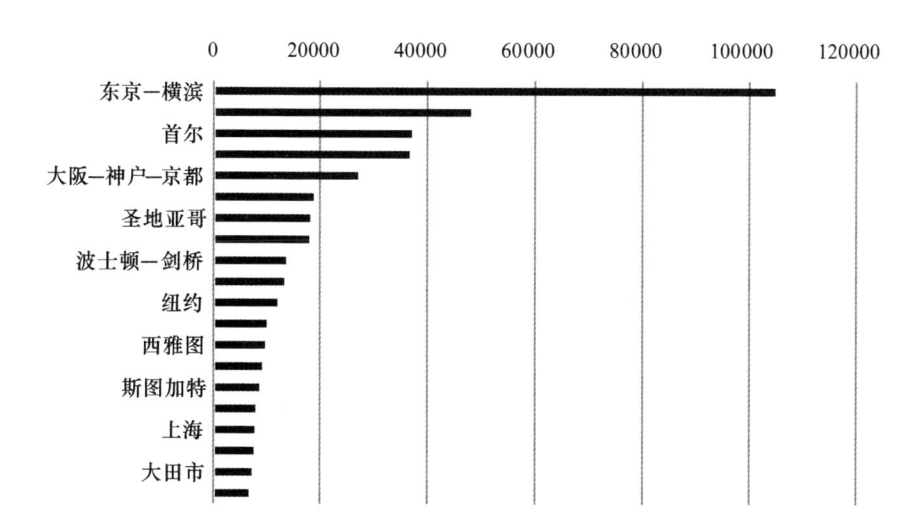

图4-12 世界前20名城市集群专利排名

来源:《WIPO2018世界创新指数报告》

全球创新指出2018年报告中衡量创新得分的指标中新加入了

科学论文发表的,这表明专利和科学论文发表都是创新科技的核心来源。港深作为粤港澳大湾区的核心创新竞争力量,除在专利方面有着惊人的表现外,在科学发表论文的数量上也占据湾区的前列。图4-13反映出湾区的强大科技创新迸发源头,广州深圳香港的发表论文总量达91933篇,港深占有将近一半的比例。香港拥有全球QS排名前100的5所高校,国家两院院士超40人,拥有16个国家重点实验室和6个国家工程技术研究中心。未来湾区科学创新的重要引领者是拥有这5所高校的香港和具有强大高等教育基础的广州以及正在崛起的深圳。深港构成未来粤港澳大湾区创新引擎,辐射带动湾区创新经济增长,是湾区创新转型从中高端走向高端的有力支撑。

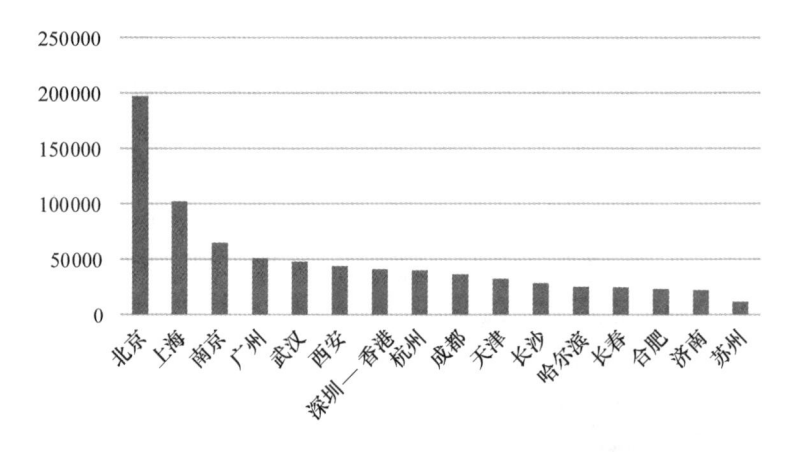

图 4-13　中国入围世界创新城市群前 100 名的论文发表数量

来源:通过《WIPO2018 世界创新指数报告》数据整理。

第三节　湾区内部的创新趋同

一　创新趋同理论分析

趋同(Convergence,也称收敛)理论早期多用于分析经济追赶问题,用以讨论落后地区在经济增长方面能否追赶上领先经济体。落后地区能否追赶上领先地区是发展经济学所关注的第一级别的问题[1]。20世纪90年代，许多学者基于新古典经济增长理论和内生经济增长理论讨论经济追赶问题并产生了深远影响[2,3,4,5]。这一阶段的研究表明，贫穷国家并没有在经济上实现对发达国家的追赶，相反贫富国家对经济差距有持续拉大的趋势。然而，近期比较有影响力的几项研究表明贫富国家之间的经济差距在近半个世纪内显著缩小。即存在明显的经济增长趋同[6,7]。尽管在经济增长趋同这一研究领域还存在争议，但近年来关于创新（知识）生产趋同领域的研究结论似乎惊人的一致[8]。

创新是经济增长最重要的驱动力之一[9,10,11,12]。自然地，创新追赶（创新趋同）是落后地区实现经济追赶的一个重要因素[13]。自

---

[1] Acemoglu D., Molina C. A., "Converging to Converge? A Comment." *National Bureau of Economic Research*, 2021.

[2] Barro R. J., "Economic Growthin a Cross Section of Countries." *The Quarterly Journal of Economics*, 1991, 106 (2): 407–443.

[3] Barro R. J., Sala-i-Martin, "Convergence." *Journal of Political Economy*, 1992, 100 (2): 223–251.

[4] Galor O., "Convergence? Inferences From Theoretical Models." *The Economic Journal*, 1996, 106 (437): 1056–1069.

[5] Pritchett L., "Divergence, Big Time." *Journal of Economic Perspectives*, 1997, 11 (3): 3–17.

[6] Kremer M., Willis J., You Y., "Converging to Convergence." *NBER Macroeconomics Annual*, 2022, 36 (1): 337–412.

[7] Patel D., Sandefur J., Subramanian A., "The New Era of Unconditional Convergence." *Journal of Development Economics*, 2021, 152: 102687.

[8] Sonn J. W., Park I. K., "The Increasing Importance of Agglomeration Economies Hidden Behind Convergence: Geography of Knowledge Production." *Urban Studies*, 2011, 48 (10): 2180–2194.

[9] Aghion P and Howitt P., eds., *A Model of Growth Through Creative Destruction*. National Bureau of Economic Research Cambridge, Mass, USA, 1990.

[10] Porter M. E., "Clusters andthe New Economics of Competition." *Harvard Business Review Boston*, Vol. 76, 1998.

[11] Romer P. M., "Endogenous Technological Change." *Journal of Political Economy*, 1990, 98 (5, Part 2): S71–S102.

[12] Solow R. M., "A Contribution tothe Theory of Economic Growth." *The Quarterly Journal of Economics*, 1956, 70 (1): 65–94.

[13] Fagerberg J., Mowery DC and Nelson RR, eds., *The Oxford Handbook of Innovation*. Oxford university press, 2005.

从 Veblen 开创性地分析德国对英国的技术追赶并确立了国家技术追赶分析框架后，经济学家们便基本确立了四条国家技术追赶途径，贸易、FDI、移民以及技术许可[①]。近年来，不少学者对创新趋同的研究聚焦在更小的范围内，讨论了可能影响区域创新趋同的通道。例如，Yang et al. 的研究表明高速铁路的建设显著的缩小了区域之间的创新差距并导致创新趋同[②]。Tang 和 Cui 利用中国城市群数据开展的实证研究表明，城市群建设可以通过人力资本溢出和市场互动显著地影响城市群内部创新趋同[③]。不难看出，国家层面上和区域层面上发生创新趋同的动因并不一致。其中，促进区域创新趋同的一个重要的因素是城市群建设[④⑤]。

创新趋同与经济趋同的内在含义不同。在资本可自由流动环境下，经济趋同可能由资本边际收益递减引发。但创新趋同本质上则由模仿学习、有限的创新劳动投入、不断延伸的技术前沿和知识有限的代际流动所引发。根据 Jones 的观点，创新者在出生时并不能直接获得技术前沿所需的全部知识，所有人都不得不从头开始接受教育，经过长时间的学习抵达技术前沿从而进行创新。随着创新活动的进行，技术前沿不断延伸，每个创新者抵达技术前沿所需的知识就不断增加[⑥]。因此他提出"知识的负担"的观点，认为创新越来越难。摩尔定律是这一规律的直观体现，今天要维持摩尔定律所需的科学家

[①] Veblen T. ,"Imperial Germany andthe Industrial Revolution."*Transaction Publishers*, 1990.

[②] Yang X. , Zhang H. , Lin S. , Zhang J. , Zeng J. ,"Does High – Speed Railway Promote Regional Innovation Growth or Innovation Convergence?"*Technology in Society*, 2021, 64: 101472.

[③] Tang J. , Cui W. ,"Does Urban Agglomeration Affect Innovation Convergence: Evidencefrom China."*Economics of Innovation and New Technology*, 2021: 1 – 16.

[④] Sonn J. W. , Park I. K. ,"The Increasing Importance of Agglomeration Economies Hidden Behind Convergence: Geography of Knowledge Production."*Urban Studies*, 2011, 48 (10): 2180 – 2194.

[⑤] Tang J. , Cui W. ,"Does Urban Agglomeration Affect Innovation Convergence: Evidencefrom China."*Economics of Innovation and New Technology*, 2021: 1 – 16.

[⑥] Jones B. F. ,"The Burden of Knowledge and the "Death of the Renaissance Man: Is Innovation Getting Harder?"*The Review of Economic Studies*, 2009, 76 (1): 283 – 317.

投入是20世纪70年代的18倍以上①。在创新越来越难的基本规律下，落后地区通过模仿学习和创新要素充分流动可以在创新产出上追赶上领先区域。需要指出的是，本文认为创新趋同并不是无条件发生的，它需要追赶者具有一定的技术吸收能力，这要求其具有相应的制度文化、人力资本积累等②。

二 大湾区创新趋同检验

如图4-14所示，大湾区内部城市发明专利基数与增速之间呈现出显著的负相关关系。这表明前期具有明显创新优势的城市其创新增速将会逐渐下降，创新动能将会逐渐减弱。而"后发"城市将会通过模仿创新、协同创新等后发优势进行追赶。造成这种现象的原因主要有两个方面。一是创新（以知识或新技术为代表）生产活动可能存在明显的"捞鱼效应"（Fishing-Out Effect，FOE）。即，由于前期相对容易的创新成果已被生产出来，后期的创新活动将会变得越来越难。二是存在明显的创新溢出效应。尽管创新活动存在非常显著的聚集性，但与此同时创新会带动创新。通过创新核心策源地与周边城市的创新联动可以有效地促进周边城市的创新增长。原因在于创新是多维的，更倾向于基础研究的创新内容可能集中在核心城市或创新策源地，但大量有关生产制造活动的创新可能发生在生产成本较低的周边城市。

（一）实证策略

从已有的文献来看，可以将趋同简要地分为三大类别，β趋同，σ趋同和俱乐部趋同③。在实证研究中，β趋同检测的应用最为广泛。β趋同分析范式由Barro and Sala-i-Martin④提出，表示产出和增速

---

① Bloom N., Jones C. I., Van Reenen J., Webb M., "Are Ideas Getting Harder to Find?" *American Economic Review*, 2020, 110 (4): 1104-1144.

② Fagerberg J., Mowery DC and Nelson RR, eds., *The Oxford Handbook of Innovation*. Oxford university press, 2005.

③ Galor O, "Convergence? Inferences from Theoretical Models." *The economic journal*, 1996, 106 (437): 1056-1069.

④ Barro RJ, Sala-i-Martin X, "Convergence." *Journal of Political Economy*, 1992, 100 (2): 223-251.

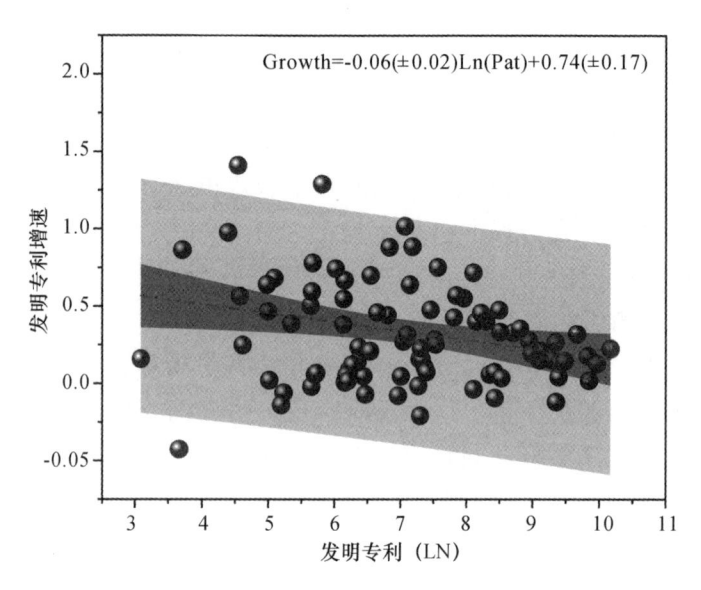

图 4-14　粤港澳大湾区内部城市发明专利数量与增速

之间存在负相关关系并在统计意义上显著。因此，β 趋同暗示了一种追赶效应。不少学者在 β 趋同范式下讨论趋同问题。例如，Sala-i-Martin 利用 1960 年至 1990 年国家层面数据和不同时段的区域层面数据的实证结果表明存在 β 趋同并且趋同速度接近 2%[1]。Kremer 等在 β 趋同分析范式下讨论国际经济增长趋同问题，研究结果表明自 1980 年以后存在显著的趋同[2]。具体而言，β 趋同在实证中可以由方程 3-1 的回归结果表示。

$$\frac{1}{\Delta T}\frac{\ln p_{i,t+\Delta T}}{\ln p_{i,t}} = \alpha - \beta \ln p_{i,t} + \zeta X_{i,t} + \delta_i + \gamma_t + \varepsilon_{i,t} \quad (3-1)$$

其中，$p_{i,t}$ 代表产出，ΔT 代表观测样本时间跨度，$X_{i,t}$ 代表一系列控制变量，δ_i 代表个体固定效应，γ_t 代表时间固定效应，$\varepsilon_{i,t}$ 代表随机误差项。如果实证结果显示 $\beta \in (0,1)$ 并且显著，则表明存在 β 趋同。

---

[1] Sala-i-Martin XX, "The Classical Approach to Convergence Analysis." *The Economic Journal*, 1996: 1019–1036.

[2] Kremer M, Willis J, You Y, "Converging to Convergence." *NBER Macroeconomics Annual*. 2022, 36 (1): 337–412.

（二）数据与变量说明

基于方程 3-1，本节将对粤港澳大湾区内陆 9 座城市进行创新趋同实证检验。数据结构为 2008 年至 2018 年广东省各城市面板数据。本节实证分析中使用各城市发明专利产出数据作为创新产出指标（lnfmpat）。根据已有的研究[1][2][3][4]，我们选取的控制变量主要包括政府研发支出强度（rd_intens），人均 GDP（lngdp_pc），人力资本水平（lnhumcap），第二、第三产业增加值占比（sec_gdp、thd_gdp），教育基础设施（lneduinfra），医疗基础设施（lnhospital），网络基础设施（lninterpop）以及外商投资水平（fdifirm_sumfirm）。

其中，政府研发支出强度（rd_intens）使用各城市每年政府研发财政支出占 GDP 比重衡量。人力资本水平（lnhumcap）使用各城市每万人在校大学生数衡量，教育基础设施（lneduinfra）使用各城市中小学数量衡量，医疗基础设施（lnhospital）使用各城市医疗机构数量衡量，网络基础设施（lninterpop）使用各城市宽带接入用户数衡量，外商投资水平（fdifirm_sumfirm）使用各城市外资企业数占比衡量。各变量的描述性统计可见于表 4-8。

表 4-8　　　　　　　　　描述性统计

变量	数量	均值	标准差	最小值	最大值
lnfmpat（log）	3,137	4.416	1.893	0	10.758
rd_intens	2,868	0.00237	0.00247	0.000128	0.0631
lngdp_pc（log）	2,868	16.33	0.955	13.54	19.60
lnhumcap（log）	3,083	4.590	1.085	-0.524	7.179

---

[1] Tang J, Cui W, "Does Urban Agglomeration Affect Innovation Convergence: Evidence From China." *Economics of Innovation and New Technology*, 2021: 1-16.

[2] 安同良、周绍东、皮建才：《R&D 补贴对中国企业自主创新的激励效应》，《经济研究》2009 年第 10 期。

[3] 沈国兵、袁征宇：《企业互联网化对中国企业创新及出口的影响》，《经济研究》2020 年第 1 期。

[4] 韩先锋、宋文飞、李勃昕：《互联网能成为中国区域创新效率提升的新动能吗》，《中国工业经济》2019 年第 7 期。

续表

变量	数量	均值	标准差	最小值	最大值
sec_gdp	2,868	1,369	661.7	1	2,621
thd_gdp	2,868	1,172	607.0	2	2,343
lneduinfra（log）	3,153	6.980	0.578	3.912	8.000
lnhospital（log）	3,151	5.005	0.766	1.609	8.024
lninterpop（log）	3,128	3.813	1.054	-3.744	8.551
fdifirm_sumfirm	2,996	0.514	0.945	0.000713	14.59

（三）实证结果

基于方程3-1的回归结果如表3-2所示（$T=1$）。第（1）列为混合OLS回归结果，第（2）列与第（3）列则为固定效应模型回归结果。以第（3）列双向固定效应模型回归结果为准，结果显示方程3-1中系数β显著且介于0到1。这表明粤港澳大湾区内陆9个城市在创新产出方面存在显著的β趋同。混合OLS回归结果也得到类似的结果，且回归系数相差不大。表4-9的回归结果说明，粤港澳大湾区内陆9座城市在创新产出方面存在显著的"追赶效应"。即，处于"后发地位"的城市在创新产出上具有更快的增速。

表4-9　　　　　　　　　　创新趋同回归结果

	(1)	(2)	(3)
	Pooled OLS	FE	FE
$lnfmpat_{t-1}$	0.303***	0.527***	0.372***
	(5.20)	(4.38)	(3.74)
控制变量	Yes	Yes	Yes
城市固定效应	No	Yes	Yes
年份固定效应	No	No	Yes
观测值	83	83	83
R^2	0.416	0.528	0.682

注：括号内为稳健聚类标准误．*** $p<0.01$，** $p<0.05$，* $p<0.1$．

我们认为形成这种现象的主要原因是相关城市群规划政策发挥了巨大作用。城市群内部核心城市往往具有较强的创新能力，但却面临着高昂的生产成本。例如，高昂的厂房租金、劳动力成本以及资金使用成本，等等。而城市群内的卫星城市尽管创新能力相对较弱，但是却有生产成本较低的优势。发挥城市群内部各城市之间的协同创新，可以显著地提升城市群整体的创新水平。例如，城市群内部核心城市承担高水平创新研发任务，而将产生大量流程创新的标准化生产性活动转移到周边城市中[①]。需要指出，近年来这种协同生产活动在大湾区内陆城市开始越发活跃。其中，深圳、广州主要发展新一代信息技术、高新技术等高附加值产业。佛山、东莞等城市则发展电子制造、汽车零部件制造、智能装备制造、服装制造等产业。中山、惠州等城市群边缘城市则主要发展电子信息、机械制造、五金家电等产业。

三 发展政策效应检验

上一小节的实证检验证实了粤港澳大湾区内陆9座城市在创新产出上存在显著的 β 趋同。我们认为这种创新趋同现象的背后是城市之间的创新分工。即伴随着核心城市产业发展和外部约束，一部分低附加值产业逐渐向周边城市转移并由此提升了周边城市的创新产出水平。在这一过程中要形成各城之间良好地分工协同，需要根据城市之间比较优势进行合理规划，也需要对交通、教育以及医疗等方面基础设施建设并完善创新要素流通机制。而这无疑需要发挥政府"这只手"的作用。国家层面上的区域发展规划就是发挥政府"这只手"作用的重要体现。我们在这一小节接下来的内容将对《珠江三角洲地区改革发展规划纲要》这一重大政策的实施效果进行实证检验。

（一）实证策略

2008年由国务院正式批复的《珠江三角洲地区改革发展规划纲要》（以下简称《发展纲要》）是珠三角区域一体化发展的指导性纲领，在其统筹下，地方政府先后出台了包括《珠江三角洲基础设施建设一体化规划》《珠江三角洲产业布局一体化规划》在内的一

[①] Duranton G, Puga D, "Nursery Cities: Urban Diversity, Process Innovation, and the Life Cycle of Products." *American Economic Review*, 2001, 91 (5): 1454–1477.

系列规划文件①。《发展纲要》的发布和实施具有重大影响力。这也是选择这份文件作为分析目标的主要依据。另外，这份文件中明确指出要形成各地分工合作、优势互补、全球最具核心竞争力的都市圈。

本小节实证分析所使用的数据为广东省各城市 2003 年至 2018 年的面板数据。相应的实证策略为双重差分法（DID）。如方程 3-2 所示，其中 $policy_{i,t}$ 为双重差分估计量，如果城市 i 在第 t 年直接受到政策影响则取值为 1，否则为 0。其余字母所代表含义与方程 3-1 相同。

$$\ln fmpa\ t_{i,t} = \beta_0 + \beta_1 policy_{i,t} + \beta_3 X_{i,t} + \delta_i + \gamma_t + \varepsilon_{i,t} \quad (3-2)$$

（二）实证结果

实证结果如表 4-10 所示。其中，第（1）列为不考虑控制变量情形下的回归结果，第（2）列为考虑控制变量下的回归结果。可以发现第（1）列与第（2）列中双重差分估计量的系数均在 1% 水平下显著，这说明《发展纲要》规划显著促进了城市创新产出。在考虑控制变量情况下，第（2）列的回归结果表明，《发展纲要》使规划主体城市的创新产出增加了 0.34 个百分点②。

表 4-10　　　　　　珠三角 2008 年政策规划效应分析

	（1）	（2）
Policy	0.720 ***	0.343 **
	(0.198)	(0.156)
控制变量	No	Yes
观测值	336	290
城市固定效应	Yes	Yes
年份固定效应	Yes	Yes
R^2	0.949	0.958

注：括号内为稳健聚类标准误，*** $p<0.01$，** $p<0.05$，* $p<0.1$。

---

① 王玉明、王沛雯：《珠三角城市群一体化发展：经验总结、问题分析及对策建议》，《城市》2015 年第 1 期。

② 根据国家发改委公布信息，《发展纲要》涉及范围以广州、深圳、珠海、佛山、江门、东莞、中山、惠州和肇庆市为主体，带动环珠三角地区，辐射泛珠三角区域，并将与港澳紧密合作的相关内容纳入规划（详情见：https://www.ndrc.gov.cn/xwdt/dtdfdt/200901/t20090107_974676.html?code=&state=123）。

为进一步确保实证结果的可靠性,我们进一步对《发展纲要》主体城市和其他城市的平行趋势进行检验。该方法可以由方程 3-3 表示。其中,$pos\ t_{i,t}$ 为一组虚拟变量,如果城市 i 在第 t 年受政策直接影响,则取值为 1,否则取值为 0。其余变量含义与方程 3-1 相同。我们主要关注系数 θ_t 的变化,其反映了受政策直接影响城市与其他城市的创新产出差异。

$$\ln fmpa\ t_{i,t} = \alpha_0 + \sum_{\substack{t=-5 \\ t \neq -1}}^{10} \theta_t pos\ t_{i,t} + \lambda\ X_{i,t} + \delta_i + \gamma_t + \varepsilon_{i,t} \quad (3-3)$$

实证结果如图 4-15 所示,我们选取政策实施的前一年为基期。可以发现在《发展纲要》实施前,两类城市的创新产出不存在显著差异,但在《发展纲要》实施以后政策影响主体城市的创新产出显著提升。图 4-15 的结果表明研究样本通过了平行趋势检验。

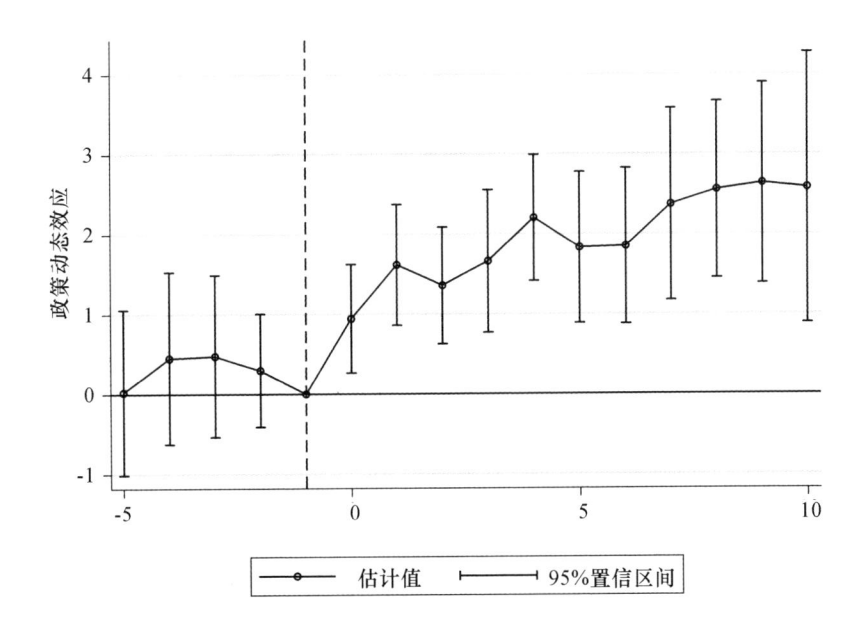

图 4-15　平行趋势检验

第四节　创新趋同背景下的深圳定位

一　粤港澳大湾区创新发展

经过40多年的快速城市化和工业化建设以及在粤港澳联系日益密切的背景下，在国家和广东省规划指导以及粤港澳经济融合发展的趋势下，粤港澳大湾区城市分工与协同发展趋势明显，湾区初步形成了协调有序、分布合理的多层次城市体系。形成了港深莞惠、广佛肇、澳珠中江、潮汕揭和湛茂阳5个城市圈。大湾区珠江两岸形成了人口、经济规模巨大的发展轴。大湾区城市间经济发展水平差异趋向收敛，城市间人均GDP最高最低比从56倍下降到20倍，经济发展水平呈现均衡化。城市间协调联系程度不断提高，要素流动不断加快，产业分工体系逐步成型，形成了东岸以电子信息为主导的高新技术数字化产业、西岸以重型化为特征的装备制造产业的发展格局。深莞惠地区电子信息技术产业集聚特征明显，广州以交通运输设备、化学原料及化学制品制造为主导，佛山—中山—珠海正在形成以电器机械及器材制造为主的装备制造业基地。

在粤港澳大湾区的城市群经济辐射带动作用愈发迅猛上升时，城市内部企业、产业分工一定要演变为跨越行政界限的空间分工。港深是重要的创新引擎，具有强有力的经济辐射与区域发展带动能力；广州是重要的全国经济中心城市，拥有坚实的经济基础与强大的物流集散功能，东莞作为制造业名城加上地理位置优势，将与广港深共同构筑湾区核心发展轴，形成功能互补。佛山、珠海、澳门等城市构成湾区城市群的重要支撑；湛江、茂名、汕头、揭阳等城市是粤港澳大湾区城市群发展的重要增长极，是湾区不可或缺的重要组成部分。

湾区内的贸易发展逐渐向好的态势成为区域经济增长的重要基石。贸易成本降低原因有价格、运输、信息与消费偏好及文化差异影响等①。重大交通基础设施建设减少了两地之间的交通与通勤时间，在空间范围里减少了距离阻碍，从而降低贸易成本；湾区的发展在更大的空间尺度内打破行政边界的条件下，抑制边界效应引起信息交流成本上升现象，增加贸易往来，促进了贸易繁荣；湾区内的城市同宗同源，文化差异较小也促进了贸易紧密往来；贸易成本与社会网络，金融发展水平也有密切关系，比如作为国际金融中心的香港，金融市场高度发达，恰恰为湾区内的科创产业的发展营造出良好的金融环境，今年的通关便利性大大增加，带给湾区内更多的交易正向促进作用。

深圳与东莞的合作正在成为中国城市间跨行政区合作的范例。深圳"创新创意+创新型制造"与东莞"创新+规模化制造"的分工关系正在快速演变为相互支撑的空间合作关系。过去十年，深圳与东莞高新技术企业数量和密度在同步增长。南山、福田与龙华研发创新型企业和数字经济解决方案的企业密度在明显提高，松山湖的信息制造业密度在明显提高。跨越行政边界的合作，有效提升了产业内部专业化协同创新的能力。以深圳与东莞为核心的信息产业集群已经具有世界级规模，也将具有世界级的创新能力，关键在于更加广泛深入地推进空间合作与跨地域的专业化分工。

根据《蓄势待放的世界湾区第四极—粤港澳大湾区展望及世界湾区经济研究报告》②中的数据，2017年全年，广东省专利授权总量33.26万件，增长28.4%；截至2017年年底，全省有效发明专利量20.85万件，两项专利指标均居全国第一。同样的趋势在《粤港澳大湾区协同创新发展报告（2018）》③中一样看出，报告中数据显示，2013年至2017年粤港澳大湾区发明专利总量由71037件增加到258009件，呈持续上升趋势，近5年粤港澳大湾区发明专利总量年均增幅为33.10%，2017年的专利总量增加近6.43万件，

---

① 贸易成本的直接估算方法里假设贸易成本 $\tau_{rs} = P, T, I, a_n$，也就是受到价格、运输、信息与消费偏好及文化差异影响等，并引入边界与贸易的因素分析。
② 《蓄势待放的世界湾区第四极：粤港澳大湾区展望及世界湾区经济研究》，戴德梁行2018年7月。
③ 《粤港澳大湾区协同创新发展报告（2018）》，广州日报数据和数字化研究院2019年2月。

2011年以来新增高技术制造业企业核密度　　2011年以来新增高技术服务业企业核密度

高新技术企业数量

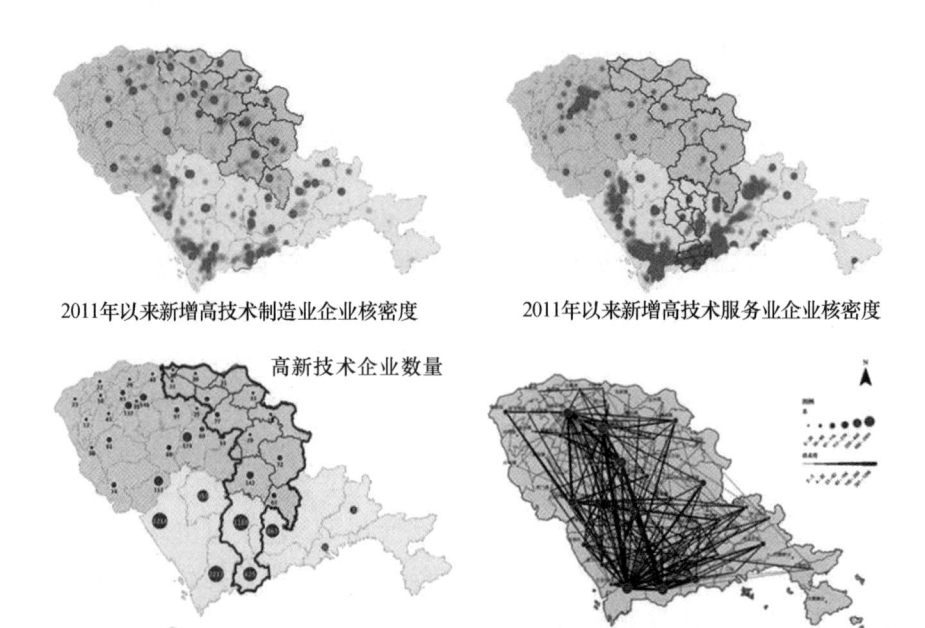

图 4-16　深莞高新技术产业创新-制造协同发展的典范

达到近5年来的最高值。湾区东岸（深圳、东莞、惠州）的发明专利数量多于湾区西岸（广州、珠海、佛山、中山、江门、肇庆）和港澳地区（香港、澳门）。近5年数据显示，湾区东岸年均增长率为27.47%，湾区西岸为54.10%，港澳地区为7.33%。总量上，2017年湾区东岸的发明专利总量约为西岸的1.5倍，湾区东岸总量达15万件以上，湾区西岸总量则接近10万件，港澳地区发明专利总量的增长量达到近5年的高峰。

在区域发展整体优势逐渐显著的背景下，发展势头迅猛的高新技术产业对经济增长带动作用显著，随着大湾区科技创新创业生态系统的不断构建，未来高新技术产业必将成为粤港澳大湾区的支柱产业之一，区域经济实现跨越式发展也主要是为创新科技使然。既在深厚的经济基础之上，产业链的优质联系与高密度完善，都为打造科技湾区提供了足够的底蕴。全力推动港深世界级科技创新中心建设，上升为国家战略。提升粤港澳湾区创新走廊的规模与水平，

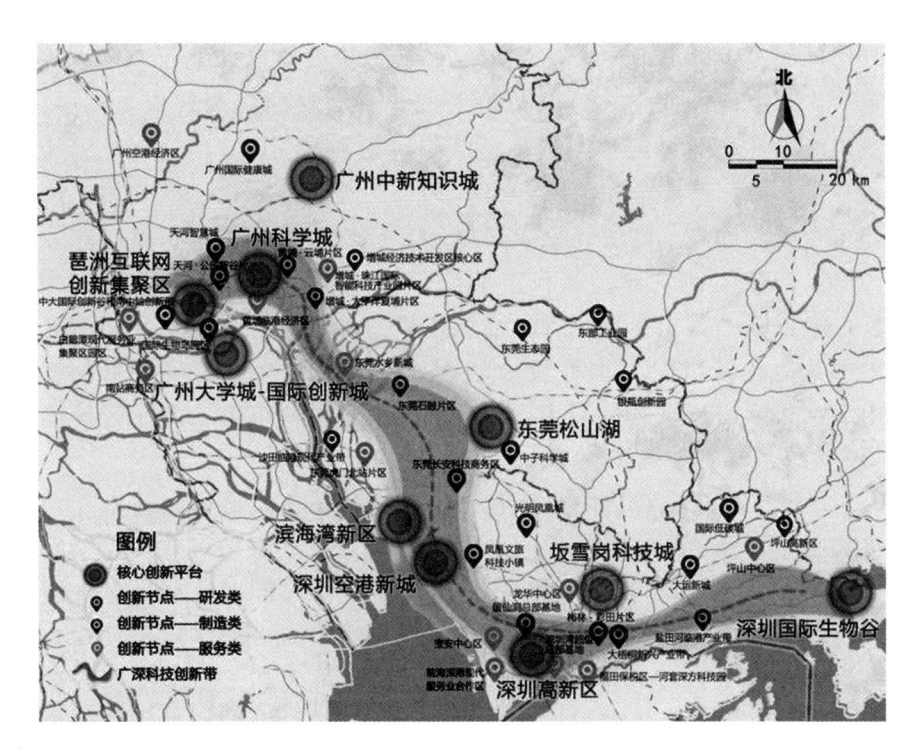

图 4-17 广东创新发展走廊

打造创新要素集聚、内生创新和基础创新能力强的全球科技创新中心。港深共同推进科创合作的"四大抓手"：科技创新走廊、科技创新平台和大学创新科技联盟，战略性新兴产业集群。强化香港金融对科技创新助推作用，推动港深共建全球科技创新中心，成为新一轮全球产业革命的重要策源地。推动粤港澳大湾区轴线全球高端制造集聚和产业创新。建设中小城市先进制造中心、商贸中心、物资集散中心发展。发挥粤港澳经济发展主轴城市比较优势，建设特色科创中心和先进制造基地，形成大湾区科技创新和高端制造主轴。

二 大湾区产业聚集情况

产业专业化集聚与合理的差异化产业空间布局是湾区发展的动

力源，依据市场竞争实现城市间专业化分工是城市群做大做强、创新协同的关键。粤港澳大湾区第二产业集聚效应显著，而澳门、香港、广州、深圳四个核心城市第三产业有明显的集聚效应。其中，澳门市第三产业集聚程度最高，区位熵指数高达1.8，但产业结构单一，其第三产业增加值中有50.5%来自博彩业香港、广州第三产业也有显著优势，区位熵指数分别为1.67、1.35。深圳市第三产业与第二产业均衡发展，第三产业略强于第二产业，区位熵分别为1.1和1.04。佛山、惠州等核心城市周边第二产业优势明显，湾区内部其他各城市发展水平较为均衡，但肇庆市集聚程度较低。佛山、惠州第二产业区位熵指数高于1.3，多数城市第二产业区位熵指数约为1.2，肇庆市小于1。

从第二产业内部结构角度看，年轻型和中年型城市高技术产业优势明显，老年型城市传统产业优势明显。基于数据可获得性，我们选取2018年规模以上工业企业主营业务收入数据计算了粤港澳大湾区8个第二产业较强的城市高技术产业和传统产业分布结构，选用计算机等电子设备制造业、电气机械制造业、仪器仪表制造业、专用设备制造业代表高技术产业，纺织服装业和金属制品业代表传统产业。其中计算机等电子设备制造业、电气机械制造业、仪器仪表制造业和专用设备制造业四个行业R&D投入高，是典型的高技术产业，也是珠三角地区重要产业，企业主营业务收入占珠三角地区所有工业企业主营业务收入的47%。纺织服装业和金属制品业是珠三角地区传统优势行业，分别为轻工业和重工业代表。年轻型和中年型城市在至少两个高技术产业门类中享有优势，同时东莞、中山、佛山三个城市在传统行业仍然保持优势地位。而老年型城市通常仅在传统产业中享有优势。

表4-11　　2018年粤港澳大湾区各城市区位熵指数

	第二产业区位熵	第三产业区位熵
深圳	1.04	1.10
东莞	1.23	0.96
中山	1.23	0.93

续表

	第二产业区位熵	第三产业区位熵
惠州	1.33	0.81
珠海	1.24	0.92
佛山	1.42	0.79
澳门	0.11	1.80
肇庆	0.91	0.74
江门	1.22	0.84
广州	0.69	1.35
香港	0.16	1.67

深圳市在四种高技术产业门类中均有明显优势，传统产业集聚程度低。在计算机等电子设备制造业中优势十分突出，区位熵指数达到5.84，是区域内计算机等电子设备制造业集聚程度最高的城市；在电气机械制造业、仪器仪表业、专用设备制造业有一定优势，区位熵大于1。两种传统产业区位熵均低于0.5。东莞市在三种高技术产业门类中有明显优势，在传统产业中也有一定优势，但不及高技术产业明显。在计算机等电子设备制造业，东莞仅次于深圳，区位熵指数达到4.76；电气机械制造业、仪器仪表业区位熵均大于1；专用设备制造业区位熵为0.92。纺织服装业和金属制品业为1.52和1.03。中山市在三种高技术产业门类中有明显优势，在传统产业优势也较为明显。电器机械制造业是最重要的行业，区位熵指数达到3.55；其次是仪器仪表业，区位熵指数高于2；计算机等电子设备制造业为1.67。纺织服装业和金属制品业区位熵指数分别为2.23和1.57。惠州市在两种高技术产业门类中有明显优势，传统产业集聚程度低。计算机等电子设备制造业仅次于深圳、东莞，区位熵指数高于4；电气机械制造业为1.29；仪器仪表业和专用设备制造业低于0.5。纺织服装业和金属制品业区位熵指数在0.5左右。珠海市在三种高技术产业门类中有优势，传统产业集聚程度低。珠海市是区域内电器机械制造业集聚程度最高的城市，区位熵指数高达3.87；在计算机等电子设备制造业和仪器仪表业有一

定优势，区位熵指数分别为1.69和1。两种传统产业区位熵均低于0.5。佛山市在两种高技术产业门类中有优势，同时在传统产业保持优势。佛山市电气机械制造业优势明显，区位熵高于3；专用设备制造业区位熵为1.34；金属制品业优势明显，区位熵为2.81；纺织服装业为1.41。肇庆产业结构较为单一，仅在金属制品业享有优势，区位熵指数高于5。江门在传统行业有显著优势，纺织服装业和金属制品业区位熵指数分别为1.92和3.15；在电气机械制造业中有一定优势，区位熵指数为1.62；在其他高技术产业中无优势。

表4-12　　　　　　　粤港澳大湾区工业区位熵

	计算机等电子设备制造业	电气机械制造业	仪器仪表制造业	专用设备制造业	纺织服装业	金属制品业
深圳	5.84	1.38	1.83	1.14	0.48	0.45
东莞	4.76	1.15	1.10	0.92	1.52	1.03
中山	1.67	3.55	2.19	0.66	2.23	1.57
惠州	4.10	1.29	0.28	0.23	0.50	0.57
珠海	1.69	3.87	1.00	0.66	0.46	0.49
佛山	0.37	3.43	0.65	1.34	1.41	2.81
肇庆	0.60	0.38	0.25	0.52	0.67	5.38
江门	0.69	1.62	0.04	0.49	1.92	3.15

三　都市圈分工与深圳定位

随着产业结构升级与大湾区产业协同发展，粤港澳大湾区已经逐步过渡到追求创新经济发展阶段。目前，粤港澳大湾区拥有广深港澳四个不同功能的单核心和深莞穗、广佛肇、珠中江三个较为成熟的都市圈，正在形成四个核心城市为创新引领，三个都市圈为增长极，核心—外围差异化分工的梯度空间产业布局，不同城市产业呈现差异化分工趋势。

广佛肇都市圈：形成了层级显著、分工较明晰的产业链强关联格局。广州以电子信息、人工智能、生物科技和汽车制造业、重大装备制造业等产业链较高端产业为主，形成了"服务中心+大型园区"的结构，生产性服务业在中心城区集中，先进制造业向园区集中；佛山以电气机械制造业、食品、纺织陶瓷业等传统优势产业为主，并呈现出往顺德、南海、三水等园区及专业镇集聚的特点，形成"专业镇+园区"的结构，传统制造业形成众多专业镇集群，先进制造业也向园区集中；肇庆以"园区+村镇"结构为主，制造业发展主要集中于中心城区、四会城区及高新区，外围村镇以传统工业为主，农业比重相对较高。广佛两市优势产业重合度较低，但工业内部前后向关联性强，广州的钢铁、石化等基础产业为佛山的家电、机械装备制造、塑料制品等轻型工业提供原材料，佛山则通过对原材料的加工，向广州输送中间产品及提供最终消费品。

深莞惠都市圈：在产业门类上，深圳聚焦金融、科技服务等现代服务业和高端制造业职能，东莞、惠州则在电子信息、机械制造等领域形成具有特色和竞争力的产业体系，基于跨界地区重点平台和大型企业协作的产业发展格局，已逐步形成深圳高端服务+东莞制造+惠州生活服务的产业格局。深圳高端制造业和战略性新兴产业是经济增长的重要驱动力，在全国乃至全球电子信息产业占据重要地位，以新一代信息技术、海洋经济、新材料产业和生物医药产业等为代表的战略性新兴产业增加值成为引领产业创新要素集聚的主力军，逐步形成覆盖全市的创新要素分布格局。东莞的电子信息制造业、电气机械及设备制造业、纺织服装鞋帽制造业、食品饮料加工制造业、造纸及以纸制品业为主的制造业占据绝对地位，玩具及文体用品制造业、家具制造业、化工制造业、包装印刷业等传统产业仍具有一定规模，空间上在村镇工业化的基础上形成较为均质的创新发展格局。惠州以石化能源新材料产业，电子信息行业和大健康产业三大产业以主，创新要素主要位于中心城区，惠州石化能源材料产业形成大亚湾石化区、惠东新材料产业园、稔平半岛能源科技岛"三足鼎立"的产业集群发展态势；电子信息产业集中于仲恺开发区，主要承担大湾区大智能终端、平板显示、汽车电子、LED、新能源电池五大电子信息产业的制造配套；中草药资源为中药种植产业发展提供优势，同时毗邻深圳、气候优势成为智慧健康养老产业发展基础。

珠中江都市圈：位于珠江西岸的珠海、中山、江门三市具有相似的区位和用地条件，培育形成了以电器机械和器材制造业为主导，产业空间布局呈现较为明显的团块式集聚特征，跨界地区产业空间集聚趋势初显，但城市间互动尚显不足。珠海以租赁商务、科学技术、金融为主导企业类型，中山与江门则主要以制造业企业为主导类型，珠海逐步向区域服务中心转变，但量级上仍未形成区域主导核心。珠中江都市圈产业布局也呈现出在跨界地区集聚的趋势，但相较于广佛、深莞惠跨界地区还处于较为初始的阶段。依托各市城区、工业镇以及产业园，产业要素分布呈现较为明显的团块式集聚特征，产业要素分布从"主城+散点"，逐步发展为"城区+园区+工业镇"的空间格局，但整体结构仍较为分散。中山与江门、广州交界地区，由于地缘接近、交通便捷，形成了以制造业企业集聚为主的产业空间集聚。但目前跨界地区的产业集聚很大程度上基于小榄、古镇、坦洲等边界地区工业镇自身的扩张，都市圈层面城市间通勤、居住、服务共享等互动尚不深入。三市共同优势产业仍较为集中，珠海、中山两市产业相似性极高，但逐步形成了基于本地特质的产业分工，制造业集群结构进一步优化，与此同时，珠中江三市针对地区集中的优势产业开展共性技术与服务平台搭建，逐步形成基于特色分工、服务共享，以制造业及其产业服务为主导的集合型产业功能格局。

总体来看，大湾区整体创新增速迅猛，正在向着世界级创新湾区快速前进。目前湾区内部已经形成了以深圳和广州为代表的"创新极"。广深核心—周边城市配套的产业分工特征逐步强化，珠三角的电子信息、汽车制造和电气机械制造三大主导产业集群趋向成熟。电子信息产业的整机制造的环节主要位于深圳、东莞、广州，在珠三角东岸的环湾地区形成了连绵的电子信息带，惠州及西岸城市以电子元件、器件制造为主，为整机制造供应零部件。随着华为等电子信息龙头企业制造环节从核心城市外迁，以东莞为代表的副中心城市从零配件制造环节向整机制造环节转型升级，零配件环节向惠州、粤东等边缘城市扩散和转移。

在这种分工模式下，大湾区内卫星城市（如中山、佛山和东莞等）在研发投入强度、高新技术企业数量、发明专利数量上近年来的增长势头迅猛，正在创新投入和产出两方面奋力追赶并形成创新趋同趋势。因此从上述内容来看，创新趋同背景下大湾区内部以深圳、香港以及广州为代表的创新策源地城市不应该简单追求创新产出数量，而是要更加注重创新产出质量，应当更多的承担基础研究性的重大创新活动。周边城市则要发挥好生产生活成本低、劳动力成本低等优势，通过承接产业转移，人力资本转移以及模仿学习等多途径形成创新追赶。通过创新"核心策源地"与外围城市的协同互动，提升粤港澳大湾区整体创新能力。

第五章　产业创新网络中的深圳[*]

改革开放 40 多年来,深圳历经多次转型升级,产业格局不断演化。从"三来一补"到 OEM,从加工贸易转向模仿性创新,从深圳装配走向深圳制造与深圳创造,其背后是深圳在产业链关键环节的专业化创新能力不断崛起,并在新一代无线通信技术、基因测序分析与装备制造、新材料、新能源汽车、显示技术等战略性新兴产业领域形成位居世界前列的自主创新能力。深圳有为政府与有效市场,加之与周边地区形成的专业化创新分工网络,是培育产业创新能力的关键。一方面,深圳在产业链关键环节的专业性制造具有强烈的聚焦效应和空间溢出效应,在创新蜂聚降低创新成本的同时,与周边地区形成符合经济学规律的分工态势,通过产业链创新链串联粤港澳大湾区建设;另一方面,深圳提供有效的公共产品,完善有利于创新的开放型的科研体系,探索打破垄断鼓励创新的竞争性产业政策,探索建立有效的经济转型升级的评价体系。一路走来,深圳从重视资本积累转向重视知识积累、从重视物质转向重视人力资本、从重视现有产品转向重视未来产品、从重视工艺技术转向重视科学创意、从重视规模转向重视多元化、从重视服从转向重视分歧,在产业创新网络中,充分发挥市场在资源配置中的决定性作用,并更好地发挥政府作用,不断创新发展,践行中国特色社会主义市场经济的先行先试排头兵职责。

[*] 本章作者:张致鹏、李珏、戴欣、崔文岳、张超。

第一节 深圳产业链与创新链

一 有关产业特征

深圳一直注重引导产业转型升级，提高传统优势产业的质量和效益。当前，深圳已初步形成集成电路、5G通信、新型显示、人工智能、智能网联汽车、无人机、生物医药等重点产业链，并且形成了头部企业带动发展格局。例如：5G通信以华为和中兴为头部，带动组装、零部件、上游材料等全产业链发展；新兴显示上游有三利谱、盛波光电等关键零部件龙头企业，中游有华星光电、柔宇、天马等面板厂商，下游有TCL、创维、康佳等一大批应用厂商；人工智能基础层、技术层和应用层拥有紫光同创、华为海思、云天励飞、瑞升科技、腾讯、优必选、平安等大批龙头企业。

（一）人工智能产业链

截至2019年年底[①]，深圳市人工智能企业数量达到1022家。其中，有近50%的企业分布在南山区，人工智能企业数量达502家；宝安区以172家的企业数量位居第二。作为深圳新兴产业的集聚区，龙华区也拥有人工智能企业120家；盐田区、大鹏新区人工智能企业数量较少，均小于10家。2019年，深圳已基本形成以产业应用为导向、以技术创新为核心、以基础软硬件为支撑的较为完整的人工智能产业链，涵盖基础层、技术层和应用层三个环节。截至2019年年底，在深圳市人工智能产业链条中，有632家人工智能企业分布在应用层，262家人工智能企业分布在技术层，128家人工智能企业集中在基础层。在基础层，云计算能力逐渐提升，大数据应用不断加强；在技术层，技术创新加速，计算机视觉、智能语音、自然语言处理等一大批技术已进入实际应用阶段；在应用层，智能机器人及无人机等产业蓬勃发展，智能家居、智能医疗等新兴业态不断涌现。随着政府意志和市场意志双重聚焦，深圳的人工智能发展进入了黄金期。2019年深圳人工智能技术在行业的主流用例

---

① 除特殊标注外，本节其余数据信息均截止于2019年。

大规模落地，有明确业务需求的人工智能应用也在市场中逐步得到推广，如金融行业技术投入稳步增长，政府、企业服务、零售行业投入规模加大，制造、医疗、安防等领域快速增长。根据深圳市人工智能行业协会调研数据，2019年深圳市人工智能相关产业规模达到1318亿元。

（二）电子信息制造产业链

生产链覆盖广，龙头企业引领作用明显。深圳电子信息制造业的主要产品产量居全国前列。通信基站、交换机、彩电、手机、无人机等工业产品产量占据全国生产总量高位，如彩电产量约占全国的五分之一，手机产量约占全国的六分之一。以5G通信为例，深圳的5G通信产业链条长，覆盖广，拥有较为完备的生产链、供应链。明星企业华为、中兴通讯的技术产品已基本涵盖5G全产业链。在芯片行业，海思半导体、中兴微电子等居于领先地位；日海、大富科技、国人通信是核心器件领域的龙头企业；在器件/组件方面，有摩比天线、信维通信等；在应用领域，国民技术、大疆创新、富士康（工业互联网）均在不同领域开拓出一片天地；在第三方检测方面，有深圳信息通信研究院、深圳无线电检测技术研究院等。在5G标准制定、技术等方面，深圳也都走在全球前列。数据显示，中国在5G国际标准中基本专利接近15%，其中华为、中兴等厂商推动极化码、大规模天线新型多址技术、车联网等被5G国际标准采纳。2019年，华为"5G刀片式基站"获得2018年度国家科学技术进步奖一等奖。

龙头企业在电子信息制造业的引领作用明显。2019年发布的电子信息百强企业中，深圳共22家企业入围，其中华为连续多年位居全国百强企业首位。华为、中兴、比亚迪、华星光电、大疆等已发展成为国内甚至全球相关行业的龙头骨干企业，带动了一批上下游中小企业集聚。以华星光电为例，其在深圳市的投资约1400亿元，是深圳市有史以来最大的工业投资项目。通过自身的投资，以及产业集聚效应，逐步在深圳形成了以显示面板为核心，在玻璃基板、彩色滤光片、偏光片、光阻材料、化学气体与材料、背光模组等方面提供周边服务的上下游平板显示产业链。

供应链有不足，"卡脖子"问题成隐患。核心技术瓶颈有待突破，大多数企业存在自主技术储备和技术来源不足的问题，关键基础设施中使用的核心技术产品和关键服务对外依赖度较高。以通信产业链为例，深圳目前已经在下游（应用、运营商和设备）达到国际领先的水平，但在上游的通信高端器件环节（器件模组、材料工艺）仍然羸弱、甚至空白，成为未来通信产业发展的隐患。在当前的国际形势下，上游环节的"卡脖子"问题日趋严峻。由于通信高端器件的市场具备"双高门槛"的特性，即高市场进入门槛（严苛的客户准入、相对小市场）和高技术进入门槛（内部IP积累、专有工艺和制造资源），使得深圳乃至国内的相关从业企业还很薄弱，不具备全面参与国际竞争的能力，无法满足未来通信设备市场的技术要求，实现通信高端器材国产化和自主可控迫在眉睫。显示面板行业同样也有类似问题，国产原材料供应体系未能跟上平板显示产业快速转移和发展的步伐。因此，在部分原材料和工艺装备上仍以进口为主，且面临着高风险的国际专利限制。

（三）新能源汽车产业链

从产业链完整性看，相比于其他新能源汽车产业集群城市，深圳市产业链完整性最强，重点领域均有企业布局。北京市在负极材料、隔膜和电机环节存在缺项，上海市在正极材料、负极材料和电解液存在缺项。深圳市良好工业基础有力推动动力电池（含上游原材料）和充电设施等产业发展，依托坪山区新能源（汽车）国家级产业基地、深汕合作区新能源汽车动力装备集聚区平台，促进新能源汽车装备、动力电池等核心零部件和整车产品从"制造强市"向"智造强市"发展。深圳市新能源汽车产业已形成以整车生产为主导，动力电池及原材料、驱动电机、电控系统、充电基础设施等配套产业协同发展的完整产业链，并在各细分领域分别涌现出一批龙头品牌企业。据统计显示，目前深圳新能源汽车产业基地已引进新能源企业18家，其中新能源汽车驱动电机、电动连接器等关键零部件企业2家（巴斯巴、上海众联能创）、太阳能企业有4家（中电长城、珈伟、嘉普通、山能科技），新能源汽车1家（比亚迪），动力电池6家（沃特玛、新宙邦、华粤宝、山木电池、金和能、迪凯特)、LED照明企业4家(洲明科技、长方照明、超频三、威诺华)、新材料1家(中金岭南),形成以比亚迪为代表的新能源汽车、以沃特玛为代表的动力电池、以洲明科技为代表的LED照明,以中电长城为代表的太阳能等新能源产业及相关配套产业。

深圳市已形成产业链完备的新能源汽车产业集群,且在核心环节龙头企业优势明显。上游四大材料,正极有贝特瑞和德方纳米等,负极有贝特瑞、深圳斯诺、翔丰华和深圳金润等,隔膜有星源材质和中兴新材等,电解液有新宙邦等企业;中游三电环节,电池有比亚迪、比克、欣旺达和雄韬等,电机有大地和英威腾等,电控有汇川和蓝海华腾等;下游整车环节有开沃汽车、五洲龙和比亚迪;充换电设施有科陆电子、普天新能源、奥特迅和云杉智慧能源等;汽车产品和电池产品回收有报废车有限公司、格林美和豪鹏等。此外,受动力电池"里程焦虑"影响,南科燃料、佳华利道、太空科技南方研究院等企业积极探索推动燃料电池汽车的产业化。新能源汽车领域拥有20家国内上市公司,其中动力电池领域占25%,充电设施领域占比25%。

(四) 核能产业链

首先,创新链初具规模。深圳市核能产业技术研发主要集中在核电先进堆型研发、核电燃料研发、核电专用软件研发、核电关键设备材料研发、核电仿真技术、辐射防护和放射性废物处理技术等方面,已初步形成集聚效应。深圳市拥有中广核研究院、中广核仿真公司、中广核设计公司、深圳大学、南方科技大学、清华大学深圳研究院等科研机构,初步形成了核电产业生产链中的科技创新链。

其次,产业链条较为完备。核能产业是典型的"军民两用"产业,核能产业链主要包括核军工、核燃料循环、民用核能利用(主要是核电)、民用非动力核技术应用等领域。深圳市核能产业链主要是以中广核为主建立的核电设计研发、工程建设、运营,以及核燃料循环、非动力核技术应用产业体系。中广核已具备较为完备的产业链条,在重点核心技术等领域已全面布局。

同时,从中国核电产业集群分布看,承担核电自主创新攻关的主力军主要集中在西南、长三角、东北和珠三角四个片区。珠三角地区，以总部位于深圳市的中广核为基础，建立了核燃料循环、核电研发、设计、工程建设、运营、退役等相对完整的产业链。深圳市目前拥有大亚湾6台机组的核电基地，以及中广核下设从事核电新堆芯研发、关键设备研发设计的中广核研究院、中广核设计院等科技创新平台。因核能产业链的发展有赖于产业链创新链各环节的高效协同，深圳市作为高科技新兴城市，工业生产制造基础能力相对薄弱，核能领域的多元化市场创新主体仍有待进一步培育。

（五）氢能产业链

首先，产业链条较为完整。氢能产业链重点领域主要可以划分为四个部分，主要包括制氢环节、储运环节、基础设施环节（加氢站）和用氢环节（燃料电池）。相关企业主要分布在南山区、宝安区和坪山区，其中南山区以电堆及核心材料、系统集成企业为主，其余各区均有上游装备设备技术、氢气制备和储运、系统、下游应用等相关企业。深圳市已经重点展开的领域包括：质子交换膜燃料电池（PEMFC）与燃料电池汽车（HCV）、固体氧化物燃料电池（SOFC）与分布式发电、电解水制氢、加氢站、氢能安全等。目前有南方科技大学、中广核研究院、哈尔滨工业大学（深圳）、雄韬股份、凯豪达等近30家研究机构和企业从事氢能与燃料电池技术和产品开发，产业领域涵盖制氢、储运、燃料电池、整车等产业链上中下游。氢能产业链重点领域主要可以划分为四个部分，主要包括制氢环节、储运环节、基础设施环节（加氢站）和用氢环节（燃料电池）。氢能与燃料电池产业具有产业链条长、上下游领域跨度大、技术路线选择多等特点。从产业链细分领域进行划分，相关企业中，有接近40%都有在燃料电池系统部分开展业务，而核心材料、零部件、应用端约各有20%，另有近40%企业在氢气制备、储运、加氢站设备及建设进行研发和布局。

其次，核心技术领先，但仍机制在产业化早期。目前，深圳市企业的部分核心技术已处于全国领先水平，并已通过摸索与实践初步形成协同合作的集群效应，共同开拓市场进行应用示范。针对企业发展现状，有近55%的产业链相关企业正处于产业化初期，近

25%仍处于研发前期，其中已融资的企业只占3%。同时拥有自主知识产权的企业占超过45%，主要为电堆以及系统相关企业。而处于商业期的企业主要是原有业务转型、技术升级应用到燃料电池领域的模式，如深圳市世椿智能装备、福瑞电气、欣锐科技等；或是运营端企业，如宏旭新能源。企业发展阶段统计也反映出目前深圳市产业链相关企业，尤其涉及关键技术的部分，整体仍集中在研发、技术攻关和产业化早期，这部分的企业数量约占70%。在所统计的深圳本地企业中，有10家获得市高技术企业认定，20家获得国家高技术企业认定，约占全市产业链相关企业的1/3。

（六）光伏产业链

深圳市在光伏产业链方面，除了上游晶体硅材料、硅片方面处于空缺，众多企业分布在光伏产业链的各个环节，已形成了相对完整的产业链，显示出深圳较强的产业配套基础和能力。但是深圳光伏企业呈现多且小的格局，其中一个很关键的原因在于大多数企业是民营性质，企业在市场需求的驱动下自发发展起来，市场开拓能力坚韧但企业技术力量相对薄弱。

上游设备制造处于国内中等水平，拥有晶体硅及薄膜电池生产设备制造能力。光伏材料技术实力强，在浆料、玻璃、靶材、接线盒和链接器等领域有一批能力突出的企业。逆变器优势显著，华为技术有限公司、深圳科士达科技股份有限公司、深圳古瑞瓦特新能源股份有限公司、深圳市首航新能源有限公司等公司进入2019中国光伏逆变器企业20强榜单。中游电池产能较高，以出口小板为特色。下游产业中深圳盘踞着100多家光伏企业，这些企业分布在多晶硅、单晶硅、非晶硅、太阳能玻璃、太阳能用具、太阳能玻璃幕墙设计与安装等各个环节，产品基本覆盖了下游终端的全部领域。从规模上看，除太阳能玻璃行业和光伏设计处于国内领先之外，其他企业多聚集在下游封装及应用端围绕国内外市场需求，深圳市企业抓住市场发展快、空间大、投资小、技术门槛相对较低的特点和机会，在太阳能玩具、太阳能幕墙、玻璃等应用方面率先取得突破，技术水平处于国内领先，特色优势明显，已成为国内最大的太阳能应用产业基地之一，外贸出口量大，在光伏+移动电源、光伏+照明、光伏+家电等领域拥有竞争优势。

光伏上游晶体硅材料、硅片方面仍然处于空缺。受中美贸易摩擦以及新冠肺炎疫情影响，进口原材料价格上涨，尤其是芯片以及IGBT等关键元器件严重依赖进口。光伏逆变器生产厂商普遍反映需进口的原材料占比约30%。我国光伏逆变器虽然产能遥遥领先，但其高度依赖于电力电子和微电子技术的发展，特别是半导体开关器件，以及微处理器。逆变器上的控制芯片用的基本上是美国的TI、NS、欧洲的ST这几家；功率器件如MOSFET和IGBT，100%依赖进口，从市场竞争格局来看，美国功率器件处于世界领先地位，拥有一批具有全球影响力的厂商，例如Fairchild、Linear、IR、ONSemiconductor、AOS和Vishay等厂商。深圳要成为中国乃至世界TOP光伏制造生产基地，必须摆脱关键元器件依赖进口问题。此外，深圳乃至中国的工业软件产业长期处于"西方霸权"状态，中国得到国际认可的工业软件屈指可数，此"重物轻软"的思想亟待改变，以解决"卡脖子"的现状，否则下一个"华为"在未来仍不可避免。

二　多元化产业链分工①

产业链创新链的多元化分工与深度融入区域经济协调发展密切相关，能够实现企业与区域高质量发展双赢。一方面，全球化分工可有效降低成本，在全球市场中提升企业竞争力。经济全球化促使信息、技术、知识、人才的跨国、跨区域流动更趋活跃，各种生产力要素和科技资源加速在全球范围内自由配置。尤其在新一轮科技革命和产业变革提速的背景下，高端创新要素和创新资源在全球范围内流动速度更快、更具方向性。要坚持引进来与走出去相结合，以更加主动的姿态融入全球创新网络，以更加开阔的胸怀吸纳全球创新资源，同时积极推动技术和标准输出，成为行业游戏规则的重要制定者，努力向产业链高端跃升，争取在全球竞争中占据有利位置。另一方面，在地方调动产业发展积极性与创造力、保障各种要素在国土空间上自由流动和优化配置的过程中，企业要通过敏锐识

---

① 本节内容依托于深圳企业高质量发展评价指标课题组《深圳企业高质量发展评价指标体系（2021）》课题成果。

别区域经济的互补和协同效应，借力地区间产业优势互补、合理分工、协同发展形成的比较优势，融入区域产业链和供应链，能够更高效地配置人力资源和生产资料，提升自身的抗风险能力和发展韧性，加快高质量发展。此外，大型国有企业要按照国家相关政策，改革国有资本授权经营体制，将激发微观主体活力与管住管好国有资本有机结合，最大限度调动和激发企业积极性，力求在科技自立自强上展现新作为，在医疗基建、能源供给、疫苗研制等涉及民生的重点领域，发挥顶梁柱和压舱石的重要作用。民营企业及中小微企业要专注特定细分领域、细分产品，不断创新发展并占据市场领先地位，通过将自身打造成"专精特新"企业，努力在强链补链、解决"卡脖子"问题上贡献力量，推出更多直达实体经济的创新产品，助推中国经济高质量发展。

深圳企业高质量发展理应深度参与粤港澳大湾区建设、融入粤港澳大湾区发展，在发展自身的同时，与湾区内的其他企业实现协同。深圳企业在推动供应链创新应用过程中，能够率先探索供应链标准化，与湾区其他城市通力合作、携手共进，完善现代供应链体系，提高抗风险能力，培育、发掘全球产业链竞争新优势。充分发挥深圳的工业互联网制造优势，可率先建立并完善"总部、研发、试产、中试、高附加值产品核心工厂＋分工厂规模化生产"的区域分工体系，助力国内大循环，促进国内国际双循环。深度参与大湾区建设，能够加快推动深港澳经济运行规则衔接、机制对接，持续增强深圳的发展能级和对外辐射带动力，推进湾区各类要素互联互通，为构建区域性产业链协同体系做出贡献。

（一）深圳产业链的总体特征

密集的产业联系加强了当地创新生态系统的活力。从产业链的角度看，根据《深圳市企业高质量评价指标体系（2021）白皮书》，2018—2020年，深圳分别有70%、78%、80%的企业在粤港澳大湾区有一级供应商，三年供应商数量均值分别为63.71家、70.43家和76.84家。我们从深圳的案例能够发现，深圳具有丰富的分工结构与联系密度。深圳一家企业是多家企业的供应商，而多家企业又是一家企业的供应商，这就是产业链的节点关联，企业能够在产业链上占据一个节点,证明了企业的差异化产品无法被简单替代,这就要求产业链上的每个节点保持创新的警觉性,为了不容易被踢出产业链,不被其他企业轻易替代,就构成了企业竞争创新的产业生态。当每个企业相互关联的时候,知识在企业、行业之间的关联就变成网格化的叠加状态,极大加速了跨学科的创新过程。产业链愈加完善的地方越容易产生创新,含有科学知识愈加丰富的产业链环境越容易产生高质量创新。

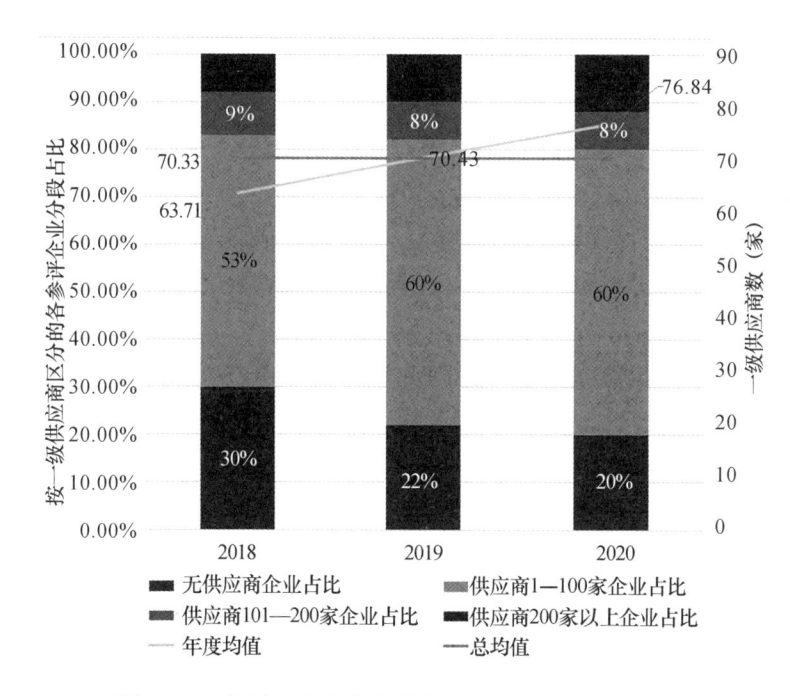

图 5-1 参评企业在粤港澳大湾区的一级供应商情况

基于实地调研深圳市近百家创新型企业的调研数据进行细致的数据分析与证明,除上述发现外,深圳产业链的特征总的来说还有以下四个特征:

第一,深圳企业的外向性联系突出,是国外循环的重要支点。深圳企业与海外市场的联系非常紧密,而且深圳企业更多的是向海外供应,而非从海外采购。这也表明了深圳打开了国际市场的领域,进入到国际分工的重要体系。但仍值得关注的是深圳企业融入国际供应链体系的比重仅有三分之一。此外，在国际供应中，深圳企业在国际上的供应商越多以及向国际供应越多，其人均利润均越低（系数-0.2）。可能的解释是，样本中企业在参与国际价值链分工体系中，仍处于较为低端水平，特别是与其在国内产业链分工地位相比。国际供应与被供应占比与大多数创新指标均呈负相关也从侧面印证了这一推测。

第二，深圳企业与大湾区城市联系紧密，是推进湾区建设的重要纽带。一方面，深圳企业融入湾区供应链体系程度高，90%的深圳企业仰赖湾区供应，66%的深圳企业反哺湾区供应；其中，深圳企业的供应来源主要来自粤港澳大湾区（40%）和内地+深圳（52%）企业；而深圳企业主要供应的是深圳+内地企业（59%），供应湾区企业28%；供应海外企业13%；这一数据表明，深圳企业更多的是采购湾区其他城市的供应，而非向湾区其他城市供应。此外，深圳企业在湾区采购与供应湾区的供应商个数仍高度相关，采购湾区与供应湾区的供应商数量占总供应商比重相关性仍超过50%，深圳企业供应与被供应的企业数量大致相当，说明深圳企业在供应链体系中（向外供应与采购的企业个数）较为平衡。

第三，深圳企业在产业链中承担重要创新溢出的角色，为其他城市提供源源不断的创新动力。从产业活动的角度来看，一方面，当深圳企业在湾区内的供应商较多时，其承担的更多的是设计、整合、组装等高附加值活动，有关创新指标也更高。另一方面，当深圳企业更多地向湾区内企业供货时，其承担的更多的是简单生产，则其有关创新指标较低。由此从相关性角度来看，深圳企业在湾区产业链占主导地位与其自身创新能力息息相关。

第四，深圳企业在湾区中占据重要地位的重要原因是创新活动的密度。研究发现，深圳企业在粤港澳湾区的供应商占总供应商比重越高，与高校研发合作数量也越多，（相关系数达到0.4）；领军人物（列入国家、省、市人才计划）占员工比越多（相关系数0.34）；参与制定标准越多（相关系数0.27）。深圳企业在粤港澳湾区的供应商占总供应商比重与国家级与省级科研平台数、计算机软件备案数、研发投入占比、大专以上STEM占比、信息化支出、专利收入等指标均呈正相关（系数0.1—0.2）。此外，深圳企业向粤港澳湾区内企业供应比重越高，企业自身硕博人员占比越低（相关系数-0.3）；大专以上STEM占比（相关系数-0.25）；与国家级与省级科研平台数、计算机软件备案数、研发投入占比、信息化支出、专利收入等指标均呈负相关（系数-2——1）

（二）深圳产业链具体情况

整体来看，可以从产业链上游（深圳企业向其他企业供应）与产业链下游（深圳企业被其他企业供应）两个方面来探究深圳企业产业链分工情况：

第一，从总体供应与被供应企业数量来看，深圳企业仍处于产业链中部，平均供应与被供应企业数大致相当，分别有255和312家。值得注意的是，除制造业企业外，软件与信息技术服务业和科学研究服务业企业也充分参与了产业链分工，平均有100—150家供应与被供应企业，反映了深圳企业也积极参与创新网络分工。

第二，在粤港澳大湾区范围内，深圳企业偏向产业链上游，平均有82家供应商，而仅为29家企业的供应商。与总体区别可看出，相对于向粤港澳大湾区范围内的其他企业供应保障，深圳企业更多的是作为方案或零部件产品整合商，以高知识附加值部分作为湾区商业或产品创新的引领发动机。同时，除一般意义上的制造业零部件分工外，（即制造业企业中95%参与粤港澳大湾区产业链分工），软件与信息技术服务业和科学研究服务业也大量融入粤港澳大湾区分工创新网络，分别有76%与82%，说明深圳企业也在知识创新与高端服务业等方面与粤澳湾大湾区联系密切。

第三，从国际产业链分工来看，深圳企业与国际产业链的联系仍有待加强，样本中仅有约38%的深圳企业产业国际产业链分工，其中制造业约有一半的企业参与国际产业链分工，而软件与信息技术服务业企业均未参与，科学研究服务业仅有不到10%企业参与，说明深圳企业仍需提升与全球知识创新网络合作分工能力，不仅要匹配国际一流标准，更要积极参与国际标准制定。此外，无论是供应还是被供应平均都未超过20家，尽管供应与被供应数量大致相当，可侧面反映深圳已脱离了"两头向外"的产业链低端分工定

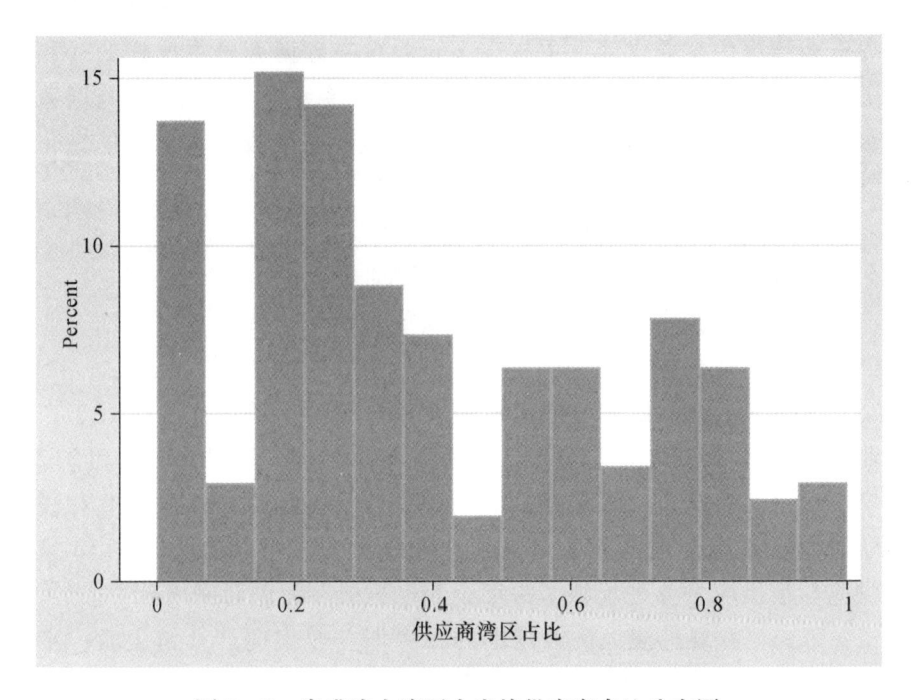

图 5-2　粤港澳大湾区内直接供应商占比分布图

位，但作为未来全球创新创意之都，仍需不断提升与国际的联系。

第四，从创新链分工角度来看，深圳企业仍有一定提升空间。样本中约有三分之一的企业在过去三年内与高校或科研院所开展合作，年均合作项目数为 2.37 个，合作项目涉及金额均值约 500 万元。在开展校企研发合作的深圳企业中，有约三分之一的企业是与粤港澳大湾区的高校或科研院所合作的，研发合作强度显著高于其他地区。

现代化经济体系，要求以合理的经济活动空间布局为支撑，即各地区发展具有较高的均衡性；经济活动适度聚集；各地区之间分工合理，区际分工更多地体现为价值链、创新链上的分工；各地产业一体化程度较高等。没有一家企业可以孤立存在。任何企业都是产业链条上的一环，否则就既没有供应，也没有下游。深圳高质量发展企业置身于粤港澳大湾区中，必然会产生协调性、一致性、带动性。产业复杂性带来产业关联，随着深圳产业链条越来越复杂，与周边城市的关联度越来越高,就能够以产业合作为基础,带动大湾区发展相互协调。

(a)境外直接供应商占比分布图

(b)作为湾区内企业直接供应商占比分布图

(c)作为湾区内企业直接
供应商占比分布图

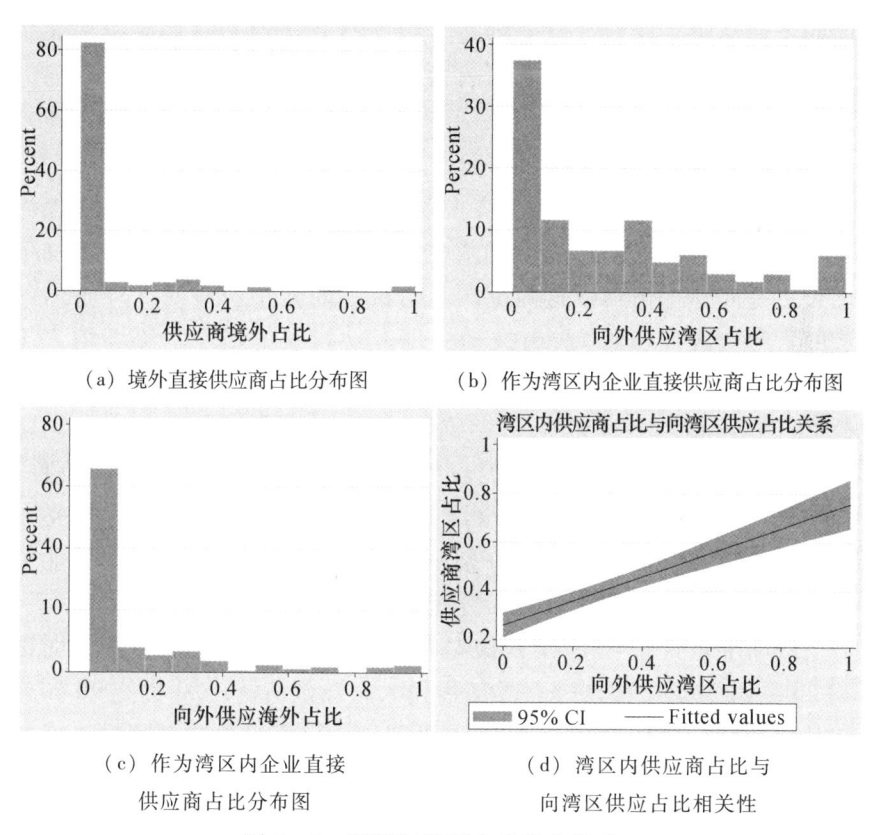

(d)湾区内供应商占比与
向湾区供应占比相关性

图 5-3 深圳与湾区企业供应关系

第二节 深圳数字产业创新发展案例[①]

本节内容以深圳数字技术产业为例,探索地区在数字技术行业

---

① 本节内容选自唐杰、戴欣在《中山大学学报(社会科学版)》期刊上已发表的论文《数字经济产业的创新关联——来自深圳市创新企业的证据》。

中如何实现创新增长，以期找出规律与经验。深圳在数字技术产业具有高度分工产业链，深圳数字技术产业表现为数字软硬行业之间的紧密关联，技术层级表现出不同的聚集形式，在空间上体现了不同的产业结果，同时，政府创造了一个适宜产业和企业蔓延生长的环境，放大了行业内与行业间的知识溢出效应。

一 深圳数字产业崛起的回顾

过去10年，深圳数字经济产业以平均每年13%的速度快速增长，其中硬件设备制造的增加值翻了三番，软件技术服务的增加值增长更是高达七倍，以这两个产业为核心的数字经济对深圳整体经济的贡献接近三成①，成为拉动深圳经济增长的引擎。深圳培育出一大批以数字技术为核心的科技创新企业，2020年深圳数字经济产业PCT国际专利公开量为1975件，新一代信息技术产业PCT国际专利申请量为1.2万件，欧美日韩四国专利公开总量为1.8万件，均位列全国第一，成为领跑全国进入数字经济时代的城市典范②。因此，本节将以深圳为例，分别从数字产业发展历程、数字产业关联与空间集聚等特征进行深入分析。

深圳手机产业链迭代升级是深圳数字经济产业代表。深圳以"三来一补"组装生产进口零部件进入全球价值链；20世纪90年代初从组装转向模仿制造，进入21世纪深圳已经形成初具规模、产品门类齐全、技术较内地先进并以生产视听产品为主的现代电子工业体系。随着手机的出现和移动通信的发展，华强北电子市场成为生产配套基地，在手机方案设计厂商的助推下，造就了特殊的山寨手机模块化生产方式。企业采购基础零组件就可推出成品，市场需求推动了数字硬件制造的更新迭代。2011年进入移动互联网时代后，华为、中兴通讯等为代表的十家企业形成自主创新能力，带动了深圳国际专利申请量的快速增长。从3G跟随、4G并跑、5G引领的不断迭代，更加紧密的串联各产业的联系，实现转型升级。深圳在信息与通讯产业的不同领域突破技术瓶颈形成核心竞争力，在不同

---

① 数据来源于深圳市统计局和《深圳统计年鉴2020》。
② 数据来源于《深圳市2020年度知识产权数据统计分析报告》。

细分市场占据有利地位，以鸿蒙系统、海思芯片为代表的数字软技术服务与大规模的数字设备制造相互推动，目前十大核心企业占国际专利申请量约50%，产业链上的专业化中小型企业的国际专利申请数量占了另外约50%。

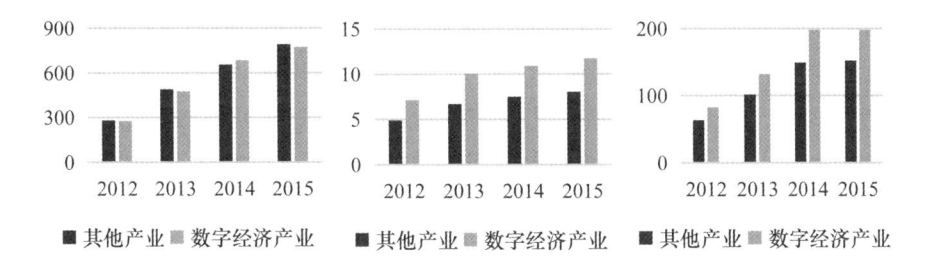

图5-4 数字技术企业的特征统计图

[从左到右分别是企业增加值（亿元）、研发人员（万人）、研发支出（亿元）的对比]

数字技术的迭代升级塑造深圳完备的产业生态。深圳数字技术在过去40年经历了自身内在的规模扩张和技术升级的能力，将无数家细分企业串联起来，形成庞大的数字经济产业分工网络，从数字硬件到软件一应俱全[1]，小到基础元器件，中到电池显示屏等配件，上到华为、大疆等行业龙头，会聚了大量人才，孕育了大批软件企业。2008—2012年4年间，深圳积累了大量的数字技术相关专利，包括移动通信地位、数据处理、支付系统、图像系统等[2]。如图5-4所示，2012—2015年深圳数字经济产业增加值占比接近50%、研发支出占比和研发人员数量占比约为60%，几乎是其他产业的1.5倍[3]。如今，深圳是世界智能手机产业中心，是通信设备产业中心，是旋翼垂直起降无人机产业中心。

深圳数字经济领域汇聚大量数字技术企业与创新人才，形成了密集的创新产出，成为深圳创新发展最大优势。近十年间，深圳成

---

[1] 以计算机通信设备与网络设备为主体的制造业，我们称为硬的数字产业；以信息、数字传输、数据分析与系统软件为主体的服务业，我们称为软的数字产业。
[2] 资料来源于中山大学城市研究院。
[3] 数据来源于深圳市创新创业数据库，下文中若未注明出处均来自该数据库。

长出一批又一批的数字技术企业，高素质人才队伍规模不断扩大。较为明显的证据在于，2020 年深圳市在 PCT 专利申请量前 10 名的企业中，以华为为榜首均为数字技术企业（表 5 - 1），深圳每 10 万人中拥有大学文化程度的人口数由 1.75 万人上升为 2.88 万人[①]。创新人才的大量汇聚，与高密度的数字企业形成创新驱动循环，带动产业不断增长，催生出更多的创新产出。2020 年深圳 5G 通信技术的 PCT 国际专利公开量为 2243 件，位居世界第一，是第二名硅谷的 1 倍。数字技术领域大量专利、知识、工艺、人才和企业等的持续积累，成为深化专业化分工协同的知识中心，也是促进各行各业围绕数字技术重构、实现数字化创新转型的支撑。

表 5 - 1　　深圳 2020 年 PCT 专利申请量前 20 名企业

排名	企业名称	所属区域	PCT 申请量（件）	增速（%）
1	华为技术有限公司	龙岗区	6945	49.77
2	中兴通讯股份有限公司	南山区	1513	10.68
3	深圳市大疆创新科技有限公司	南山区	1142	11.31
4	平安科技（深圳）有限公司	福田区	1120	-8.94
5	瑞声声学科技（深圳）有限公司	南山区	839	0.72
6	腾讯科技（深圳）有限公司	南山区	579	36.88
7	深圳市华星光电半导体显示技术有限公司	光明区	424	48.29
8	TCL 华星光电技术有限公司	光明区	348	102.33
9	深圳市汇顶科技股份有限公司	福田区	279	-29.72
10	深圳壹帐通智能科技有限公司	南山区	277	12.15

数据来源：《深圳市 2020 年度知识产权数据统计分析报告》。

① 数据来源于深圳市第七次全国人口普查。

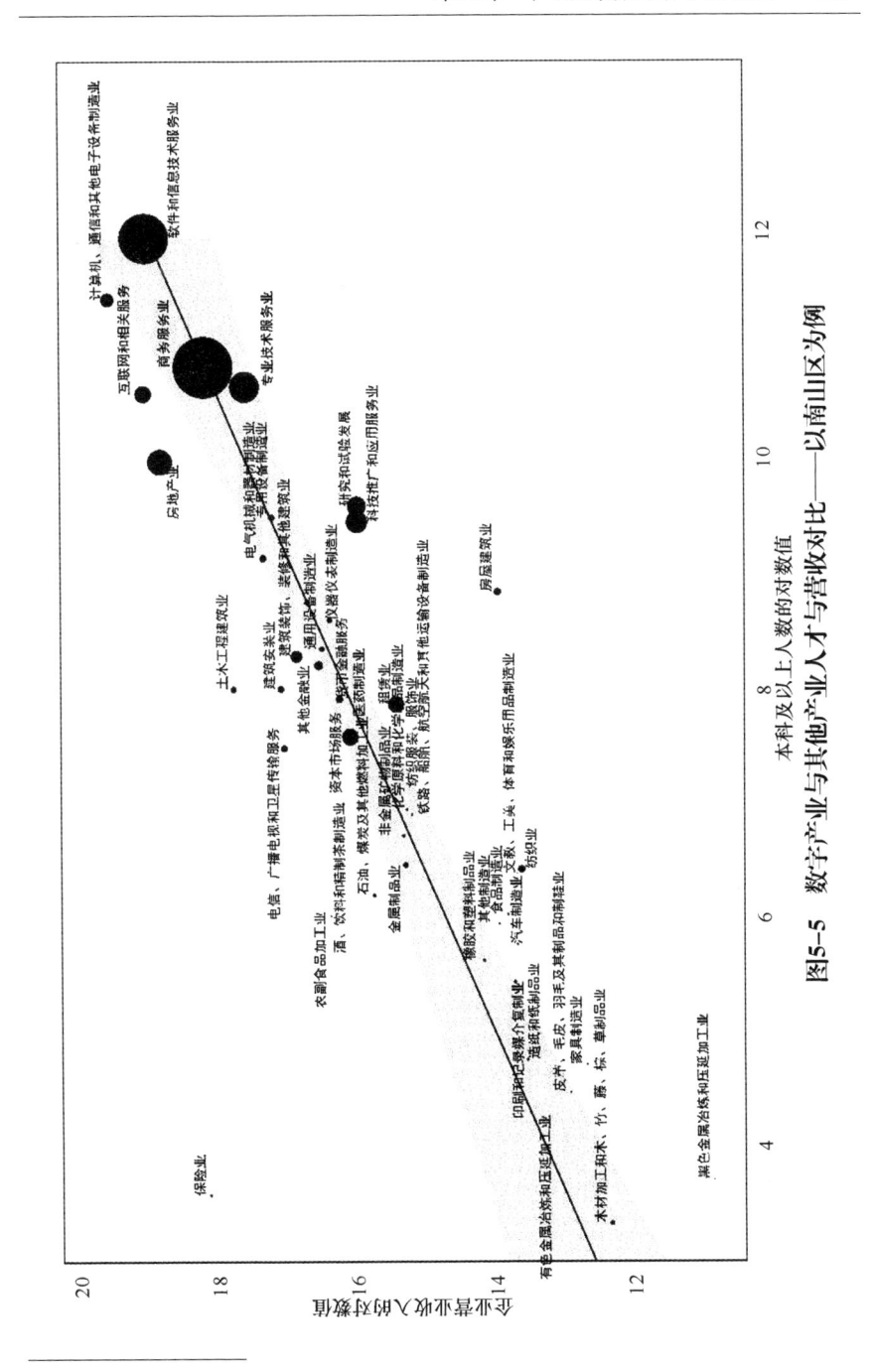

第五章 产业创新网络中的深圳 153

图5-5 数字产业与其他产业人才与营收对比——以南山区为例

① 用深圳市南山区四经普数据库绘制而成。

二 深圳数字产业的创新关联

深圳数字技术链接各产业形成密切的创新网络。我们采用专利申请变量来识别深圳市各产业之间的创新关联，结果如图5-6所示。深圳市大体上形成了以数字软技术与服务＋数字硬制造为核心，串联贯通主要产业形成以数字技术为统领的创新网络。其中，P定义产业网络关联密切程度，涵盖了15个行业部门，强关联的行业8个，弱关联的行业7个。实证结果表明计算机、通信电子设备制造业与软件信息技术服务业在1%水平下存在显著的创新关联。我们进一步随机从两个产业中各抽取100家企业，以专利申请作为企业创新活动的代理变量，结果表明数字软技术与服务＋数字硬制造有10%的企业存在着高密度的创新关联。由此，我们可以将深圳产业技术网络的主要特征概括为五个方面，一是数字产业处在产业网络的核心位置，构成了数字产业化和产业数字化的中枢。二是数字产业内部存在着硬技术与软技术之间极密切的相互依赖式的创新支撑，这是数字产业从规模到水平能够持续快速提升的关键。三是数字产业与专业技术服务业联系密切，意味着专业技术服务业成为数字经济两大领域间的沟通连接者，存在着大量中小型技术服务企业为软硬件生产企业提供补齐产业链的专业服务。四是数字经济产业与相关制造业互动密切，构成了相互创新依赖。例如，化学原料制造业与数字经济硬件制造业之间联系密度很高。五是制造业企业与软件信息技术等软数字产业之间相互交错的复杂关系，更多地反映了其他制造业行业利用新的信息技术进行产业数字化的改造重组的努力。

深圳的中心区聚集数字软技术服务、周边聚集数字硬制造形成各区协同分工格局。从表5-2的企业数量在各区的分布上来看，南山区的数字经济产业占本区所有产业的比例为65%，其中数字软技术服务业占比为54.1%，而对应宝安区的数字经济产业占比为17%，其中数字硬制造部分占比为65%，表现为明显的空间优势产

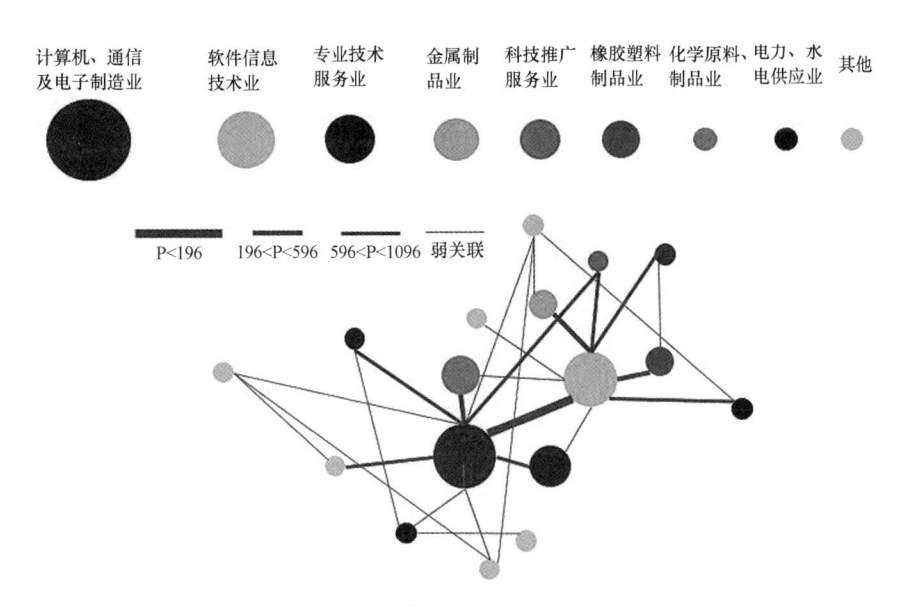

图 5-6 样本企业的产业关联示意

业差别。选用区位商作为产业集聚①的代理变量得到图 5-7，从全市的角度来看，南山与福田成为数字软技术服务的核心区域，宝安、龙华、龙岗三区作为数字硬制造的核心区域，前者数字软技术服务业占全市的比例超过 73%，后者的数字硬制造产业占全市的比例超过 61%，数字制造与和数字软性创新空间配置既相互依存又相对独立聚集。南山以全市 70% 以上的高层次人才、和 70% 以上的高等院校和重大科研平台②，织成密集创新合作网络，不断聚集以腾讯、

---

① 区位商公式表现为：$\beta_{ij} = \dfrac{\theta_{ij} / \sum_{i=1}^{n} \theta_{ij}}{\sum_{j=1}^{n} \theta_{ij} / \sum_{i} \sum_{j} \theta_{ij}}$。式中：$\theta_{ij}$ 表示地区 j 行业 i 的创新企业数量；$\sum_{i} \theta_{ij}$ 表示地区 j 的创新企业数；$\sum_{j} \theta_{ij}$ 则表示全市行业 i 的创新企业数；$\sum_{i} \sum_{j} \theta_{ij}$ 是全市创新企业数。

② 如鹏城实验室中 ARM（中国）总部、商汤科技等纷纷落户，苹果、高通等世界巨头设立研发机构，空客、雀巢、埃森哲创新中心等相继揭幕，新增杰曼诺夫数学中心等 6 家高水平实验室，诺贝尔奖科学家实验室达到 9 家。

中兴为代表的数字软技术企业。在这个过程中，空间土地利用的集约化使得大量制造企业迁出①，但企业会带着数字技术的知识溢出沿着搬离的方向继续传递，形成更为密切的产业关联，与南山构成产业协同与配套的空间格局。

表5-2　2015年数字软技术与硬制造的企业数量与结构　（单位：家）

产业分类	行业/地区	光明	坪山	大鹏	盐田	宝安	龙华	龙岗	罗湖	福田	南山	全部
数字软技术服务	软件和信息技术服务业	6	7	1	3	169	161	86	65	301	1028	1827
	互联网和相关服务	0	1	0	2	35	18	21	30	83	249	439
数字硬制造	计算机通信和其他电子设备制造	52	16	2	2	378	155	151	11	66	280	1113
其他行业	科技推广和应用服务业	3	1	2	2	20	18	9	8	25	81	169
	专业技术服务业	3	2	1	1	14	8	14	4	34	62	143
	研究和试验发展	5	6	3	0	22	11	18	2	18	58	143
	其他服务业	7	3	1	4	51	32	43	27	69	143	380
	专用设备制造业	29	8	0	2	151	73	71	11	19	115	479
	电气机械和器材制造业	27	8	2	2	116	68	37	4	12	64	340
	仪器仪表制造业	3	2	0	0	28	14	20	2	12	61	142
	医药制造业	3	10	1	2	13	12	12	5	6	36	100
	通用设备制造业	12	5	0	1	52	22	23	2	5	30	152
	化学原料和制品制造业	10	8	0	0	40	15	20	2	11	20	126
	其他制造业	48	28	2	2	137	74	74	12	45	134	556
	全部	208	105	15	23	1226	681	599	185	706	2361	6109

---

① 2019年迁出南山的行业前五分别是制造业计算机、通信和其他电子设备制造业、电气机械和器材制造业、专用设备制造业、金属制品业以及通用设备制造业。

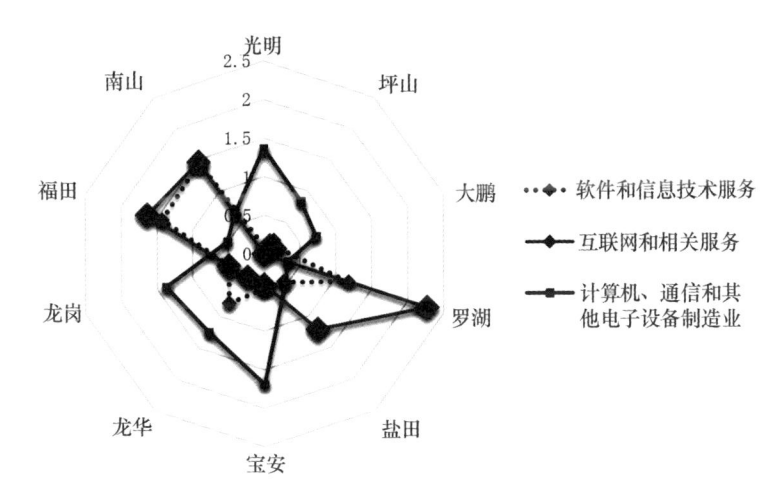

图 5-7　数字软技术与数字硬制造集聚优势的区位分布

三　深圳数字产业的空间溢出

深圳数字经济产业在时空上产生创新溢出，构成产业协同关联的创新生态。本部分采用拓展后的莫兰指数来识别数字经济产业与其他产业在空间上的溢出关联。莫兰指数（Moran's I）是衡量空间自相关的常用方法，以利于研究相关活动在相邻区域的空间相关性及分布特征。常规的实证研究的一个共同特点是，将莫兰指数作为一定时间内，识别一个或两个变量在相邻地理空间是否相关进行计量，区分出高高、高低、低低和低高的四种空间相关关系，莫兰系数表示存在空间正相关或负相关。但这种做法难以观察到产业空间聚集的动态变化。本文将扩展莫兰指数算法，加入变量的时间效应以利于识别两个产业空间聚集动态变化。通过对深圳中小微企业创新创业数据库进行相关统计[①]，本文以计算机、通信和其他电子设备制造业以及信息传输、软件和信息技术服务业为数字经济产业的

---

① 该数据库包含 2012—2015 年科创委政策支持的近 8000 家企业，其中企业类别高度集中于制造业以及信息传输、软件和信息技术服务业，在其细分行业中，软件企业超过千家，信息集成和集中电路设计企业共 400 余家，为本文的统计与实证提供了基础。

代理变量[①]，以区域 i 行业 j 的全部微观企业的研发支出之和作为创新溢出的代理变量，手动输入数字经济产业 2013 年的数据和另一产业 2015 年的数据，在考虑了研发支出引起产业创新时效滞后性后，生成深圳十个区域产业空间溢出的莫兰指数，判断产业间创新溢出引起的空间结构变化。由于本文探究两种产业之间的溢出关系，故采用双变量莫兰指数，以下所有计算均使用 Geoda v1.14.0 软件自动算出。局部莫兰指数具体计算方式如公式（1）所示。

$$I_L = \frac{n}{\sum_i \sum_j \omega_{i,j}} \times \frac{(x_i - \bar{x}) \sum_j \omega_{i,j}(xy_j - \bar{xy})}{\sum_j (x_j - \bar{x})^2} \quad (1)$$

目前的研究主要采用空间距离、利用实际运输时间、社交网络距离或者采用经济距离等方法构建空间矩阵地区之间空间邻接关系。本文采用空间距离构建地区之间空间邻接关系（邻接数设置为 4），距离设置为 $\omega_{i,j} = \frac{1}{r_{i,j}^2}$，$r_{i,j}$ 为两地的距离，得到的邻接情况如表 5-3 所示。

表 5-3　　　　　　　莫兰指数中各区的邻接情况表

序号	区域	邻接
1	南山	罗湖、福田、宝安、龙华
2	罗湖	南山、福田、盐田、龙华
3	福田	南山、罗湖、盐田、龙华
4	盐田	罗湖、龙岗、大鹏、坪山
5	光明	南山、福田、宝安、龙华
6	龙岗	罗湖、盐田、大鹏、坪山
7	大鹏	罗湖、盐田、龙岗、坪山
8	宝安	福田、宝安、龙华、光明
9	龙华	罗湖、福田、光明、宝安
10	坪山	罗湖、盐田、龙岗、大鹏

---

① 根据国家统计局 2021 年 5 月 14 日发布的《数字经济及其核心产业统计分类（2021）》。

数字经济产业在与其他产业的空间关联上具备一致的时效滞后性。从表5-4的实证结果来看，2013年数字经济产业对同年的医药制造业为负向关联，但将时间滞后一年的溢出效果由负转正，同样的特征也出现在数字经济产业对科技推广和应用服务业上，2013年当年的空间相关性为0.079，当滞后一期则发现相关性上升至0.16。比起产业之间在当年的联系，这种跨越时间的溢出效应更加明显，也可理解为知识的溢出具有时间滞后。这表明数字经济的知识具有高度流动性，其活动围绕着研究开发与科技推广和应用服务业等，成为数字技术向外扩散的中介。与图5-6和表5-2高度一致的信息是，数字经济产业无论是产业内部扩散还是产业间扩散，在空间上均依赖于科技推广和研究开发试验的市场机制，在此基础上形成了空间上各具特色的数字产业集群。用同样的莫兰方法打开数字经济产业的内部发现，科技推广与应用服务业对互联网和相关服务业在2013年当年的莫兰指数为-0.001，并无明显的空间相关性，滞后一年的莫兰指数则上升至0.082。

表5-4　　　　　　　　数字经济产业与各产业的莫兰指数

	科技推广和应用服务业 2013	科技推广和应用服务业 2015	研究和试验发展 2013	研究和试验发展 2015	医药制造业 2013	医药制造业 2015
数字经济产业 2013	0.079	0.16	0.1	0.079	-0.037	0.055

数字经济的高流动性打破地理空间约束，促成各区产业的溢出关联。本部分对双变量的莫兰解释分为四种，一是高高，代表本区域的数字经济产业高，邻居的第二个产业也高，表现为明显的正向关联；二是低低，代表本区域的数字经济产业低，邻居的第二个产业也低，表现为无明显的空间溢出联系；三是高低，代表本区域的数字经济产业高，但邻居的第二个产业低，表现为数字经济产业与周边区域的第二产业联系较弱；四是低高，代表本区域的数字经济产业低，但邻居的第二个产业却高，表现为更加依赖于邻居的第二

产业。实证结果如表 5-5、图 5-8 至图 5-10 所示，数字经济产业对附加值更高的产业显示出空间正相关的联系，如南山作为数字经济产业的核心区，与周边区域的科技推广与应用服务业、医药制造业密切相关，数字经济向周边区域的扩散效应明显，成为深圳硬件制造业+软件服务与其他产业联系的空间载体；宝安、光明的数字经济产业相对较低，更加依赖于邻接的第二个行业，如周边的科技推广与应用服务业、研究和试验发展等行业；而龙岗在数字经济产业也较为突出，但与邻接的第二个行业的联系较弱；坪山和大鹏在此类行业中没有较大的关联。

表 5-5　数字经济产业与周边区域另一产业的创新溢出联系

数字技术 2013	科技推广和应用服务业 2015	研究和试验发展 2015	医药制造业 2015
高高	南山	（南山）不显著	南山
低低	宝安、坪山、大鹏	坪山、大鹏	
高低	龙岗	龙岗	—
低高	光明	宝安、光明	宝安、光明、福田、罗湖

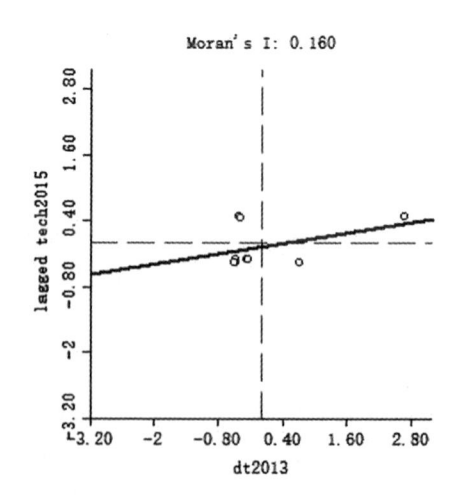

图 5-8　数字技术行业 2013 与科技推广和应用服务业 2015

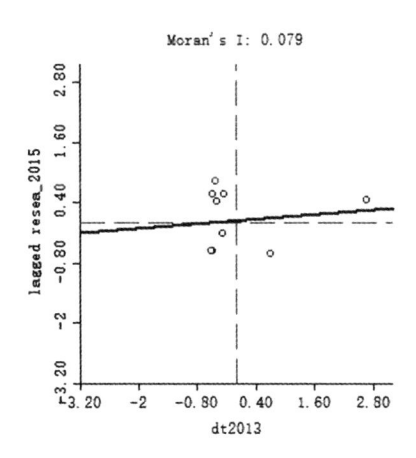

图 5-9　数字技术行业 2013 与研究和试验发展 2015

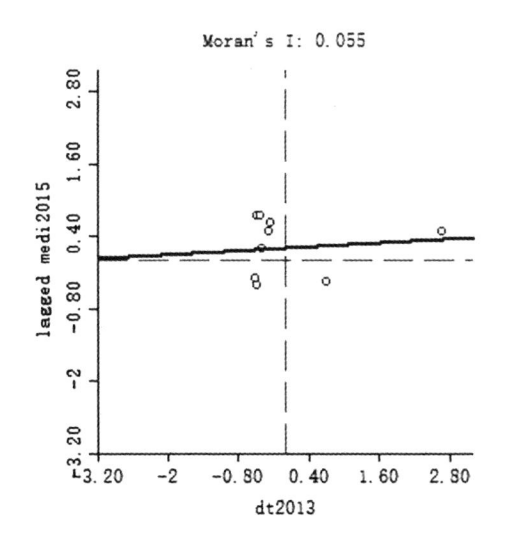

图 5-10　数字技术行业 2013 与医药制造业 2015

深圳数字经济的溢出存在路径差异，形成多样化的跨空间产业集群。不同的区域在数字技术应用中与知识吸收的差异形成空间上数字经济发展的不同关键点，有些强化数字软性技术创新，有些强化数字制造，以这两个产业为核心不断扩张，构成了各区聚集数字硬制造与软技术的空间差别，形成多样化与细分化的产业集群。一个典型的案例是华为所在的深圳龙岗+东莞松山湖。由上述分析可知，龙岗区的数字经济非常集聚，虽为数字技术中心，却没有依托数字优势与邻居的第二个产业建立联系，这与华为企业的选址布局密切相关。华为从南山起家，于坂田壮大，自 2005 年开始在东莞布局，位于松山湖的南方工厂此后一直承担着华为制造基地的角色，直到 2018 年华为将终端总部迁至松山湖溪流背坡村[①]。华为在深圳与东莞的边界区域快速生长，将供应链体系下的大中小企业一同带到这一地区，伴随企业间更大规模的前后向生产协作需求，促使企业选择相近区位，引发企业空间集聚现象，同时因企业性质的不同，数字软性研发留在龙岗，数字硬制造留在松山湖，在空间上形成差别化的产业集群，成功塑造跨行政边界的高新技术科技研发中心与制造中心。

第三节　政府在产业创新网络中的作用

　　从创新经济学的视角，研究了深圳产业创新成功经验，其中包括创造更多赢家围绕产业链形成发达的分工创新体系、鼓励企业节点创新、营造创新蜂聚的环境。通过梳理深圳市四项具有代表性的推动经济创新增长的发展规划与公共政策，发现深圳政府支持了能够有效缩小企业边界高效率的专业化分工，创造了极具特色的官产研资介一体化的创新体系，推动形成服务市场竞争的产业联盟，共同探索重大的产业技术发展趋势和细致的创新支持政策。归纳出城市公共政策制定的核心是实现科学引领和重视成果落地；在有效市场和有为政府的作用下，围绕国家战略目标，制定提升创新能力目标集。在数字化时代，推动科学技术与产业创新深度融合。

---

① 深圳市城市规划设计研究院：《城市边界上的边缘城市》，2020 年 4 月载于深规院公众号。

一 产业政策是否有效

防止出现"看不见的手"与"看得见的手"双失败，一直是引人入胜且具有重大意义的命题。总结世界经济强国发展中所采取的政策和制度，发展初期采用保护幼稚产业和助推优势产业（如关税壁垒和出口补贴）的政策具有普遍性，在经济发展走向成熟后更加关注建立完善的市场竞争制度，强调知识产权保护与公平竞争与反垄断。① 世界银行对东亚经济增长过程中政府推动经济增长所采取的一系列公共政策进行过概括总结，产生了广泛而持续的影响。② 经济合作和发展组织的研究则发现，过度的公共资助产业研发可能会产生典型的挤出效应，政府资助的国家研发项目分散了研究人员的精力，将与产业或消费者的市场需求产生分歧。③ 管理得当的、能够保证竞争公平的产业政策（sectoral policies）有利于促进生产率的增长，似乎是国际经济学界的共识。④ 近年来，中国学术界也在持续进行有为或有限政府的产业政策（industry specific policy）讨论。我们认为⑤，有效的产业政策是在实现经济发展的总体目标下，政府采用符合市场机制要求的综合性公共政策重要组成部分，服从于市场在资源配置中的决定作用，而不是割裂市场机制的行政选择。现阶段对于公共政策及相关产业政策的研究还主要集中于中央政府层级。伴随中国城市规模扩大和内部异质性的增强，城市在其范围内行使权力越来越需要将地方政府、消费偏好选择和产业联盟组织起来。⑥ 而产业政策也会在产业内门类不断的细分和创新产品深化的技术中降低有效性。然而，学术界对于中国城市公共政策对

---

① 张夏准：《富国陷阱：发达国家为何踢开梯子》，社会科学文献出版社2009年版。
② 世界银行：《东亚奇迹：经济增长与公共政策》，财政部世界银行业务司译，中国财政经济出版社1995年版。
③ 经济合作和发展组织：《经合组织成员国经济增长的来源》，2003年。
④ Aghion, Philippe, Jing Cai, MathiasDewatripont, Luosha Du, Ann Harrison, and Patrick Legros, "Industrial Policy and Competition." *American Economic Journal: Macroeconomics*, 2015, 7 (4): 1 – 32.
⑤ 从此角度出发，本节内容采用包括了产业政策在内的公共政策的概念来分析深圳经济增长与转型发展过程中的政府作用。
⑥ ［法］迈克尔·斯托帕尔：《城市发展的逻辑》，中信出版集团2020年版。

区域经济创新增长的影响关注不多。更重要的是，当中国创新型城市进入前沿创新阶段时，面对创新环境不再是对发达国家走过道路的跟随模仿，需要在信息不完全、前景不明确、技术突破随机性很强、产业发展具有多种不确定性条件下进行，这不仅需要强化对创新主体的微观激励，更需要改进有为政府的行为方式，最大限度地减少政府对微观经济活动的不当干预与管制，努力提升全社会知识创造能力、知识转换能力、放大知识溢出效应，增强产业落地能力和企业内在创新动力。具体来说，就是要面向前沿科学创办大学及科研院所，培育高素质人才；创办公共研发机构，服务和孵化产业技术，鼓励创新技术落地，形成从科学到技术再到嵌入关键分工环节的渐进式科技创新。

深圳发展初期不具备基本的科技、知识、人力、文化等创新要素，而其用不到 40 年的时间，从无到有的蓄积了大规模高素质人才、培养出了如浪花翻涌般的企业创新主体、创造并累积着海量的知识、构建了具有自身特色的创新体系，为 40 年波澜壮阔的改革开放伟大历史转变提供了丰富的经验。因此，深入研究深圳公共政策的制定和行为方式，以及对分工专业化和收入地长期影响对于我国和发展中国家其他城市发挥有为政府作用，促进经济持续增长具有重要借鉴意义。

二　深圳创新政策的实践案例与内容[①]

在中国革命即将取得胜利时，毛泽东同志提醒全党：我们熟悉的东西有些快要闲起来了，我们不熟悉的东西正在强迫我们去做，我们必须学会自己不懂的东西。[②] 深圳坚持问题导向、系统思维，立足当前，着眼长远[③]，四十年里，深圳成功地实施过多次推动经济增长方式转型的产业升级政策，篇幅所限，本节重点介绍其中的

[①] 本节内容选自唐杰在《深圳职业技术学院学报》期刊上已发表的论文《深圳创新增长与公共政策研究》，部分内容有改动。
[②] 《毛泽东选集》第四卷论人民民主专政，中央文献出版社 2011 年版。
[③] 《依法规范和引导我国资本健康发展　发挥资本作为重要生产要素的积极作用》，《人民日报》2022 年 5 月 1 日第 1 版。

四项。

一是以四个90%为代表的创新体系建设。1995年4月，深圳市人民政府颁布了《深圳市高新技术产业发展"九五"计划和2010年规划》，结合国际科技发展趋势，将对经济发展带动作用最大、对传统产业渗透和改造能力最强的信息技术产业、生物技术产业和新材料产业[①]确定为发展的重点；确定了高新技术方面的重点产业及25种重点产品、70个重点项目，为产业结构的调整提供了思路。在工作中强调"三个一"的工作原则，科学技术是第一生产力，高新技术产业是深圳经济第一增长点，一把手亲自抓。扎实推进七大配套体系建设，其中以市场为导向、以企业为主体、以全国高等院校和科研院所为依托、产学研相结合的技术开发体系，在深圳转型升级中发挥了重要作用。鼓励企业建设国家级、省（市）级的实验室。政府不论企业的所有制性质一视同仁地予以资助。到1998年年底，全市共有521家研究开发机构，其中企业设立的477家（占92%）；全市科研人员90%集中在企业；全市的科研经费90%来源于企业，90%以上的研发机构设立在企业，90%以上的职务发明专利出自企业。到2000年，500多家深圳企业研究所与全国130多所高等院校及科研院所建立了稳定的合作关系，科研成果转化率高达90%左右，深圳市发明专利的申请量和授权量进入全国前列。这期间，高新技术产业成为深圳经济发展的第一增长点，深圳高新技术产品产值从146.2亿元增加到819.8亿元，年均增长42.6%，其中拥有自主知识产权的产品比重由18.4%提高到近50%，在全国处于领先地位。涌现出华为、中兴通讯、长城、科兴、腾讯等一大批拥有自主创新能力和国际竞争力的骨干企业，大大提高了深圳的经济质量和经济效益。1999年10月朱镕基总理亲临深圳致开幕词并宣布中国国际高新技术成果交易会永久落户深圳。首届高交会大获成功，一年一届延续至今，成为名副其实的国家级、国际性的盛会，推动高新技术成果商品化、产业化、国际化以及促进国家、地区间的经济技术交流与合作，极大带动了深圳乃至全国的高新技术

---

① 李子彬：《我在深圳当市长》，中信出版集团股份有限公司2020年版。

产业的发展。

2000年前后，深圳实施提升城市创新能力公共政策，首先是蓄积高素质的人才。和北京大学、清华大学合作，并积极与哈尔滨工业大学及全国其他大学进行合作（深圳当时只有两所大学）。其次是建立风险投资体系。当时，深圳设立了近百家风险投资机构，也吸引了一些国际风险投资机构，总注册资本金达100多亿元，占中国风险投资机构规模的三分之一以上。为推动高科技产业创新，出台了全国范围内最早一批科技金融方面的地区法规《深圳市创业资本投资高新技术产业暂行规定》，建立了较为完善的风险投资体系。其次是构筑保护知识产权的法律环境。最后营造使人们乐意在深圳留下来创业的城市环境。补齐教育资源短板、完善和提升教育体系和医疗水平、提高城市生活品质。[①]

二是系统全面地以政府法定性规划推进国家创新型城市建设。2008年9月，深圳市人民政府印发了中国第一部国家创新型城市规划《深圳国家创新型城市总体规划（2008—2015）》，为落实国家创新型城市建设，2009年1月深圳市政府《深圳国家创新型城市总体规划实施方案》。明确规定了对后来深圳创新发展产生重要影响的工作内容，其中包括：建设重大科技基础设施和大学及重点学科。确定国家超级计算深圳中心、国家基因库、南方科技大学、香港中文大学（深圳）、哈工大深圳校区和国家级重点实验室提升，中科院先进院；构建应用技术创新体系，组建产学研联盟，组织实施攻关计划、研发和应用推广计划，突破科技"瓶颈"。超级计算机、海量存储、信息安全、射频识别、基因工程、细胞治疗、新材料、节能环保、新一代信息技术等领域的产业核心知识产权以及国际、国内和行业的技术标准，承担和参与国家科技重大专项；重大产业基地和产业项目。推进高世代液晶面板生产线项目，形成完整

---

① 《李德成常务副市长谈深圳要成为中国硅谷》，来源：硅谷网，2000年。经过十余年的不懈努力，2018年3月世界知识产权组织的公布的全球创新中心排名中，以2012—2016年PCT国际专利申请量和科学论文综合评价，深圳—香港组合居东京—横滨组合之后，位列世界第二。2017年深圳PCT专利申请量为20457件，是2004年331件的60倍。

的新型平板显示产业链。国家软件产业基地、战略性新兴产业总部基地建设、国家生物产业基地，生物医药生产厂房实验室等配套设施。互联网产业基地和集聚区。推进长安标致雪铁龙汽车合资项目和比亚迪汽车研发生产基地建设①；推进深圳金融改革创新综合试验区建设。组建创业投资基金。在新兴产业领域组建创业投资基金。

深圳在后续的实施工作中持续滚动深化。2013年11月，市发展和改革委员会推出了《深圳国家创新型城市总体规划实施方案（2011—2013年）》。2012年组建市科技创新委，将《总体规划》的主要项目列入了"八大专项35个计划"（后调整为5大专项、24类），共安排财政资金328.5亿元，支持科技计划项目1.8万余个，涉及核心技术攻关、基础研究、创新载体布局等多方面。与此同时，深圳还在国家部委支持下推出极富创新性的支持产业发展的土地政策。②

深圳坚持以市场为导向，突出企业为主体的自主创新，高度重视规划实施中对研究开发项目和重点学科资助所产生的创新引领作用，增强了大学与公共研发载体对创新的重要支撑作用。目前，深圳累计建成国家重点实验室、国家工程实验室等各级各类创新载体超过3100家，5年创新载体数量翻了近两番。其中工程中心1190家、国家级110家、省级175家。中科院和深圳市政府共同建设了

---

① 值得注意的是长安标致雪铁龙汽车合资项目是深圳少数不成功的产业支持政策，其中的原因很多，但相对于比亚迪汽车项目植根并发展了深圳分工产业链而大获成功，长安标致汽车项目没有融入深圳发达的产业分工体系是项目失败的关键性因素。

② 2013年《深圳市人民政府关于优化空间资源配置促进产业转型升级的意见》，包括《深圳市完善产业用地供应机制拓展产业用地空间办法（试行）》、创新性产业用房管理办法、地价管理办法、限制土地处理办法、工业楼宇转让管理办法、产业配套住房管理的指导意见6个附属文件。一是差别化供地、差别化地价、差别化管理模式。有扶有控、有保有压，以结构性、差别化的土地供给，引导空间资源向产业转型升级的重点方向、重点领域、重点行业和重点企业配置。二是创新空间资源供给模式，实行房地并举，优先供房，建立以房招商、养商、稳商的新机制。三是创新产业用房。新兴产业和企业优惠产业用房。四是节约集约。促进优质要素资源向产业基地和园区集聚。五是存量挖潜。完善土地整备政策，构建更加合理的工业楼宇转让制度，提高社区土地资源利用水平和效益，在规划、土地和财税等方面支持社区股份公司旧工业区项目升级改造为工业产业园区。

总投资 12.3 亿元的国家超级计算机深圳中心。已建设基础研究机构 12 家、诺贝尔奖实验室 11 家、省级新型研发机构 42 家。实现了大湾区综合性国家科学中心、鹏城实验室等国家战略科技力量的布局，河套深港科技创新合作区、光明科学城、肿瘤化学基因组学等重大创新平台和国家重点实验室建设。深圳建设国家新一代人工智能创新发展试验区和高性能医疗器械创新中心，5G、无人机、新能源汽车等领域技术创新能力处于全球前列。建立了统一开放、互联互通的科技资源共享机制，8000 余台大中型科研仪器设备向社会开放共享。创设了全国首支规模达百亿元的天使投资引导基金，率先推出知识产权证券化产品。南方科技大学建校十年进入了国家双一流的行列，香港中文大学（深圳）、哈尔滨工业大学（深圳）均已经成为全国著名的新兴大学。

中科院先进院从研发平台成长为集教育、科研、创新孵化新型综合体，以政府规划引导，市场化运行，是创新走向产业化和创新公共政策实施的典型案例。2006 年，中科院先进院以"深圳有了国家队"为主题，首次参展高交会。彼时的先进院总人数仅 140 人（客座学生和职工），正开拓着自己的创新之路。从表 5-6 中可以看出，现如今人员规模已有 4905 人，累计承担研究经费达 135 亿元，承担科研项目 8027 项，发挥了知识创造和知识扩散的平台功能；在成果转化率保持稳定的同时，申请专利快速增长，超 1.2 万件，授权 4903 件，PCT 专利申请 2137 件，成为深圳机器人产业的科研扩散平台；科研领域也从先进制造扩展至合成生物产业[1]，与企业建立联合实验室的增至 180 家，合作研究项目金额累计超过了 29 亿元，孵化企业 1346 家，产生了大量机器人和合成生物产业的创新项目，有效支持并推动了两大产业在深圳的发展，并升格为高水平大学。[2]

---

[1] 中科院先进院合成生物学研究所现为亚洲最大的合成生物研究与产业化平台。
[2] 深圳市依托中科院先进院，投资 50 亿元建设了深圳理工大学，已有高水平师资 500 余名，全职院士 11 人。

表 5-6 2011 年、2016 年、2021 年中科院先进院的主要创新指标

主要指标 \ 年份	2011	2016	2021
人员（人）	1934	1283	4905
研究院	4	6	9
申请专利（件）	915	4437	12000
授权专利（件）	—	1619	4903
PCT 专利申请（件）	—	214	2137
转移转化率（%）	27.2	29	27.5
累计争取项目（项）/总额（亿元）	1052/10.75	—	8027/135
与企业共建实验室/工程中心（个）	17	—	180

数据来源：公开报道整理。

三是制定清晰准确可落实的战略性新兴产业发展专项规划。以渐进式科技创新发展壮大的机器人产业为例，2014 年 11 月深圳市人民政府印发《机器人、可穿戴设备和智能装备产业发展规划（2014—2020 年）》及配套的实施政策。一是规划目标明确，创新指向、创新重点、关键技术及应用方向有清晰准确可落实的界定。重点选择了基础条件好、应用场景广泛、需求潜力大的领域作为突破口，集中于工业机器人在 3C 行业细分领域的应用，抓住了高精度运动控制技术、模块化与嵌入式控制系统设计技术、高可靠实时通信网络技术、特种工艺和精密制造技术、复杂装备系统仿真技术等关键技术。推动微机电传感器、高灵敏度智能仪器、高性能伺服驱动电机等核心智能测控装置，并相应推进产业化创新资助专项。二是政策落地实施。提升核心技术自主创新能力、整合产业链优势资源，鼓励细分领域专业化、精密化、重点突出、有全球竞争力的企业群体。加强重大技术成套装备的产业化和应用能力。三是政府不以行政力量而是以产业联盟方式，引导"产学研用"构成产业联盟，政府部门更多地作为参与者吸收产业界对未来技术发展趋势意见。规划建设若干适度集中、适于协作、特色鲜明的机器人与智能装备产业园区。同时，规划配套政策明确了，市财政以专项资金方

式连续 7 年共安排 35 亿元①，与市科技研发资金、民营与中小企业发展资金、会展资金、拓展海外市场资金以及知识产权质押、标准化战略发展等专项资金等共同支持机器人产业，包括设立各级各类重点实验室、工程技术中心、支持机器人竞赛优胜项目，支持大学设立机器人相关学科。

2013 年，规划前尽管产业规模不大，却具有了较强的科研能力。以机器人为主体的机器人、可穿戴设备和智能装备产业规模约 180 亿元，形成了传感器、柔性原件、交互解决方案的产业链条，取得了多传感器融合、人机交互、智能控制、能量管理等一批核心关键技术的较大突破；拥有国家省市级重点实验室 30 个，工程实验室 16 个，工程（技术）研究中心 12 个，公共服务平台 7 个；拥有国家超级计算深圳中心、清华大学、哈尔滨工业大学深圳研究生院（后者在 2016 年升格为全日制本硕博招生市属大学）、中科院先进院等为主体的研究院所支撑。到规划截止时的 2020 年（见图 5-11），深圳已经成为全国机器人产业的主要集聚区。深圳机器人企业 842 家，机器人产业总产值达 1434 亿元（系统集成商的产值占了 50%），是规划前产值的 8 倍；其中工业机器人产值为 904 亿元，非工业机器人产值为 530 亿；机器人产业专利申请和授权量分别为 7793 件和 3242 件；机器人融资事件超过 45 起，行业融资总额超过 186 亿元（其中单笔最大融资额达 10 亿美元），IPO 上市企业 9 家。② 机器人产业集群的发展为机器人技术与产品创造出日益丰富的应用场景和新技术突破的知识来源，成为深圳智能制造业发展重要方向。另外，深圳市机器人产业取得的成果还突出表现为，深圳机器人企业联合哈工大计算学部等联合研发③的冰壶机器人，在北京冬奥会开幕式上的惊艳亮相，可以实现自动抓取冰壶、平稳释放、精准；机器人技术和产品网络化与深圳强大的 5G 技术高度融

---

① 2017 年市发展改革委公布了第四批新一代信息技术产业、机器人、可穿戴设备和智能装备产业创新资助项目，最高金额为 3000 万元。

② 《深圳市机器人产业发展白皮书（2020 年）》，深圳市工业和信息化局指导，深圳先进院与深圳市机器人协会共同自 2014 年起，连续 7 年发布。

③ 自 2019 年开始研发，科技部"科技冬奥"国家重点专项课题。

合；深圳面对物流领域全自动化、信息化、数字化的变革，物流机器人需求大幅增长。

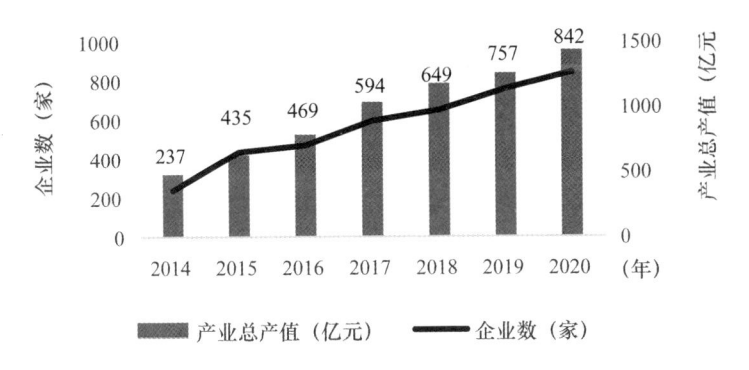

图 5-11 2014—2020 年深圳机器人产业总产值和企业数

三 多样化创新政策及统计检验[①]

2012—2015 年是深圳产业结构大调整，中低端产能大量外迁、经济增长又一轮减速的时期。2013—2015 年深圳市科创委连续实施了大规模的中小企业创新支持计划。7000 余家中小微企业在创新政策支持下，增加值净增加量超过 700 亿元，占到了同期全市 GDP 新增量的 16%，优质、强劲、高水平的发展实现了"冉冉新生""推陈出新"的创新转型。科创委在创新资助政策实施三年中，直接用于资助中小微企业创新的支出为 33 亿元。创新资助政策聚焦企业差异化需求，针对不同发展阶段及不同需求的企业，开出创新券、创业资助、技术开发资助以及金融科技资助等政策细则，四项政策获批率分别为 88%、33.3%、25% 和 70%。2012—2015 年，中小微企业的增加值总额从 332 亿元增长到 1058 亿元，占全市年增加值比重由 2.6% 上升至 6%。创新资助政策对中小微创新企业产出的直接

[①] 本节内容选自唐杰等在《比较》杂志上已发表的论文《经济增长方式转型中的创新政策》，部分内容有改动。

放大效应为4.36倍，总体放大效应达到了22倍。①

从数据的统计检验可以看出（见表5-7），中小企业创新成果增长很快。有发明专利的企业上升了六个百分点，企业平均研究开发支出从271万上升到了515万元，专利申请量从平均7.6件上升为18.7件，发明专利从2.5件上升到6.2件，中小微企业累计专利授权数年均增长29%，高于全市平均水平9个百分点，其中，发明专利授权数增长比全市平均水平高出10个百分点，样本企业发明专利授权数占全市比重由4.2%增长升至11.5%。更深入统计分析表明，获得政策资助的中小微样本企业研究开发支出年均增长为22%，高于全市年均增速近3个百分点；最后是企业经营绩效的变化，样本企业的平均增加值三年翻了一番多，平均利润从332万元增加到549万元。其中，具有原创性技术得创新资助的企业的平均利润为1050万元，是缺乏原创性技术企业平均利润的近3倍。

表5-7　　　　科创委创新资助样本企业的主要统计变量

年份	2012	2013	2014	2015	p-value
样本数	5975	6968	7509	6839	
专利申请（项）	7.6 (35.5)	10.9 (40.3)	13.9 (45.5)	18.7 (52.5)	<0.001
发明专利申请（项）	2.5 (11.9)	3.7 (15.0)	4.6 (16.7)	6.2 (19.2)	<0.001
R&D支出（万元）	271 (784)	328 (792)	408 (1026)	515 (1041)	<0.001
员工数（人）	106 (184)	95 (154)	81 (142)	89 (144)	<0.001
营业额（万元）	6557 (33863)	6452 (29069)	7693 (32544)	7664 (25300)	0.039
增加值（万元）	883 (3011)	1147 (3924)	1384 (4089)	1932 (5488)	<0.001
利润额（万元）	332 (2548)	374 (2542)	459 (2989)	549 (3049)	<0.001

---

① 来源于深圳科技创新委课题 NO. GGFW20160819155847776。课题负责人黄成教授，为经济管理学院执行院长。报告执笔：潘强、唐杰、戴欣、李珏、张致鹏、苗蕾、江涛、王梦、崔文岳、袁帅。参加讨论：陈倬琼、王睿新、董耀徽、尹德云、张猛。研究支持：孙一茜、张婧、谭馨漾、胡婉璐、程雯昕。

续表

年份	2012	2013	2014	2015	p-value
样本数	5975	6968	7509	6839	
总资产（万元）	10391 (59049)	10219 (51337)	12633 (59605)	12354 (47423)	0.029
有发明专利	3549 (59.4%)	3874 (55.6%)	4293 (57.2%)	4476 (65.4%)	<0.001
有PhD员工	1185 (31.0%)	745 (21.9%)	1658 (29.7%)	1648 (25.3%)	<0.001

深圳政府在产业转型中发挥了显而易见的作用。其核心是，深圳政府致力于创造出公平竞争的市场机制，有效市场鼓励了创新者，创造了世所罕见的创新蜂聚效应。深圳政府是有为政府，支持了能够有效缩小企业边界高效率的专业化分工，形成了极其细分化的竞争性产业体系，创造了极具特色的官产研资介一体化的创新体系，推动服务市场竞争的产业联盟，共同探索重大的产业技术发展趋势和细致的创新支持政策。在实践中，深圳政府对战略性新兴产业并行实施两种支持政策，一是以规范合理的财政补贴提高了新兴产业产品与传统产业竞争能力；二是以有针对性的高效的创新支持政策实现企业创新能力的动态提升。深圳政府在实践中摸索出了行之有效的创新发展规划与政策实施体系，明确重大技术的创新发展，在提升全社会创新认识，提高创新成功率，增长企业间的知识共享匹配与学习能力。

四 支持创新融资的新政策工具

中小企业是国民经济和社会发展的生力军，在稳增长、促改革、调结构、惠民生中发挥着重要作用。但是中国企业，尤其是科技型中小企业由于受到资金约束其创新成果产业化之路并不顺畅。针对中小企业因实物资产缺乏导致融资困难、亟须拓宽无形资产融资渠道的需求，中央政府部门推出中小企业以知识产权进行质押融资的政策法规体系，地方政府探索符合地区实际情况的一系列改革措施，从而建立了知识产权质押融资制度。2008年，国家知识产权局在全国启动知识产权质押试点工作，中小企业运用知识产权特别是专利和商标进行融资发展迅速[①]。随着越来越多中小企业通过质押贷款来摆脱融资困境，从而给创新经济学领域提出一个新兴研究课题。

一是建立市场化的知识产权质押融资制度。根据《中华人民共和国民法典》的规定，专利权质押属于权利质权范畴。该规定价值在于，权利人可以在专利权上设定担保物权，为债务提供担保。2008年，国务院颁布《国家知识产权战略纲要》，在全国启动知识产权质押试点工作，从政策层面支持专利权融资业务发展。为规范质押登记业务流程，2010年，国家知识产权局颁布《专利权质押登记办法》，规定质权人条件、订立质押合同、债务优先受偿、质押期间监管及登记服务流程等内容，促进质押业务顺利开展。2013年，中国银监会、国家知识产权局等部门联合印发《关于商业银行知识产权质押贷款业务的指导意见》，提出加强质押贷款贷后管理，为降低专利权质押风险和处理质押融资纠纷提供解决办法。由此，国家建立知识产权质押融资的法规政策体系，以为地方探索符合实际情况相关制度措施提供指引。

深圳市率先探索符合市场经济特征的知识产权质押融资制度。2012年，深圳市政府出台《深圳市促进知识产权质押融资若干措施》（深府办〔2012〕35号），从机制、平台、评估、放贷、担保、交易、配套服务、推进保障等方面着手，初步建立了市级层面知识产权质押融资制度。2014年，深圳建立知识产权质押融资协作机制，开展专题培训和对接活动，各区开展质押融资业务的积极性得到提升，其中南山区、福田区设立质押融资专项资金，对出质中小企业给予利息和费用补贴。2017年，深圳又完善了知识产权质押融资再担保机制、坏账补偿机制，设立深圳市知识产权质押融资风险补偿基金，基本确立知识产权质押融资风险补偿体系。

二是知识产权质押融资发展成效显著。随着质押制度的完善，

[①] 王涛、胡园园、顾新等：《我国中小型企业专利权质押现状及对策建议》，《科学学研究》2016年第34（06）期。

中小企业借助有效专利进行质押登记，取得质押贷款。图 5-12 显示，2008—2020 年我国共有 32105 家企业（含多次质押）开展专利质押，专利出质企业数由 2008 年的 58 家增至 2020 年的 8837 家；该阶段质押专利数合计 15 万余件，由 2008 年的 169 件增至 2020 年的 39376 件；2008 年专利质押融资金额达到 13.84 亿元，2020 年专利权质押融资总额达到 2180 亿元，实现累计融资近 6400 亿元。可见，全国范围内越来越多的中小企业运用专利开展质押融资业务，获取资金支持。

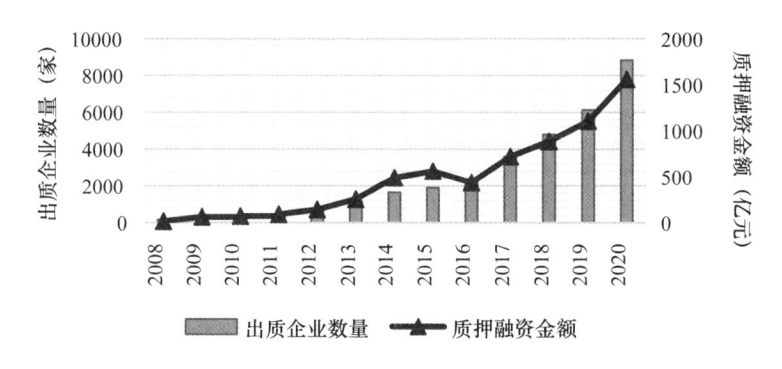

图 5-12　2008—2020 年中国专利权质押融资发展趋势

深圳市知识产权质押融资也成效显著。2008—2020 年，深圳共有 1356 家企业实施专利质押，质押专利数由 2008 年的 19 件增加至 2020 年的 1264 件，累计 5776 件。特别是《深圳市促进知识产权质押融资若干措施》出台后，深圳知识产权质押融资快速发展，2012—2020 年，全市专利质押融资金额累计近 350 亿元，专利保险投保企业逾千家，专利保险保障金额 31 亿元。2014—2020 年，深圳商标出质企业 66 家、质押商标 1134 件。其中，2020 年商标质押金额 5.86 亿元，质押项目 12 项，涉及商标 255 件，商标质押融资开始发力。总之，知识产权质押融资是以知识产权为质押的贷款方式，是解决中小企业融资难的一种新的融资担保方式。

三是知识产权质押缓解了中小企业的融资约束，改善了中小企业绩效。专利权质押政策直接目的旨在加强金融机构对专利的认可，通过质押担保形式解决中小企业抵押物不足和融资风险高特征，帮助解决中小企业融资难，进而缓解融资约束。笔者利用国家知识产权局专利检索及分析系统和中国工业企业数据库的数据，选取446家中小企业的面板数据，利用改进的欧拉方程投资模型作为融资约束估计模型和质押融资评估模型，对出质中小企业是否存在融资约束、专利权质押是否具有融资缓解效应等问题进行实证研究。实证结果表明：我国出质中小企业存在融资约束，专利权质押可以缓解中小企业的融资约束，专利特征信息在质押融资过程中发挥了积极信号作用[1]。与现有研究提出的专利权质押提高企业的融资杠杆[2]和增加长期借款[3]的结论具有相近之处。

尽管现有研究已经观察到知识产权质押融资对于企业发展具有重要意义，但少有文献就知识产权质押融资对中小企业绩效的影响及相关作用机制予以阐释。笔者利用国家知识产权局备案的专利权质押合同信息与中国工业企业数据库的财务数据进行匹配，采取DID模型，分析专利权质押融资对企业绩效的影响，并重点讨论专利要素变量发挥质押融资对企业绩效的调节作用。研究发现，专利权质押融资对企业绩效具有显著的净效应[4]，质押融资对企业绩效的促进效应在时间上呈现出先升后降的变化特征，专利类型、专利数量及其剩余专利保护年限有效发挥了质押融资提升企业绩效的正向作用[5]。

四是知识产权质押融资制度仍有较大完善空间。将深圳与北京、上海等城市的知识产权质押融资发展现状进行比较，深圳专利出质企业总量和增幅均不具有领先优势、质押专利数量增长乏力及质押专利类型有待优化等问题。分析其成因：其一，专利质押贷款政策

---

[1] 张超、唐杰：《专利权质押融资是否缓解了中小企业的融资约束？》，《中央财经大学学报》2022年第9期。

[2] Amable B, J B Chatelain, K Ralf, "Patents as Collateral." *Journal of Economic Dynamics and Control*, 2010, 34 (6): 1092–1104.

[3] 李胜兰、窦智：《专利权质押制度改革的创新激励效应》，《金融学季刊》2019年第13 (4) 期。

[4] 张超、陶一桃：《专利权质押融资对中小企业绩效影响的实证分析》，《江淮论坛》2019年第4期。

[5] 张超、张晓琴：《专利权质押融资影响出质企业绩效的实证研究》，《科研管理》2020年第41 (1) 期。

存在掣肘。深圳相关政策没有充分调动大量知识产权服务机构直接触达持有专利的中小企业网络的积极性，仅依靠银行推动质押融资、国有担保公司提供担保、政府提供财政补贴和风险补偿，寻找有专利质押需求企业的难度大、成本高。且个别无形资产评估机构垄断了该项业务的专利估值环节，间接导致市场萎缩。其二，商标质押融资政策及机制缺失。深圳有关政府部门、产业界均倾向于开展专利质押融资业务，并未形成针对商标质押的专项融资政策和服务机制。

对此，本节提出促进深圳知识产权质押融资发展的政策建议：

第一，优化专利质押融资政策。切实发挥市职能部门协调功能，建议市市场监管局（知识产权局）与市科技创新委加强协作，联合制订工作方案，推进专利质押发展。充分发挥知识产权服务机构紧密联系中小科技企业知识产权工作、熟悉了解企业专利数量和质量的天然优势，学习广州做法，给予一定政策撬动，提高需求企业的发现和触达效率。对于专利价值评估等专业服务开展竞争性采购，确保政策实施的公平性，激发市场活力。

第二，建立商标质押融资制度。浙江、安徽等省拥有的商标数量与深圳相比不具优势，但两地通过颁布商标质押专项政策，改善地区商标质押融资环境，商标质押成效显著。以浙江为例，2009年就颁布了《浙江省商标专用权质押贷款暂行规定》，规范全省商标专用权质押流程，明确提供配套服务的机制。2015年，浙江省台州市出台《关于大力推进商标专用权质押贷款工作的若干意见》，明确了贷款形式、简化程序、重点企业、风险补偿、交易服务、商标认定等商标质押关键环节及具体操作、支持方式等。上述政策和措施均可供深圳借鉴。建议深圳寻求专利质押和商标质押支持政策之间的平衡，加强商标质押融资的宣传报道和培训辅导，提高金融机构和企业知晓率，强化产业界品牌意识，进一步丰富中小企业融资渠道。

第六章　走向科学引领的深圳[*]

在知识经济时代，科技创新已成为促进经济社会发展最重要的动力。关键核心技术是国之重器，锻造突破性创新能力是突破关键核心技术领域遭受"卡脖子"困境的唯一出路。深圳高质量发展与科技创新密切相关，必须以科技创新为第一动力。未来的创新过程不仅依赖于专利、技术、工匠，更加依赖于科学。党的十九大报告指出基础性、前瞻和应用基础的重要性，关键核心技术是要不来、买不来、讨不来的，要着力解决关键技术"卡脖子"的问题，要牢牢将科技自主创新摆在高质量发展的第一位，要求我们形成改变深圳40年传统认识的根本，要认识到科学发现的重要性，要认识到科学是需要自己创造出来的，人是需要自己培养的。要实现基础科学新知识的积累与突破，建立相对完善的开放式创新体系，要以主阵地作为加快建设综合性国家科学中心，瞄准世界科技前沿领域，聚焦重大产业关键技术突破的源头，以建设具有原始创新能力和国际一流创新生态的综合性国家科学中心为抓手，高效配置全球科学资源，努力在粤港澳大湾区国际科技创新中心建设中发挥关键作用，加快重大创新载体和平台建设，加快科技自主创新能力的提升，奠定城市高质量发展的基础。

第一节　基础科学知识是科技创新的源头[①]

一　基础科学研究是科技革命重要推动力

给人类社会带来变革性影响的技术大多源于基础研究的突破。

---

[*] 本章作者：褚鹏飞，袁帅，张超。
[①] 本节内容选自唐杰、李珏、戴欣《打造深圳高质量发展新引擎》（发表于《深圳社会科学》2019年第6期）一文研究成果。

回顾历史长河我们可以发现，基础研究产生革命性突破在很大程度上助推了科技革命。凡是抓住科技革命机遇的国家都成为当期的工业强国，如力学等科学的进步使得英国抓住了以蒸汽机的发明及应用为标志的第一次技术革命，电磁波理论等方面的发明使得德国和美国等抓住了以电力技术和内燃机的发明为标志的第二次技术革命。在第二次科学革命中的量子力学、相对论等的突破和科学的整体进步，为以信息技术、生物医药技术、空间技术等为标志的第三次技术革命提供了知识源，美国等西方发达国家抓住机遇获得持续发展，日本等国家也抓住这次机遇成为工业强国[1]。《科学：无尽的前沿》解释到：一个依靠别人来获得基础科学知识的国家，无论其机械技能如何，其工业进步都将步履缓慢，在世界贸易中的竞争力也会非常弱。[2] 世界科技走到今天，大量产业由科学创造，基础科学水平高低决定了产业的生存能力。面临新一轮的科学技术发展浪潮，培养基础科学研究能力，抢占技术制高点，是走向新一轮技术革命必须具备的基础。

二 加强产学研是科技自主创新实现的重要路径

提高科技自主创新的路径实现，要求在基础研究、应用研究和商业化这三个要素之间形成相互衔接、相辅相成、互为因果的协调机制。世界经验表明，区域的经济发展离不开科技创新的支撑，而科技创新主要源自高等教育。过去深圳主要优势是市场大、企业多，但在基础研究力量上较为薄弱，科研机构和高校都偏少，深圳更多是做科技转化的承接，其自身的科技"含量"并不够，"基础研究—原始创新—技术转化—科技企业"链条不完整。而发展基础研究需要大学教育和基础研究能力的提高，这是一个长期过程，不像发展工业通过简单的"招商引资"来实现。高水平的科技创新必不可少，高层次的人力资源亦不容缺，这需要依靠高水平大学予以

---

[1] 李静海：《抓住机遇推进基础研究高质量发展》，《中国科学院院刊》2019年第34（5）期。

[2] ［美］范内瓦·布什、拉什·D. 霍尔特：《科学：无尽的前沿》，崔传刚译，中信出版社2021年版。

有力支撑。高水平大学作为育才高地、创新源泉，是决定一个区域竞争力和软实力的核心要素，将在深圳践行先行示范区意见中发挥关键作用。高校是科技创新的重要来源地，高水平大学既担负着培养大批优秀创新型人才的重任，也是高水平科研成果的集中产生地，更是影响一个地区科技创新水平的风向标。深圳未来的高质量发展必须聚焦大学，尤其是高水平大学。加强与高水平大学的科学研究合作，打造城市科研互动、资源共享、创新互进的优势，为科技创新提供更多活力与动力，为加快科技成果转化为现实生产力提供强有力支撑，助推深圳科技产业化，必然成为深圳先行示范的重要方向。着力引进国内外名校和著名研究机构，打造以知识为主体的创新体系，连带企业、中介、政府等建立全方位创新体系，环环相扣，相互依托，营造宽松环境，将基础研究—应用研究、大学—产业有机结合起来，打造并激活整个创新链，这是科学能够产生巨大产业竞争力的前景，让深圳真正具备原始创新的能力，成为名副其实的国际科技创新中心，知识创新与新技术市场应用的重要基地。

三 提升认知能力是培养高质量人才的基础

认知是人类大脑参与、识别和行动的能力。认知能力的提升取决于大脑的功能，依靠正确的原则和正确的习惯，从惯性和限制性思维中解脱出来，从专业独立的不同学科中解放出来，糅合尽可能多的想法，消除"知识孤岛"。从全球科学技术发展态势看，新一轮科技革命正在兴起，工作性质和科学研究范式正在发生深刻变革，终身学习和学科交叉融合大势所趋。认知技能禀赋高的城市工资水平高，产业扩张快。人工智能作为一种新型的通用目的技术（General Purpose Technology，GPT），将实现宏观经济整体全要素生产率的提升，实现以创新和知识驱动为特征的高质量增长，改变经济社会组织运行的模式，但其推广也意味着对部分应用领域劳动就业岗位的替代、产生降低工资水平的风险[①]。其表现为，新兴经济体在非重复性认知技能和社会行为技能密集的行业中就业的工人比

---

① Trajtenberg M，"AI as the Next GPT: A Political – Economy Perspective." *NBER Working Paper*，2018，No. 24245.

例从19%增加至23%，发达经济体的比例从33%增加至41%。10 在"可被编码的"重复性工作中，机器最容易取代工人的作用，如简单认知性工作和手工或体力性质的工作。在发达经济体中，就业增长速度最快的是高技术认知技能的工作类型。相比之下，就业已经从诸如机器操作等中等技能行业向外转移。这可能是发达经济体中不平等问题不断加剧的原因之一。中等技能工人和低技能工人均会因为自动化、竞争的加剧而遭遇工资水平降低的损失或是失业的风险。应当清楚地认识到当人类进入大规模的计算机革命之后，创新越强就会越快普及一种新技术，从而快速替代老技术。在就业结构转换过程中，只有具备更高教育水平或特定技能的劳动者，才有更多机会在跨时代、创造性更强的岗位上重新实现就业等。提升一个城市的能力就要不断提升人的认知能力，表现为人类受到的教育、培训、实践，同时将吸收的外部信息重新组合，发现新的规律，找到新的产品或者新的商业模式。努力产生大量前端科学思想依托于高等教育，特别是高水平大学。在接受教育、学习或者作为学徒学习的过程中，习得的才能是内在于人的资本，是个体财富的一部分，同样也是社会财富的一部分。

教育事关国家发展和民族未来，源源不断的高层次人才资源是中国现代化建设的不竭动力和巨大优势。教育的主要目标就是要发展学习者的高阶思维能力，获取新知识的能力、分析和解决问题的能力以及交流与合作的能力，培养学习者具有独立思考的能力，去发现问题解决问题，成为一个"批判性思维工作者"和"有创新能力的终身学习者"。同时，对个体而言，所受学校教育的时间每增加一年，平均的收入水平就会提高。在低收入国家和中等收入国家中，回报是相当可观的。在美国的小学教室中，以一名素质处于平均水平的教师取代一名低素质的教师，将使在该教室中学习的学生的终身总收入提高25万美元。万物互联、3D打印、人工智能、生命科学的时代，高质量教育是前瞻性基础研究和高质量发展的不竭动力。深圳要走向世界名城之路最重要的是学研联盟的打造。世界创新生态体系表现出以下特点：大学和企业之间的创新分工逐日加深，前者聚焦于研究，后者致力于研发。如硅谷的斯坦福大学、加州大学伯克利分校和哈佛—麻省理工学院（波士顿128号公路）；剑桥大学—牛津大学—伦敦大学学院的金三角；马来亚大学创建了八个覆盖可持续科学与生物技术的跨学科研究集群；北京大学正在建设的关于精准医学、健康大数据和智慧医疗的集群—"临床医学＋X"；印度理工学院的校区新成立了七个科研园区，通过大学与民营企业的孵化和协作促进创新；墨西哥科研技术创新园有30多家研究中心，从事生物技术、纳米技术与机器人技术的研发活动，其中七所研究中心由大学领导。

第二节 突破性创新、国际竞争新趋势与重大科技基础设施

一 突破性创新内涵特征

（一）突破性创新的基本内涵

关键核心技术是"国之重器"，对推动国家经济高质量发展、保障国家安全具有十分重要的意义，主要发达国家普遍强化基础研究战略部署，全球科技竞争不断向基础研究前移。但现阶段中国原始创新能力仍旧严重不足，突出问题在于"我国科技发展水平特别是关键核心技术创新能力同国际先进水平相比还有很大差距，同实现'两个一百年'奋斗目标的要求很不适应"，基础科学研究短板仍然突出，企业对基础研究重视不够，重大原创性成果匮乏，底层基础技术、基础工艺能力不足，工业母机、高端芯片、基础软硬件、开发平台、基本算法、基础元器件、基础材料等瓶颈依然存在，关键核心技术受制于人的局面未得到根本性转变。要避免在关键核心技术领域遭受"卡脖子"的困境，全面提升突破性创新能力是唯一出路。随着创新国际化进程的不断深入，技术跨越发展现象时常出现，特别是在新国际竞争态势、新技术革命（绿色技术、数字技术）的背景下，创新模式与技术路径的非连续性特征获得广泛

关注①，突破性创新相关问题成为现阶段学术界和产业界共同研究的重要议题，特别是突破性技术研究如何适应调整，既是研究的重要前沿也是争论焦点。

自1978年Abemathy和Utterback提出突破性技术创新概念以来，基于技术创新研究的不断深化及科技创新实践，学者不断对突破性创新的概念和内涵进行更为深入研究，从知识、技术、产品、市场4个维度对突破性创新进行界定：（1）知识创新论。突破性创新更容易从新知识或新技术产生，这类研究从这一特征出发，对突破性创新进行识别。Henderson等认为突破性创新是突破既有技术范式，产生全新理念、概念或模块的创新。② Tushman等认为突破性创新是技术推动的创新，需要全新的科技知识和资源并淘汰现有的技术和产品，是一种能力破坏型的创新。③ Arts等认为科学关联度高的专利技术新颖性更强，从而更易产生创新。④ Hargadon认为多数突破性创新是对现有科学知识的重新组合集成；⑤ Ponomarev等将学科交叉性纳入突破性论文识别的预测模型。⑥ Chandy和Tellis主要从新产品研发中是否能经常引入新理念、新知识和新想法以及是否重视对性能上全新产品的开发等方面，强调新产品开发过程中对新知识的获取、利用和创造。⑦

---

① Moerenhout T., Devisch Ignaas, Cornelis G., "E‐health Beyond Technology: Analyzing the Paradigm Shift that Lies Beneath." *Medicine, HealthCare, and Philosophy*, 2018, 21(1): 31–41.

② Henderson R. M., Clark K. B., "Architectural Innovation: The Reconfiguration of Existing Product Technologies and the Failure of Established Firms." *Administrative Science Quarterly*, 1990, 35(1): 9–30.

③ Tushman M. L., Anderson P., "Technological Discontinuities and Organizational Environments." *Administrative Science Quarterly*, 1986, 31(3), 439.

④ Arts S., Veugelers R., "The Technological Origins and Novelty of Breakthrough Inventions." *SSRN Electronic Journal*, 2013.

⑤ Hargadon A ed., *How Breakthroughs Happen: The Surprising Truth About How Companies Innovate*, Boston: Harvard Business Review Press, 2003.

⑥ Ponomarev I. V., Lawton B. K., Williams D. E., et al., "Breakthrough Paper Indicator 2.0: Can Geographical Diversity and Interdisciplinarity Improve the Accuracy of Outstanding Papers Prediction?" *Scientometrics*, 2014, 100(3): 755–765.

⑦ Chandy R K, Tellis G J, "Organizing for Radical Product Innovation: The Overlooked Role of Willingness to Cannibalize." *Journal of Marketing Research*, 1998, 35(4): 474–487.

（2）技术突破论，侧重分析技术、工艺等突破。Henderson 等认为突破性创新是基于一套不同的工程和科学技术原理，破坏组织现有知识和能力的一种新技术。[1] Nelson 等[2]和 Rice（1996）[3] 认为突破性创新是一种非连续创新，表现为对原有技术的替代与跨越，直至新技术主导范式的出现。Christensen 认为突破性创新是建立在新的科技和工程知识基础上的创新，是技术轨道的改变，彻底改变企业原有生存和发展的技术基础。[4] Leifer 等认为突破性创新具有前所未有的性能特征，或在熟悉性能方面能显著性改善绩效或降低成本进而改变现有市场或创造新市场的工艺流程、产品或服务创新。[5]

（3）新产品商业化论。Kelley 认为突破性技术创新是包括基于重大技术发展跳跃的商品化产品，伴随着全新性能有数量级的提高或者成本有明显下降的创新。[6] O'connor 和 McDermott 将突破性创新表示为拥有空前性能特征的产品或工艺或拥有对现有性能 5—10 倍甚至更高的提高，或降低 30%—50% 甚至更高的成本。[7] Markides 认为突破性创新是根本不同于现有产品或服务创造价值方式的一种商业模式创新。[8]

（4）从市场、产业及组织角度。基于市场突破视角，Christensen 等将突破性创新界定为一种偏离主流市场用户需求属性，通过先

---

[1] Henderson R M, Clark K B, "Architectural Innovation: The Reconfiguration of Existing Product Technologies and the Failure of Established Firms." *Administrative Science Quarterly*, 1990, 35（1）: 9 – 30.

[2] Nelson R, Winter S, "In Search of Useful Theory Innovation." *Research policy*, 1977, 6（1）: 36 – 76.

[3] Rice M P, "Virtuality and Uncertainty in theDomain of Discontinuous Innovation." *International Conference on Engineering and Technology Management*, 1996.

[4] Christensen C M ed., *The Innovator's Dilemma: When New Technologies Cause Great Firms to Fail*. Boston, MA: Harvard Business School Press, 1997.

[5] Leifer R, Gina O C, Rice M P, "Implementing Radical Innovation in Mature Firms: The Role of Hubs." *Academy of management perspectives*, 2001, 15（3）: 102 – 113.

[6] Kelley D, "Adaptation and Organizational Connect – Edness Incorporate Radical Innovation Programs." *Journal of Product Innovation Management*, 2009, 26（5）: 487 – 501.

[7] Gina O' Connor, McDermott C M, "The Human Side of Radical Innovation." *Journal of Engineering and Technology Management*, 2004, 21（1 – 2）: 11 – 30.

[8] Markides C, "Disruptive Innovation: In Need of Better Theory." *Journal of Product Innovation Management*, 2006, 23（1）: 19 – 25.

占领非主流市场,既而颠覆主流市场的市场破坏行为;① Christensen 认为破坏性创新不仅包括技术革新,还应囊括商业模式的创新和为客户价值提供新方式的创新,这些创新满足从非主流市场开始最终颠覆原有主流市场,继而改变竞争规则。② Stevens 认为突破性创新是一种对市场和产业有巨大影响,甚至导致整个产业重新洗牌的技术创新。③ 张洪石认为,突破性创新是导致产品性能主要指标发生巨大跃迁,对市场规则、竞争态势、产业版图具有决定性影响,甚至导致产业重新洗牌的一类创新。④

(5)综合论,强调技术创新过程突破衔接和关键领域创新突破。Sandberg 基于技术创新理论将突破性技术创新过程分为模糊前段、产品研发和商业化三个阶段。⑤ Lettl 将突破性技术创新划分为创意产生、开发和试验三个阶段。⑥ Garcia 等则认为突破性创新会带来宏观上的市场不连续性和微观上的技术不连续性。⑦ 上述研究主要集中于组织内部流程、市场导向和技术战略角度,侧重于含义界定、特征描述、概念模型等定性层面的探索。

(二)突破性创新技术的特征

突破性技术创新属于一种特殊形态的创新,它建立在渐进性技术创新的基础之上,同时又具有许多与渐进性技术创新不同的特性(如表 6-1 所示)。事实上,突破性技术在带来大幅度技术创新提

---

① Christensen C, Bower J, "Customer Power, Strategic Investment, andthe Failure of Leading Firms." *Strategic Management Journal*, 2015, 17 (3): 197 – 218.

② Christensen C M and Raynor M E, eds., *The Innovator's Solution: Creating and Sustaining Successful Growth*, Boston: Harvard Business School Press, 2003, 66 – 76.

③ Stevens GA, Burley J, "Piloting the Rocket of Radical Innovation." *Research – Technology Management*, 2003, 46 (2): 16 – 25.

④ 张洪石、陈劲:《突破性创新的组织模式研究》,《科学学研究》2005 年第 23 (4)期。

⑤ Sandberg B, "Enthusiasm in the Development of Radical Innovations." *Creativity & Innovation Management*, 2007, 16 (3): 265 – 273.

⑥ Lettl C, "User Involvement Competence for Radical Innovation." *Journal of Engineering and Technology Management*, 2007, 24 (1/2): 53 – 75.

⑦ Garcia R, Calantone R, "A Critical Look at Technological Innovation Typology and Innovativeness Terminology: A Literature Review." *Journal of Product Innovation Management*, 2002, 19 (2): 110 – 132.

升的同时，也具有不连续性、风险高和不稳定等特点①；Leifer 等认为，突破性创新探索新的技术轨道，比渐进性创新存在更高的不确定性和不可预测性；② Grulke 研究发现，任何领域的突破性创新都比渐进性创新有更高的风险。③ 突破性创新的不确定性一般来自多个方面，赵明剑等认为基于降低创新成本与风险考虑，突破性技术创新主要面临着技术不确定性和市场不确定性；④ 樊霞等认为突破性创新的不确定性体现在技术、市场、制度支持三个方面的不确定性。⑤ 相比这种不确定，突破性技术创新的过程特点更值得探讨。Leifer 从生命周期视角，认为突破性技术创新生命周期具有长期性、高度不确定性、偶发性、非线性、随机性和背景依赖性等特征。⑥ 彭灿等认为突破性创新是指同现有技术或知识有着本质差别的创新，往往具有非连续、非线性等特点；⑦ 张志峰等认为由于法国数学家 Thom 提出突变理论适用于分析由于作用力的渐变而导致状态突变的现象，⑧ 由此苏屹等利用突变理论探讨技术创新形成过程中存在特别是随机性、非线性。⑨

---

① 王金凤、蔡豪、冯立杰等：《外部环境不确定性、网络惯例与双元创新关系研究》，《科技进步与对策》2020 年第 37（6）期。

② Leifer R and McDermott C M, eds., *Radical Innovation*: *How Mature Companies Can Outsmart Upstarts*, Boston: Harvard Business Review Press; 1st edition, 2000, 62 – 98.

③ Ettlie J E, et al., "Organization Strategy and Structural Differences for Radical Versus Incremental Innovation." *Management Science*, 1984, 682 – 695.

④ 赵明剑、司春林：《基于突破性技术创新的技术跨越机会窗口研究》，《科学学与科学技术管理》2004 年第 5 期。

⑤ 樊霞、朱桂龙：《基于 ROT 的突破性技术创新项目投资决策研究》，《科技管理研究》2007 年第 10 期。

⑥ Leifer R and McDermott C M, eds., *Radical Innovation*: *How Mature Companies Can Outsmart Upstarts*, Boston: Harvard Business Review Press, 2000.

⑦ 彭灿、奚雷、张学伟：《高度动态与竞争环境下突破性创新对企业持续竞争优势的影响研究》，《科技管理研究》2018 年第 38（24）期。

⑧ 张志峰、Jindalv：《基于尖点突变的制造系统耗散结构模型及其度量》，《机械工程学报》2011 年第 47（14）期。

⑨ 苏屹、林周周、欧忠辉：《基于突变理论的技术创新形成机理研究》，《科学学研究》2019 年第 37（3）期。

表 6-1 突破性创新的特征

特征	具体内涵
不确定性	与渐进性创新在原有技术轨道上的延伸和拓展不同，突破性技术创新是在新技术轨道上，存在高度不确定性和不可预测性，来自技术、市场、组织、资源等方面的不确定性更大。
随机性	新思想的产生是偶然的，许多突破性创新是在偶然的随机性情况下诞生与完成的。由于随机性信息、思想的出现往往是一刹那的，只有有准备的头脑才能抓住是转瞬即逝的机会。
非连续	突破性技术创新往往处于新的技术轨道的前端，对技术发展的历史数据没有积累，无法对技术的发展进行推理，也很难确定技术的发展方向。
非线性	它是由技术创新系统的复杂性以及非线性作用引起的。技术创新过程是一个复杂的自适应系统，反映了多个创新要素通过复杂的非线性作用而形成新技术的聚合过程。

二 国际竞争、新技术趋势与突破性技术创新

（一）中美竞争

自 2016 年起，美国开始通过贸易政策影响科技竞争，表现为美国商务部禁止美国政府采购来自中国企业的敏感产品。特朗普时期，美国政府启动的科技战，打压中国高科技公司。拜登政府执政以来，将"战略竞争对手"视为中美关系的基调。为了加强美国在半导体产业、空间技术、清洁能源与生物技术等新兴技术领域的优势，拜登政府凭借美国掌握的关键核心技术优势，试图通过联合盟国与伙伴构建"技术联盟"，对中国高科技领域进行针对性遏制。我国高端科技发展遭受国外技术封锁打压与国内巨大的安全和市场需求之间的矛盾引发了对突破关键核心技术、实现科技自立自强的理论探讨。2021 年 5 月，习近平总书记在中国科学院第二十次院士大会、中国工程院第十五次院士大会、中国科协第十次全国代表大会上发出号召，加快建设科技强国，实现高水平科技自立自强。中

美在科技领域竞争,对全球突破性技术创新带来重要影响。

中美科技竞争加速突破性技术创新的关键领域布局与发展进程。针对重要领域"卡脖子"现象,中国将充分发挥科技创新的引领带动作用,努力在原始创新上取得新突破,在重要科技领域实现跨越发展,推动关键核心技术自主可控,加强创新链产业链融合。中国政府和企业将强化在关键核心技术领域研发布局,促进各类创新要素加快向重要创新主体集聚,构建更有效率的产学研体系,加速攻克重要领域"卡脖子"技术。总体上,中美科技竞争将加快突破性技术创新进程。

中美科技竞争改变突破性技术创新的市场竞争结构。突破性技术创新引起既有企业与新进入企业的相互竞争。在这个竞争过程中,既有企业的绩效普遍出现下滑,其发展将面临极大困境。Chandy 等发现存在一种"既有企业咒语"现象,即当突破性创新出现后,多数既有主导企业不会投身于突破性创新开发,反而加大对渐进性产品投资,试图保持原有领先优势,而最终会导致其绩效下滑。[1] 由于中美科技竞争新情况,中国强化重大创新载体建设,国家实验室、国家科研机构、高水平研究型大学、科技领军企业都是国家战略科技力量的重要组成部分、承担高水平科技自立自强的使命,这些都会形成与现有企业的科技竞争,改变现有市场竞争格局。Luo 认为激烈的市场竞争挑战了在位企业的产业位置,并促进了新创企业或中小型企业的产生,这在客观上促进企业创新的同时也使其加强对顾客需求的响应。[2]

(二) 创新网络

随着竞争加剧、技术创新速度加快和快变市场的形成,现代企业的创新活动已发展成为多方合作、交互缠绕的网络式创新阶段。1991 年,Freeman 提出"创新网络(Innovation Networks)"概念,他认为创新网络是应付系统性创新的一种基本制度安排,其主要连

---

[1] Chandy R, Tellis G, "The Incumbent's Curse? Incumbency Size and Radical Product Innovation." *Journal of Marketing*, 2000, 64 (1): 1–17.

[2] Luo Y, "Industrial Dynamics and Managerial Networking inan Emerging Market: The Case of China." *Strategic Management Journal*, 2003, 24 (13): 1315–1327.

结机制是企业间的创新合作关系。在 Freeman 创新网络概念基础的上，学界对不同类型创新网络的类型、形成与演化、发展路径等问题进行深入探究①②。一些学者从网络结构特征、创新网络作用机制等层面研究创新网络对突破性技术创新的影响效应。③

关于创新网络结构特征对创新的影响，包括网络结构、网络位置、嵌入性、结构洞、网络异质性等。Gemunden 等指出，不同的网络联结模式适合于不同的创新目标，企业因网络联结模式不同，在技术交织上的强度也不同，不同的网络构造适合于不同的创新目的。④ 在关系嵌入性方面，Bakker 等阐释强关系有利于技术创新的作用机制，⑤ Hansen 等阐释弱关系有利于技术创新的作用机制，⑥ Rowley 等阐释强关系有利于渐进性创新、弱关系有利于突破性创新的作用机制。⑦ 在网络密度方面，Stuart 认为高密度网络是有利于技术创新的作用机制，⑧ Liu C‑H 等基于 Burt 结构洞理论推演低密度网络有利于技术创新的作用机制，但他们都认为，若创新企业占据

---

① Dyer J H, Nobeoka K, "Creating and Managing a High‑Performance Knowledge‑Sharing Network: The Toyota Case." *Strategic Management Journal*, 2000, 21 (3): 345‑367.

② De Noni I, Orsi L, Belussi F, "The Role of Collaborative Networks in Supporting the Innovation Performances of Lagging‑Behind European Regions." *Research Policy*, 2018, 47 (1): 1‑13.

③ Lowik S, Kraaijenbrink J, Groen A J, "Antecedents and Effects of Individual Absorptive Capacity: A Micro‑Foundational Perspective on Open Innovation." *Journal of Knowledge Management*, 2017, 21 (6): 1319‑1341.

④ Gemunden H G, Ritter T, Heydebreck P, "Network Configuration and Innovation Success: An Empiric Analysis in German High‑Tech Industries." *International Journal of Research in Marketing*, 1996 (13): 449‑462.

⑤ Bakker R M, Knoben J, "Built to Last or Meant to End: Intertemporal Choice in Strategic Alliance Portfolios." *Organization Science*, 2015, 26 (1) 256‑276.

⑥ Hansen M T, "The Search‑Transfer Problem: The Role of Weak Ties in Sharking Knowledge Across Organization Subunits." *Administrative Science Quarterly*, 1999, 44 (1): 82‑111.

⑦ Rowley T, Behrens D, Krackhardt D, "Redundant Governance Structures: An Analysis of Structural and Relational Embeddedness in the Steel and Semiconductor Industries." *Strategic Management Journal*, 2000, 21 (3): 369‑386.

⑧ Stuart T, "Network Positions and Propensities to Collaborate: An Investigation of Strategic Alliance Formation ina High‑Technology Industry." *Administrative Science Quarterly*, 1998, 43 (3): 668‑698.

低密度网络中结构洞的中心位置，更有利于其技术创新。[1]

基于网络视角，研究创新网络关系中知识创造、流动、扩散及多主体协调合作对技术创新路径、突破性创新的影响效应。[2] 鉴于创新是一个知识、经验和技能的累积、整合过程[3]，Henderson 和 Clark 认为，颠覆原有核心知识并改变知识元素之间的联系是形成突破性技术创新的必要条件，[4] 沿袭该观点，Jung 等[5]和 Guan 等[6]认为研发人员互相学习、沟通交流，整合散布于组织内、外部的不同领域的前沿知识，革新现有技术的核心知识元素，探索知识元素之间的可能联系，进行创造性地重组。吸收能力在决定竞争优势上具有关键影响，Fosfuri 等将创新过程分为外部知识吸收和内部知识转化两个阶段，外部知识通过内部化的一系列过程才能实现创新产出，其中吸收能力起到重要作用。[7]

（三）新技术趋势之绿色技术

在全球低碳经济快速发展的趋势下，绿色生产与消费浪潮席卷经济各领域，绿色技术创新便成为工业企业提高能源利用率、降低碳排放来保持生态经济效益的关键举措。[8] 基于突破性技术创新概

---

[1] Liu C - H, "The Effects of Innovation Alliance on Network Structure and Density of Cluster." *Expert Systems with Applications*, 2010.

[2] Baum J C, Cowan R, Jonard N, "Network - Independent Partner Selection and the Evolution of Innovation Networks." *Management Science*, 2010, 56 (11): 2094 - 2110.

[3] Arts S, Fleming L, "Paradise of Novelty - Or Loss of Human Capital? Exploring New Fields and Inventive Output." *Organization Science*, 2018, 29 (6): 986 - 1236.

[4] Henderson R M, Clark K B, "Architectural Innovation: The Reconfiguration of Existing Product Technologies andthe Failure of Established Firms." *Administrative Science Quarterly*, 1990, 35 (1): 9 - 30.

[5] Jung H J, Lee J, "The Quest for Originality: A New Typology of Knowledge Search and Breakthrough Inventions." *Academy of Management Journal*, 2016, 59 (5): 1725 - 1753.

[6] Guan J, Liu N, "Exploitative and Exploratory Innovations in Knowledge Network and Collaboration Network: A Patent Analysis in the Technological Field of Nano - Energy." *Research Policy*, 2016, 45 (1): 97 - 112.

[7] Fosfuri A, Tribo J A, "Exploring the Antecedents of Potential Absorptive Capacity and Its Impact on Innovation Performance." *Omega*, 2008, 36 (2): 173 - 187.

[8] Sun L Y, Miao C L, Yang L, "Ecological - Economic Efficiency Evaluation of Green Technology Innovation in Strategic Emerging Industries Based on Entropy Weighted TOPSIS Method." *Ecological Indicators*, 2017, 73 (3): 554 - 558.

念界定，Christensen 将颠覆性绿色技术创新定义为运用新的绿色技术创造出满足顾客绿色消费需求的新市场创新，以及在低端市场以类似的技术、较低的创新成本提供高性能绿色产品与服务的创新;[①] Schmidt 等认为颠覆性绿色技术创新是具有一系列全新的绿色技术性能特征和创新成本优势的技术创新模式。[②]

与突破性技术创新的概念内涵相比，突破性绿色技术创新有相似之处：(1) 强调技术、工艺突破性变化，Hoffert 等认为新的能源技术与传统的能源生产技术相比产生革命性变化，特别是可再生能源技术、碳排放减少技术及碳捕获与存储技术;[③] (2) 强调产品突破性创新，Cohen 和 Winn 认为，企业为了盈利并兼顾生态环境保护而对"未来产品和服务"变为"现实产品和服务"的机会进行识别和利用，从而对产品(服务)进行绿色创新和开拓新市场的创业行为;[④] (3) 对组织、产业的影响，Marchi 认为企业在进行颠覆性绿色技术创新时，基于创新风险和利益分配，更倾向于与供应商及科研机构等非竞争性组织进行合作;[⑤] Gallagher 和 Liu 指出，中国发展碳捕存技术能够促进社会由高碳向低碳经济的转变。[⑥] 同时，突破性绿色技术创新的内涵外延呈现一些新特点：第一，颠覆性绿色技术创新的出现遵循自下而上的技术演变轨迹;[⑦] 第二，颠覆性绿色技术创新的轨道变异是通过改变绿色技术性能衡量标准的方式替代

---

① Christensen C M, "The Ongoing Process of Buildinga Theory of Disruption." *Journal of Product Innovation Management*, 2006, 23 (1): 39 – 55.

② Schmidt G M, Druehl C T, "When Is a Disruptive Innovation Disruptive?" *Journal of Product Innovation Management*, 2008, 25 (4): 347 – 369.

③ Hoffert M I, et al., "Advanced Technology Paths to Global Climate Stability: Energy for a Greenhouse Planet." *Science*, 2002, 298 (5595): 981 – 987.

④ Cohen B, Winn M I, "Market Imperfections, Opportunity and Sustainable Entrepreneurship." *Journal of Business Venturing*, 2007, 22 (1): 29 – 49.

⑤ Marchi V D, "Environmental Innovation and R&D Cooperation: Empirical Evidence From Spanish Manufacturing Firms." *Research Policy*, 2012, 41 (3): 614 – 623.

⑥ Liu H W, Gallagher K S, "Catalyzing Strategic Transformation toa Low – Carbon Economy: A CCS Roadmap for China." *Energy Policy*, 2010, 38 (1): 59 – 74.

⑦ Schmidt G M, Druehl C T, "When Is a Disruptive Innovation Disruptive?" *Journal of Product Innovation Management*, 2008, 25 (4): 347 – 369.

现有技术;① 第三,颠覆性绿色技术创新多源于市场拉动机制,即研发者根据顾客绿色需求的角度设定性能目标,实施绿色技术创新战略。②

  基于偏向型技术进步理论,技术创新其本质是经济系统针对不同的要素价格和要素供给比例,对不同类型技术的一种均衡选择,其引申含义是创新存在"方向"。由于外部性和路径依赖问题,有助于环境的技术创新活动往往缺乏市场激励,而环境政策可对此类技术创新活动提供驱动力。因此,环境规制通过调整创新成本与收益的影响,对突破性绿色技术创新产生影响。(1)环境规制通过"创新补偿"效应促进突破性绿色技术创新。Acemoglu 等构建环境经济学领域两部门模型,发现资助等环境政策通过诱发清洁部门(Clean Sector)的技术进步,改变技术进步的方向,从而避免"环境灾难"。③(2)环境规制通过"增加成本"效应抑制非绿色技术创新。环境规制加重了污染企业的减排成本,使原本计划的污染创新投入被创新投入所挤占。Aghion 等发现,碳税等环境政策的技术创新效应对完全清洁型技术的作用要强于灰色技术即能效改进技术。④

(四)数字技术驱动突破性创新范式转型

  当前以人工智能(artificial intelligence)、区块链(block chain)、云计算(cloud computing)、大数据(bigdata)(简称"ABCD")为代表的新一代数字技术加快渗透,为人类的科研、生产、生活和社会治理等主要运行方式均带来了深刻的影响和变化,经济和社会发展步入深度数字化时代。数字技术在研发、生产、运营和消费等产

---

① Christensen C M,"The Ongoing Process of Building a Theory of Disruption." *Journal of Product Innovation Management*, 2006, 23 (1): 39 – 55.

② Govindarajan V, Kopalle P K,"The Usefulness of Measuring Disruptiveness of Innovations Ex – Post in Making Ex Ante Predictions." *Journal of Product Innovation Management*, 2006, 23 (1): 12 – 18.

③ Acemoglu D, Aghion P, Bursztyn L, Hemous D,"The Environment and Directed Technical Change." *The American Economic Review*, 2012, 102 (1): 131 – 166.

④ Aghion P, Dechezleprêtre A, Hemous D, Martin R, Reenen J V,"Carbon Taxes, Path Dependency and Directed Technical Change: Evidence from the Auto Industry." *Journal of Political Economy*, 2016, 124 (1): 1 – 51.

业环节加速扩散渗透，特别在提升社会劳动生产率、降低劳动成本、优化产品和服务等方面带来革命性转变，持续释放其对经济发展的放大、叠加、倍增作用。

部分学者研究了数字经济对突破性创新的作用及其作用机制。首先，数字技术重构促进创意迸发的生态。突破性技术创新首先需要有创造性的见解，数字经济凭借其在跨时空信息传播、数据处理和信息获取近乎零成本等先天优势[1]，使得企业在利用数字技术的同时释放更多资源与能力到高知识活动中，重新架构知识连接方式，在整合、重组和深度挖掘海量信息过程中有可能激发创意的产生。其次，数字技术提升核心技术创新的倾向性。当企业面临组织能力和技术研发上的困境时，数字平台能够聚集产学研力量构建技术共享数据库，这样开源的生态系统使企业得以突破自身技术及能力上的局限性。再次，数字技术加快了产品突破性创新。通过大数据、人工智能等技术挖掘市场信息、研究消费者偏好，可以提供满足消费者个性化需求的产品，进一步开发市场潜能。最后，数字技术推动组织和产业边界的变革。数字化环境下企业运营管理、企业目标导向、价值整合和价值传递等发生变革，[2] 同时数字技术使得企业不再局限于产品的生产、销售和简单的售后服务，不断向个性化定制、综合解决方案、智能信息服务等高附加值的业务范围拓展，产品边界、组织边界和产业边界变得更加模糊且具有动态性，创新过程也变得更具动态性。

面对以数字化转型为主要特征的新一轮科技革命和产业变革，从科技政策和科技创新治理入手进行适应性调整，对于提升和保持创新活力和科技竞争力至关重要。一些学者研究了数字经济的宏观经济后果，Curran 检验了数字经济对社会风险的影响；针对数字化转型对经济结构带来的挑战，[3] Jesemann 认为，传统工业地区应充

---

[1] 赵涛、张智、梁上坤：《数字经济、创业活跃度与高质量发展——来自中国城市的经验证据》，《管理世》2020 年第 36（10）期。

[2] 陈剑、黄朔、刘运辉：《从赋能到使能——数字化环境下的企业运营管理》，《管理世界》2020 年第 36（2）期。

[3] Curran D, "Risk, Innovation, and Democracy in the Digital Economy." *European Journal of Social Theory*, 2018, 21（2）: 207–226.

分意识到数字时代的创新潮流并提前做出准备,而最有效的途径就是尽早对颠覆性创新进行投资,支持区域内的创业企业培育新经济。① Tou 等提出将软创新资源纳入国家生产体系,形成数字经济条件下的新型开放创新(Neo Open Innovation)机制,从而在一定程度上减轻研发投入方面的负担。②

三 重大科技基础设施成为突破性创新技术发展主要载体

研究带来的创新利益是永不枯竭的,但私人公司能够收割的利益是有限的③,知识的非竞争性是规模报酬递增的源泉,但也可能会导致市场失灵,使市场不会产生最优的资源配置,因此需要政府采取必要的政策来促进知识积累和创新的增长。在不同制度背景下破坏性创新的产生与成功,政府政策在其中扮演了重要的推动或阻碍的角色,决定着破坏性创新的发展规模与发展方向。政府与市场的关系是学术界讨论的重要议题,合理划分创新资源配置中政府与市场的职能边界,是政府推动关键核心技术创新的前提和基础。明确政府干预的有效性,需要明确一个关键前提——突破性创新与一般技术创新之间有何不同?突破性创新最重要的特征是事关国家安全和战略利益,一般科学技术往往是指对于某一领域发展具有一定的促进作用、能够在某种程度上提高该领域产业附加值、提升该领域发展质量和效率的创新类型,而突破性技术则会制约该领域整体科技创新水平或产业发展水平④。因此政府必须建立以破题关键核心技术为目标的新型举国体制,以弥补市场经济中短期逐利行为导致的失灵问题。

当前,世界主要国家和地区开始以建设重大科技基础设施为抓

---

① Jesemann I, "Support of Startup Innovation Towards Development of New Industries." *Procedia CIRP*, 2020, 88: 3 – 8.
② Tou Y, et al., "Harnessing Soft Innovation Resources Leads to Neo Open Innovation." *Technology in Society*, 2019, 58.
③ StevenKlepper, ed., *Experimental Capitalism: The Nanoeconomics of American High - Tech Industries*. Princeton University Press, 2015, 230 – 231.
④ 杨思莹:《政府推动关键核心技术创新:理论基础与实践方案》,《经济学家》2020 年第 9 期。

手，建立科技支撑平台和构建大型综合研究基地，力图从根本上提升各自的国家创新能力和国际竞争力。重大科技基础设施（又称"大科学装置"）是指国家为在科学技术前沿取得重大突破，解决经济、社会发展和国家安全中的战略性、基础性和前瞻性科技问题而投资建设，在长期运行中，为相关科技界和社会相关方面共享利用的大型科学技术研究设施。近年来，重大科技基础设施已经成为解决诸多领域交叉前沿问题的关键工具，其在基础前沿科学发展和突破中发挥的核心作用，为诸多领域的科技创新和解决国家发展战略的关键科技问题提供了大型研究平台，已经成为国家基础设施的重要组成部分和发达国家科技创新体系的关键单元，围绕着这些大科学装置，往往聚集了诸多学科的研究机构和高技术产业，形成了大型的高科技园区。要建设世界科技强国，我们必须认真部署重大科技基础设施建设和发展、加大投入，优化布局和建设管理体制，支撑我国科技创新的持续发展。

重大科技基础设施是指通过较大规模投入和工程建设完成的，以实现重要科学发现、技术变革和公益服务为目标的，建成后需长期稳定运行、持续开展科学技术活动并为高水平研究活动和产业发展提供服务的，面向社会开放共享的大型复杂科学研究装置或系统。重大科技基础设施相关的关键问题可分为建设模式、运行管理、开放共享、效益评估四个方面。重大科技基础设施建设模式是通过建立投资管理模式、建设管理机制、竣工验收流程和要求等，来确保重大科技基础设施工程项目建设的顺利实施。工程项目建设通常包含项目投融资、项目策划、项目评估、项目决策、项目设计、项目施工及竣工验收等环节。由于重大科技基础设施建设技术难度大、建设周期长、资金需求大、协调难度高，不同于一般的工程项目建设，且科学发现及产业服务的效果存在不确定的实现可能及指向性，重大科技基础设施建设过程中的关键问题和主要环节是需要关注的重点问题。重大科技基础设施运行管理包括设施的管理模式、组织架构、人员管理、经费管理等方面，是实现设施目标的有力措施和手段，也是发挥设施科学效益和社会效益的基础。重大科技基础设施投资金额巨大，对于国家和社会有重要的意义，因此希望能够充分发挥设施的效益，促进科学成果的产出，而规范化、灵活化的运行管理制度将有利于设施的长远和健康发展。重大科技基础设施开放共享是指运用现代科学技术手段，通过政策调控和法规体系以及有效的管理体制和运行机制，实现科研设施与仪器的共建、开放及共用，以最大限度地利用有限的科研设施与仪器资源，提高利用效率。重大科技基础设施的建设与维护将消耗政府的巨量资源，也希望达到科学研究和产业研发方面的有效产出，而开放共享正是有效盘活政府投入和促进科研创新的有效手段和必经之路。

在先行示范区意见中，"率先建设体现高质量发展要求的现代化经济体系"位列"五个率先"，不仅有利于促进深圳经济实力和发展质量的跃升，更将推动深圳高质量发展成为全国先行典范。深圳建设综合性国家科学中心，成为高质量发展的典范，是深圳发展史上的重大标志。2017年中国（除港澳台地区）向国际知识产权组织（WIPO）申请的PCT国际专利数排名世界第二，按照WIPO的预计3年之内可能超过美国，成为世界第一。2004—2017年，深圳国际专利申请数量是从331件增长到超过两万件，超过了德国、韩国，略低于法英瑞荷的总和。如果循着巴斯德象限看深圳，与东京—横滨在科学发现上存在巨大差距，东京—横滨是世界当之无愧的科学与产业创新中心，科学论文居世界前列，全球国际专利申请数最多。北京是世界单一城市科学发现最大的城市，深圳100个专利中12个是与北京合作的，北京每100个专利中12个是硅谷来的，深圳每100个专利中8个是硅谷来的。在北加州湾区硅谷与珠三角深圳之间，通过电子通信网络技术，构成一个全球创新三角，深圳的最大伙伴是北京，但北京最大的伙伴是硅谷。世界大多数名城均以科学为导向，全球排前的城市基本都和硅谷有着密切的伙伴关系，大量技术的前端来自硅谷。深圳如今面临的挑战是缺乏科学发现，提供基础研究的平台，加速布局大科学装置，加快完善全过程创新生态链，构建高端高质高新的现代产业体系，是深圳亟须向前迈出的一步。

第三节 以重大科技基础设施汇聚顶尖科技资源经验

一 国外重大科技基础设施建设管理经验

（一）美国经验

美国是全球最早开始系统性建设重大科技基础设施体系的国家，也是目前全球重大科技基础设施布局最为全面、数量最多的国家，全球重大科技基础设施开始于美国曼哈顿工程，随着"二战"的结束，其依托大设施组建了国家实验室。美国能源部管辖的国家实验室因雄厚的科研实力和研究基础，往往成为重大科技基础设施的发起者。20世纪七八十年代，世界经济在第三次产业革命带动下蓬勃发展，科技界和产业界发现产业创新交叉前沿领域的研发也需要重大科技基础设施的支持，美国基于自己雄厚的经济和科技实力，布局和建设了一大批服务于新技术、新服务、新产品的开发、实验和测试等用途的科技基础设施，成为全球唯一成体系建设重大科技基础设施的国家，对美国长期保持科技创新优势、培育和引导产业创新、高端人才培养等方面做出了卓越贡献。

美国联邦政府拥有700多个国家实验室，这些国家实验室是建设运行管理重大科技基础设施的重要载体，其中美国能源部下属10个国家实验室拥有共计42个重大科技基础设施，约占美国全部重大科技基础设施的23%。美国绝大多数的重大科技基础设施的建设资金均由美国联邦政府出资，所有权归属联邦政府。美国能源部通过签订合约的形式将重大科技基础设施的建设承包权给国家实验室，这些国家实验室也被称为"承包方"，由于建设和运行成本巨大、难度极高，往往也联合其他国家实验室、高校、科研院所共同建设。设施建成后由国家实验室统一负责运行和管理。美国在重大科技基础设施的建设与购置方面，以美国能源部（DOE）与美国国家科学基金会（NSF）为相当重要的管理与资助部门。在美国总统2017年的财政预算案中，共有28亿美元用作科研基础设施建设，其中给予美国能源部与 NSF 的预算最多，分别为 11.38 亿美元（占比 40.6%）和 4.59 亿美元（16.4% 合计超过总预算 57%）。

1. 美国能源部对大设施管理

DOE 大科学装置的最高管理权威称为部长级获取（此处获取的含义是指将整个项目进行计划、组织、实施，而最终获得工程完整交付物的过程）执行官（Secretarial Acquisition Executive），一般由 DOE 第一副部长担任，能源部下设八个办公室，其中科学办公室（Office of Science）是能源部支持大科学装置建设最多的部门，主管 10 个国家实验室。科学办公室主要采用科研资助计划和奖项激励等形式推动依托重大科技基础设施开展的科学研究，科学办公室围绕先进的科学计算（Advanced Scientific Computing Research）、基础能源科学（Basic Energy Sciences）、生物与环境研究（Biological and Environmental Research）、聚变能源科学（Fusion Energy Sciences）、高能物理（High Energy Physics）、核物理（Nuclear Physics）六大科学领域设置了系列科研资助计划，以推动相关学科的发展和设施的使用。科学办公室下设六个项目处，按照领域分为基础能源科学（BES）处、先进科学计算研究（ASCR）处、生物与环境研究（BER）处、聚变能源科学（FES）处、高能物理（HEP）处、核物理处（NP）。这六个处通过研究项目支持本领域内的大科学装置建设，为工程提供资金和项目指导。项目处设立大科学装置项目主管（Program Manager），主要监控装置建设的技术、进度和费用。科学办公室在大科学装置建设场地设立驻地办公室（Site Office），驻地办公室对科学办公室负责。驻地办公室设联邦工程主管（Federal Project Director），负责大科学装置日常管理，监督和评审具体工程建设活动。承担装置建设的实验室设工程经理（Project Manager），负责装置的设计、加工、采购、安装和调试等具体工作。以科学办公室管理的大科学装置为例，科学办公室主任担任大科学装置获取执行官（Acquisition Executive）全面负责监督工程的计划与实施，批准关键的里程碑及重大变更，制定相关政策和要求。科学办公室每年根据预算金额和申请者数量确定每年的奖励数量和奖励额度，根据 2020 年预算草案，该年度预计可用奖励资金总额约 2.5 亿美元，用于资助约200350个奖项，其中每个奖项资助额度在0.5万—500万美元之间。

美国联邦政府是科研仪器设施的主要资助者，通过研究项目或专门的设施建设项目全额或部分出资购置和开发设施，资助经费主要通过如能源部（DOE）、国家航空航天局（NASA）、农业部（USDA）、国家科学基金会（NSF）和国立卫生研究院（NIH）等部门执行，具体委托政府科研机构、高校或非营利机构管理运行。联邦政府每年花费数十亿美元建造、升级和维护科研仪器设施，并形成了产权明晰、管理专业、监督严格的有效管理体系，保证了设施的合理使用和管理。同时，为了提高设施利用率，联邦政府大力支持和鼓励科研设施对外开放共享。联邦科研设施管理共享的主要法律依据为《联邦政府采购法》（FAR）和联邦预算管理办公室（OMB）发布的《对高等教育机构、医院及非营利机构给予资助的统一管理要求》（OMB A-110）。二者均根据科研设施不重复购置和共享开发的原则规定：联邦政府经费购置的科研仪器设施的项目承担方在不妨碍项目进行的条件下有义务向联邦政府部门所从事的其他研究项目开放。根据 FAR 和 OMB A-110 的规定，美国联邦出资购置的大部分科研设施均对外开放共享，且由科研设施设专业团队运行管理，进一步保障了设施的高效管理使用。此外，联邦政府还出台了一系列加强国家实验室、大学与民营部门合作及成果转化的政策措施，如《联邦技术成果转化法案》，通过鼓励公私部门间的合作研发，带动联邦科研设施的共享利用。

2. 美国国家实验室开放共享基金

美国国家实验室在推动设施开放共享过程中通常采用四种机制：合作研发协议（CRADA）、对外服务（WFO）、技术商业化协议（ACT）及用户协议（UFA）。合作研发协议（CRADA）是最早的联邦政府所属实验室与非联邦机构之间的合作形式，其模式是实验室和合作方同时提供相应的人员和经费支持，以重大科技基础设施为平台进行研发活动，同时成果产出按照协议进行分享。由于政府对合作门槛限制以及合作体量的要求等原因，实际愿意进行（CRADA）合作的伙伴多以大型机构和大型企业为主。对外服务（WFO）

是指外部机构通过WFO有偿聘请实验室，让实验室利用自身独有的人员设备、用户设施平台和其他软件资源，代替其开展研究工作。这种形式的合作不受实验室及其隶属机构的直接资助，原则上是由外部机构提供所有的科研经费，但是必须获得实验室隶属机构的批准和监管。在这种合作形式下，设施的使用并没有外部人员的参与，仅有可能的（和实验室主要资助方不同的）资金流入和科研成果流出，因此可以被认为是一种"非接触式"的、单向的（从成果、经费等要素的投入上看）共享机制。此外，WFO与CRADA要求对外提供的服务和工作内容同用户设施本身的任务保持一致，在最大限度发挥实验室科研基础设施的"余热"的条件下，充分实现现有资源的开放共享。技术商业化协议（ACT）是美国能源部近年来实行的一种新型的、更加灵活的、专注于技术转移的合作共享方式，目的在于降低企业合作门槛。ACT有两个特点：一是其实行的标准更接近于工业界的要求，包括用户设施使用过程中的专利产出、知识产权保护和设备保障等方面的要求都尽力与企业先行实施标准一致；二是合作形式更为开放，其允许多个参与方加入到同一个研究项目（相比之下WFO和CRADA通常只包含实验室和外部机构两方），从而促使知识和技术更为有效率地在实验室和高校、企业和政府等各个主体间扩散和流动。用户协议（UFA）美国国家实验室重大科技基础设施使用最直接、最频繁的一种开放共享形式，其主要是通过竞争等形式将国家实验室的资源开放给外界的科研团队，使实验室能够更灵活地吸纳外界优质人才和知识。UFA可分为私有用户协议和公有用户协议两种，其中私有用户协议是指申请者负责全部的科研经费支出，目的在于利用实验室的独有的条件和资源来得到未来可能用于商业活动或其他私人专有的知识产权、材料等产出；公有用户协议则是实验室开展以拓展人类知识边界为目的的前沿科研创新的主要模式，其合作对象不仅仅局限于实验室内部的科研人员，也主要包含了其他高校、科研院所的主要课题负责人和科研领军人物（PI），而在经费保障上实验室和设施使用者双方会各自确保协议所关联的课题经费能够覆盖用户设施的使用开销，公有用户协议下产生的成果原则上需要对社会公开，对于协议下产生的专利、发明创造等，协议合同方（通常为实验室）、用户及联邦政府皆有权利获得其所有权（具体分配受协议内容约束）。

（二）欧盟经验

20世纪末以来，欧盟认识到"欧洲许多重要的大科学装置已接近其生命尾声，面临着在若干领域失去其国际领导地位的风险"，更加积极考虑在欧共体的统一框架内推动大科学装置的发展，以提高欧洲的全球竞争力。2002年，欧盟委员会成立了科研基础设施欧洲战略论坛（ESFRI），由欧委会、成员国及区域政府、科技界、工业界和利益相关方代表组成。ESFRI是一个高级别的非正式协调委员会，是欧盟层面大科学装置建设的主要决策机构，负责研究确定欧洲科研界长期需求且关系全欧利益的大科学装置，协调欧盟成员国大科学装置发展方针，通过大规模的协商确定未来拟支持的研究大科学装置计划，监督落实《欧洲研究基础设施路线图》的制定，推动具有全欧洲大科学装置的建设。2006年，ESRFI制定了第一份《欧洲科研基础设施路线图》，包含各个科学领域重要的大科学装置建设计划。该路线图于2008年、2010年、2016年及2018年进行了4次更新，目前该路线图中包括18个未来十年重点支持建设的大科学装置，以及37个未来十年重点支持运行、升级的大科学装置，包括全球顶尖的欧洲分子生物实验室、欧洲同步辐射装置、欧洲自由电子激光装置等大科学装置。

1. 欧盟重大科技基础设施管理主体

欧洲的重大科技基础设施在文件中被称为"研究基础设施"，其主要依托大学和公共科研机构建设，通过新建、升级、改造并在欧洲范围内进行整合共享。欧洲的重大科技基础设施主要依据欧盟和主要成员国发布的《研究基础设施路线图》由欧盟和各成员国的政府及其委托机构进行投资和管理。欧洲研究基础设施战略论坛（ESFRI）为欧盟层面大型研究基础设施建设与运营治理的政策制定及运营管理的战略结构机制，本身没有法律地位，代表欧委会和成员国行使权力。欧委会和成员国赋予其的使命是，整合欧盟及成员国资源，建设具有世界竞争力、开放的、高质量欧盟大型科研基础设施及其运行的跨国自由准入，为欧盟乃至世界科学家的科研活动提供优质无差别的技术支撑，努力吸引全球一流科技人员参与。ESFRI 的具体任务目标是是制定欧盟研究基础设施的战略导向发展政策，协助和协同欧盟成员国、联系国、国际第三国多方参与的研究基础设施建设与运营，建设世界一流的研究基础设施，并保证其最佳的有效使用。

ESFRI 及其由各成员国选举产生的 ESFRI 代表理事会为欧盟层面大型科研基础设施建设的最高决策机构（执行机构）。代表欧委会的欧洲研究区（ERA）理事会和主要由科技界和工业界著名专家组成的 ESFRI 科研理事会，为路线图及进度表的制定机构和研究基础设施项目实施的督促机构（监管机构）。两机构的成员由欧委会最终审查确定任命，对欧盟层面的研究基础设施建设，特别是 ESFRI 路线图所列 48 项研究基础设施项目的建设，向欧委会及欧盟成员国负责。ESFRI 下设秘书处，主要由欧委会研发创新总司（DG）负责提供工作人员与后勤保障，负责 ESFRI 的日常管理与行政业务。ESFRI 下设的研究基础设施执行小组（IG）和专家评估小组（EGA），分别为欧盟层面研究基础设施建设与运营的主要执行机构和监督机构。

表 6－2　　　　　　欧洲各大科学装置建设管理情况

	投资与管理方	地位和作用	职能
投资建设方	成员国	最主要的建设方，在全球竞争的背景下保持和发展技术、产品和服务创新的能力	通过国家路线图确定各国未来的科研基础设施需求；通过 ESFRI 的国家席位整合、协调本国在全欧洲范围内的需求
	欧洲	协调、平衡大国和小国的投资和利益	调动全欧盟资源，促进欧洲科研能力建设

续表

	投资与管理方	地位和作用	职能
管理协调方	欧洲科研基础设施战略论坛（ESFRI）	成立于2002年4月，以支持有关欧洲科研基础设施建设形成统一的决策 由欧盟成员国和会员国科研部长委任的代表组成	ESFRI提出了欧洲科研基础设施领域的发展战略路线图，2006年、2008年和2010年连续推出了三版路线图；组织多次跨领域的研讨会
	e-IRG（电子商务基础设施响应集团）	e-IRG由各成员国的科研部长委任的代表组成，意在支持建立欧洲电子资源共享的政策和管理框架	制定和推动欧洲分布式电子资源，（网格计算、数据存储和网络资源）低成本共享的政策和实践经验；发布白皮书、路线图和建议报告
	欧洲政府间研究组织论坛（EIRO Forum）	EIRO Forum是8个政府间大型科研机构之间的合作伙伴，整合各成员组织的资源、设施和专业知识	负责管理国际大型基础设施和研究计划，通过大型活动推广，将科学的重要性和魅力传达给公众
	欧洲科学协会（Science Europe）	2011年由研究资助机构（RFO）和欧洲研究绩效组织（RPO）合作设立，旨在加强欧洲各国研究机构之间的合作	与其他欧洲国家的研究机构一起工作，以制定一个连贯性和包容性的欧洲研究区
	欧洲国家研究设施协会（ERF）	旨在协调建设并开放欧洲前沿研究设施，参与国际竞争	协会的设施包括可为科学界提供有关中子、激光、同步加速器光源、离子和粒子等大型设施的欧洲实验室

2. 欧盟重大科技基础设施建设投资模式

迄今为止，欧盟成员国仍然是欧盟科研基础设施（RIs）建设与运行的主要投资来源，通常项目所在地的国家会承担50%—75%的建设费用，其余的建设费用由签约国根据约定的比例承担。但随着经济科技全球化的快速发展以及新兴前沿学科的兴起，欧盟成员国之间联合投资大型科研基础设施（RIs）的趋势日趋明显。总体来说，欧洲研究基础设施建设资金来源主要有以下四个渠道。

欧盟框架计划。欧盟从第二框架计划（1987—1991 年）就开始支持科研基础设施共享，预算约为 3000 万欧元。第七框架计划列出了总额为 18.5 亿欧元的专项经费，重点支持新建、升级、运行科研基础设以及相关政策研究和项目执行，还新增了技术平台和技术合作行动，以支持符合欧洲产业需求的研究主题。国家联络点网络对参与各方提供协助、指导及实用信息。

欧盟结构性基金。欧盟的科研和高科技活动高度集中在几个核心地区：五成研究经费集中在 254 个区域之中的 30 个区域；欧洲基础设施战略论坛（ESFRI）路线图计划中的大部分仅由欧盟的 10 个成员国负责实施。为解决区域差距问题，欧盟通过结构性基金帮助落后地区建立科研基础设施。2010 年欧盟创新、研究与区域政策执委会联合联合发布了结构性基金资助的科研基础设施目录，包含 ESFRI 第一期路线图中的 34 个项目。

欧盟投资银行（EIB）。欧盟委员会和欧洲投资银行联手建立风险分担金融工具（RSFF），其是创新性的金融工具，促进私人公司或公共机构在研究、技术开发示范和创新投资等方面获得债务融资。融资对象包括：科研基础设施的业主或经营者、参与技术开发或设施建设的供应商及致力于科研基础设施商业化服务的实体。2007—2013 年，RSFF 通过能力专项计划对科研基础设施投入了 2000 万欧元，欧洲投资银行为此提供了 20 亿欧元的建设贷款。

欧洲科研基础设施联盟（ERIC）。欧洲科研基础设施联盟的法律框架已于 2009 年 8 月 28 日生效，2012 年 12 月 3 日欧盟委员会通过了联盟的理事会条例（EC 723 - 2009），以促进会员国参与联盟并按照贡献享有与成员国同等的投票权。从 2011 年 7 月到 2012 年 10 月，欧盟陆续启动了一些建设项目，如欧洲临床科研基础设施网络、全球海洋观测基础设施、欧洲先进医学研究设施、中欧材料科学分析和合成设施联盟、生物库和生物资源科研基础设施等。

此外，欧盟主要成员国也会按照《路线图》设计的时限，通过预算持续支持建设。例如英国研究理事会从 2010 年开始按照《大型设施路线图》的重点布局方向和规划在哈维尔科学与创新园，建设和开始运行了钻石光源（DIAMOND）、脉冲散裂中子源（ISIS）、中心激光设施（CLF）、计算数据存储和 RAL 空间设施等大科学装置，它们的投资均超过 10 亿英镑。

3. 欧盟重大科技基础设施知识产权政策

欧盟重大科技基础设施的知识产权政策，既鼓励尽可能自由地获取研究数据，鼓励研究人员公开其研究结果，同时考虑到传播研究结果以反映社会和经济价值，因此又主张"以知识产权形式分享知识和价值"。此外，还规定设施方应为建立和运行所产生的所有知识产权的所有者，除非另有合同约定。

为保证重大科技基础设施正常运行，满足用户科研需求，欧洲各重大科技基础设施的运营中心成立了相应管理机构，并制订了相应的管理制度和知识产权协议。欧洲各重大科技基础设施为确保设施使用者与所有者的知识产权归属，在合作开展前都要求订立协议，明晰各方责任和义务，以避免出现知识产权纠纷。在操作层面，合作协议是普遍采用的手段，这些协议内容是基于事先制订的知识产权规范制度的文件，根据具体合作内容，对一些细节进行细化，欧盟对于重大科技基础设施的知识产权管理则兼顾了制度性与操作弹性。

以欧洲 X 射线自由电子激光器（XFEL）为例 XFEL 管理制度主要包括：《欧洲自由电子激光装置建设和运营协议》《欧洲自由电子激光装置射线时间分配政策》等，XFEL 规定用户必须来自特定科学领域的组织，一般研究人员使用装置前，必须加入特定研究组织中。此外，XFEL 管理公司还规定，如果该装置的使用和实验中，有该公司委派的职员参与，则公司对该实验所形成的知识产权具有优先权，公司是所有由其员工创造出来的知识产权的拥有者。

二 中国重大科技基础设施发展情况

中国重大科技基础设施建设起步于20世纪60年代，60多年来，走过了从无到有、从小到大、从跟踪模仿到自主创新的艰难历程。目前，在国家有关部门的统一部署下，我国重大科技基础设施布局逐步完善、运行更加高效、产出更加丰硕，对促进中国科学技术事业发展起到了巨大的支撑作用，为解决国家发展中遇到的关键瓶颈问题做出了突出贡献，其技术溢出也显著促进了经济社会发展，并依托设施逐步形成了一批在国际上有重要影响的国家科技创新中心和人才高地。

（一）中国重大科技基础设施现状

截至2022年6月，中国重大科技基础设施运行和在建总量达57个，中国已建成设施的学科覆盖范围已从粒子物理与核物理、天文学等传统大科学领域，向地球系统与环境科学、生命科学等新兴领域拓展，其中光源设施、托卡马克装置、天文观测设施等已逐步向体系化发展。中国设施整体水平已进入国际前列，设施综合效益日益显现。以长三角和粤港澳大湾区两大城市群的重大科技基础设施为例。截至2018年年底，长三角地区建设的国家级大科学装置达17个，约占全国总量30%。长三角地区以上海为中心，南京、杭州、合肥等为节点城市，形成较强的科技基础设施圈，鼓励引导当地高校、科研院所共建共享大科学装置，集群化态势明显。上海已建成的5个大科学装置，建设运行均由上海科研院所和高校牵头。2016年上海光源承担的项目中，超过50%由上海高校、科研院所和企业开展，极大地提升了当地基础研究水平。上海印发科学城建设发展规划，计划两三年内，通过大科学装置的后期拓建，如上海光源三期建设完成后总投入达120亿元，建成世界上水平最先进、规模最大、集聚度最高的光子领域大科学设施群。在创新政策支持机制上，上海实施"双自联动"方案以支持张江科技创新和制度创新深度融合，并制订上海科创中心核心功能区2020行动方案。

表 6-3　　　　　　　长三角大科学装置科学资源配置情况

类别	大科学装置名称	所在地	牵头单位
已建成项目 （7个）	上海光源及光源线站工程	上海	中科院上海应物所
	神光Ⅰ强激光脉冲装置	上海	中科院上海光机所
	神光Ⅱ高功率激光物理实验装置	上海	中科院上海光机所
	超强超短激光实验装置	上海	上海光机所
	中国大陆科学钻探工程	江苏	中国大陆科学钻探工程中心
	国家超级计算无锡中心	无锡	国家超级计算无锡中心
	国家蛋白质科学研究装置	上海	中科院上海高等研究院
在建项目 （10个）	X射线自由电子激光试验装置	上海	中科院上海应物所
	硬X射线自由电子激光装置	上海	上海科技大学
	合肥同步辐射实验装置	合肥	中国科技大学
	稳态强磁场实验装置	合肥	中科院合肥物质研究院
	全超导托卡马克核聚变试验装置	合肥	中科院合肥物质研究院
	高效低碳燃气轮机试验装置	上海、连云港	中科院工程热物理研究所
	核聚变堆主机关键系统综合研究设施	合肥	中科院合肥物质研究院
	转化医学研究设施	上海	上海交通大学
	海底科学观测网	上海、舟山	同济大学
	超重力离心模拟与实验装置	杭州	浙江大学

粤港澳大湾区大科学装置建设起步于2000年后，较发达国家和长三角区域晚，目前正在迎头追赶。截至2018年底，大湾区已建、在建和正在谋划建设的大科学装置共22个，其中国家级装置为8个，主要分布在穗深莞惠地区。

表6-4 大湾区重大科技基础设施建设情况

类别	大科学装置名称	所在地	牵头单位
已建成项目 (5个)	中国散裂中子源*	东莞	中科院高能所
	深圳国家基因库*	深圳	华大基因
	国家超级计算广州中心*	广州	国家超级计算广州中心
	国家超级计算深圳中心*	深圳	国家超级计算深圳中心
	大亚湾中微子实验室*	惠州	中科院高能所
在建项目 (9个)	中微子实验站*	江门	中科院高能所
	加速器驱动嬗变研究装置*	惠州	中科院近物所
	强流重离子加速器装置*	惠州	中科院近物所
	新型地球物理综合科学考察船	广州	中科院南海所
	天然气水合物钻采船（大洋钻探船）	广州	广州海洋地质调查局
	合成生物研究设施	深圳	中科院深圳先进院
	脑解析与脑模拟设施	深圳	中科院深圳先进院
	空间环境与物质作用研究设施	深圳	哈尔滨工业大学（深圳）
	空间引力波探测地面模拟装置	深圳	中山大学深圳校区
谋划建设 项目 (8个)	动态宽域飞行器试验装置	广州	中科院力学所
	极端海洋环境综合科考系统	广州	中科院沈阳自动化所
	高密度能源燃料研究装置	惠州	中科院高能所
	精准医学影像大设施	深圳	北京大学深圳研究生院
	冷泉生态系统大科学装置	广州	中科院南海所
	南方先进光源	东莞	中科院高能所
	人类细胞谱系大科学研究设施	广州	中科院生命健康院
	横琴智能超算中心	珠海	中科院计算所

注：*为国家级重大科技基础设施或由中央部委立项建设的大科学装置。

中国重大科技基础设施按照投资渠道主要包括国家全额投资、

央地联合共建、中科院地方合作、地方全额投资以及政府企业合作共建等。中国重大科技基础设施建设初期以国家全额投资为主，集中全国力量建设高水平大科学装置，如中国第一台重大科技基础设施北京正负电子对撞机，由国家发展改革委投资2.4亿元，中国科学院高能物理研究所负责承建。随着地方政府财力的提升以及对科技创新的需求，地方政府积极参与重大科技基础设施的建设，逐渐形成以国家投资为主、地方配套的央地共建投资模式，如中国散裂中子源由国家发展改革委投资18.7亿元，广东省政府投资5亿元，加上设施配套的变电站、道路、人才安居等，广东省政府预计投资达14亿元。同时地方政府积极开展和科研院所合作，探索院地合作共建大科学装置，如江门中微子实验站，项目总投资20亿元，包括中科院先导项目18.5亿元，广东省和地方配套支持了1.5亿元和800多亩土地。近年来，为了加快综合性国家科学中心的建设，北京、上海等地方政府全额投资建设重大科技基础设施和交叉研究平台，如上海超强超短激光装置、活细胞成像平台等。同时，一些大型企业为了提升自主创新能力，积极参与建设重大科技基础设施，如中国广东核电集团参与投资建设大亚湾中微子实验站，支持项目研究经费3500万元，占该项目总投资的15%，开创了企业资助国家重大科技基础设施的先例；还有一些企业在上海光源和中国散裂中子源上投资建设谱仪线站。

目前，面对中国经济增长的下行压力，以政府财政兜底的PPP项目投资模式仍待完善。国际上政府付费型PPP投资占公共基础设施（重大科技基础设施只是其中比较小的一部分）投资建设的比例通常低于15%。2017年中国基础设施投资占全年固定资产投资的比例为22.2%。粗略推算，政府付费型PPP投资占全年固定资产投资的比例不应高于3.3%。对于成本巨大且效果不确定的重大科技基础设施而言，PPP项目投资模式的效果可能更不确定。不同投资方对重大科技基础设施的定位和要求有所不同，按照重大科技基础设施投资方层面，又可以分为国家参与投资、地方政府参与投资和企业参与投资。一是国家参与投资包括国家全额投资和央地联合共建。其优势是得到国家认证、等级高、影响力大。但其申请过程复杂、耗时较长，作为公共设施，主要以科学探索发现和国家战略任务为目标，体现国家意志，对区域和产业自主创新额支撑能力较弱，在运营的过程中，受国家相关制度严格约束，与地方联动性略弱。二是地方政府参与投资包括央地共建、地方全额投资和中科院地方合作。央地共建可以加快项目的进度，保障重大科技基础设施建设经费，配套市政基础设施。而地方政府全额投资、中科院地方合作等不受过多约束，可体现地方政府的战略导向，体制机制较为灵活，但影响力相对有限。三是企业参与投资。企业为了提升自身的研究实力和创新能力，参与投资建设与企业核心技术相关的重大科技基础设施，如中国广核集团（以下简称"中广核"）参与建设大亚湾中微子实验站，科学家利用大亚湾核电反应堆产生的中微子，发现了第三种中微子振荡模式，并精确测量都振荡概率，荣获2016年度国家自然科学奖一等奖。企业参与投资可以在建设初期了解企业需求，培养企业用户，激发企业自主创新活力，促进地方产业发展，同时也可减轻政府的投资压力。但由于重大科技基础设施建设周期长、投资金额巨大、短期见效慢，吸引企业共建难度较大，故目前我国企业参与投资建设的重大科技基础设施仍较少。

（二）中国重大科技基础设施建设管理主体

中国三大综合性国家科学中心北京怀柔、上海张江、安徽合肥正在逐步通过重大科技基础设施形成影响国家发展的战略科技力量。在我国，《国家重大科技基础设施管理办法》提出国家发展改革委是重大科技基础设施建设管理的牵头部门，负责设施的规划、建设、运行和退役。国家有关部门、省级人民政府、中央管理企业等是设施建设管理的主管单位，负责组织本部门、本地区或本企业所属单位设施项目的申报、协调等工作，制定设施管理的有关具体政策和细则，协调落实设施建设和运行所需条件。高校、科研院所或企业可作为设施建设管理的依托单位，负责设施项目申报、建设和运行管理的具体任务，落实相应的保障条件。

表6-5　　　综合性国家科学中心的科学资源配置情况①

要素	北京怀柔	上海张江	安徽合肥
科学治理	签署院市共建科学城合作协议； 成立科学城管委会和中心理事会； 完善财政科研项目和经费管理措施； 实施促进科技成果转移转化方案	成立张江科学城建设管理办公室； 院市联合成立张江实验室管委会； 颁布"双自联动"发展实施方案； 制订科创中心核心区2020行动方案	编制合肥国家科学中心建设方案； 设立中心办公室和咨询委员会； 颁布科学中心项目支持管理办法； 实施优化科研管理提升绩效细则
人才资金	实施怀柔区高层次人才聚集计划； 实施"雁栖计划"，吸引顶级人才； 颁布科学城促进产业聚集专项政策； 与国家基金委签订联合资助协议	落实张江和自贸区人才工作备忘录； 成立海外人才局，推出专项人才计划； 颁布科学城专项发展资金管理办法； 与科技部签署投资基金合作协议	颁布科学中心建设人才工作意见； 实施江淮优才卡，引进高层次人才； 制定省级重大专项资金管理办法； 与国家基金委签署联合基金协议
设施平台	完成综合极端条件实验装置主体结构 建设中科院大学怀柔校区及科教设施； 先后启动建设两批交叉学科研究平台 建设中科院科教园区及海创产业院	建成上海光源一期、国家蛋白质设施 建设上海科大、复旦大学张江校区等； 聚集中科院上海高研院、生科院等 成立上海微技术工业研究院等平台	建成同步辐射光源、稳态强磁场装置 建设合肥地区一流大学和一流学科； 建成中科院合肥物质研究院等平台 成立中科大先研院等创新平台

---

① 崔宏轶、张超：《综合性国家科学中心科学资源配置研究》，《经济体制改革》2020年第2期。

续表

要素	北京怀柔	上海张江	安徽合肥
联动机制	对接国家"科技创新2030重大项目"; 实施北京技术创新行动计划; 优化科技计划（专项、基金）布局; 探索"北京研发—津冀制造"机制	完善市级科技重大专项管理机制; 颁布科创22条,整合市科技计划; 组织实施8个市级重大科技专项; 探索参与和发起国际大科学计划	改革并完善科研项目立项机制; 实施省重大科技专项和研发计划; 启动量子通信与计算机研究项目; 争取部委科创"攻尖"计划政策
科学生态	建设优质小学、中学、医院等资源; 举办国家科学中心建设研讨会; 举办"一带一路"国际合作高峰论坛	启动人才公寓一期建设; 实现研发材料保税、通关等便利化; 建设张江科学堂、科学城图书馆等; 设立中国（浦东）知识产权保护中心	设立中科院下属文献情报分中心; 举办香山科学会议、中德论坛; 成立省企业创新发展战略联盟; 推进"全创改",构建创新生态

（三）运行模式

中国重大科技基础设施的建设和管理由国家发改委统筹管理,高校、科研院所、企业为设施建设和运行的依托单位,负责设施的建设和运行,实行的是"政府投资、依托单位建设、依托单位运行"的管理机制。其中以中国科学院重大科技基础设施建设和运行最为成熟,目前已建设和运行近30个重大科技基础设施,成效最为显著的是上海光源。

1. 运行管理机制

以上海光源为例,上海光源由中国科学院和上海市政府合作共建,中科院应用物理研究所负责承建。设施从2004年12月开工建设,到2009年4月完工,建设周期52个月,总投资14.3亿元,其中国家投入4亿元,上海市政府投资10亿元,设施用地由上海市政府提供。上海光源依托于中国科学院上海应用物理研究所,下设四个核心部门，包括加速器、同步辐射、公用设施和大科学装置管理部。其中前三个部门主要负责设施相关技术领域的建设、运维以及改造升级等。

大科学装置管理部。负责设施的统筹管理，具体包括以下几个方面的工作：（1）经费的年度预算和决算；（2）编制上海光源年度用光计划；（3）组织协调紧急故障问题，确保设施安全可靠运行；（4）在保持设施稳定运行基础上，不断挖掘技术潜力，发挥技术优势，对设施进行改造升级。同时依托大科学装置管理部，设有首席科学家、学术委员会和用户委员会。

首席科学家。中科院应用物理所前任所长担任，高能物理领域做的精的就一个小科研圈子，在小科研圈中具有统领作用的科学家。学术委员会，包括加速器分委会和同步辐射分委会，主要职能是从学术上对上海光源的科学目标和后续发展方向提供咨询意见。

用户委员会。主要职能是监督上海光源运行和开发，对上海光源装置和应用研究发展规划提出建议；收集用户意见、反映用户需求，协助组织用户培训和学术交流。

学术委员会和用户委员会的专家是从国内学科带头人遴选出来的，一般由相关领域科学家推荐，根据得票的多少，确定委员会成员，规定两年更换一批专家，六年要全部更换。委员会的专家没有薪酬费，上海光源只负责专家的评审费和往返交通费用。同时，在设施改造升级时，还会聘请一些国际相关领域专家对项目进行评审。

2. 运行经费管理

目前中国重大科技基础设施的运行经费主要来自财政拨款，每年设施运行单位按照预算制每年向国家申请拨付。目前只有中国科学院的设施建成并运行，早期中科院和财政部联合设立了"中国科学院重大科技基础设施运行管理专项经费"，每年由中科院统一编制整个院的设施下一年度运行经费，最后由财政部统一拨付。而目前，中国高校建设的大设施还没有开始运行，后续相关运行经费还在探讨中。财政拨款设施运行经费分为基本运行经费和维修经费。基本运行经费主要用于设施运行物料消耗、日常维护保养、业务交流合作和经核定的基础运行人员支出,每两年由管理中心重新核定一次。维修经费主要用于设施的日常维修。设施运行经费中只包含少量的人员经费,只能发放给非在编人员,运营管理相对行政化。

3. 人员管理

中国重大科技基础设施主要依托于中科院和高校建设和运行,相关人员的薪酬待遇、绩效考核、职位晋升等均参考高校和科研院所进行管理。如中国散裂中子源,国家批复中子源400名岗位编制,设立在中国科学院高能物理研究所,用于设施的建设、管理运行、科研等,由国家统一拨款。目前,有405人在中子源开展工作,长期在编队伍308人,物理所6名高级专家,15名在站博士后,40多名和中科院高能所物理所联合学生。目前中国散裂中子源人才培养主要包括四大板块:(1)科技领军人才。散裂中子源是新事物,国内人才队伍专业不相符,需要从国外散裂中子源引进经验丰富的工作人员;(2)人才引进。通过国家千人计划、中科院百人计划、地方政府优才计划等引进人才;(3)博士后。博士毕业之后进站做博士后研究,给予博士后中级职称,安家补贴。同时,通过教育部蓝火计划,挑选未来博士后人选;(4)东莞高级人才计划。40周岁以上,物理方向的同类装置科学家,工作任务是保证设施的运转,评价指标不以发文章为目的,以服务用户为主,解决实际问题。中子源工作人员按照中科院的标准配备薪资,广东省也给予一定的人才配套,补充短板。中子源工作人员落户松山湖,给予本科、硕士、博士住宿补贴,解决配偶工作、子女入学等问题,专门为中子源开辟一条到住宅区的公交专线,解决科研人员的后顾之忧。

4. 设施使用管理

以上海光源为例,开放共享方式包括普通课题、合同机时以及专用机时三种方式。(1)以普通课题为基础,紧急课题、合作课题、重点课题、奖励机时为辅助的机时分配机制,主要针对科研用户(占比超过90%),用户完全免费要求用户科研成果完全公开共享。紧急机时需要大科学装置管理部去协调,重点机时优先安排。同时,为鼓励用户多出成果、出好成果,上海光源对用户的重要研究成果给予一定的机时奖励,对于符合奖励条件的用户,按照奖励评价标准给予不同时间的机时奖励。(2)采用合同机时分配机制,用于营利目的的产业用户(占比小于10%),收取一定的测试费用。(3)采用专用机时分配机制针对用户投资建设线站,按一定比例独自开放机时。

(四)中国综合性科学中心科学人才引进机制

为进一步吸引国内外高水平科学家来设施开展工作,各地纷纷建立引才政策体系,怀柔实施高层次人才聚集行动计划,张江落实市级、区级支持其人才工作政策,合肥实施国家科学中心人才工作20条和高层次人才创新创业12条。建立引才工作机制,成立上海海外人才局及张江(硅谷)人才工作站,合肥设置人才服务平台及引才大使,两地创新外籍人才签证制度。开展人才政策实验,怀柔构建国际基础研究人才创新创业生态,张江建设国际人才试验区,合肥建设国际人才城。引进高层次人才,怀柔引进具有世界水平的领衔科学家及创新团队,上海推出首席科学家和著名科学家领衔发展计划,安徽重点引进院士、国家级及省部级高端人才。政府主导形成支持科学中心建设和科学研究的经费机制。制定科学中心建设专项资金政策,颁布怀柔科学城促进产业聚集专项政策,着重促进产业升级;实施张江科学城专项发展资金管理办法,着重提升城市功能;出台合肥高新区发展若干政策,提供建设专项资金。争取国家单位资金支持,北京、合肥与国家自然科学基金委签订联合资助科学研究协议,上海与科技部签署投资基金运行合作协议。制定财政科技投入机制,上海整合全市财政科技专项,建立财政科技投入联动机制;安徽制定省科技重大专项资金管理办法,规范专项资金使用支出。

总之,随着综合性国家科学中心建设治理机制不断突破,人才及经费稳步增加,科学设施及载体逐步集聚,研究实施机制不断完善,资源配置生态日趋完善,已基本建成新型框架体系。同时,由于发展方向及地区优势的差异,国家科学中心科学资源配置呈现空间异质性特征。

三 国家综合性科学中心建设的外部环境仍在不断完善[①]

国家科学中心建设处于起步阶段，科学资源配置处于探索阶段，仍需不断优化与大设施相配套的政策环境。一是现有政策法规修订仍相对滞后，由于重大科技设施处于"边批边建"状态，地方政府需要进一步探索科学中心所有权、运营权分离及托管机制的建立等相关政策，明确创新主体与运营主体的关系，将设施规划与地方规划更好衔接。二是科学中心引进人才取得初步成效，但人才政策、引培及流动机制依旧薄弱。科学中心需要更大力度的人才政策，更多吸引顶级稀缺科学人才。三是科学设施及创新平台数量仍然有限。核心层建成大科学装置、高端实验平台数量少，合肥、怀柔多个大科学装置处于在建状态，国家实验室处于规划或在建状态。中间层新型创新主体分布不均，外围层培育科技企业数量低，科技成果承接转化能力需要进一步提升。四是央地协调立项机制正在逐步建立，需要重视具体规划配套落地，并对圈层协同建设、进程期限等规定，成立更多协同创新平台，形成溢出效应和联动效应。五是需要更加重视软环境建设，学习张江建立科学中心科学交流、青年科普、科技服务等服务机制，整体提升科学中心服务水平，特别是与科研人员息息相关的生活保障服务，构建符合地区特色的创新文化生态。

第四节　深圳以应用基础研究为导向的大科学装置建设

一　深圳综合性国家科学中心建设

深圳发展过程经历了四个阶段：由1979年至20世纪90年代初"三来一补"为代表的工业化为第一阶段，由20世纪90年代初至21世纪10年前后模仿创新为代表的工业化为第二阶段，21世纪10

---

① 本节内容依托于崔宏轶和张超《综合性国家科学中心科学资源配置研究》（发表于《经济体制改革》2020年第2期）一文研究成果。

年代初至2018年引进型知识创新转型为第三阶段，深圳2018年至今进入科学引领的自主创新发展为第四阶段，尽管深圳R&D投入规模达国内一流水平，但随着中美经贸摩擦、华为进入创新无人区等标志性事件，深圳原始创新策源能力不足、高水平创新载体、高校及高端创新人才数量仍然不足，严重制约产业链高端化可持续发展。2019年2月18日，中共中央、国务院印发了《粤港澳大湾区发展规划纲要》，明确了粤港澳大湾区的战略定位是：具有全球影响力的国际科技创新中心。2019年8月18日，中共中央、国务院发布《关于支持深圳建设中国特色社会主义先行示范区的意见》，指出加快实施创新驱动发展战略。支持深圳强化产学研深度融合的创新优势，以深圳为主阵地建设综合性国家科学中心，在粤港澳大湾区国际科技创新中心建设中发挥关键作用。2020年3月4日，《加强"从0到1"基础研究工作方案》印发，提出"北京、上海、粤港澳科技创新中心和北京怀柔、上海张江、合肥、深圳综合性国家科学中心应加大基础研究投入力度，加强基础研究能力建设"。2020年7月，国家发改委、科技部批复同意光明科学城—松山湖科学城片区为大湾区综合性国家科学中心先行启动区的主体，定位为重大设施平台等创新资源集中承载区。深圳正式成为中国第四个综合性国家科学中心。

综合性国家科学中心主要是指依托先进的大科学装置集群建设，支持多学科、多领域、多主体、交叉型、前沿性研究，代表世界先进水平的基础科学研究和重大技术研发的大型开放式研究基地。《国家重大科技基础设施建设"十三五"规划》提出，综合性国家科学中心应"成为原始创新和重大产业关键技术突破的源头，成为具有重要国际影响力的创新基础平台"。综合性国家科学中心具有三大内涵属性，一是"综合性"，综合性国家科学中心是大科学装置群与政产学研创新主体的系统集成；二是"国家性"，综合性国家科学中心的核心在于"国家"，代表国家参与全球科技竞争与合作的平台，承担的是国家战略、肩负的是国家使命；三是"科学性"，综合性国家科学中心的关键在于"科学中心"，集聚着多方优势科研资源。同时，综合性国家科学中心的内涵特征也决定了其建设过程中具有工程和科研的双重属性，建设难度大、要求高，建设运行所需资金量巨大，设施开放共享程度要求高，因此需要深入吸收借鉴院地（校地）合作共建重大科技基础设施的经验，探索建立以综合性科学中心为载体的原始创新主阵地。

二　深圳基础科研装置建设进程

一般来说，科技成果会历经"科学研究→技术开发→产品化→产业化"四阶段实现转化，科学研究偏重于理论和试验性研究，本身没有明确应用目的，所产生的产品处于实验室原型阶段，与技术开发之间会因为技术自身不确定性形成"魔鬼之河"；技术开发是基于成果已经找到明确应用目的，但其过程仍是探索性的，产品处于小试阶段，到产品化之间会因为市场不确定性产生"死亡之谷"；产品化阶段企业已经具备制造出可供客户使用的产品样品的能力，但产品仍处于小批量生产或中试阶段，到产业化过程中会面临市场化优胜劣汰竞争而产生的"达尔文死海"。分析科技成果研究开发到产业化各个核心环节可以发现，具有潜在市场应用价值的科研成果，想要成功实现规模化制造、产品创新和商业模式开发能力，要跨越"三大鸿沟"，而此过程需要通过多部门、多环节、多要素共同作用，即需要从顶层设计打造科技成果转化关键核心环节"硬平台"，建立概念验证中心、检验检测平台、中试平台（试验线）、技术转移机构、创业投资/孵化器、知识产权和科技成果产权交易中心，更需要科研人才引进制度、科技成果权属制度、知识产权融资制度、科技成果正向供给模式、技术经理人激励制度、知识产权交易配套优惠制度等"软制度"的支持。

（一）深圳已建成的重大科技基础设施

目前深圳已建设完成投入运行的重大科技基础设施有大亚湾中微子实验站、国家基因库、国家超级计算深圳中心三个，此处数据大部分已官网公开。

1. 大亚湾中微子实验站

大亚湾中微子实验站于 2007 年开始动工，2012 年 10 月 19 日正式进入运行模式。项目建设经费合计 27871.21 万元，其中中央财政投入9210.22万元,地方财政投入4000万元,国际合作和企业投入14661万元。项目固定人员共计33人,包括实验研究人员28人,运行维护人员3人。团队构成以高端科研人才为主,工作人员中具有博士学位者29人,正高级职称者21人,副高级职称者8人,中级职称者4人。项目建设过程是中国高端制造业的一次发展,团队自主完成了探测器研制、工程设计和建造,多项成果达到国际领先水平。工程近80%的设备和材料立足于国内生产研发,相关中国企业借此机会完成转型升级。中微子实验在高端制造业、新材料和新能源的未来应用前景广阔,包括中微子通信,中微子地球断层扫描,无化学和核污染的中微子能源、材料、环境等方面的运用和开发。大亚湾中微子实验站是国家级大型基础科学研究项目,也是中美两国在基础研究领域规模最大的合作之一,建设期间也有俄罗斯、捷克的积极参与,运行期间更吸引了智利合作成员。此外,中微子实验站项目国内合作单位共计18个,涵盖了国内高能物理研究方向的大部分高等院校和科研院所如香港大学、香港中文大学、中山大学等。通过大亚湾中微子实验站项目,国内外科研人员合作发现第三种中微子振荡模式、证明电子反中微子的振荡现象、测量中微子的混合参数θ13等重要科研成果,被评价为"开启了未来中微子物理发展的大门",并入选美国《科学》杂志2012年度十大科学突破。同时,依托该项目产出SCI检索收录论文百余篇,获省部级以上奖项2项,国家级奖项1项,授权专利5项,科研成果丰硕显著。项目初步计划在2020年完成物理研究而停止运行,根据未来的反应堆中微子实验新的物理目标要求,已选址广东江门。

2. 国家基因库

深圳国家基因库是世界上规模最大的国家基因库项目,2011年01月,由国家发展改革委员会批复组建。同年10月,获得国家发展改革委员会、财政部、工业和信息化部、卫生和计划生育委员会四部委批复。国家财政、地方财政和华大基因三方出资7.8亿元,其中,国家专项资金补助3亿元,深圳市政府配套资金补助1亿元,其余由华大基因研究院自筹,共同建立深圳国家基因库,项目工程历时5年建设完成,于2016年9月22日开始运营。设施的建设和运行人员由华大基因研究院统一聘任和管理，工作人员的薪酬待遇和绩效考核参照企业进行管理。

国家基因库年度运行经费约 2.1 亿元（2017 年为 2.14 亿元，2018 年为 2.13 亿元），全部为其他渠道投资，收入主要来源于细胞存储业务和平台租赁业务，2018 年收入为 2744 万元。根据深圳市政府 2018 年第 28 次党组（扩大）会议精神以及市领导批示情况，深圳市发改委拟对深圳国家基因库一期进行收购，收购完成后按照"政府所有、委托运营、独立运作"的原则优化运行管理机制，产权归属深圳市人民政府所有，由深圳重大科技基础设施管理中心代持并遴选委托运行单位进行运营管理。

深圳国家基因库组织架构比较扁平化，科学委员会、理事会和生命伦理委员会为基因库的最高治理机构，科技委员会和生命伦理委员会为常委咨询指导机构，理事会是治理机构。理事会下设理事会办公室负责整个基因库的日常运营和管理。最下面的是三库两平台、合作与联盟以及共享支撑中心。深圳国家基因库设立以理事会为核心的法人治理结构，实行理事会领导下的主任负责制，加强深圳国家基因库建设运营监管，理事会秘书处设在深圳华大基因研究院。另外，还有两个委员会：科学委员会和生命伦理委员会协助理事会治理国家基因库。科学委员会负责为深圳国家基因库重要决策及重大技术难题提供咨询与指导工作，生命伦理委员会负责生命科学伦理审查、管理、指导与咨询工作。国家基因库采用资源样本库，生物信息库以及生物资源信息网络（联盟）相结合的运营模式，统筹规划、管理和利用遗传资源和生物信息。资源样本库用于储存和管理珍贵的各类生物样本（来源于人、动植物、微生物等）；生物信息库储存和分析重要物种全部相关数据（包括基因组学、转录组学、蛋白组学代谢组学等以及表型信息或临床信息数据）；生物资源信息网络着力于整合国内乃至国际生物资源，搭建覆盖广泛的生物资源和生物信息网络联盟平台。国家基因库与荷兰、挪威、美国、德国等 100 多个国外机构建立了战略合作关系，与山东、西藏、青海、辽宁、云南、四川等地开展了项目合作。自 2011 年起，国家基因库通过合作项目发表论文 142 余篇，其中 GCNS 论文 40 余篇，获批国内外专利39项，出版样本库和信息数据库等方向专著8本，建立了基因信息数据和生物样本相关标准和技术规范，发布8项深圳市地方标准，参与1项团体标准。

3. 国家超级计算深圳中心

2009年5月科技部批复成立国家超级计算深圳中心，项目总投资12.3亿元，其中科技部出资2亿元，深圳市出资10.3亿元；运行经费由市科技创新委通过年度部门预算方式拨付6500万元，三年后根据绩效评估结果，核定后续的年度运行经费。设施的建设和运行人员由国家超算中心统一聘任和管理，运行经费中的劳务费可解决超算中心70%的人员工资（参照财政预算单位平均工资水平），其他30%由超算中心自行解决。

深圳云计算中心主机系统于2010年5月经世界超级计算组织实测确认，运算速度达每秒1271万亿次，当时排名世界第二。2012年6月正式向社会提供高性能计算业务的商业服务，主要应用领域主要包括：高性能计算应用，云计算应用和金融IDC托管。其中高性能计算应用领域包括科学计算方向应用领域、工程仿真应用领域和软件领域和渲染。而云计算是深圳超算的一大特色，是国家级超算中重点突出云计算的超算中心。金融IDC建设方面，深圳超算中心已经吸引了众多国内知名金融机构，将核心业务系统部署于此。深圳云计算中心现在是隶属深圳市科技创新委员会的事业单位，实行企业化管理。根据主要业务工作，设置了权责清晰、高效简捷的5个部门，即行政管理部、市场推广部、高性能计算部、云计算部、系统运行部。中心投资组建了注册资金为1000万元、具备IDC和ISP资质条件的深圳云计算中心有限公司。国家超级计算深圳中心自2011年投入运行的五年以来，在新能源开发、新材料研制、自然灾害预警分析、气象预报、地质勘探、工业仿真模拟等众多领域发挥重要作用，取得了一系列经济和科学效益，特别是在促进科研成果产出、缩短产品开发周期、节省企业成本、提高公共服务效率方面。

（二）深圳规划建设的重大科技基础设施

《深圳市十大重大科技基础设施建设实施方案》规划布局10个

重大科技基础设施，除已先行启动建设的3个设施外，拟再前瞻规划和系统布局建设7个重大科技基础设施项目。按所属领域划分，即生命科学领域5个，空间和天文领域2个，信息科学领域2个，材料科学领域1个。按照项目的建设基础和成熟度，形成深圳重大科技基础设施的"3+3+4"格局。第一个"3"是深圳市已先行启动建设的未来网络实验设施、深圳国家基因库（二期）、国家超级计算深圳中心（二期）。第二个"3"是指拟通过央地联合共建等模式，引进国家发改委已批复立项和列入《国家重大科技基础设施"十三五"规划》的项目，即空间环境地面模拟拓展装置（深圳）、空间引力波探测地面模拟装置、多模态跨尺度生物医学成像设施。"4"是指瞄准国家重大战略需求和深圳市产业发展优势领域，深圳市主动规划的若干重大科技基础设施项目，包括脑解析与脑模拟重大基础设施、人造生命设计合成测试设施、生物医学大数据基础设施和材料基因组。国家重大科技基础设施按照应用目的可以分为三类：第一类是公用实验装置：为多学科领域的基础研究、应用基础研究和应用研究服务，如上海光源、中国散裂中子源等；第二类是专用研究装置：为特定学科领域的重大科学技术目标，如北京正负电子对撞机、蛋白质研究（上海）设施等；第三类是公益科技设施：为国家经济建设、国家安全和社会发展提供基础科技数据与信息等技术支撑。根据深圳市拟建重大科技基础设施的建设内容和研究领域，10个设施按照三种分类方式进行分类：（1）公用实验装置，包括国家超级计算深圳中心（二期）和多模态跨尺度生物医学成像设施；（2）专用研究装置，包括空间环境地面模拟拓展装置（深圳）、空间引力波探测地面模拟装置、未来网络实验设施、脑解析与脑模拟重大基础设施、人造生命设计合成测试设施以及材料基因组；（3）公益科技设施，包括深圳国家基因库（二期）和生物医学大数据基础设施。

三 深圳建设重大科技基础设施优势与不足

（一）重大科技基础设施基础与优势

城市综合经济实力雄厚。重大科技基础设施的建设和运行需要强大的经济实力及创新能力作为支撑。2018年深圳市经济总量达2.4万亿元，居全国第三位，人均GDP达19万元人，位居全国第一，市级一般性公共预算收入3538亿元，为建设重大科技基础设施奠定了雄厚的经济基础。科技创新项目的支持力度持续加大，2018年全社会研发投入超1000亿元，投入强度全国遥遥领先，且大部分流向了高新技术产业。对基础科学研究、重大科技项目的经费支持呈现爆发式增长，在大亚湾中微子探测项目、国家基因库项目、深圳超算中心项目的资金投入分别达1000万元、1亿元、12.3亿元；2019年深圳推出重大科技基础设施关键技术和设备研发扶持计划，支持在深圳建设的先进材料、空间科学探测、合成生物三大重点领域的重大科技项目建设，单个项目资助最高达4000万元。

高端科技创新资源集聚。在综合性国家科学中心建设背景下，深圳高端创新资源不断集聚，为支撑重大科技基础设施建设提供了有力支撑。一是高质量基础研究平台建设加速。陆续建成国家超级计算深圳中心、大亚湾中微子实验室和国家基因库，经过近些年的运营取得了不错的成效。二是产业体系越发完备、配套越发便捷。围绕香港、澳门、广州、深圳四大中心城市的主要创新节点基本形成"半小时科研圈""一小时产业圈"，集聚了新一代移动通信、平板显示、高端软件、生物医药等7个产值超千亿元的战略性新兴产业集群。

顶尖企业技术全球领先。深圳集聚了一批国际领先的顶尖企业，一方面可为重大科技基础设施建设运行提供技术、设备等支撑，另一方面有助于加速依托重大科技基础设施产生的科技成果转移转化。2018年深圳市七大战略性新兴产业实现增加值9155.18亿元，增长9.1%，占GDP比重达到37.8%。全市高新技术产业实现产值23871.71亿元，同比增长11.66%，实现增加值8296.63亿元，同比增长12.7%。在新一代信息技术、互联网、新能源汽车、智能制造、高端医疗装备、无人机等领域，形成具有全球竞争力的优势产业集群。华为是全球最大的移动通信设备企业和第二大智能手机厂商，比亚迪成为全球唯一同时具备新能源电池和整车生产能力的企业，迈瑞是全球领先的医疗设备和解决方案供应商，大疆科技已经占领了消费级无人机全球70%的市场份额，贝特瑞成为全球最大的锂离子电池负极材料供应商。

深港科技合作日益紧密。香港拥有5所QS世界排名前100的高校、99个世界前50的学科、16个国家重点实验室，云集大量高水平国际化科技创新资源，可为重大科技基础设施建设和运行提供有力支撑。自深港于2007年签订"深港创新圈"合作协议以来，双方在产学研基地建设、发展新型研发机构、科研人才培养、青年创新创业等领域开展了务实合作，取得了可喜进展，打下了良好基础。截至2018年末，香港著名高校依托驻深研究院（产学研基地）设立科研机构72家、建设各级各类科研平台44个，累计承担国家和省、市科技项目1300多项，一批优秀的科技创新企业在深圳成长壮大。近期《中共中央、国务院关于支持深圳建设中国特色社会主义先行示范区的意见》专门提出，要加快深港科技创新合作区建设。如今，深港科技合作正在全面提质提效，步入新的发展"快车道"。

科技体制机制高效灵活。深圳在坚持基本政治制度不变的基础上，充分发挥经济特区立法权和综合授权改革优势，对标全球创新高地，按照国际通行规则和科研规律深化科技体制机制改革。通过创新体制机制，可在重大科技基础设施建设运行管理模式、科研项目制定、项目遴选资助、人才管理评价等方面积极尝试、勇敢探索，充分发挥市场化、法治化优势，鼓励科研人员大胆探索、挑战未知，提高研发效率和成果质量，切实释放重大科技基础设施在科学研究中的作用，打造支撑大湾区产业发展的创新策源地。

（二）重大科技基础设施建设的挑战

深圳与其他城市一样设施建设过程中仍存在重装置建设而轻装置运营、重设备投入而轻人才培养、重基础研究而轻产业需求、重政府投资而轻市场参与等问题。

创新型科技人才结构性不足。创新型科技人才结构性不足矛盾突出，世界级科技大师缺乏，领军人才、尖子人才不足，工程技术人才培养同生产和创新实践脱节。例如在深圳全职工作的两院院士不足百人，与北京、上海相距甚远，同时重大科技基础设施的建设运行不仅依赖于顶尖科学家对项目进行统筹引领，还需要大量高层次科研人员、工程技术人员及高素质科技服务人员作为项目支撑，深圳目前仅在个别领域初步具备这些条件，加之深圳在重大科技基础设施的建设运行管理方面经验有限、人才不足，故而亟须针对性引进各类创新型人才。

设施依托单位难以承担设施运行经费。重大科技基础设施运行周期一般为30年，每年须负担约占总投资额10%的运行经费，但重大科技基础设施无法产生直接经济效益，需要政府提供长期稳定的财政支持。

基础科学研究能力仍需积淀。重大科技基础设施效用的充分发挥，离不开坚实的基础科学研究能力支撑和保障。深圳科学创新基础能力和水平不足，动员和吸引全球创新资源的能力有待提高，大量聚集高端创新人才和高技能人才的基础和环境仍有待夯实和完善。在科研机构方面，近年来已陆续组建或引进高端研究院、实验室，但多数仍处于培养和成长阶段，其作用和影响力尚未完全显现，严重缺乏国内外顶尖科研"大院大所"。

国际化科技服务体系供给不足。国际化科技服务体系供给不足，阻碍依托重大科技基础设施展开的国际科技合作，特别是国际化专业科技服务机构缺位，受制于制度规则差异，如行业标准体系差异、关税制度差异、法律法规限制等，专业技能强、国际公信力高的香港及海外专业服务机构和高端专业人才不能有效服务内地市场，难以为国际顶尖科技创新人才营造"值得信任"的国际化科研环境。

四 深圳自主建立国家综合性科学中心的未来展望

借鉴国外重大科技基础设施发展经验，结合中国和深圳市设施运行中存在的问题，从管理模式、经费管理机制、人员管理机制、设施创新生态链、国际开放合作等方面对深圳市的重大科技基础设施运行管理机制提出针对性政策建议。

探索采用"政府所有，委托运行"的运行管理模式。组建深圳市重大科技基础设施管理中心，统筹全市设施的建设和运行并代持设施资产，提升装置的运行效率和开放共享水平。借鉴其他国家实验室运行经验，选取特定装置探索试用"政府所有、委托运行"，面向社会公开遴选设施运行单位/团队，通过签订运行合同将装置委托中标单位运行，合同期满后根据装置运行效益决定运行合同续签与否，市场化、竞争性的运行机制可以提升装置运行效率和开放共享水平。针对每个设施成立重大科技基础设施运行中心，负责设施的运行管理工作，面向全球招募相关领域的研究机构、科学家，共同组建设施运行中心，可以优先考虑委托设施建设单位负责运行中心的筹建工作。设施运行中心成立后，由深圳市重大科技基础设施与各设施运行中心签订运行合同，合同期满后根据运行绩效确定合同续签与否。实行理事会（董事会）领导下的主任负责制。理事会成员应包括来自政府、管理中心、学术界、企业界等各个建设依托方、出资方的代表，每年度或半年度召开会议，对重大科技基础设施的重大事务予以决策，并报上一级管理中心和市政府定案。

多措并举吸引社会资本参与重大科技基础设施的运行管理。增强企业在设施的建设运行、技术创新决策、研发投入和成果转化等方面主体地位与作用。支持行业龙头企业以直接资金投入、建设配套设施、运行的主体地位与作用。支持行业龙头企业以直接资金投入、建设配套设施、运行理装置等多种方式参与设施建设和运行，以"机时优先保障，IP优先供给"，给予企业合理的机时、知识产权等分配机制，吸引企业参与设施建设和运行，包括直接资金投入、建设配套设施和运行管理设施。

构建符合重大科技基础设施发展特点的新型用人机制。推进科学设施托管治理，将经营权交由高校院所，使用权交由科研人员或团队；推进实验室所有权、使用权和运营权分离，推行首席科学家负责制；推进研究平台由科学家自治，实现学术负责人、平台负责人公开招聘。建立与国际接轨的人才评价机制，建立青年科学家终身职业发展体系，让青年科学家不用担心职称评定、安心从事重大科学研究课题。此外，设立关键核心技术攻关专项和探索青年科研专项，联合香港科学界对青年科研专项评审时采取国际同行评议；试点青年科研专项实行经费"包干制"。由政府发起、联合企业设立产学研合作基金，在光明科学城等设立青年科学家工作室，鼓励天使基金优先投资工作室颇具潜力的研究项目。

形成多元稳定资金支持。拓展经费来源渠道，设立全国科学基金会，募集社会资金用于科学研究；支持金融机构服务创新，发展天使基金、产业基金等股权基金。统筹央地科技经费管理，纠正现行经费管理层级重叠、条块分割现状；改革现行经费申请使用机制，建立大科学研究的预算管理、开放申报及分类考核机制。增强总体经费投入，规定每年财政科研经费投入增加不得低于10%，将经费的25%投向基础研究；调整经费直接投入方式，增强减税、贴息、奖励等间接引导方式。实现经费支持具体化，依据创新领域、阶段采取差异扶持政策。

布局以重大科技基础设施为核心的世界一流创新链。围绕信息、生命、材料、海洋等领域，积极引进国家级"大院大所"、港澳高校及全球顶尖高校在光明科学城建设分支机构及特色学院，围绕设施集群积极创建一批国家重点实验室，组建一批全球领先的前沿交叉研究平台，形成若干世界一流学科集群。积极承担国家重大科技项目，围绕设施打造若干关键核心技术集群。围绕重大科技基础设施集群优势领域，积极争取"核高基"、宽带移动通信、新一代人工智能、新药创制、脑科学与类脑研究、重点新材料研发及应用等国家科技重大专项、科技创新2030年重大项目和国家重点研发计划落户光明科学城。推动大设施关联技术"沿途下蛋"，设立大装置关联技术转化专项计划，针对在大装置建设和运行涉及的自主研制非标设备和原创技术中，具有良好转化前景的关键技术、核心零部件、装备工程样机等，支持研发团队联合行业相关企业开展前沿技术工程化、关键技术产业化、重大装备商品化。

第七章　走向绿色低碳的深圳[*]

推动绿色发展，促进人与自然和谐共生，不仅是应对气候变化的关键，也是实现可持续发展的必然路径。作为世界上最大的发展中国家、第二大经济体和主要碳排放大国，中国积极应对气候变化、落实"2030年前实现碳达峰、2060年前实现碳中和"的目标，是党中央经过深思熟虑作出的重大战略决策，事关中华民族永续发展和构建人类命运共同体，是经济高质量发展的内在要求和本质内涵，既是转变经济发展方式、推进能源革命、保护生态环境的内在需要，也是实现全球长期目标、维护全球生态安全、构建人类命运共同体的责任担当。通过以碳减排为抓手的绿色低碳理念贯穿生产、生活全过程，扎实推进产业结构、技术结构与能源结构升级，以高质量发展为依归，建立可衡量的产业结构升级与碳排放达峰的相关指标体系，充分市场在资源配置中的决定性作用，更好发挥政府作用，坚决遏制形式主义的运动式减碳，有效化解碳达峰与经济增长之间客观存在的矛盾。

改革开放以来，深圳市运用极其有限的资源，以相对低的资源环境代价，在国内实现了多项领先的经济社会发展指标。尽管工业化、大城市化程度高，经济增长速度快，但深圳市政府很早意识到了自身发展的土地空间局限性与环境承载力容量瓶颈的挑战，增长的可持续性正在减弱，发展的空间也在逐渐缩小。本章首先对哥本哈根、旧金山、阿德莱德、东京、北京等国内外低碳城市的经验做法进行总结分析，思考深圳的低碳路径；其次研讨分析深圳碳排放权交易市场的成就与欧盟碳市场的经验借鉴；再次梳理对比国际通

---

[*] 本章作者：蒋晶晶，刘俊伶，曾元，张致鹏，李珏，杨洋，刘书菡，袁若瑶，樊楚瑶。

用、欧盟、中国、中国香港的绿色债券标准，以及发达国家城市绿色债券的应用案例，为深圳绿色投融资提供参考；最后通过编制深圳市碳排放清单，分析二氧化碳排放现状趋势及排放特征，在梳理评估减排行动与关键技术基础上，构建在不同发展愿景下的排放路径、减排潜力及可能的达峰时点。

第一节 深圳的双碳之路

一 国际都市经验借鉴

深圳是中国首批低碳城市试点和碳排放权交易试点，也是国内首个加入C40的城市，在中国应对气候变化、推动经济社会全面绿色低碳转型中肩负着重要的先锋和示范使命。目前伦敦、纽约、东京、巴黎等主要发达经济体城市已经实现了碳排放达峰，并有155个城市进一步做出了净零排放承诺，系统梳理和学习借鉴典型城市的先进经验和最佳实践，对于深圳探索自身低碳发展道路、率先实现"双碳"目标具有重要意义。

（一）应对气候变化顶层设计

丹麦首都哥本哈根是全球首个宣布碳中和目标的城市，承诺将于2025年前成为全球首个碳中和城市。为实现这一目标，2009年哥本哈根制定了城市应对气候变化的整体规划《CPH2025气候计划（第一版）》，不仅描绘了绿色智慧城市建设的宏伟蓝图，明确了2013—2016年、2017—2020年、2021—2025年分阶段的发展目标、实施路线和操作步骤，还针对能源消费、能源生产、交通运输、市政管理四个关键领域提出了具体目标、行动倡议和细化政策措施。此外，哥本哈根市政府还定期对规划实施效果进行评估，识别减排的主要贡献因素及公众关切焦点，从而及时对规划方案和配套政策进行更新调整。镇江被认为是中国建设最好的低碳城市试点之一，该市于2013年率先提出到2020年左右实现碳排放达峰，并围绕"率先达峰"逐步健全了城市低碳发展的体制机制，包括顶层协调推动和项目化推进机制、试点示范机制、共建共享机制、主体功能区规划先行制度、碳排放预算管理制度、碳考核制度等。此外,镇江还首创性地开发了低碳城市建设管理云平台,以信息化手段锻造了目标、过程、项目、重点企业的全链条管理体系,该平台在落实区域碳考核、项目碳评估和重点企业碳管理中发挥着重要作用。

(二) 碳减排与高质量经济协调发展

旧金山湾区既是全球创新高地,也是美国十大绿色城市之一,其实践证明了城市绿色发展与科技创新之间显著的协同效应。旧金山的绿色方案呈现政策引导、产业聚集、资本助推的特色:首先,旧金山政府在能效、绿色建筑、废弃物处置等方面设定了非常严格的绿色标准,为绿色技术和产业发展创造了需求;同时出台了房地产开发商激励政策、太阳能安装奖励制度等,在新兴产业发展初期加以推动和促进;此外还将绿色产业发展作为经济复苏的关键抓手,利用经济刺激计划经费培训"绿领"工人,创造绿色工作机会。其次,旧金山绿色创新的发展战略与劳伦斯伯克利国家实验室等全球清洁能源研究先驱以及硅谷良好的创新环境相结合,显著提高了绿色创新效率,并产生了产业集聚效应,目前已有超过225家绿色技术企业在旧金山设立总部,进而吸引越来越多企业加入。最后,旧金山湾区还拥有数量众多的投资银行、私募基金、国际金融机构等,形成了成熟的风险投资机制和商业服务,这些资本与政府导向和技术创新有机结合,加速了绿色产业发展和绿色生产力转化。

东京较早就已开始发展低碳经济的探索,大力推动绿色低碳能源领域的科技创新和产业发展。在日本建设氢能源社会的背景下,东京明确了"可再生能源+氢能"协同发展战略,将氢能与燃料电池技术作为发展低碳经济的重点。东京氢能经济的发展具有导向明确、政策精细、抢占先机的特点。第一,尽管全球关于氢燃料电池、氢能汽车等争议不断,但东京政府始终坚定氢能发展的明确导向,保持政策的连贯性。第二,东京针对技术创新和产业发展的不同阶段,动态制定并实施精细化的产业政策,不断明确氢能定位、研发方向、技术重点和商业化推广应用路线。第三,东京还在产发展过程中持续出台相配套的财税激励政策，包含技术研发资助、氢能基础设施补贴、商业化推广补贴、税收优惠等，引导大型能源企业和社会资本投向氢能研发和应用，目前东京在燃料电池、氢的生产/应用等领域的专利持有量在全球占比超过60%，在氢能领域已然抢占先机。

（三）能源供应体系低碳转型

澳大利亚城市阿德莱德也承诺将于2025年建成全球首个碳中和城市。虽然拥有丰富便捷的化石能源资源，该城市却提出了100%可再生能源目标，并将分布式太阳能作为核心手段之一。在市内太阳能推广上，阿德莱德探索出一套有效的组合拳：一是"太阳能屋顶，公共机构先行"，率先开展议会、学校、会议中心、博物馆、图书馆等公共建筑的太阳能屋顶改造。二是"金融创新，便民惠民"，支持当地金融机构提供建筑物升级融资产品，居民可获得改造融资并通过缴纳市政费偿还，同时借助光伏发电和实时能源监控降低居民用电成本。三是"政府补贴，整合储能"，实施家庭电池计划为住宅安装电池储能系统提供补贴，并通过虚拟电厂整合大量储能资源，提高城市可再生能源消纳能力。

北京提出到2035年可再生能源消费占比达到14%的目标，增加绿色电力调入则是其重要策略。为实现这一目标，北京从三个方面发力：一是出台外购绿电交易试点工作实施方案，明确外调绿电规模、交易方式、价格、绿证等具体操作指南，同时积极促进与山西、内蒙古等地的清洁能源合作。二是加快构建适应高比例、大规模可再生能源的智慧电力系统，包括张北±500千伏柔性直流输变电工程、环京特高压环网及下送通道优化项目等，提升电网可再生能源受电能力。三是推进电网侧和用户侧储能同步发展，大力发展市级虚拟电厂和电力辅助服务市场，以提高电力系统的灵活性。

（四）绿色交通和绿色建筑

东京是日本最大的交通枢纽，方便、高效的公共交通系统则是东京实现碳中和目标的核心举措。东京公共交通系统最显著的特点是高分担率（核心城区达80%以上），这主要归功于以下几点：其一，坚持公交导向的城市开发（简称TOD）。自1970年开始东京即陆续实施车站＋站前广场＋商业＋住宅多等功能一体化的综合开发政策，围绕轨道交通环线和换乘枢纽增加就业岗位和开发商业中心，逐步形成多中心的城市结构和混合功能街区，进而缩减城市通勤距离。其二，多样化的公交出行方式且无缝换乘。东京公共交通系统以地铁、轻轨、有轨电车为骨干，辅之以公共汽车、出租车、无轨电车、摆渡船等，东京以换乘枢纽场站的形式将多种公交方式、步行和自行车、停车场等高效组织在一起，从而促进实现无缝换乘。其三，持续改善公共交通服务质量，通过公交车辆行驶预报系统、候车区人性化设计、公交车百叶窗帘、地铁多票制等措施提升用户体验，吸引公众选择公交出行。

建筑物约产生了旧金山一半的温室气体排放量，因此自2008年起旧金山就启动了一系列建筑能效提升和绿色建筑促进行动，并取得了显著成果，其成功经验主要包括：其一，发布贯穿绿色建筑建设、验收和使用过程的一系列法律法规，并且提供了与之相配套的指南和标准。其二，实施LEED认证和激励，一方面要求所有新建筑必须符合绿色建筑标准，另一方面对获得LEED金牌认证的建筑给予优先处理，以激励房地产开发商采用LEED金级标准。其三，设立了绿色建筑专案组，成员包含政府相关职能部门、建筑开发商、能源服务商等多类主体，不仅持续跟踪和评估建筑能效和环境表现，更是作为一个在线教育平台向广大用户提供能效顾问和分享成功案例。其四，提供绿色租户工具包，通过推动绿色租赁使业主和租户均能从能效提升中获益，以确保建筑物运营和使用阶段的绿色低碳。

（五）低碳社区

低碳社区是构建低碳城市的基本单元，也是培育低碳生活方式的关键着力点。伦敦认为低碳社区在城市低碳转型中扮演着至关重要的角色，并率先探索建设了全球首个零碳社区——贝丁顿零碳社区，该社区的先进经验包括：其一，政府、社会组织、企业和社区居民协商合作，共同制订周密的社区设计方案，采取混合型社区开发模式，安排了多功能的公共空间，在实现社区低碳的同时保障了居民高品质的居住和生活需求。其二，构建低碳交通体系，一方面社区内商业、就业、居住、公共服务空间共存，最大限度地减少交通需求；另一方面社区配套良好的公共交通系统，并且遵循"步行优先"原则建设了良好的人行步道和自行车道；此外还探索成立了伦敦最早的共用汽车俱乐部（Smart Move），实施了汽车合用、特快车道、电动车租赁、自行车博士等一系列具体举措。其三，节能家居和绿色产品的推广应用，社区内所有家庭都要求使用欧盟能效等级最高、环境危害最低的家电产品，同时以智能化技术设置各种节能小机关和信息提示，使得与同类社区相比用电量减少25%、用水量减少50%。

上海的低碳社区建设在国内起步较早，目前已创建20个低碳社区，积累了较为丰富的经验。其一，以落实节能降耗任务和建筑节能标准等为抓手，采取行政主导、市场激励相结合的方式，"自上而下"建立层层覆盖的节能与低碳发展组织管理网络，同时以经济激励培育低碳产品的市场需求。其二，建立低碳宣传教育的长效机制，将绿色环保宣教纳入街道等基层年度工作目标考核，逐步打造出一批低碳环保宣传教育品牌项目，搭建社区、学校、企业、公益组织等之间的联动平台，实现社会生态教育资源的整合共享。其三，以深化物业管理共建为抓手，创新社区管理模式，通过提升业委会自治水平、发展低碳志愿者队伍等多种途径，为公众参与低碳社区建设搭建平台。

（六）有关建议

在系统梳理国内外典型城市先进经验的基础上，结合深圳碳排放特征和经济社会发展现状，提出以下建议：

一是建设智慧的城市碳排放管理云平台。目前深圳正加紧制订碳达峰、碳中和顶层设计方案，包括碳达峰碳中和目标、实现路径、行动计划、分部门分行业方案以及产业、金融等配套政策，迫切需要建设智慧的城市碳排放管理云平台，为"双碳"工作开展提供坚实的数据支撑和科学的决策工具。其一，利用物联网、大数据分析、云计算、人工智能等先进信息化、数字化技术，整合土地、自然资源、能源、环境、碳排放、产业、园区、重点企业等多维度、多渠道信息，尤其是实现关于电力供需、生态碳汇、重点企业的动态实时监测，搭建深圳碳排放数据库和信息系统，为排放趋势研判、减排目标制定、工作重点识别、备选方案评估、减排任务分解细化等提供决策支撑。其二，以数据库和信息系统为基础，建立智慧的城市碳排放管理云平台，包含区域碳考核、产业碳分析、项目碳评估、企业碳管理、公众碳教育、社会碳监督等模块，为城市低碳发展的政策执行和制度创新提供有力工具。

二是外调绿电＋分布式光伏共筑绿色电力供应系统。目前，理论界和实践界普遍认为："能效提升＋深度电气化＋可再生为主的绿色电力供应"是超大城市能源体系低碳转型的优选路径。深圳当地能源资源禀赋差，若除去核电，本地电源发电量在城市电力消费总量中占比仅35%左右。因此，深圳需要从"增加外调绿电、充分挖掘本地分布式光伏潜力"两方面共同发力，构建城市绿色电力供应系统。其一，开展城市电力负荷等级及供电需求精细化分析，在保障电力安全的前提下，确定本地最低火电装机规模和发电量，进而明确未来可再生能源电力需求。其二，秉着"见缝插针，积少成多"的理念，详细评估并充分开发本地分布式光伏潜力，包括工业园区、城中村、河道、裸露山体、道路路侧、地铁地面站点、户外停车场等，并以公共机构为示范率先启动太阳能计划（初步测算公共机构光伏发电潜力约为20亿度/年，占全市用电总量2%左右，可满足年度电力需求增量）。其三，以绿色电力交易试点为契机，建立健全深圳绿色电力购置的体制机制，积极尝试与茂名、阳江等城市签订光电、风电直购协议，同时探索与可再生能源资源丰富的对口帮扶对象开展合作，以我方出资的形式换取绿色电力输送。

三是公交化＋电动化＋清洁化合力助推绿色交通系统。深圳交通系统绿色低碳转型已取得了较为丰硕的成果，但交通部门仍是城市碳排放的最主要来源，本研究认为持续提高公交分担率、全面电动化、充电清洁化将是进一步构建深圳低碳交通系统的三项关键策略。其一，深圳公共交通的出行分担率已超过50%，但与东京等大都市仍有明显差距，而且存在结构失衡问题，公交车上座率偏低。建议以优化换乘枢纽场站为抓手，高效整合地铁、公交、共享单车等多种出行方式，以实现无缝换乘；同时引进先进技术和管理手段提升服务质量，如智慧公交站台、轨道站点客流实时监测、拥挤度提示、公共车信号优先、响应式便捷公交、差异化定价等，提高公共交通吸引力。其二，公务用车、私家车、公司用车、中重型货车是未来交通电动化的重点方向，建议针对各个领域制定特性化的推广应用方案，率先要求新增公务用车全面电动化，同时积极推进新型充电基础设施、新能源汽车三网融合大数据平台等建设以及电池租赁、充换电服务、智慧停车+充电一体化、绿色物流区等模式创新。其三，在电动化基础上进一步推动充电清洁化，一方面推动光储充一体化、V2G等项目并健全相关产业链，充分利用公交场站、集中充电站、停车场等空间资源安装光伏，为电动汽车充电提供绿色电力。另一方面开展太阳能电动车计划，通过既有车辆加装或新车整装推动由太阳能屋顶向车顶拓展，建议由公交车和出租车率先启动试点（预计公交车和出租车车顶太阳能发电潜力1100—1400万度/年），将太阳能电动车打造为深圳绿色交通的亮点。

四是以碳普惠引导低碳消费生活新风尚。国内外超大城市的经验显示：进入高度城市化和后工业化阶段后，碳减排重心将由生产端向消费端转移，能否有效调动个人、家庭参与减碳行动将直接影响整个城市的碳达峰、碳中和进程。结合先行城市经验和深圳低碳社会建设基础，建议打造国内首个双联通（低碳行为与碳市场）、四驱动（政策激励、商业奖励、公益支持和交易赋值）的碳普惠体系，并以此引导、推动、激励公众的低碳消费行为和生活方式，打造低碳社会。其一，抓紧建立健全碳普惠配套制度、规范、标准和方法学体系，对公众低碳出行、节水节电、废物利用等低碳行为的减排量进行低成本精确测算和核证，为国家碳普惠提供制度创新示范。其二，与腾讯公司合作打造"低碳星球"旗舰产品，对各类低碳生活场景和节能低碳行为进行智能核算、追踪记录和动态展现，使公众能够直观感知低碳行为效果，引导公众，尤其是青少年群体形成绿色低碳生活新风尚。其三，将碳普惠核证减排量纳入碳排放交易市场，探索开发适用于超大城市的碳普惠产品，通过市场机制为公众低碳行为提供稳定长效的经济激励。其四，促进碳普惠、企业ESG与绿色产品认证有机结合，政府应鼓励和引导企业加入碳普惠商家联盟，借助碳普惠平台为其提供绿色产品认证、标识和市场推广服务，既有助于提升企业绿色产品开发的经济社会效益，也有助于向公众普及绿色消费理念。

二 碳市场改革创新

2021年7月16日，全国碳排放权交易市场正式运行，开启了中国低碳减排新时期。深圳碳市场作为全国首个地方试点，实践了诸多创新，建立了较为完备的制度体系，也在运行过程中发现了一些问题。建议深圳碳市场持续深化改革，解决现存突出问题，继续发挥先行先试示范作用，通过完善与金融市场协调发展的碳市场，为国家落实双碳目标提供可复制、可推广的经验。

（一）深圳碳市场整体情况

首先，创新引领、先行先试，总体运行效果良好。自2013年6月18日在全国率先启动，深圳碳市场坚持创新引领，实现了碳交易市场建设先行、碳交易外汇试点先试、资本项目外汇管理突破、碳金融国际合作创新等一系列成绩。截至2021年9月底，碳配额累计成交量为6372万吨，累计成交金额为14.43亿元，国家核证自愿减排量累计成交量为2494万吨，累计成交金额为2.93亿元，市场流动性居全国试点碳市场首位。

其次，碳强度下降明显，实现增长与排放脱钩。深圳碳市场在八个履约年度均实现了碳强度下降目标，并有效推动产业升级。截至2020年度，深圳碳市场管控企业增加值增长62%、碳强度下降40%，有30余家低附加值、高能耗、高污染企业关停或转产，经济增长与碳排放脱钩趋势初显。

最后，法制先行、规范标准，完善体制机制。深圳在碳市场建设初期，先后出台了《深圳经济特区碳排放管理若干规定》《深圳市碳排放权交易管理办法》等政策法规，初步解决了碳排放总量控制、减排义务设置、配额交易法定化等问题，并建立起完善的碳排放数据报告制度，制定了《组织的温室气体排放量化和报告指南》《组织的温室气体排放核查指南》等标准，确保报告流程的规范、报告数据的质量和数据核查的独立客观，为市场运行提供了强有力的法律保障。

（二）深圳碳市场现存问题

第一，市场整体规模小，发展空间有限。深圳地域空间有限，结构转型成效突出，市场覆盖碳排放量与国内外其他碳市场相差多个数量级。一方面，出于综合成本考虑，深圳市域范围内已鲜有高耗能高污染的大规模简单制造与大宗产品生产，保障了较低的碳排放水平；另一方面，由于深圳碳市场纳管企业门槛较低[①]，尽管深圳碳市场流动性居于全国首位，但总交易量与交易金额较小，有限市场规模无法吸引资本关注，客观上限制了碳市场的发展空间。此外，自2020年全国碳市场启动运行，深圳碳市场纳管电力行业企业并入全国市场，纳管总排放量也从3200万吨下降至2200万吨，整体规模进一步萎缩。

第二，碳强度目标管控导致配额盈余突出，市场效率不高。中国作为发展中国家，为保障低碳减排不过多限制企业发展，国内各碳市场均采用碳强度目标管控，而非国际碳市场普遍采用的绝对总量控制方式。在经济增长符合或低于预期的情况下，两种方式差异不大。在企业增长普遍高于预期时，配额供给会超过配额需求，造成市场配额盈余，碳价走低，无法有效发挥碳市场资源配置功能。深圳此现象明显，从碳强度贡献率来看，碳排放减少对碳强度下降的贡献较低，大部分下降来自增加值增长。加之电力行业并入全国市场、缩小深圳市场规模，盈余配额对市场冲击更为显著。

第三，金融工具利用不足，市场性较差。受交易形式和无法进行期货期权等衍生产品交易的影响，深圳碳市场配额流动性不足30%。尽管该数据已位于全国前列，但与欧盟碳市场超过500%的流动性相比，仍有较大差距。从国际先进碳市场运行经验来看，期货市场对激发碳市场活力作用明显，为投资者提供长期稳定预期，丰富碳交易品种；为履约企业提供可预期的履约成本信号，使其能盘活自身碳资产，降低履约风险。在其他试点地区中，广东省、湖北省和上海市陆续推出了碳远期产品。其中广东省碳远期产品为非标协议的场外交易，是较为传统的远期协议方式；湖北省和上海市

---

① 仅为3000吨，国内外碳市场一般在万吨以上。

的碳远期产品均为标准化协议，采取线上交易，十分接近期货的形式和功能。但这些都仅是实验性交易，仅占碳交易量的极小部分。

第四，宏观减排目标具有不确定性，且披露不及时。当前，深圳碳市场仍缺乏长期确定性，未来十年碳排放上限、每年计划发放配额总量、发放配额方式方法等信息均未向公众公布。碳市场整体缺乏预见性，交易者获取信息成本高，价格信号相对不清晰，纳管企业难以判断碳价走势，妨碍其开展有效评估、配置自身碳资产，惜售现象明显，无法充分发挥市场资源配置作用。此外，当前碳排放核算机制并未与绿电绿证打通，在事实上打击了纳管企业采用清洁电力生产运营的积极性。

（三）借鉴欧盟碳市场先进经验

一是划段而治，总量递减，提供价格信号。碳市场的主要目标是实现减排与控排。为此，欧盟委员会将整个市场运行过程分为前后紧密衔接的四个阶段，通过配额总量递减政策，以年度递减系数为参考，减少市场配额供给，保证配额稀缺性，有效提升市场价格。如将第三阶段配额分配总量从2013年的21.2亿吨逐步降低至2020年的13.9亿吨，相应地，碳价也从不足5欧元提升至30欧元。

二是提高目标，激励减排，加大处罚力度。凭借1990年就实现了"碳达峰"的先行优势，欧盟将2030年温室气体减排目标从40%提高为55%。根据欧盟发布的量化评估报告，在现行40%减排目标下，碳市场2030年减排力度为43%；而在新的55%减排目标下，碳市场减排力度会提升到62%—65%。这意味着未来碳配额总供给会进一步下降，由此引导碳价走高。而碳价走高意味着超额减排并有富余配额的企业盈利增多。此外，提高对碳排放超过配额违约行为的罚款额度，罚额占企业营收比从最初的30%提高到了目前150%。

三是有偿分配，弹性供给，稳定市场预期。欧盟碳市场配额最初全部采取免费发放，之后免费配额逐渐减少，直到配额拍卖成为主要供给方式。同时，在市场失灵时，欧盟也会采取行政干预手段。通过折量拍卖与市场稳定储备机制，缓解短期与长期的供需失衡问题。折量拍卖主要应用于2008年国际金融危机后，经济活动不充分，排放需求较低，配额供过于求的情况。欧盟通过修改拍卖法规，推迟了约 9 亿吨配额拍卖，以减少短期市场供给，缓解配额供求失衡情况。市场稳定储备机制在市场流动配额总数过高或过低时，对市场进行结构性调整，保证市场稳定运行。在流动配额数过高时，通过将上一年度碳市场累积过剩配额总数的 24% 纳入储备，减轻配额过剩对碳市场信心的冲击；在流动配额数过低时，从储备配额中将 1 亿吨配额重新投放市场。

四是参与多元，产品多样，探索开放兼容。一个功能健全的碳市场应兼具融资和投资功能，交易主体多元化才能提高市场活跃度。欧盟碳市场既有企业交易主体，也有自然人交易主体；既有现货产品交易，也有标准化减排期货合同产品，还有围绕碳产品以及各种追踪欧盟排碳配额期货的基金等零售产品。此外，通过允许管控企业在一定限度内使用欧盟外的减排信用、与其他国家碳市场实现兼容，以国际化扩大碳市场容量、活跃碳交易。

（四）相关建议

一是明确规划目标，完善长期市场预期。尽快明确深圳碳达峰、碳中和规划目标，分解至碳交易市场，逐步由碳强度下降控制转为绝对总量控制，"自上而下"逐年压降配额总量，并及时向社会公开。通过严格设定碳市场碳排放限额，提供有效价格信号与市场预期。

二是削减配额供给，维护市场健康供需关系。根据深圳经济发展情况，从严核定配额，完善碳价发现功能，充分发挥碳市场的市场机制作用。建立弹性供给机制，预防供需失衡，在稳定市场预期的同时，尽快消除历史盈余配额。

三是扩大有偿分配，以碳价倒逼减排升级。适当增加拍卖配额占比，严控免费配额，提升碳排放权的稀缺性和价值。充分发挥碳定价作用，引导行业进行低碳投资，引入专业监测机构进行精准统计，推动碳定价逐步逼近碳排放的真实环境成本，充分倒逼企业进行减排升级。

四是进一步扩大碳市场的覆盖行业范围与容量。基于深圳自身碳排放特点，尽快将交通、建筑等部门纳入碳排放交易管控体系，推动实现城市减排目标和低碳转型。明确新纳入部门的减排目标设定、减排目标责任分担、节能政策等，协调好碳市场减排目标与可再生能源发展政策间的关系。同步争取上级金融部门支持，开展碳交易期货交易，进一步扩大市场容量，活跃市场交易。

五是更新完善法规标准体系，确保"减排有价"。探索打通气候投融资项目与碳市场排放核算的壁垒。加快构建以气候目标为导向的投融资政策体系，引导国内外社会资本投向应对气候变化领域的同时，完善此类投融资项目的减排量核算标准，并与碳市场管控企业的排放量核算标准衔接。确保气候投融资项目投资人可在碳市场兑现其减排价值，激励资本有序进入应对气候变化领域。同时加快探索绿电、绿证、国家核证自愿减排量（CCER）、广东碳普惠抵消信用机制（PHCER）、深圳碳普惠核证减排量等碳抵消机制与碳配额核算的统一标准，鼓励管控企业使用碳抵消机制，为全国统一核算先行探索。

三 绿色金融标准的国内外对比

国际上认可度较高、已被市场主体广泛采用的绿色债券标准是《绿色债券原则》（*Green Bond Principles*，GBP）和《气候债券标准》（*Climat Bonds Standard*，CBS）。东盟、欧盟、日本等国家联盟和经济体参照沿用了其细则和目录。因此，国内外绿色债券发展的对比分析集中于 GBP 和 CBS、中国《绿色债券支持项目目录（2021年版）》、欧盟《可持续金融分类方案——气候授权法案》、中国香港特别行政区政府《绿色债券框架》之间。

（一）国际国内绿色债券标准比较

一是国内外绿色债券的定义和内涵仍有不同之处。国内外绿色债券标准在倡导绿色、可持续发展方面的宗旨是一致的，在宏观层面具有很高的重合度，但是由于国内外在引导绿色投融资活动的目标侧重有所不同，导致绿色项目层面存在部分差异。一方面中国作为世界上最大的发展中国家，绿色成为高质量发展的底色，注重金融对经济转型的支持。在温室气体减排之外，还强调污染物削减、资源节约、生态保护。而国外以实现《巴黎协定》为目标，同时促进向低碳和气候适应型的快速转型。另一方面《绿色债券支持项目目录（2021年版）》二级和三级目录与国际主流绿色资产分类标准基本一致，四级目录较国际更为细致。在中国人民银行、国家发展改革委、证监会关于印发《绿色债券支持项目目录（2021年版）》的通知（银发〔2021〕96号）中对绿色债券的定义：将募集资金专门用于支持符合规定条件的绿色产业、绿色项目或绿色经济活动，依照法定程序发行并按约定还本付息的有价证券，包括但不限于绿色金融债券、绿色企业债券、绿色公司债券、绿色债务融资工具和绿色资产支持证券。而《绿色债券原则》（GBP）将绿色债券定义为专门用于为气候和环境项目筹集资金的一种固定收益工具，规定任何将募集资金用于绿色项目并具备其提出的四个核心要素。《气候债券标准》和认证机制迈出了在《绿色债券原则》广义的诚信原则基础上建立可信、灵活、有效的认证系统的重要一步。气候债券标准和认证机制V3.0旨在提供扩大绿色债券市场所需的信心和保证；激活主流债务市场来为气候相关的项目提供融资和再融资，是实现应对气候变化国际目标的关键。

二是国内外募集资金立足视角和一般用途的资金占比存在差异。GBP和CBS都立足于投资者的角度，对于绿色债券募集的资金投向有严格的要求，用以降低投资者的尽职调查成本，便利简化投资决策，提高市场流动性。GBP和CBS募集资金一般用途的营运资金的标准至多为5%。相比之下，国内立足于产业发展的角度，国内绿色债券指引允许将绿色债券募集的部分资金用于补充运营资金，满足企业融资需要，支持实体经济发展，如中国人民银行发布的《绿色债券指引》中允许发行人使用不超过50%的筹集资金用于补充资本金[1]。其与国际绿色债券通行标准是相冲突的，并不被CBI认可。《绿色债券原则》规定债券募集资金应当用于合格绿色项目，且应在证券的法律文件中进行合理描述。所有列示的合格绿色项目均应具有明确的环境效益，发行人应对其进行评估并在可行的情况下进行量化。如募集资金全部或部分已确定或可能用于再融资，《绿色债券原则》建议发行人提供募集资金用于再融资的预计份额。气候

---

[1] 绿色企业债和绿色公司债用于一般用途的资金占比分别高达50%、30%。

债券倡议组织（CBS）提倡发行人应将拟与债券有关且可能被评估为合格项目和资产的指定项目和资产归档，创建一个指定项目和资产清单，并在债券存续期内不断更新。

三是中国绿色债券的项目评估和筛选标准较为全面，在前期信息披露、存续期第三方机构管理等方面仍有待完善。一方面，国内外在绿色债券项目目标方面要求基本一致，但国外在项目评估和筛选、披露等方面较中国更加全面和具体。中国的绿色债券项目评估和筛选主要参考《绿色债券支持项目目录（2021年版）》，对合格项目内容有具体和细致的划分；而绿色债券原则（GBP）和气候债券标准（CBS）更加侧重于对发行人披露信息的要求。中国《绿色债券支持项目目录（2021年版）》是专门用于界定和遴选符合各类绿色债券支持和适用范围的绿色项目和绿色领域的专业性目录清单，对绿色项目的界定标准相对科学准确，延长了绿色债券所支持项目的产业链。但中国绿色债券标准中并未要求发行人披露项目的筛选决策过程或发行人内部的筛选决策制度。而GBP标准下在项目的评估与筛选过程中要求发行人必须阐述项目的环境目标、判断标准及风险；并鼓励发行人进行更加细致的信息阐述，具体要求如下。绿色债券发行人应向投资者阐明：合格绿色项目对应上述环境目标；发行人判断项目是否为认可绿色项目类别的评估流程；发行人如何识别和管理与项目相关的社会及环境风险流程。此外，还鼓励发行人阐述与其环境可持续管理相关的总体目标、战略、制度或流程；说明项目与现有一些官方或经市场发展形成的分类标准一致性程度的信息，相关评判标准、排除标准；同时披露项目遴选过程中参照的绿色标准或认证结论；针对项目有关的负面社会或环境影响所引致的已知重大风险，发行人制定风险缓解措施等有关流程。此类风险缓解措施包括进行清晰中肯的利弊权衡与分析，若发行人评估后认为承担潜在风险执行该项目具有意义，应进行必要监控。而《气候债券标准》（CBS）对发行人需阐明的内容有更广泛的强制性要求，包括但不限于项目气候目标、理由、标准、流程等。具体要求发行人应制定、记录并维持相应的决策流程来判断指定项目和资产是否合格。包括但不限于：该债券的气候相关目标声明；发行人是如何在其与环境可持续相关的总体目标、战略、政策或流程中设置该债券的气候相关目标；发行人发行该债券的理由：评估指定项目和资产是否符合气候债券标准资格要求的流程。决策流程还应该包括：相关行业标准，包括准入标准或任何其他流程，以用于识别和管理指定项目和资产的潜在重大环境、社会或治理风险；在筛选指定项目和资产的过程中参考的任何绿色标准或认证。发行人应对债券相关的所有拟议指定项目和资产进行评估，确保其符合债券目标，并符合气候债券标准的相关行业标准要求。另一方面，国内外绿色债券在存续期的管理方面是否强制第三方认证存在差异。国内绿色债券在存续期的管理方面鼓励但不强制第三方认证。国际方面，《绿色债券原则》还要求：（1）资金经发行人内部正式程序确保用于与合格绿色项目相关的贷款和投资。（2）发行人应当使投资者知悉净闲置资金的临时投资方向规划。（3）建议发行人引入外部审计师或第三方机构对绿色债券募集资金内部追踪方法和分配情况进行复核。《气候债券标准》则在《绿色债券原则》的基础上，对资金投放时间、剩余闲置资金用途及再融资等事项做出更为细致的规定。

四是国内外绿色债券信息披露标准存在差异性。中国在信息披露方面仍处于起步阶段，尚未出台统一的环境信息披露方面的详细规定，仅由不同类型绿色债券所对应的监管部门对其资金用途和环境效益做出定期披露的基本要求，各类债券信息披露标准尚未统一。而国外标准则更为成熟和细致，对年度信息披露的报告内容具有更加详细的规定。国内以绿色金融债为例，根据中国人民银行发布的《中国人民银行关于加强绿色金融债券存续期监督管理有关事宜的通知》（银发〔2018〕29号）和《绿色金融债券存续期信息披露规范》，发行人需按季度披露募集资金使用情况，此外，年度报告还应全面说明报告年度募集资金的整体使用情况、预期或实际环境效益、绿色项目情况及典型绿色项目的案例分析等。《绿色债券原则》要求发行人在发行前披露环境效益目标或声明，发行期间每年至少需提供一次年度报告，年度报告内容包括项目简要说明、获配资金金额和预期效益。气候债券倡议组织认为，绿色债券的发行人应在发行时充分向市场披露信息，关于募集资金的信息应包括但不限于：（1）对募集资金用途的类别定义进行说明，比如：对能效项目的融资应说明是否与建筑、交通、电网等领域挂钩；（2）如果投向社会效应项目，且该项目有特定的绿色目标或效益，比如：社会福利住房项目的能效升级，则应对其进行解释说明；（3）确认募集资金没有投向化石燃料发电或相关技术。

（二）中国与欧盟绿色债券标准比较

2021年4月21日，中国人民银行、国家发展改革委和证监会印发《绿色债券支持项目目录（2021年版）》，同一时间，欧盟发布欧委会批准通过的《可持续金融分类方案——气候授权法案》。在全球范围内，这是中欧金融主管部门在支持绿色投融资领域取得的重大进展，也是中欧推动绿色投融资国际合作的基础。

中欧目录都体现了金融支持可持续发展、支持碳减排的核心思想。由于中欧产业结构和发展阶段的差异，结合上文评述，中欧目录内容目前主要存在差异点有：

一是欧盟目前仅发布了气候目录的内容，包含的活动主要支持气候目标，针对其他环境目标的活动目录还在制定过程中。

二是欧盟发布的目录中不仅包含气候减缓活动，还包括气候适应。

三是欧盟的目录分类基于《欧盟产业分类体系》，包括了减排潜力大的行业自身活动和能够帮助其他行业减排的赋能活动，容易和欧盟经济体内各行业对应接轨，也方便经济和金融主管部门统计行业数据。由于《欧盟产业分类体系》基于联合国的产业分类体系做的细化，分类方法也更加方便开展国际趋同研究工作。

四是中国和欧盟在目录中都有可以互相学习的内容。首先是关于核能相关活动，欧盟还在积极研究制定核能相关活动的DNSH（无重大伤害原则）技术要求，可以向中国目录中的核电装备制造、核电站建设和运营进行参考。其次是欧盟目前发布的目录内容包括了信息通信行业中的数据处理、存储、推动减排的数据解决手段等相关活动，也包含了推动温室气体减排的科研和专业市场调研活动，但中国应当纳入这些前瞻性的、针对信息科技类新兴产业的活动。最后是关于天然气应用方面，中国目录除不包括天然气开采活动外，支持天然气输送、储运、调峰设施建设和运营，纳入多能互补工程和分布式能源工程，城市集中供热等方面活动。欧盟以"技术中性"为绿色活动判定，指天然气的使用是否符合为此活动设立的温室气体排放门槛和技术标准。

（三）中国香港与中国内地和 CBS 对比

以中国香港特别行政区政府《绿色债券框架》为基准，对比中国内地和 GBP 与 CBS 可以发现，一是香港绿色债券框架中吸收了国际和中国内地标准的主要内容。在募集资金投向方面，香港从 2050 年碳中和目标出发，积极融合吸纳了中国和 GBP 与 CBS 的目录内容，但向 GBP 与 CBS 放开了技术项目的市场化应用，以改善环境和减排的效益为项目评估和筛选打下基础。二是香港绿色债券框架较为杂糅，缺乏一定的引领性。在绿色债券的目标定位方面香港与中国内地基本一致，包括了应变气候变化和改善环境的诸多方面，但缺少国际应对气候变化中减缓的部分和新型基础设施建设相关的技术项目；募集资金管理方面，鼓励和支持第三方机构的参与，但对于资金使用范围和相关限制性提款还较为缺失。

表 7-1　　香港绿色债券标准与国内外标准对比

对比分类	中国香港特别行政区政府《绿色债券框架》	GBP 和 CBS	《绿色债券支持项目目录（2021年版）》
含义/目标定位	竭力改善环境，包括空气素质、水质、废物管理、保育生物多样性；推广能源效益和节约能源、绿色建筑和可再生能源；以及使香港可应变气候变化，透过发行绿色债券，为改善环境和促进香港转型为低碳经济体的项目筹措资金		√
募集资金投向	发行绿色债券所募集的资金，只会为一个或多个符合"合资格类别"的工务项目融资或再融资	√	√
	包括污染预防及管控、废物管理/资源回收、自然保育/生物多样性、绿色建筑、能源效益和节约能源、可再生能源、清洁运输七大类		

续表

对比分类	中国香港特别行政区政府《绿色债券框架》	GBP 和 CBS	《绿色债券支持项目目录（2021 年版）》
项目评估与筛选	提供必要的项目说明（相关技术/科学方法以展示预期达至的环境效益），符合相关标准而取得的初步、临时或最终认证后，根据相关标准或基准作出的评审支持第三方参与项目审查核实	√	
募集资金管理	财库局会委聘独立具备资格的第三方核实	√	

（四）发达国家推进绿色债券发展的主要措施和配套政策

本部分挑选了四个发达国家或地区的先进案例，为深港绿色债券的推广提供思考和借鉴。一是欧盟和欧洲投资银行为"欧洲项目债券"提供信用担保，担保和优化偿付机制降低违约风险；二是世界上第一个国家绿色发展银行，专门致力于绿色经济投资；三是联邦政府和州政府通过"平衡债券"为公共设施建设和维护提供援助；四是纽约等市（州）与政策性银行等公共融资机构发行绿色市政债券。以下四个案例通过担保和优化偿付机制降低绿色债券的违约风险。

1. 欧盟和欧洲投资银行为债券提供信用担保

欧盟委员会于 2022 年 3 月发文表示欧盟委员会、欧洲投资银行（EIB）和欧洲投资基金（EIF）就欧盟 196.5 亿欧元预算担保签署了担保协议，以支持整个欧洲的投资项目。欧盟计划下的投资将侧重于四个政策领域：可持续基础设施；研究、创新和数字化；中小企业；社会投资和技能；欧盟委员会和欧洲投资银行还签署了 InvestEU 咨询中心协议，该协议将为相同政策领域的市场开发、技能开发和项目级咨询服务提供高达 2.7 亿欧元的资金，为新的投资和相关咨询援助铺平道路，旨在从 COVID-19 大流行中恢复并帮助建立更绿色、更数字化和更具弹性的欧洲经济。①

"投资欧盟"是欧盟2021—2027年财政预算框架下促进公私投资的计划，该计划汇集了"欧洲战略投资基金（EFSI）"和其他13项金融工具，使项目融资更易获得。该计划由三个部分组成：Invest EU 基金、Invest EU 咨询中心和 Invest EU 门户。Invest EU Fund 将通过金融合作伙伴实施，使用欧盟262亿欧元的预算担保投资项目。整个预算担保将支持执行伙伴的投资项目，提高他们的风险承受能力，从而动员至少3720亿欧元的额外投资。投资将集中在四个政策领域：可持续基础设施；研究、创新和数字化；中小型企业以及社会投资和技能。至少有30%投资将用于支持欧洲绿色转型。EIB 集团（由 EIB 和 EIF 组成）将实施75%的欧盟预算担保（196.5亿欧元），并在 Invest EU 咨询中心提供相同份额的咨询预算。除作为主要执行伙伴的 EIB 和 EIF 之外，活跃在欧洲的国际金融机构和国家推广银行将能够使用一部分担保（总计25%）来支持投资和项目计划。

欧洲投资银行（EIB）：EIB，即"欧盟银行"，由27个欧盟成员国共同拥有。通过贷款、混合和咨询活动，它寻求提高欧洲在就业和增长方面的潜力，支持适应和缓解气候变化的行动，并在欧盟以外推广欧盟政策。2015年至2020年，EIB 是欧洲战略投资基金的执行伙伴和欧洲投资咨询中心的经理，这是欧洲投资计划的主要支柱。

欧洲投资基金（EIF）：EIF 是 EIB 集团的一部分。它通过广泛的选定金融中介机构改善他们获得融资的机会，从而支持欧洲的中小企业。EIF 设计、推广和实施针对中小企业的股权和债务融资工具。在这个角色中，EIF 促进了欧盟在支持创业、增长、创新、研发、绿色和数字转型以及就业方面的目标。

2. 英国国家绿色发展银行

英国绿色投资银行（UK Green Investment Bank，UKGIB），是世界上第一个国家绿色发展银行，以政策性银行为定位，专门致力于

---

① 资料来源：https：//ec.europa.eu/commission/presscorner/detail/en/ip_22_1548。

绿色经济投资。低碳领域特别是其基础设施的建设是英国迫切需要发展的，但私人银行对低碳和可再生能源板块的贷款越来越少，而且贷款利率也越来越高。2010年年初，受国际金融危机的影响，英国政府希望发掘新的亮点为经济发展提供增长动力，提出了一项名为"绿色投资银行"的计划。计划旨在帮助英国经济向绿色环保发展模式转变，具体内容包括改建铁路系统、发展风力发电及废弃物的无害化处理等。当时计划提出所需资金为20亿英镑，建议其中一半来源于英国政府出售政府资产的所得，另一半来自私人投资者。但对于财政安全（现实的资金压力）和政府监管两个方面出现了反对的声音。针对关注的问题，2011年4月，政府承诺拿出30亿英镑筹建有借贷实力的绿色投资银行，并通过立法赋予新银行独立于政府的地位，绿色投资银行计划由此进入立法程序。GIB的使命任务是"打造一个独立于政府运作的可持续性金融机构，促进英国向绿色经济转型。"发挥"绿色影响力"和实现"盈利"。英国政府提出的五个绿色目标包括：减少温室气体排放；提高自然资源的使用效率；保护或美化自然环境；保护或加强生物多样性；促进环境可持续发展。"盈利"目标凸显了GIB作为一家独立、可持续运营的金融机构的设计。同时，GIB不与民营部门融资争夺市场，而是作为一种"额外的"投资。

目前，英国政府是GIB的唯一投资者。英国政府承诺，到2016年，向GIB完成注资38亿英镑。未来，GIB按规划还有可能通过向公众发行债券来扩大资金规模。绿色银行优先关注五个领域：海上风电、非家庭用能的能效、垃圾与再循环、转废为能和"绿色方案"（Green Deal）。其中，至少80%的资金投资于优先领域，另外20%投资于其他绿色领域，如生物质能、海洋能、碳捕获和封存等。GIB主要在四个方面发挥融资机制作用：第一，建设期股权投资。GIB针对已经获得社会资本股权融资的项目，为前期或建设期的资金缺口提供股权融资。这种股权投资将承担所有典型股权风险，同时也享有典型的针对少数股东权益的公司治理安排。第二，长期贷款。GIB为海上风电、碳捕获与封存（CCS）和能效项目提供长期贷款。第三，针对海上风电和CCS项目的中期有抵押次级债务（次于由商业银行提供的优先有抵押债务）。第四，针对能效项目的违约风险保证产品，主要针对小规模能效、微型发电和智能电网项目。

目前 GIB 撬动市场资金的平均比率是 1∶3，具体项目的撬动比率为 1∶1.5 到 1∶10 不等。GIB 在撬动社会资本方面的策略主要体现在：第一，通过与那些已经致力于绿色领域的企业开展合作来发掘投资机会。在 GIB 做出投资决策时，经理团队要进行尽职调查，来提高它作为一个好的投资者的声誉。第二，为风电项目前期资金缺口提供股权融资，在项目成熟后可以再出售股权退出投资。第三，GIB 资金和市场资金享有同等权益，合作条款参照商业条款，并不带有补贴性质。也可以向民营部门证明投资确实有利可图且可持续。第四，GIB 还通过收购现有项目来建立社会资本对投资的信心。第五，招募经验丰富、声誉良好的投资银行家团队，对 GIB 开展经营管理。这有利于增加社会资本追随 GIB 投资的信心、加强社会资本参与度并提高杠杆率。

3. 清洁水州周转基金

美国 1987 年设立了清洁水州周转基金（Clean Water State Revolving Fund，CWSRF），联邦政府和州政府按照 4∶1 的比例注入资本金。为扩大资金量，各州还可以通过"平衡债券"（用周转基金中的 1 美元做担保发行 2 美元的债券）来增加可使用资金。清洁水州周转基金主要通过低息或无息贷款方式为公有污水处理厂的建设和维护，以及非点源、河口管理等合格项目提供援助。其显著特征在于，以财政资金稳定注入作为主要资金来源，以利息收入和投资性收益作为补充来源，以低息贷款等有偿使用方式为主，主要解决企业融资瓶颈问题，对撬动社会资本投入环保行业起到了重要作用。随着城市污水处理设施普及率的提高，这部分资金需求逐步下降，2019 年美国联邦预算投入的资金已下降到 13.9 亿美元。

符合 CWARF 资助标准的项目主要有建造公有污水处理厂、非点源污染管理计划、国家河口计划项目、分散式废水处理系统、处理雨水、流域试点项目、水的循环利用、公有污水处理厂的安全措施及技术援助等。资助形式主要有：（1）贷款：贷款期限不得超过

30年或项目的使用寿命。利率必须等于或低于市场利率，包括免息利率。(2) 购买债券或再融资：可以通过 CWSRF 项目购买。购买期限可能长达30年，或者项目的使用寿命。CWSRF 项目可能会对之前发行的债务进行再融资。(3) 担保或保险：如果此类援助将改善信贷市场准入或降低利率，则可以使用担保或保险。CWSRF 项目不支付建设资金；此类资金由市场上的借款人购买。(4) 担保 SRF 收入债券：CWSRF 项目可以发行由 CWSRF 基金担保的债券。所产生的收入用于为符合条件的项目的借款人提供援助。这在短期内扩大了项目的能力。(5) 提供贷款担保。(6) 额外补贴：在某些条件下，CWSRF 项目可以以本金豁免、负利率贷款或赠款的形式，提供高达其资本化赠款固定百分比的额外补贴。CWSRF 的年度拨款必须超过10亿美元。接收者必须是市政府或市际、州际或州政府机构。额外补贴只能用于帮助解决有序性问题，或实施解决水或能源问题的工艺、材料、技术或技术明确目标；缓解雨水径流；或者鼓励可持续的项目规划、设计和施工。

4. 纽约住宅能效贷款组合项目

纽约州能源研究和发展管理局（NYSERDA）为支持可持续社区发展提供资金，创造绿色就业机会，建立了一个循环贷款基金，为住宅、多户型、小型企业和非营利建筑的所有者或居住者的能源审计和能效改造或改进提供资金。2009年，《绿色就业、绿色纽约（GJGNY）法案》从区域温室气体倡议（RGGI）下出售碳排放配额的收益中拨款1.12亿美元，用于提高能源效率和安装清洁技术，以降低能源成本和温室气体排放。

为纽约人压低能源价格。NYSERDA 通过其融资计划，代表公用事业公司发行免税债券和票据，为其电力、天然气或蒸汽服务系统的某些合格成本提供资金。在某些情况下，NYSERDA 还可以发行免税特殊能源项目债券，以降低该州企业和机构的借贷成本。这些利息成本的节省直接使纽约人受益。纽约州的公用事业客户将为 NYSERDA 发行的近37亿美元债券节省近37亿美元的利息成本。NYSERDA 发行了超过3010万美元的免税和应税国家服务合同收入债券，用于资助该州在西谷示范项目支出中的部分份额。

表 7-2 NYSERDA 发行绿色债券项目的主要受益公司和发行量

债券计划受益公司	发行量（万美元）
中央哈德逊电气公司（Central Hudson Gas & Electric Corp.）	3370
爱迪生联合电气公司（Consolidated Edison Company of New York, Inc.）	44990
Keyspan 有限责任公司（Keyspan Generation LLC）	6600.5
纽约州电气天然气公司（New York State Electric & Gas Corporation）	37400
尼亚加拉莫霍克电力公司（Niagara Mohawk Power Corporation）	42946.5
罗切斯特燃气电力公司（Rochester Gas and Electric Corp.）	15240
总计	151092

2013 年 8 月，作为 GJGNY 计划的一部分，NYSERDA 发行了 2430 万美元的住宅能效融资收入债券（2013A 系列），为 NYSERDA 提供的贷款提供融资和再融资，为符合条件的申请人在一至四户住宅结构中提高能效提供资金。根据 NYSERDA 和作为受托人的纽约梅隆银行之间的信托契约发行债券。债券是 NYSERDA 有限义务，仅由受托人根据契约持有的资金支付，并由其担保，以及根据纽约州环境设施公司（New York State Environmental Facilities Corporation）发行的 2013A 系列担保向受托人支付款项，该担保由其 2010 年主融资契约的特定来源担保。

2018 年 3 月以来，美国中小企业管理局发行了住宅太阳能融资收益债券 2018A 系列、2019A 系列和 2020A 系列，为通过绿色就业——绿色纽约计划发行的额外贷款提供资金。以 2020A 系列绿色债券为例，其债券收益的使用明确指定用于住宅结构中的太阳能（可再生能源）和能效项目；项目评估和选择明确传达给投资者，包括环境目标、合格的绿色项目类别和合格标准，如技术规范。这一过程得到了独立外部审查的补充；债券的收益管理在与绿色项目贷款和投资运营相关的正式内部流程中，对收益进行跟踪和认证，且该流程需接受内部和外部审查和审计；该项目要求持续披露关于债券收益的最新信息，包括发放的太阳能和能效贷款数量。

（五）深港合作助力香港国际绿色中心建设的重点

1. 引领湾区绿色债券走向国际化。梳理总结世界绿色债券发展的趋势，以促进可持续发展和实现碳中和为基础，支持产业结构升级、能源结构优化，推动绿色技术走向产业化，以企业创新带动企业创新，支持绿色技术的源头创新。同时，2021年10月，深圳作为首个内地政府在香港发行离岸人民币债券，而且是绿色债券。此次发行不仅是创新地方政府发债模式的重要探索，更加快了粤港澳大湾区绿色金融一体化进程。在此基础上，深港应进一步在绿色认证、募集资金、信息披露、第三方机构认证和监督等方面寻求与国际标准的对接与互认，积极参与国际绿色金融标准的制定，逐步对接国际标准，加快融入全球绿色市场。

2. 规范粤港澳大湾区绿色标准，制定统一且受多方认可的标准。当前粤港澳在湾区绿色金融合作中并未，各方标准存在着差异与侧重点，增大了沟通与管理的障碍，加大了合作的不确定性，减缓了合作的推进，为整个市场在判断绿色项目、识别绿色债券和未来监管机构如何监管造成困惑。应努力促进粤、港、澳三地金融机构、评估认证机构和政府部门的参与，加快建立互认互通的绿色金融产品服务、绿色项目认定、绿色信用评级、绿色金融统计等标准体系，吸引全球更多发行商在湾区发行绿色债券，扩大湾区绿色债券规模和国际影响力。积极与现有补贴政策相衔接。适度补贴融资主体寻求第三方认证时的认证费用，进一步强化对绿色改造技术的认定并予以补贴，促使潜在绿色项目积极参与认证，进而扩大绿色投融资规模。并考虑对相关领域创新性技术的实施制定相应的风险补偿机制。

3. 构建统一的奖惩机制。中国内地绿色金融激励的对象既有企业（项目），也有金融机构、金融中介机构、金融研究机构、个人（金融人才）。而香港地区绿色金融资助的对象是债券发行人或贷款借款人，债券安排行或贷款人不能以发行人或借款人的身份申请。香港地区绿色金融资助是按照"合资格首次绿色和可持续债券发行

可持续债券发行人和贷款借款人与发行或借款相关的外部评审费用"。另外,如在项目完成后的监督阶段,可通过构建完善的项目评级机制,对评级较高的项目进行适度基金奖励,形成示范效应,推动绿色金融市场良性运行与发展。

第二节 深圳实现碳排放达峰研究

一 深圳二氧化碳排放现状及趋势

近年来,深圳坚持绿色低碳发展理念,贯彻落实低碳试点工作要求,形成了具有深圳特色的绿色低碳发展模式。二氧化碳排放总量增幅逐步下降。2019年,深圳约占全省排放量9%,排在广州、东莞、佛山之后。深圳二氧化碳排放总量约为广州的1/2,北京的2/5,上海的1/4。2010年以来,深圳二氧化碳排放总量持续增加,年均增速从"十二五"的5.3%下降到了"十三五"的4.5%,增速有所放缓。2017年深汕合作区数据开始计入深圳,带来约269万吨的碳排放增量,导致2017年增速由5%增加到12%。

2019年,深圳人均碳排放为3.1吨二氧化碳/人,相比2005年、2010年分别下降约27.7%、8.3%,在全国处于领先水平,仅为全国人均碳排放的44.3%,是美国的1/5,约为全球人均碳排放的7/10。2020年,深圳市人均碳排放为2.8吨二氧化碳/人,相比2005年、2010年分别下降约35.0%、17.5%,仅为全国人均碳排放的42.4%,不到美国的1/5,约为全球人均碳排放的3/5。

深圳碳排放强度全国处于领先水平,但与国际先进城市存在差距。2019年,深圳市碳排放强度为0.210吨二氧化碳/万元,相比2005年、2010年分别下降约65.1%、33.0%,在全国处于领先水平,碳排放强度仅为全国的1/5,全省的1/3,广州的1/2。2020年,深圳市碳排放强度为0.189吨二氧化碳/万元,相比2005年、2010年分别下降约68.6%、39.7%。但是同国际先进城市相比,2019年,深圳市碳排放强度是多伦多的1.2倍,纽约的1.9倍,洛杉矶的3.6倍,还存在一定差距。

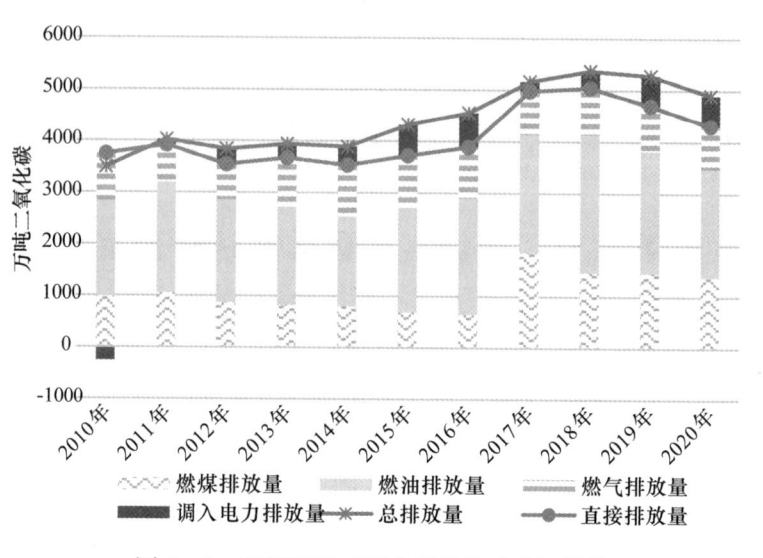

图 7-1　深圳历年二氧化碳排放趋势及结构

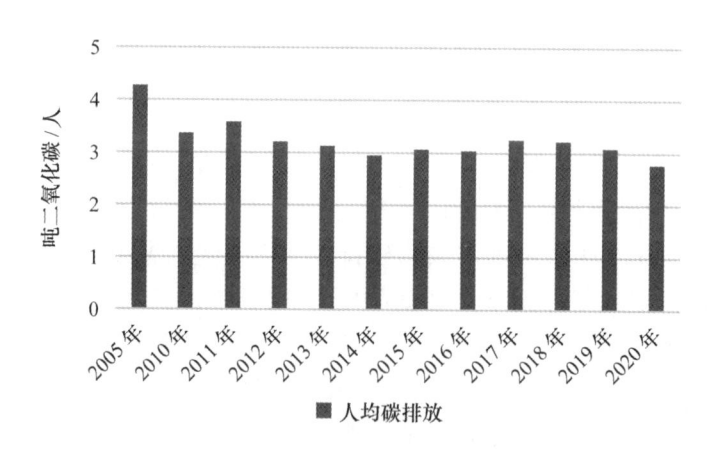

图 7-2　深圳市人均碳排放

考虑深圳合作区的情况下，按分能源品种化石能源消费产生的碳排放，如图 7-5 所示，2010—2020 年，燃油产生的碳排放最高，占比 43%；随着深汕合作区的加入，2020 年燃煤碳排放占比排第二，为 28%；第三是燃气，2020 年碳排放量占比 17%；第四为调入电力产

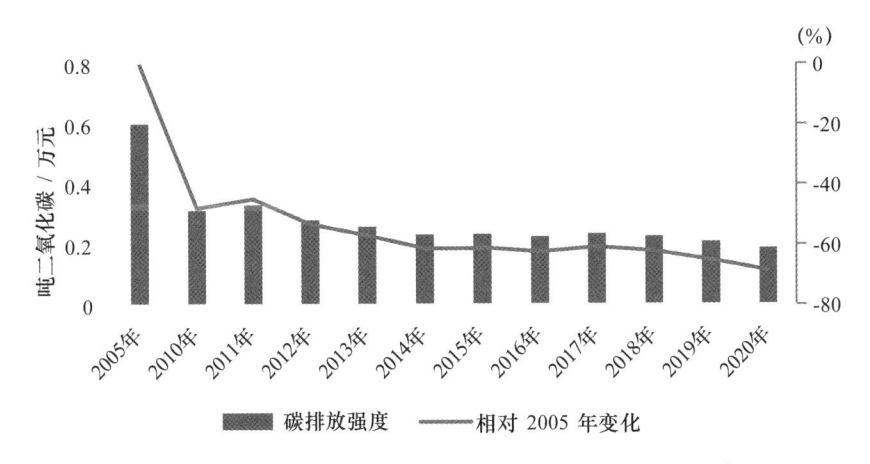

图7-3 深圳市单位GDP二氧化碳排放强度（2015年不变价）

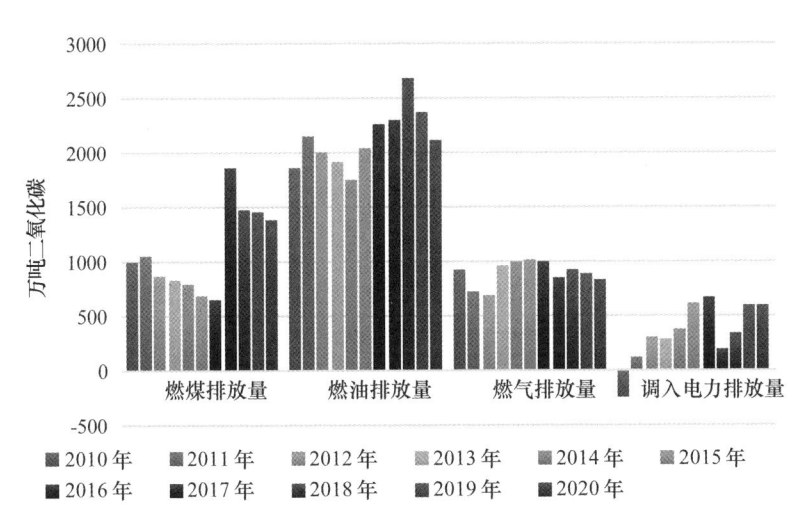

图7-4 深圳市分能源品种化石能源消费碳排放量

生的碳排放，2019年达到占比12%。通过计算发现，核算中是否含深汕合作区对燃煤消耗和调入电力排放量的计算结果影响很大。

二 深圳分领域发展现状及排放特征

考虑深圳合作区的情况下，按分领域能源终端消费产生的碳排

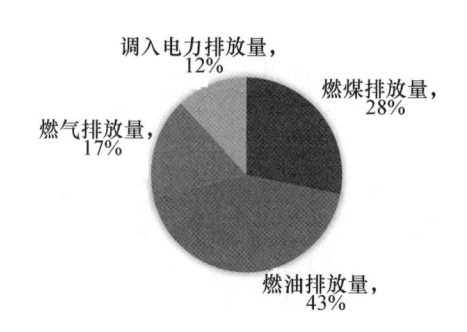

图 7-5　2020 年深圳市分能源品种化石能源消费碳排放结构

放,如图 7-6 和图 7-7 所示,2020 年,深圳市交通运输碳排放最高,占比 39%;其次为工业和建筑业,占比 30%;服务业及其他领域碳排放占比为 20%;居民生活消费产生的碳排放占比 10%;农业碳排放占比最小,不足 0.4%。

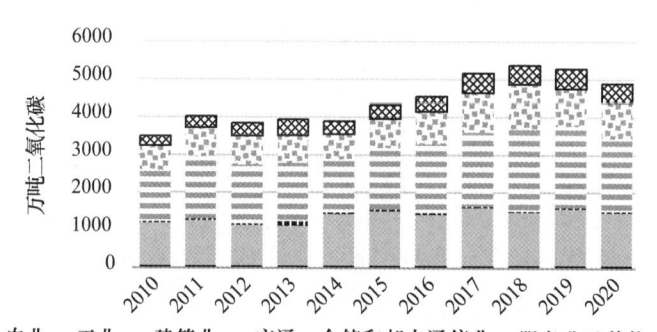

图 7-6　2010—2020 年深圳市分领域能源终端消费碳排放结构

注:除交通运输领域外,其他领域和居民生活消费的碳排放中包含电动汽车耗电产生的碳排放。

从增长率来看,2010—2020 年,居民生活消费产生的碳排放增长最快,增长 100%,年均增长 7%;其次为交通运输,增长 43%,年均增长 4%,2018 年排放量最高;第三服务业及其他领域增长 45%,年均增速 4%;工业和建筑业增长排第四,增长 22%,年均增长2%，2017年排放量最高。

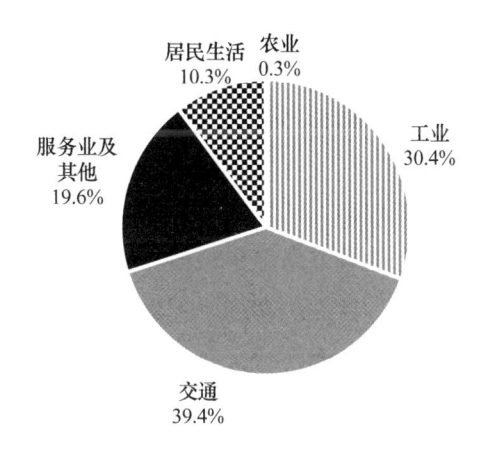

图7-7 2020年深圳市能源终端消费领域二氧化碳排放结构

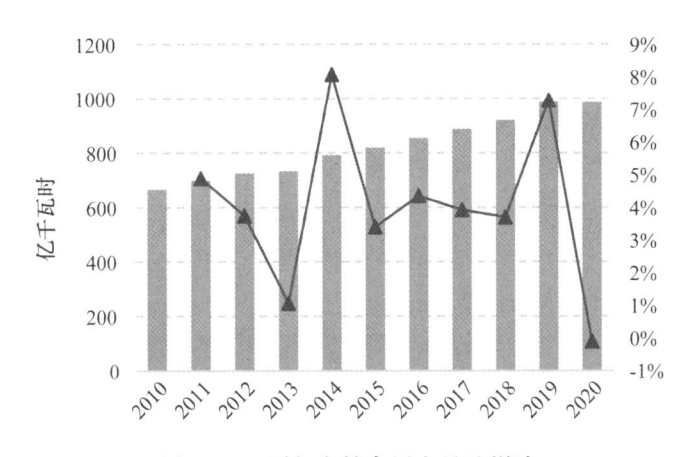

图7-8 历年全社会用电量及增速

根据现有数据计算，2010—2019年深圳市能源领域二氧化碳排放呈稳步上升趋势。二氧化碳排放总量2016年比2010年上升25.6%，2017年深汕合作区加入以来，2019年能源领域排放比2017年小幅增长5.5%。这与深圳市2019年全社会用电需求经历较快增长相关。

除了个别年份，深圳全社会用电量以超过3%的速率增长。

2019年速率突破7%，成为2010年以来第二高用电增速，这也导致了当年调入电量迅速增长，带动当年外调电间接二氧化碳排放大幅上升。

电力领域直接碳排放和外调电间接碳排放是深圳市能源领域二氧化碳排放最重要来源。深圳市能源领域二氧化碳排放主要来自电力和热力生产领域、石油、天然气及其他能源加工业，以及由电力调入导致的间接排放。其中，电力和热力部门排放占比最高，2019年超过了73%。在2017年前后两个阶段，电力调入间接排放均呈现较快增长趋势，2019年电力调入间接碳排放占能源领域碳排放的24%。其与电力和热力部门组成能源领域最大的排放源，占能源领域总排放的97%。

在电力行业内部（图7-9），几乎一半以上的二氧化碳排放来自煤电，历史排放比重最高年份为2017年深汕合作区加入，为70%，随后下降到2019年的57%。近年来天然气排放比重有所下降，从2010年38%下降为2019年的20%。与之相反，外调电排放占比持续上升，到2019年达到23%，反映了深圳市调入电量快速增长的趋势。

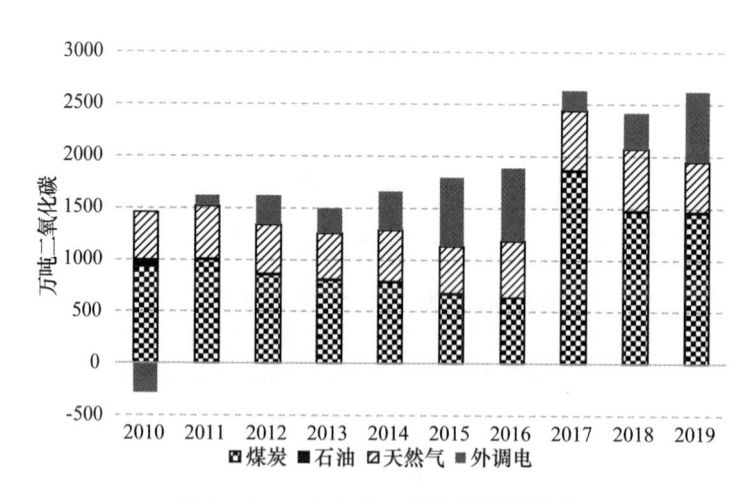

图7-9 电力行业二氧化碳排放结构

深圳市交通运输碳排放呈波动增长趋势，但在2011年、2018

年出现两次峰值，石油消费的碳排放占比最高。如图 7-10 所示，2010—2020 年，深圳市交通运输领域碳排放呈波动增长趋势，在 2011 年、2018 年出现两次碳排放峰值，相差约 544 万吨；石油消费产生的碳排放占比最高但在不断下降，由 2010 年的 98.3% 下降至 2020 年的 93.9%，而电力消耗产生的碳排放占比则不断上升，由 2010 年的 1.5% 上升至 2020 年的 5.8%，主要原因：一是铁路电气化率不断提升，二是道路运输业新能源汽车尤其是纯电动公交车、出租车、物流车保有量不断增加，三是水上运输业的岸电使用率不断提高。

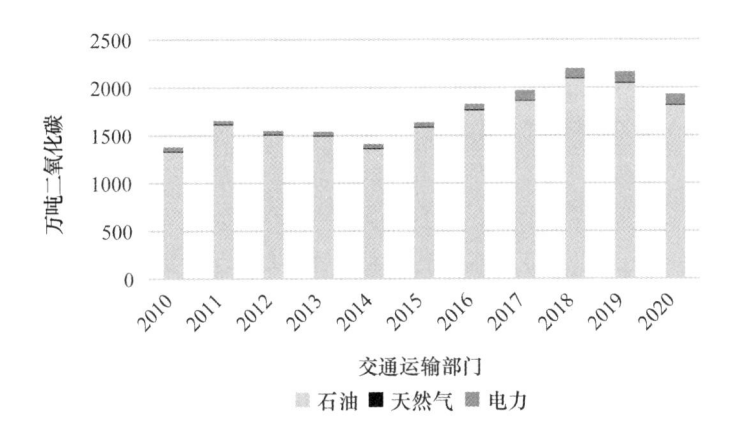

图 7-10　2010—2020 年深圳市交通运输碳排放

道路交通和航空运输业是深圳市交通领域的最主要碳排放源，未来需在汽油乘用车、柴油货车和航空运输领域加大减排力度。如图 7-11 所示，由于数据可得性的限制，我们计算 2010—2019 年的交通领域分行业碳排放。道路交通领域（含居民生活及其他产业的汽车油耗）是深圳市交通领域的最主要碳排放源，2019 年占交通运输领域的 67%，道路运输业碳排呈逐年增长趋势，主要来自乘用车的汽油消耗和货车的柴油消耗；2010—2019 年，航空运输业碳排放也呈逐年增长趋势，主要来自对航空运输业的需求和深圳航线的增多，占交通运输的 27%；2010—2019 年，铁路运输业由于电气化发展，碳排放逐渐下降，水上运输业碳排放呈波动变化。

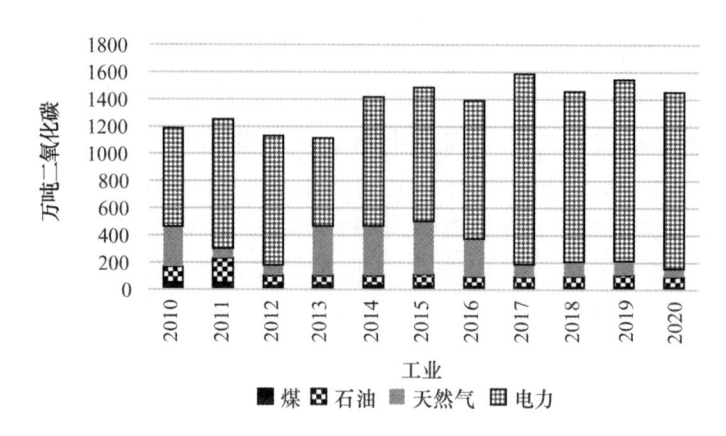

图 7 - 11　2010—2020 年工业分能源品种碳排放量

2010—2020 年，工业终端能源消费产生的碳排放年均增长率约为 2.0%。其中"十二五"期间呈现上升趋势，年均增长率达 4.6%；"十三五"期间，工业碳排放量呈现波动下降趋势，年均下降率为 0.4%，于 2017 年达到高峰。可以发现，深圳制造业碳排放已经开始进入碳排放平台期。

从碳排放结构上看，深圳市工业 2010—2020 年煤炭、石油、天然气、电力碳排放结构如图 7 - 12 所示。据测算，2010—2020 年，工业的煤炭燃烧产生碳排放年均下降率为 31%；石油燃烧产生碳排放年均下降率为 2.3%；天然气燃烧产生碳排放年均下降率为 14.4%；电力消耗产生碳排放年均增长率为 6.0%。

从工业细分行业碳排放量来看，根据可得数据计算，2010—2019 年，深圳市工业细分行业中，通信设备、计算机和其他电子设备制造业一直处于占比最高的水平，2017 年起能耗水平和碳排放水平增长较快，至 2019 年[1]占工业总量的 44%；2019 年碳排放与 2010 年相比增长了 1.6 倍，年均增长率为 11.5%。

第二是电气机械和器材制造业，各年度能耗水平和碳排放水平增长较为平稳，至 2019 年占工业总量的 11%；2019 年碳排放与

---

[1] 因缺少 2020 年工业分行业能源统计数据，最新工业分行业碳排放结果只能更新到 2019 年。

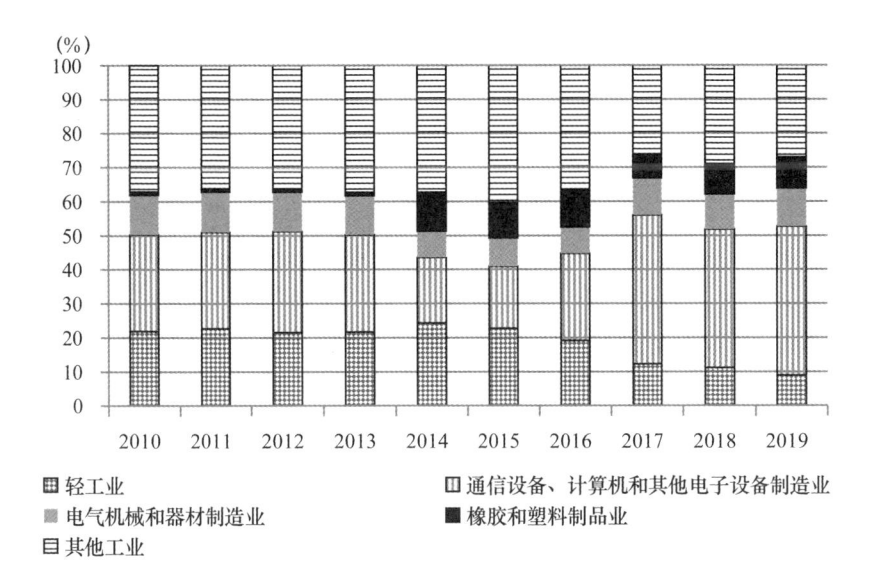

图 7-12 2010—2019 年工业细分行业碳排放结构

2010 年相比增长 66%，年均增长率为 5.8%。

第三为橡胶和塑料制品业，2014 年能耗水平和碳排放水平出现跨越式增长，至 2019 年占工业总量的 9%；2019 年碳排放与 2010 年相比涨幅超过 14 倍，年均增长率高达 36%。

其他工业整体能耗水平和碳排放水平呈现先增长后下降的趋势，至 2019 年占工业总量的 27%；2019 年整体碳排放与 2010 年相比增长 26%，年均增长率为 2.6%，其中 9 个行业存在碳排放增长，其他 10 个行业碳排放下降。

从碳排放来看，2010—2020 年，深圳服务业及其他领域二氧化碳排放波动增长，2018 年到达高点后出现明显下降，服务业及其他领域的化石能源排放已见峰值。从排放结构来看，服务业及其他领域的化石能源燃烧产生的直接碳排放构成中，99% 来自油品消费和天然气消费，煤炭消费产生的排放占比不足 1%。2010—2020 年，油品消费产生的二氧化碳排放量逐步缩减，天然气消费产生的二氧化碳排放量逐年增加。从电力排放来看，2010—2020 年，服务业及其他领域的电力排放量持续增长，年均增速约 10.6%，增速较快。

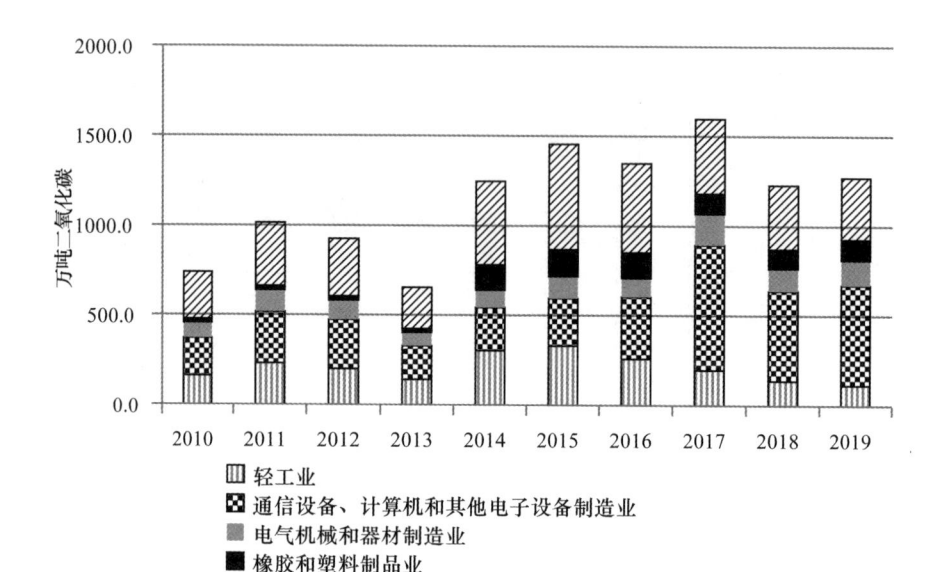

图 7-13　2010—2019 年工业细分行业碳排放

2020年，服务业及其他电力消费产生的二氧化排放量接近化石能源二氧化碳排放量的2倍，是服务业及其他领域最主要的排放源。

从化石能源排放来看，深圳市居民生活化石能源二氧化碳排放占全市化石能源排放总量的比重约2%，2010—2020年，居民生活二氧化碳排放呈波动增长。2020年，居民生活能源消耗产生二氧化碳排放比2010年增长了99.9%，年均增速约7.1%。

从排放结构来看，居民生活化石能源活动二氧化碳排放构成中，99.9%来自油品消费和天然气消费，煤炭消费产生的排放占比不足0.1%，2015年之后无煤炭排放。2010—2020年，居民生活油品消费产生的二氧化碳排放量逐步缩减，天然气消费产生的二氧化碳排放量逐年增加，2010—2020年平均增速约4%，仍处于较快增长阶段。2020年，居民生活天然气消费排放占居民生活化石能源二氧化碳排放的比重约90%。从电力排放来看，2010—2020年，深圳市居民生活电力排放持续增长，2020年相比2010年电力排放增长了157%，年均增速9.9%，处于快速增长阶段。2020年，居民生活电力二氧化碳排放量是化石能源二氧化碳排放量的2.9倍，成为居

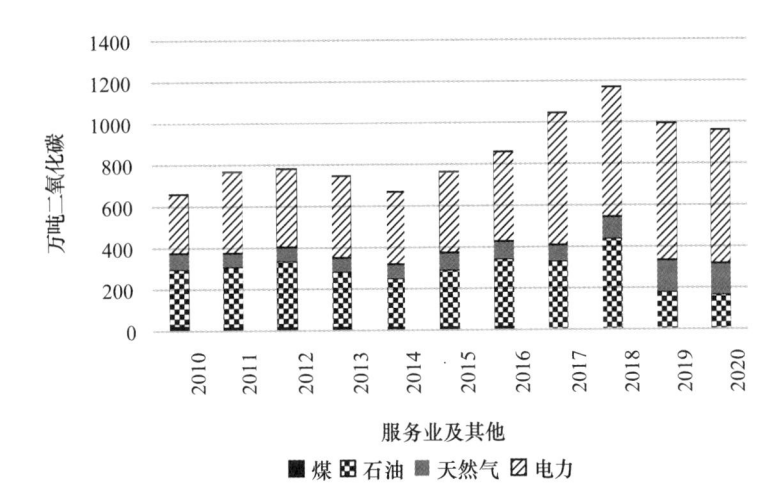

图 7-14　2010—2020 年深圳市服务业及其他领域能源消耗碳排放

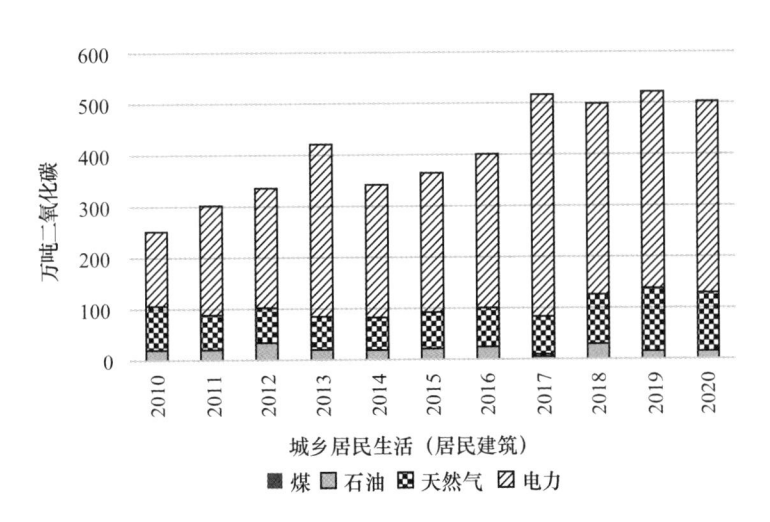

图 7-15　深圳市居民生活能源消耗产生的碳排放

民生活主要的排放来源。

三　深圳市碳达峰情景分析

综合考虑深圳市未来消费增长趋势、能源、经济、社会、技术各方面发展条件，本研究设定三种情景，分别是基准情景、规划情景与强化减排情景。各情景的总体宏观经济指标设定保持一致。从经济社会发展趋势来看，未来深圳市经济总量保持稳步增长，人口基数逐步扩大。按照远景规划目标及市发改委的初步预测，深圳市"十四五"和"十五五"期间地区生产总值年均增速约为6%和5.8%，地区生产总值分别达到4万亿元和5.7万亿元；常住人口在"十四五"末和"十五五"末分别达到1860万人和1900万人。机动车保有量增速相比"十三五"期间放缓，在"十四五"期间预计为4%，在"十五五"期间预计为3%，全社会用电量年均增速在"十四五"期间预计为4.4%，全社会用电量达到1220亿千瓦时，到"十五五"末达到1470亿千瓦时。

各情景发展趋势及内涵如下：基准情景：基于深圳市人口、社会和经济发展趋势及未来新增消费需求，评估维持当前发展趋势下全社会可能的能源消费与二氧化碳排放走势。该情景下，各领域都将保持原有发展方式，技术结构和能源结构不会发生显著变化，情景结果展示维持现有发展模式下的排放趋势及影响，将作为其他两个情景的重要比较对象。规划情景：在满足全社会消费需求前提下，评估深圳实施现有减排政策规划产生的减排效果及对排放路径的影响，包括能源、交通、建筑、工业等领域"十四五"规划中围绕碳达峰碳中和目标提出的相关目标与行动，涉及"十五五"的相关愿景、目标与构想。分析采取现有减排措施对深圳2030年前二氧化碳排放趋势的可能影响，以及实现碳达峰的可能性。强化减排情景：在规划情景基础上，该情景挖掘各个领域剩余减排潜力，分析进一步强化减排行动对降低深圳二氧化碳排放和达峰时点的影响。最后，通过情景比较，综合考虑各个情景的实现条件和难度，识别符合深圳市发展条件、具有较高可行性的碳达峰时点及目标。

（一）基准情景

基准情景下，2020—2030年深圳市能源消费总量保持稳定增长趋势，年均增长2.8%。全社会能源消费结构维持当前发展模式，仍以化石能源为主，且随天然气消费需求快速上升。化石能源消费占比也逐年增加，预计到2025年，煤炭、石油、天然气、一次电力及其他能源的比例为10∶25∶19∶45，到2030年的比例为9∶23∶27∶41。

分领域来看，能源领域基本维持"十三五"末供电结构，电力生产以煤电、气电为主；交通领域燃油车仍然占新车销量主导，居民出行方式仍以私家车为主、公交为辅，参考"十三五"新能源汽车推广速度，新能源汽车保有量预计到2025年达到73万辆，到2030年达到107万辆；在建筑业、服务业和居民生活领域，电力及天然气消费保持较快增长趋势。

基准情景下，二氧化碳排放随着能源消耗总量的增长保持稳定增长趋势（图7-16），由2020年的4900万吨增长至2030年的6907万吨，年均增长3.5%；到2030年，由于人口增速放缓，人均碳排放不降反增，增长到3.7吨二氧化碳/人，碳排放强度下降至0.15吨二氧化碳/万元。分能源品种来看，基准情景下，2030年前，由于燃油机动车保有量的稳定增长和使用，燃油碳排放仍为深圳市二氧化碳排放的最大贡献源，其次为燃气碳排放。由于天然气电厂的建设和居民、商业用气的增加等原因，深圳市燃气碳排放的占比逐渐提高，燃油碳排放的占比随着燃气碳排放占比的提高而逐渐下降，燃油碳排放占比由2020年的43%下降至2030年的34%，而燃气碳排放的占比由2020年的17%增长至2030年的36%。燃煤碳排放和调入电力碳排放的占比也呈现下降趋势，其中燃煤碳排放占比由2020年的28%下降至2030年的20%，调入电力碳排放的占比由2020年的12%波动下降至2030年的11%。

（二）规划情景

在国家碳达峰、碳中和目标引领下，深圳市政府及各部门在"十四五""十五五"相关规划、展望和行动中将双碳目标要求逐步纳入自身工作方案，陆续制定和出台多个能源与低碳相关发展目标指标（表5-1）。各部门未来发展趋势呈现如下特征。

能源领域，严格控制煤炭消费总量，对妈湾电厂实施煤电升级改造；推进天然气电站建设，进一步提升本地发电供电能力；因地制宜地积极推动生物质能、太阳能等可再生能源有序利用，逐步扩大可再生能源发电规模。交通领域，深圳市机动车保有量在基础情

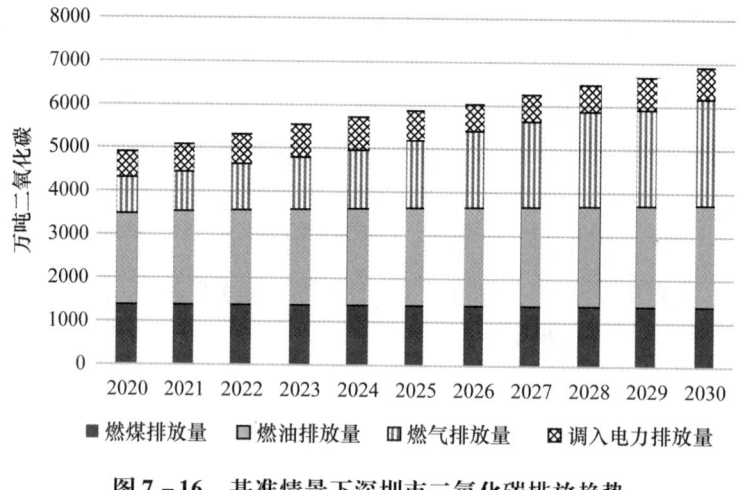

图 7-16 基准情景下深圳市二氧化碳排放趋势

景增速的基础上，新增和替代的机动车燃料结构进一步优化，根据《深圳市新能源汽车推广应用工作方案（2021—2025 年）》《节能与新能源汽车技术路线图 2.0》等文件，新能源汽车保有量预计到 2025 年达到 100 万辆，到 2030 年达到 208 万辆。工业领域，产业结构进一步优化完善，大力发展新能源产业，工业企业节能低碳转型，到 2025 年，规模以上工业企业单位增加值能耗较 2020 年下降 14.5%，单位增加值二氧化碳排放量较 2020 年下降 15%。建筑领域，"十四五"期间装配式建造成为深圳主要建造方式，新增装配式建筑面积不少于 5000 万平方米，实现装配式建筑面积占全市新建建筑面积的 60%，大力推广绿色建筑，新建建筑 100% 执行绿色建筑标准，新增绿色建筑面积 7000 万平方米，绿色建筑占存量民用建筑比达到 25%，建成一批超低能耗、近零能耗建筑示范项目，新增高星级绿色建筑 500 个。

在上述节能控排措施作用下，全社会能源消费总量增速有所放缓，预计到 2025 年能源消费总量达到 5050 万吨标准煤，2030 年达到 5683 万吨标准煤，每五年新增能源消费量分别为 636 万吨标准煤和 634 万吨标准煤（表 7-3）。

表 7-3　　深圳市各领域低碳发展相关目标指标

领域	核心目标指标
能源	全社会能源消费总量 全社会用电量 单位GDP能耗 单位GDP二氧化碳排放 煤炭消费总量 屋顶光伏装机
工业	规模以上工业企业单位增加值能耗 规模以上工业企业碳排放总量 单位工业增加值二氧化碳排放量 新能源总产值、产业增加值 绿色低碳产业增加值 战略性新兴产业增加值占地区生产总值比重 现代服务业增加值占服务业增加值比重 PUE值 氢能产业规模
建筑	新增绿色建筑面积 高星级绿色建筑比例 新增装配式建筑面积
交通	绿色交通出行分担率 新能源汽车保有量 累计建成公共和专用网络快速充电桩 基础网络慢速充电桩 岸电使用率 城市轨道交通通车里程 新增自行车专用里程
生态	森林覆盖率

全市能源消费结构向清洁低碳化方向转型，清洁能源比重持续提高，但本地电力供应无法满足新增用电需求，外调电持续增长。规划情景下，煤炭方面，"十四五"期间，妈湾电厂将实施6台30万千瓦级小机组每2台分别在2024年和2025年、2027年完成"以大代小"升级改造（60万千瓦级煤电机组），发电效率将显著提

升，带动全市煤炭消费总量出现明显下降，由2020年的517万吨标煤，降低为2025年的414万吨标煤和2027年364万吨标煤；燃油方面，随着新能源汽车推广力度加大，全市交通领域油品消费稳中略降，全市石油消费总量在2025年达到峰值，约1266万吨标煤，随后稳中略降，2030年油品消费约1198万吨标煤；燃气方面，随着光明燃气电厂、东部电厂、妈湾燃气电厂、宝昌电厂扩建等电源项目建设，以及居民和服务业用气需求增长，全市天然气消费需求大幅上升。到2025年，深圳市天然气消费量将增加到995万吨标煤（相比2020年增长87%），2030年增长到1572万吨标煤（相比2020年增长196%）；电力方面，"十四五"期间全市发电量增速低于全社会用电增速，外调电呈上升趋势，2025年全市净调入电力预计从2020年152亿千瓦时增加到210亿千瓦时，"十五五"期间，伴随储备电源项目陆续投产，尤其是岭澳三期核电站正式投入运行，全市供电能力显著提升，2030年净调入电下降至105亿千瓦时。预计到2025年，煤炭、石油、天然气、一次电力及其他能源的比例为8∶25∶20∶47，到2030年的比例为6∶21∶28∶45，清洁能源占比由2020年60%上升至2025年67%，2030年73%。

按照现有规划情景，未来深圳市二氧化碳排放呈现波动上升趋势（图7-17），预计在2028年实现峰值[1]，峰值约为5909万吨二氧化碳，峰值年人均碳排放约3.2吨二氧化碳/人，碳排放强度约0.14吨二氧化碳/万元；到2030年，人均碳排放下降到3.1吨二氧化碳/人，与2019年水平相当，碳排放强度下降至0.13吨二氧化碳/万元。分能源品种来看，规划情景下，燃油碳排放仍为深圳市二氧化碳排放的最大贡献源，但随着新能源汽车的大力推广，燃油碳排放在2025年左右达峰，随后至2030年逐渐下降；由于燃煤电厂的改造等因素，燃煤碳排放在2020—2030年呈逐年下降趋势；燃气碳排放随着燃气电厂的建设运营将在2020—2030年大幅增加；调入电力碳排放随着电源结构优化，在2025年左右达峰后开始下降，2029年随着岭澳三期核电站正式投入运行将进一步下降。

---

[1] 受核电带来的显著效果影响，全市碳排放达峰时间由核电实际投产时间决定。

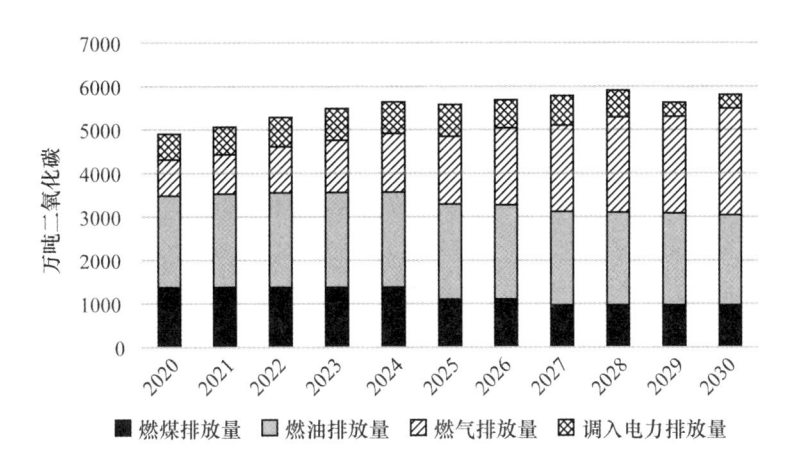

图 7-17　规划情景下深圳市未来二氧化碳排放趋势

（三）强化减排情景

在现有规划情景基础上，本研究进一步识别具有较高可行性的减排行动，评估其逐年减排潜力，并与规划情景结果进行比较，分析在强化减排行动下符合深圳市发展基础和发展能力的、尽早实现碳达峰的可能时间点与峰值目标。

从产业结构调整来看，进一步加快发展第三产业，提高低碳强度服务业对地区生产总值的贡献，推动产业进一步向低排放、高附加值结构调整，实现第三产业比重在规划情景基础上提升1个百分点，可降低碳排放约12万吨。在工业内部，继续加快制造业转型升级，以非金属矿物制品业为代表的传统制造业单位增加值能源强度是通信电子制造业的7倍，因此，继续扩大通信设备、计算机和其他电子设备制造业、电气机械和器材制造业、专用设备制造业等优势制造业发展规模，将优势制造业增加值占比提高5个百分点，可降低碳排放约58万吨。

一方面，从供给端来看，可进一步加大本地可再生能源资源开发力度。光伏方面，在规划情景基础上，随着"十四五"期间首批100万千瓦分布式光伏投产运营，本市将培育一批分布式光伏制造和运营先进企业，分布式光伏生产成本进一步下降，屋顶光伏商业模式日趋成熟，深圳分布式光伏产业从萌芽期迈入快速成长期，为分布式光伏快速发展奠定了良好基础。据统计，全市公共机构、工业厂房及居住建筑的屋顶面积约120平方千米，技术可开发潜力达1200万千瓦。因此，在"十五五"期间有望在规划情景基础上额外新增开发屋顶光伏100万千瓦（2030年全市累积分布式光伏装机300万千瓦，占全市可开发潜力约1/4），可替代外调电约10亿千瓦时，降低二氧化碳排放30万吨。

另一方面，可在消费端突出需求管理，强化节能措施。在道路交通领域，在现有规划基础上，严格监控新增机动车燃油经济性，提高新能源汽车推广力度：一方面加快推广新能源电动车，从2026年开始10%的新增（含替换）重型货车，40%新增（含替换）乘用车为纯电动汽车，从2027年开始50%新增（含替换）乘用车为纯电动汽车，从2028年开始100%新增（含替换）轻型货车，60%新增（含替换）乘用车为纯电动汽车，这样在2025年100万辆新能源汽车保有量的基础上，2026年、2027年、2028年新能源汽车保有量分别达到128万辆、163万辆、205万辆，2030年预计达到281万辆，在2026—2028年新增的新能源汽车共在此期间可替代燃油消耗64万吨标准煤，新增二氧化碳减排潜力110万吨。另一方面，持续降低新增乘用车、重型货车的百公里油耗，对本地新增燃油乘用车、重型货车的百公里油耗严格执行《乘用车燃料消耗量限值》《节能与新能源汽车技术路线图2.0》中的国家标准，使新增燃油乘用车平均百公里油耗从2019年的6.6L/100km下降至2025年的6.2L/100km，2030年下降至5.7L/100km，新增重型柴油货车百公里油耗2025年相比2019年下降10%，2030年相比2019年下降15%，该措施下2026—2028年可以直接减少燃油消耗13万吨标准煤，新增二氧化碳减排潜力22万吨。

在工业领域，利用数字化、信息化技术加强对生产工序的智能管控，从系统层面提升企业生产效率；重视结构优化节能，加快淘汰单位增加值能耗高的非金属矿物制品业等行业，积极发展单位增加值能耗低的通信电子制造业等深圳优势产业与新型绿色低碳产业。通过系统节能与结构优化节能，使规模以上工业企业单位增加值能耗在规划情景基础上降低1个百分点，有效降低全市工业用电需求5亿千瓦,减少二氧化碳排放15万吨。服务业与居民生活领域,新建建筑争取达到绿色建筑运行阶段二级及以上节能标准,加大力度改造旧建筑围护结构,单位面积用电强度相比规划情景降低1个百分点,可减少二氧化碳排放15万吨。综合以上措施,可累计新增二氧化碳减排约262万吨(表7-4)。2028年、2027年可分别在规划情景基础上新增减排117万吨、133万吨。与规划情景下排放增速相比,采取上述强化减排行动,可以抵消2028年、2027年排放增量(约223万吨),但是不足以抵消2026年排放增量。如此,在强化减排情景下,深圳有望将全市碳排放峰值提前至2026年,峰值水平约5649万吨(图7-18),峰值年人均碳排放约3.0吨二氧化碳/人,碳排放强度约0.15吨二氧化碳/万元;到2030年,人均碳排放下降到2.8吨二氧化碳/人,与2020年水平相当,碳排放强度下降至0.12吨二氧化碳/万元。

能源结构向绿色清洁方向转型能协同降低大气污染物排放。强化减排情景下,到2030年全市天然气消费上升和替代煤电厂煤炭消费可降低全市30% SO_2 排放和10% N_xO 排放。其中,电力部门是最大的减排贡献来源,占全市 SO_2 减排量的100%和 N_xO 减排量的60%,剩余40% N_xO 减排潜力来自交通用油降低。因此,深圳实现碳达峰目标具有显著的空气污染物协同减排效应。

表7-4   2028年前潜在减排措施及减排潜力

领域	措施	减排潜力(万吨)
产业结构	优化产业结构和工业结构	70
能源	进一步推广屋顶光伏	30
交通	进一步推广新能源汽车	110
	提高机动车燃油经济性	22
工业	加强智能化、数字化管理	15
服务业和居民生活	提高建筑节能标准	15
合计		262

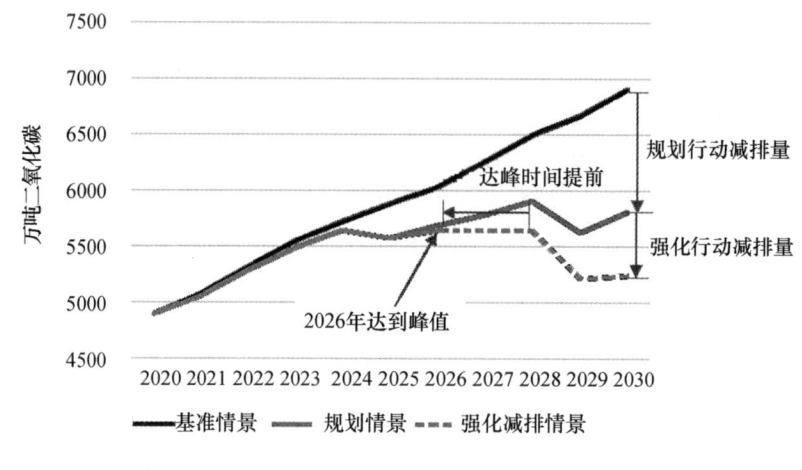

图 7-18　三个情景下深圳市未来二氧化碳排放趋势

四　深圳碳达峰实施方案

将碳达峰贯穿于经济社会发展的全过程和各方面，重点实施产业结构优化升级行动、能源绿色低碳转型行动、工业领域碳达峰行动、城市建设碳达峰行动、交通运输绿色低碳行动、循环经济助力降碳行动、绿色低碳科技创新行动、提升生态碳汇行动、绿色低碳全面行动、深入开展绿色低碳对外合作等"碳达峰十大行动"。

（一）产业结构优化升级行动

以产业结构优化引导节能。以节能降碳为导向，调整优化产业结构，加快出台深圳市绿色产业指导目录和认定体系。加快绿色新型产业发展，不断提升战略性新兴产业竞争力，持续引领产业高端发展和经济高质量发展。推进服务业高端化绿色化发展，积极推动生产性服务业向专业化和价值链高端延伸，推动生活性服务业向高品质和多样化升级，增强金融、现代物流等支柱产业国际竞争力，实现现代服务业与先进制造业在更高水平上有机融合。到2025年，第三产业占地区生产总值比重约66%，战略性新兴产业增加值占地区生产总值比重将达到40%，现代服务业增加值占服务业增加值比重将达77%。继续扩大通信设备、计算机和其他电子设备制造业、电气机械和器材制造业、专用设备制造业等优势制造业发展规模，将优势制造业增加值占比从当前水平提高 5 个百分点。

加快推动"20 + 8"产业集群发展。深入实施企业竞争力提升计划，在网络与通信、半导体与集成电路、生物医药等领域核心环节培育引进一批附加值高、碳排放少、科技含量高的生态主导型企业、"单项冠军"企业，孵化一批"专精特新"中小企业，建成主业突出、产业链完整、竞争力强的产业集群。实施短板突破计划，系统梳理集群的突出短板与弱项，布局建设一批制造业创新中心，以揭榜制等方式持续支持关键核心技术产业化协作攻关，持续增强集群创新能力。着力建设集群发展空间平台，大力推进重点片区土地空间整备，整备与连片改造 100 平方千米工业区，着重用于发展产业集群。加大重点项目扶持，对产业集群重点项目，在土地配置、环境准入、建设资金等方面给予支持。

(二) 能源绿色低碳转型行动

持续提升煤电清洁利用水平。开展煤电清洁高效发展示范，对妈湾电厂即将服役到期的煤电机组进行"以大代小"升级改造，在 2024 年、2025 年、2027 年分别实施 2 台 30 万千瓦级燃煤机组改造成 1 台 60 万千瓦级超超临界燃煤机组，使单位发电煤耗达到国内领先水平。强化煤电安全托底保障，发挥煤炭中长期合同的"压舱石"作用。

大力发展清洁能源。持续提高本地清洁能源供电能力和发电占比，根据电力系统运行需求，在电力缺口较大的负荷中心区域建设天然气电站，确保"十四五"光明燃机电厂、东部电厂、宝昌燃气热电扩建等项目顺利投产，燃气储备规划电源项目在"十五五"顺利推进。2025 年天然气装机容量较 2020 年实现翻番，2030 年天然气装机容量持续稳步增长。2030 年本市清洁能源发电占比达到 85%，其中天然气发电量超过 50%。巩固提升天然气供应保障格局，完善城市天然气输配系统，优化城镇燃气管网布局，夯实燃气供应基础。

积极发展新能源。按照"能建尽建"原则，新建、改扩建建筑在设计施工时同步安装光伏发电设施，积极开展光伏建筑一体化建设，推进整区分布式光伏开发试点工作。率先在全市工业园区、公共建筑全面推广屋顶分布式光伏，对部分居民建筑和城中村建筑屋顶进行光伏改造。因地制宜开发利用生物质能。推动龙华、光明、坪山和深汕特别合作区等垃圾焚烧发电项目建设。积极探索其他可再生能源。加强海上风能资源有效开发利用，开发深汕特别合作区海上风电项目。在具备开发条件且兼顾经济收益的前提下，探索地表浅层地热能、波浪能及潮汐能等可再生能源项目试点。到2025年完成100万千瓦屋顶光伏装机，到2030年努力完成300万千瓦屋顶光伏装机。到2025年新增生物质发电装机容量约40万千瓦，到2030年新增生物质发电装机容量至少17万千瓦。

加快推进核电项目。积极争取国家和广东省支持深圳市岭澳三期核电项目，尽早开工建设，争取在"十五五"期间投产运行，提高深圳市供电能力，保障供电安全，加快推动能源系统向低碳方向转型，夯实2030年前碳达峰基础。

优化外来电调度。推进区外送深电力通道建设，提升市外清洁电力消纳能力。充分利用"西电东送"电力，建立优先调入低排放因子地区电力的磋商制度，与省电力部门协商加大调入电力中的绿电比例，在逐步提高区外受电比例的同时，有效控制电力调入间接排放增幅。

（三）工业领域碳达峰行动

严控"两高一低"行业产能。严把重点领域能耗和碳排放准入门槛，优先选择化石能源替代、原料工艺优化、制造业转型升级等源头治理措施，强化工业企业能耗管理与行业布局，持续开展能效水平对标达标行动，将"散乱污"企业纳入"有序用电、错峰用电"范围，有序清退高能耗、高排放、低附加值传统产业和企业。严格控制"两高一低"行业新建项目审批，对"两高一低"行业新申请固定资产投资类项目实行能耗与碳排放减量替代，新建设备与工艺水平需达到国际先进水平。

提升工业能效升级。加快高效电机、变频器件、智慧能源管理等先进节能技术和能效管理手段的应用推广。进一步加快生产设施、温控设施、能源设施、照明设施、运输设施领域先进低碳技术的应用推广。重点提升先进节能技术、固废利用处置、碳捕集利用与封存、清洁生产领域环境治理等领域技术攻关和产业化，不断增强集成化、系统化、智能化装备和服务供给能力。相较于2020年，2025年完成电机能效提升65万千瓦，万元工业增加值能耗（除电力生产）下降14.5%；2030年完成电机能效提升100万千瓦，万元工业增加值能耗较2020年下降25%。

数字创新赋能工业高效发展。支持5G、云计算等技术与制造业深度融合，依托"深i企"构建基于大数据和工业互联网的节能云服务平台，推动重点用能设备运行数据上云上平台，开展设备运行监测与工况优化、精准运维、能耗监控等全生命周期应用。建立重点工业产品碳排放基础数据库，提供碳达峰监测、对标、技术等全场景的智慧化、数据化服务，助力工业生产节能减排和能效水平提升。鼓励园区建设智能微电网，推广厂房光伏、多元储能、智慧能源管控系统，提升园区综合绿色低碳水平。

加强工业制造过程减污降碳协同增效。引导生物制药、电镀、印刷等行业集聚发展、集中治污，严格工业园区环境监管。强化污染物源头减量、过程控制和末端高效治理相结合，持续推进有害原料减量化替代，实施重点行业清洁生产技术工艺改造，加大先进高效环保装备推广应用，大幅削减污染物排放，利用原料替代、过程削减和末端处理等手段，加强生产线改造、替代技术研究和替代路线选择，推动制造过程含氢氯氟烃等非二氧化碳温室气体控制。

（四）城市建设碳达峰行动

加快提升建筑能效水平。新建建筑严格执行绿色建筑标准，全市新建民用建筑争取全面按照二星级及以上绿色建筑标准进行设计建设，新建大型公共建筑和国家机关办公建筑应全面按照二星级绿色建筑标准进行建设运营，并鼓励优先采用三星级绿色建筑标准、超低能耗及近零能耗建筑技术进行全生命周期规划、建设及运行。推进既有建筑绿色节能化改造。鼓励既有建筑实施绿色化改造，达到既有建筑绿色改造评价标准一星级。既有建筑实施整体改造的，应当达到既有建筑绿色改造评价标准一星级以上。以市场化手段提升建筑运营质量。到2025年，全市新建绿色建筑面积达7000万平方米，全市既有建筑改造面积达到4000万平方米，高星级绿色建筑占比达50%。到2030年，全市累计绿色建筑面积超过2.7亿平方米，全市既有建筑改造面积超过7000万平方米，新建高星级绿色建筑占比达70%。

加快优化建筑用能结构。大力推广太阳能光伏发电技术、太阳能供热水技术，加大可再生能源技术在公共建筑领域的应用力度，并积极探索生物能等可再生能源在建筑领域的实施效果，建筑面积2万平方米以上的新建建筑应至少利用一种可再生能源进行设计建设。提高绿色物业管理水平，探索绿色物业管理创新模式，新建民用建筑全面实行绿色物业管理。到2025年，直流建筑示范面积超过5万平方米。到2030年，直流建筑示范面积超过10万平方米。

提高建筑能耗管理水平。全面落实建筑能耗监测平台建设与第三方认证体系建设，积极开展建筑能耗统计、能源审计工作，出台建筑能耗碳核查技术标准和管理办法，对公共建筑碳排放水平进行全面摸底调查，并逐步纳入居民建筑。尽快研制公共建筑能耗定额管理规定，并结合全市用电峰谷时间段，编制出台公共建筑用能价格差别化政策。到2025年，全市公共建筑能耗监测覆盖率达100%，完成不少于1000栋大型公共建筑碳核查工作。到2030年，居民建筑能耗监测实现全面覆盖，完成不少于2000栋大型公共建筑碳核查工作。

全面推进绿色施工。扩大装配式建筑应用规模和范围，建筑面积1万平方米及以上新建公共建筑、厂房，研发用房100%实施装配式建筑。提高绿色建材应用比例，切实推进绿色建筑应用可再生资源制备新型墙材及高性能混凝土和预拌砂浆等绿色建材，鼓励使用明确碳标签的建筑材料。全面推动装配式建筑施工，促进建筑全生命周期绿色化，鼓励在装配式建筑设计、施工过程全程采用建筑信息模型（BIM），推广EPC工程总承包模式，以发展装配式建筑促进绿色施工及传统建筑业转型升级。到2025年，明确碳标签建材在新建建筑中的应用比例达到50%，绿色建材在新建建筑中的应用比例达到80%，装配式建筑占新建建筑比例超过60%。到2030年，绿色建材在新建建筑领域中的应用比例达到100%，全市装配式建筑总面积超过1.4亿平方米。

（五）交通运输绿色低碳行动

加大力度推进运输工具低碳转型。巩固公交车、巡游出租车和网约车全面电动化成果，加快推进市内短距离物流车、公务车、国企用车、环卫车、警车、港口码头园区牵引车、民用机场运输车辆等全面实现电动化替代。积极鼓励私人自用领域使用新能源汽车，综合运用经济、行政、法律多种手段鼓励引导私人购买使用新能源汽车，健全新能源乘用车市场流通机制，培育发展新能源二手车专业交易市场及鉴定估价机构。推动氢燃料电池汽车在重载及长途交通运输等领域先行示范应用。加快老旧船舶更新改造，鼓励港作船、游船、公务船使用电能、LNG动力或氢燃料电池动力，率先在公务船舶领域开展氢燃料电池船舶应用示范。到2025年，新能源汽车保有量达到100万辆左右，其中新能源网约车保有量达到5.5万辆，新能源物流车达到11.3万辆，新能源环卫、泥头车达到0.8万辆，新能源私家车达到78万辆左右；到2030年，新能源汽车保有量达到281万辆左右。

加强新能源基础设施建设。加大土地、电力供应保障力度，推广应用柔性充电等新型智能化充电技术，因地制宜建设新能源充放电站等产业基础设施，加强智能电网与电动汽车能量和信息的双向互动。研究制定鼓励社会资本参与充电设施投资建设的配套支持政策。规划布局全市综合能源（油、气、电、氢）补给设施，率先在工业园区、港口码头等试点建设加氢站。推进充电、岸电等新能源基础设施建设，提升远洋船舶靠港期间岸电使用比例。到2025年，建设加氢站不少于10座，累计建成充电桩83万个；到2030年，累计建成公共和专用网络快速充电桩7万个左右，基础网络慢速充电桩260万个左右。

推动交通运输结构优化调整。完善平盐铁路、近距离内陆港等疏港铁路设施布局，提升铁路货运能力和服务水平，引导大宗货物和中长距离货运"公转铁"。推动道路货运设施与水路设施紧密衔接，推动货物"公转水"运输。完善集疏运体系，推广大湾区组合港模式，将两次报关变为一次报关，完善深圳与珠三角港口群间的水路运输网络，大力发展"水水中转"。进一步探索扩大中欧班列辐射范围，探索开通"深圳—伦敦"海铁多式联运国际班列。积极开展小漠港疏港铁路前期研究。

优化绿色出行场景。深入实施公共交通优先发展战略，打造"轨道—公交—慢行"设施融合的绿色出行体系，构建面向多元需求、覆盖城市主要轴带和节点的轨道交通体系。探索提供智能班车服务，在关键交通走廊探索设置多乘员车道，促进合乘出行，提升道路资源利用效率，研究碳积分等相关政策，优化停车收费、景区预约、分类限行等既有政策，降低小汽车使用强度。完善城市步行和非机动车慢行交通系统，营造15分钟社区生活圈。完善共享单车使用等绿色出行场景，强化配套设施建设，优化数据信息采集功能，出台共享单车管理办法。

（六）循环经济助力降碳行动

加快构建产业链绿色发展。推行重点产品绿色设计，推广易拆解、易分类、易回收的产品设计方案，提高再生原料的替代使用比例，培育一批工业产品绿色设计示范企业。强化顶层设计，开展全市工业园区碳排放核查，建立园区碳排放核算考核机制，推动各园区出台针对性减排激励政策。鼓励新建和改造园区按产业链、价值链集聚项目、优化布局，开展存量园区集中治污、能源梯级利用、资源循环利用、公共设施共建共享改造，构建循环经济产业链，推动形成产业循环耦合。到2025年，创建国家绿色园区、绿色供应链、绿色工厂、绿色产品设计企业、绿色制造系统集成供应商等100家左右，绿色产品100个左右。

加强固体废弃物处置和循环利用。按行业、领域逐步建立健全固体废物利用处置行业碳排放核查体系，重点推进生活垃圾能源化利用、建筑废弃物资源化利用、工业固体废弃物循环利用、市政污泥燃煤掺烧等领域的减碳核查工作。落实"无废城市"建设要求，完成龙华、光明和平湖能源生态园等3座垃圾焚烧厂的新、改扩建工程，开展坪山和大鹏2座垃圾焚烧厂的前期研究工作。加快动力电池回收体系建设，开展废旧动力电池梯次利用及再生利用产业试点示范。推进污水处理厂污泥资源化利用，全面提升水质净化厂污泥焚烧掺烧能力。

加强生活垃圾资源化利用。抓实生活垃圾分类收集，完善分类回收体系。深度做好厨余垃圾的资源化利用，继续完善餐厨废弃物规范化收运体系，应用物联网技术加强餐厨废弃物收运处理全过程信息化管理。支持餐厨废弃物等有机废弃物厌氧消化处理技术发展，推动有机废弃物资源化利用工程建设。加强生活垃圾焚烧发电设施能力建设，加快构建废旧物资循环利用体系，制定再生资源回收行业扶持政策，重点支持低附加值可回收物处置，到2025年，生活垃圾回收利用率达到50%以上，全市生活垃圾无害化处理率达100%，新增垃圾焚烧处理能力5100吨/日，实现生活垃圾高标准全量焚烧和零填埋。

（七）绿色低碳科技创新行动

健全鼓励原始创新的体制机制。积极开展低碳发展制度创新，充分发挥市场配置资源的决定性作用，支持各类低碳技术创新主体搭建共同开发、成果共享的低碳技术创新平台，鼓励产学研结合推动技术创新、人才共享的成果转化体系，加快国家可持续发展议程创新示范区的建设。探索"学校＋重大科技基础设施""学校＋大型科研院所""学校＋龙头企业"等形式，推进高水平研究型大学参与绿色低碳技术创新，强化提升基础前沿探索和关键技术突破能力。强化企业创新主体地位，支持企业承担绿色低碳关键技术和设备研发，承接国家科技重大专项和重点研发计划，加强原创技术和前沿技术储备。建立绿色低碳技术库，完善绿色低碳技术全生命周期监测、评估、认证体系。

加快先进适用技术研发和推广应用。推动企业研发创新链条前移，鼓励龙头企业成立研究院。支持企业与境内外高等院校、科研机构成立绿色低碳技术联合实验室、离岸实验室，提升原创技术和前沿技术研发实力。聚焦新能源、安全节能环保、智能网联汽车等三个战略性新兴产业集群，制定低碳技术发展战略，重点在太阳能、氢能和核能技术、城市综合安全技术、碳达峰、碳中和技术、汽车通信和整车技术、绿色低碳建筑技术等领域开展技术攻关。对各领域先进技术进行试点示范，加快技术进步，积累实践经验，形成可复制推广的优秀案例。聚焦能源领域负碳技术试点示范、工业领域供应链碳中和管理示范、交通领域运输工具装备低碳示范运行、建筑领域超低能耗建筑、近零碳排放建筑示范。积极在社区、园区、街道办、校园等不同区域尺度开展低碳和零碳试点，创新城区低碳发展新模式。

（八）提升生态碳汇行动

探索推进自然保护地固碳建设。建立凸显深圳特色、类型多样的自然保护地体系。完善生态保护红线管理制度，探索建立与国土空间规划深度融合的自然保护地规划体系。建设自然保护地生态环境监测网络体系，及时掌握动态变化。探索生态保护红线监测评估机制，加强自然保护地生态环境监督执法，实施自然保护地管理评价考核。探索建立生态保护补偿制度，共同分担保护任务。加强莲花山系等大型山体绿地，以及深圳湾、大亚湾、大鹏湾及珠江口滨海湿地等区域性大型自然生态空间保护与修复，共同构筑区域生态安全体系。加快创建东部湾区国家生态文明先行示范区，大力推进大鹏半岛生态文明体制机制综合改革试点。

科学巩固生态空间固碳作用。立足区域生态安全格局，完善"四带、八片、多廊"的全域生态网络空间结构，充分发挥区域绿地和水系对城市生态环境的支撑作用。按照系统修复、分区施策、因地制宜的原则，以构建全域生态网络格局为目标，科学布局和组织实施重要生态系统保护和修复重大工程，提升生态系统质量和稳定性。在林草增碳、河湖湿地固碳、土地利用调节吸收等方面，共同探索碳汇"开源"途径，构建地域特色鲜明的生态保护修复工程固碳增汇模式，持续巩固提升生态系统碳汇能力。共同推动规模化的陆地与海洋生态系统碳汇综合调查研究，探索建立区域性碳汇数据信息库，通过精准监测与动态适应性管理实现保护自然本底与碳汇增加的双赢局面。到2025年，湿地保有量保持40.7平方千米。

实施森林质量精准提升工程及绿化造林工程。严格落实林地用途管制，持续增加森林蓄积量，提高森林碳汇能力。推进自然公园—郊野公园—城市公园—社区公园多层次公园体系建设，建设形成城市绿道、社区绿道与区域绿道衔接互通的绿道网体系，全面实行立体绿化，提高城市绿地碳汇能力。到2025年，全市森林覆盖率稳定在37%以上，森林蓄积量达到447万立方米，人均公园绿地面积达到8平方米/人，到2030年，全市森林覆盖率稳定在37%以上，人均公园绿地面积及湿地保有量保持稳定。

(九) 绿色低碳全民行动

倡导绿色生产和生活方式。探索产品全生命周期碳排放评估、量化，健全绿色产品碳足迹标识，扩大碳足迹标识应用范围，完善产品碳标签机制，推动绿色生产，引导消费者形成绿色消费理念。宣传普及碳达峰、碳中和基础知识，定期在城区、街道、社区等区域开展全民节能减排宣传活动。充分利用新媒体手段，创新宣传教育方式，提高全社会对绿色低碳和生态环保的认知与关注度。开展绿色教学活动，将绿色低碳理念融入各类教育体系、干部培训体系、企业文件建设和社会文化建设中，打造绿色课堂系列教学活动，举办绿色低碳环保系列知识讲座。

动员全社会广泛参与。积极加强舆论引导，充分发挥新闻媒体和社会组织的正向作用，借助世界环境日、全国低碳日等宣传教育日，通过报刊、广播、电视、微信公众号等载体，深入宣传应对气候变化的重大意义、重大行动、重大工程，及时报道新进展、新成效、新经验。开展党政领导干部、企业家各层面的专题培训，进一步强化应对气候变化的意识和使命担当。以盐田"碳币"体系为基础，开展深圳碳普惠制试点工作，创立市级碳普惠平台。具体量化小微企业、社区家庭和个人节能减碳行为并赋予一定价值，通过低碳行为数据平台与碳交易市场平台互联互通。以低碳场景评价规范引导旅游景区、餐饮、酒店、商超等打造绿色消费场景，鼓励低碳管理，促进公众的绿色低碳消费行为。

(十) 深入开展绿色低碳对外合作

共建美丽湾区。发挥粤港澳大湾区重要引擎功能，推动粤港澳大湾区绿色发展示范区建设。加强深港低碳环保技术、绿色金融等领域合作，促进深港澳绿色低碳产业协同联动。强化大湾区生态环境联防共治，构建协同减排机制。推动深圳都市圈绿色融合发展，探索在产业、交通、能源和生态等方面开展绿色低碳一体化事项。

融入全国降碳大局。加强与国内其他城市在低碳产业园区、生态文明、绿色发展等方面的合作。积极争取国家和兄弟省份支持，共同建设绿色能源通道。充分发挥喀什、河池、百色等对口支援城市的生态和能源优势，积极推动双方在新能源、节能低碳、生态环保领域的合作共赢。鼓励在深能源企业参与对口支援城市可再生能源项目开发建设。引导开发中西部对口支援城市碳汇资源，积极推进跨区域绿电绿证交易。

打造国际合作交流窗口。办好碳达峰碳中和论坛暨深圳国际低碳城论坛、中国（深圳）国际气候影视大会、国际可持续金融会议、大梅沙碳中和国际论坛等，打造若干具有国际影响力的绿色发展合作交流平台。举办蓝天奖等国际绿色技术、产品交流对接活动，支持企业、科研机构开展可持续发展领域国际技术研发合作，加速先进绿色低碳技术产品更新迭代，大力推动绿色低碳产品和先进技术走出去和引进来。鼓励深圳投融资机构加入国际绿色金融、可持续发展及 ESG 披露组织，积极争取绿色金融、可持续发展、绿电认证等领域的知名国际机构落户深圳。

第八章　深圳践行高质量发展的总结与未来展望

党的二十大报告指出，高质量发展是全面建设社会主义现代化国家的首要任务。推动高质量发展是站在新的历史方位上，适应社会主要矛盾变化而提出的重大战略，是推动新时代国家现代化建设必须长期遵循的战略。推动高质量发展，关系到第二个百年奋斗目标的实现，关系到中华民族的伟大复兴。高质量发展就是能够很好满足人民日益增长的美好生活需要的发展，是体现新发展理念的发展，是全面深化改革开放、促进共同富裕、推进科技自立自强，使创新成为第一动力、协调成为内生特点、绿色成为普遍形态、开放成为必由之路、共享成为根本目的的发展。超越传统数量型增长的体制机制，加快建立起适应新形势、满足新需要的、系统化的推动创新增长的政策体系，加快发展现代产业体系、坚持增强创新能力是实现创新驱动高质量增长的应有之义，也是中国面对的最为迫切的任务。

从经济增长的角度来看，高质量发展对经济增长驱动因素提出了新要求。长期来看，经济增长的来源主要有生产要素积累和全要素生产率提高两个方面。过去几十年来，中国经济增长主要依靠生产要素投入驱动。经济由高速增长阶段迈入高质量发展阶段后，经济增长需要更多发挥全要素生产率的作用，实现从数量型追赶转向效率型追赶更加重要，这需要不断缩小与发达国家全要素生产率的差距。

高收入经济体在过去几十年的经验表明，追求创新的开放合作带来了共同的收益。新技术知识的流动总体上具有积极的影响，能够促进世界各地不同创新集群的专业化，导致更有效和多样化的知识生产。同时，知识的公益性质也加强了开放创新的好处，如果知识流动在国外产生经济效益而不减少国内的经济效益，那么开放必然会带来共同的收益。与此同时，研发生产力的下降强化了全球进一步扩大科技合作的理由。持续推动技术前沿的发展正变得异常困难，实现与过去相同的技术进步水平需要越来越多的研发投入和努力。为日益复杂的技术问题寻找解决方案也呼吁科技协作和开放创新，需要更大的研究团队和更多的专业化研究，通过开放性和国际合作来促进科技创新，不仅也可以有效解决前沿研究问题，也是解决日益扩大的全球和地区差异的有效手段。

进入 21 世纪以来，日新月异的产业创新升级体现在迈向科学引领、生产复杂知识之路。一方面，中国迅速抓住技术高速迭代产业如数字通信等风口，实现从传统产业向高度依赖科学知识、基础研究的产业转变。另一方面，通过深度嵌入全球和全国分工，牢牢把握中间产品的深层次加工，吸收、掌握、应用复杂知识，不断向产业上下游延伸。相比于 1990—1999 年，2010—2019 这十年全国城市生产知识的深度和广度均有显著提升。但是，仍然只有少数大城市能够生产最复杂的新知识，深圳、北京和上海依次是复杂性增长最为显著的城市，但从区域视角看来，广东省面向国内市场的复杂性仍然低于京津、长三角等地区。

WIPR2019 报告中指出，嵌入全球创新网络的最有活力的创新热点，往往位于国家内部已经最富有的大都市群中。中国高质量创新增长的差异也出现在以都市群为载体的趋势，高质量创新增长在时间上有由平缓向快速增长的态势，在空间上从东向西、从沿海向内陆发展，以北京、上海和深圳为代表的城市呈规模化出现高质量创新，多半集中在沿海都市群中。2008 年开始，到 2013 年，高质量创新犹如雨后春笋般在全国各地涌现出来，沿海地区尤其是长三角地区是其主要来源，中部地区省会城市也在其中扮演着重要支撑角色，而东北地区在其中发挥的作用越来越弱，粤港澳地区广佛深莞四城依然是中国稳定的创新高地。

第一节 深圳践行高质量发展的路径

深圳经济高质量发展的实践是我们需要探讨的重要案例。城市经济增长的本质是以城市要素禀赋为基础，只有实现现有要素与新兴要素的最优配置，才能实现可持续性的长期发展。如果说深圳初期通过先行制度改革，率先发挥降低成本、要素配置等制度比较优势，那么，在新时代完善制度过程中，主要是形成具有一定竞争力的制度生态。从创建特区、建立社会主义市场经济制度基本框架至探索中国特色社会主义先行示范区，该制度创新意义在于，在探索邻近发达国家市场经济制度过程中，由制度改革形成区位之间制度比较优势到形成与国际市场经济制度范式竞争的中国特色制度生态，核心逻辑是在放活市场主体过程中，有效发挥市场机制在人才、技术及资金配置中的作用，实现高质量发展目标。

依据比较优势理论和雁行理论，深圳初期通过发展更具效率或资源优势的劳动密集型产业，获得了较大经济效益。深圳先是确定"以外商投资为主、生产以加工装配为主、产品以出口为主"的经济方针，引进国内劳动力和国外资金及技术，发展"三来一补"工业。但"三来一补"产业附加值低、技术含量少，且研发设计、运营等环节都由外企控制，不利于经济长远发展。对此，深圳提出"加快发展技术引进和消化吸收，加强内引外联"的发展思路，实现了国外技术溢出效应。紧接着，政府制定高新技术产业发展战略，成为深圳新的经济增长点。深圳实现由引进劳动密集型、加工组装型产业向引进技术、经营等要素的转变，在参与全球产业分工中通过技术学习提升自主创新能力，初步积累创新增长的要素基础。因此，深圳高质量发展秘诀里有重要一条：深圳是中国第一个把引进技术转变为学习技术、积累知识并最早开展自主创新的城市，使其快速积累创新要素和培育自主创新能力，是形成竞争优势的关键。

进入21世纪，在初步的高新技术产业发展基础上，基于土地、能源、人口等问题，深圳先后提出"效益深圳""深圳质量"发展目标和思路，制定一系列政策促进人才、技术、创新资本等高质量要素形成，逐步进入经济高质量发展阶段。深圳紧扣市场决定资源配置规律，深圳形成高度市场化要素供给体系，涵盖人才吸纳、技术创新及创新资本。该供给体系由引进初级要素向引进与培育高质量要素的转变，呈现以培育为主、引进为辅的要素形成特点，建立人才引进与培育并重、知识要素引进转化为技术成果、金融资本转化为创新资本的不同要素形成模式，这与硅谷、新加坡等创新城市的要素形成模式具有相似特点，初步建成有效、有竞争力的支持高质量增长的市场化要素形成机制。

  市场引导要素配置。在深圳创新过程中，市场引导着政府的政策设计和社会的要素配置，推进创新活动。深圳率先提出"以市场为导向"的高新技术产业发展策略，先后进行人才制度、土地制度及金融制度等改革，建立并完善商品市场、资本市场及技术市场等要素市场，使得特定空间为商品、劳动、资本、技术等要素提供一个自由流动、相互嫁接的场所，这对深圳经济高质量发展起到了关键作用。而深圳有90%研发人员在企业，90%科研投入源于企业，表明企业成为要素配置的最重要主体，是整合人才、资本、知识等要素的"超级高手"，其创新的市场导向性更强，能够加速创新要素转化为经济成果。因此，通过完善制度保障要素积累和市场公平竞争，将使得要素配置和经济活动免受无效率干扰，促进技术创新和高质量发展。

  企业主导技术创新。企业是城市创新的微观主体，通过市场激励将生产要素重新组合实现创新。新古典经济学认为，企业会在"无形之手"引导下，自觉地将生产要素引入有利可图领域，并通过新技术、新产品等创新方式获取超额利润。企业是深圳创新的主体力量，2019年年底，有高新技术企业1.7万家，90%研发机构建在企业，90%发明专利源于企业。深圳还依托龙头企业，组建产学研联盟、新型研发机构及公共技术平台，形成以企业为主体、以市场为导向、产学研一体化的创新模式，有效避免科技和经济"两张皮"问题。可以说，深圳高质量发展经验重要的一条是：企业主导技术创新，是中国第一个把创新从纯科研活动转变成为经济活动的城市，使得技术创新效果出现极大改善。

技术驱动高质量发展。1995年，深圳确定发展高新技术产业策略，提升产业发展层次。21世纪初提出"效益深圳"理念，实现"速度深圳"向"效益深圳"转变。2011年颁布《关于创造深圳质量的行动计划》，提出形成创新驱动、内生增长的经济发展模式。2017年颁布《深圳经济特区质量条例》，提出"深圳质量""深圳标准"理念，把质量强市战略作为城市发展长远重大战略，把创新摆在质量发展全局的核心位置，率先全面迈向"质量时代"。目前，深圳形成经济增量以新兴产业为主、规上工业以先进制造业为主、第三产业以现代服务业为主的产业发展格局，同时资源消耗处于全国较低水平，逐步走出一条高质量发展之路。

总之，市场主导技术创新活动，使得各项政策和社会要素配置围绕市场主体展开，提升要素配置效率。企业是最重要的创新主体，就把创新的主动权交给企业，激励企业开展技术创新；而把技术创新的服务功能交给社会中介组织，转而成为自主创新环境的建设者。在产业多次升级中，持续强化技术在产业升级中的作用，成为深圳率先实现高质量发展的关键。除此之外，深圳推进高质量发展有以下几个方面的特征：

第一，深圳坚定不移地扩大开放，通过深度嵌入全球价值链和全球创新网络不断向上攀升。

深圳早期牢牢抓住进入全球价值链的机会。深圳抓住了全球产业从资本密集型向劳动密集型国家或地区重新配置的历史机遇，从低端的代工活动活动进入全球产业链，并逐步通过OEM进入高端的ODM和OBM活动。深圳通过融入并沿着全球价值链攀升实现了快速的工业化，积累的技术知识和能力为以后从技术模仿者升级为自主创新者做了准备。这种通过沿着全球价值链攀升实现的工业化进程，标志着深圳的第一次飞跃。

深圳通过在全球创新网络中的攀升来提高本地创新能力是进一步实现赶超的关键因素之一。深圳在继续扩大开放的同时更加注重国内和本地创新网络的搭建，通过不断从硅谷、东京、首尔以及邻近的香港和国内的北京、上海等城市获取先进的科技和管理经验。通过这一转变，深圳成为全球创新中的重要技术领导者，而不是单纯的追随者，深圳成功地从劳动密集型到资本密集型再到知识密集型经济，实现了从模仿者到自主创新者的第二次飞跃。

第二，深圳始终坚持创新驱动发展战略，在产业创新方面取得丰硕成果。

深圳建立了以本土民营企业为主导的富有活力的生态系统。与北京和上海相反，深圳既没有强大的国有企业，也没有丰富的地方科研机构。经过40年的转型升级，深圳形成了一个蓬勃发展、富有成效的市场驱动型创新生态系统，其中90%的研发投资和专利申请都来自民营企业。在深圳创新生态系统的关键转型中，国内的民营企业，取代了外国公司，成为深圳创新升级的主要动力。

在产业链关键环节的专业性制造具有强烈的蜂聚效应。深圳从"三来一补"到OEM，从加工贸易转向模仿性创新，从深圳装配走向深圳制造与深圳创造，其背后是深圳在产业链关键环节的专业化创新能力不断崛起，并在新一代无线通信技术、基因测序分析与装备制造、新材料、新能源汽车、显示技术等战略性新兴产业领域形成位居世界前列的自主创新能力。在产业链关键环节的专业性制造具有强烈的聚焦效应和空间溢出效应，在创新蜂聚降低创新成本的同时，与周边地区形成符合经济学规律的分工态势，通过产业链创新链串联粤港澳大湾区建设。深圳提供有效的公共产品，完善有利于创新的开放型的科研体系，探索打破垄断鼓励创新的竞争性产业政策，探索建立有效的经济转型升级的评价体系，是培育产业创新能力的关键。

数字产业内在的集聚关联推动深圳创新蓬勃发展。深圳在信息通信技术和信息通信技术相关技术方面的专业性，形成以国内民营企业为中心的充满活力的创新生态系统，其本地创新生态系统内强大的产业联系，以及嵌入全球创新网络中的其他地区并与之密切互动，使其成为全球领先的信息通信技术创新热点，在中国具有最高的技术复杂性。

第三，深圳始终坚持区域合作发展战略，在湾区建设中贡献自己的力量。

经过40年的快速城市化和工业化建设以及在粤港澳联系日益密切的背景下，在国家和广东省规划指导以及粤港澳经济融合发展的趋势下，粤港澳大湾区城市分工与协同发展趋势明显，湾区初步形成了协调有序、分布合理的多层次城市体系。

粤港澳大湾区总体创新增长具有趋同趋势，湾区内卫星城市创新追赶效应显著。近年来这种协同创新生产活动在大湾区内路城市开始越发活跃。深圳、广州主要发展新一代信息技术、高新技术等高附加值产业。佛山、东莞等城市则发展电子制造、汽车零部件制造、智能装备制造、服装制造等产业。中山、惠州等城市群边缘城市则主要发展电子信息、机械制造、五金家电等产业。在这种分工模式下，大湾区内卫星城市（如中山、佛山和东莞等）在研发投入强度、高新技术企业数量、发明专利数量上近年来的增长势头迅猛，科学研究能力显著提升、科学合作愈发密切，正在创新投入和产出两个方面奋力追赶并形成创新趋同趋势。

深圳成为粤港澳大湾区内高端产业聚集区和创新增长极。深圳深度融入湾区的创新链与产业链，与其他城市共同推进湾区建设。目前湾区内部已经形成了以深圳和广州为代表的"创新极"，与周边城市配套的产业分工特征逐步强化。随着华为等电子信息龙头企业制造环节从深圳外迁，以东莞为代表的副中心城市从零配件制造环节向整机制造环节转型升级，零配件环节向惠州、粤东等边缘城市扩散和转移，形成与创新阶次、城市规模相配套的分工体系。通过创新"核心策源地"与外围城市的协同互动，提升粤港澳大湾区整体创新能力。

第四，深圳持续探索绿色低碳发展路径，在碳达峰中作出先行示范。

2030年实现碳达峰是经济高质量发展的内在要求和本质内涵。实现碳达峰需要扎扎实实地推动产业结构、技术结构与能源结构升级。要以高质量发展为依归，建立可衡量的产业结构升级与碳排放达峰的相关指标体系，坚决遏制形式主义的运动式减碳，有效化解碳达峰与经济增长之间客观存在的矛盾。从国际经验中发现，碳排放达峰不是某一时点碳排放的数值，而是阶段性的碳排放总量趋于稳定，可称为碳排放达峰的平台期。从深圳实践看，结构升级不可能一帆风顺，仍有可能出现一定碳排放量的波动。要坚持高质量发展，坚持推动产业结构升级不放松，保持年度碳排放指标具有一定弹性，经过或长或短的平台期转向碳排放总量减少。从碳达峰走向碳中和横亘着广泛深刻的能源革命。能源结构从以化石能源为主转向以可再生能源为主的能源多样化利用阶段，孕育着空前的能源技术革命。深圳的实践对解决碳排放达峰时诸多难题是有益的，但仍需要积极探索实现碳中和的起点与路径，尽早形成可为全国借鉴的工作思路。

第五，深圳探索有为政府与有效市场的高效互动，为城市高质量发展提供制度保证。

中央和地方的政府和创新政策在区域赶超和升级中可以发挥关键作用。追赶和产业升级从来都不是一件容易的事，它是一个长期的过程，有起有伏。对于资本和技术有限的落后地区，从低附加值活动进入全球价值链似乎是不可避免的。深圳成功转型为创新驱动型经济，离不开中央政府的支持，也离不开区域政府通过"腾笼换鸟"政策不断推动区域经济结构转型升级。同时，旨在鼓励自主创新的前瞻性创新政策，通过不断改革和调整以适应每个阶段的产业需求变化，也促进了深圳的升级。一系列的政策工具，包括建设科学园，补贴创业和中小企业的研发活动，鼓励本地企业投资于创新和培养他们的技术能力，以实现自主创新。

创新增长政策的关键是使市场在资源配置中起决定性作用，更好发挥政府作用。深圳创新转型取得成功的机制原理，在于明确市场和政府作用的顺序，一是以市场为导向，注重创造创新企业的蜂聚效应，以创新带动创新，以企业家聚集带动更多企业创新；二是政府制定支持创新增长的公共政策。创新增长政策的本质是鼓励竞争。政府明确使命和任务导向，以市场为主导对创新环节进行细分，面向科学前沿和技术落地实行多层次的研究项目资助；努力构建包括大学、政府实验室和公司合作的创新生态系统，放大知识公地与扩大创新协作网络，鼓励上下游企业传导协作畅通的机制；形成长期稳定的创新制度供给,建立一套与发展相适应的评价体系、行动方案及准则,以及相应稳定的配套政策。三是更好发挥政府在创新中的作用,要营造市场化、法治化、制度化创新环境,筑牢基础研究与产业发展紧密对接的创新生态,鼓励塑造专注长期可持续发展的企业文化;要创造增强公共知识积累,推动产业链通用技术共享的外部环境,与市场经济相互协调、相得益彰。

创新增长政策核心要实现科学引领和重视成果落地。与中国大多数城市相反,深圳政府尽量不干预私人部门的运作,而是专注于确保一个国际化、市场化的环境,建设创新基础设施,并鼓励内部和外部合作等。具体而言,"筑巢引凤"的政策,即建设基础设施,以吸引投资者,并有效地提供各种优质服务,在引进外来企业重新分配到深圳和孵化本地初创企业方面发挥了作用。近20年来,深圳大力投资建设本地的基础设施,如虚拟大学园、西丽大学城容纳外部领先科研机构的本地校区、光明科学城,以及许多国家级重点科学实验室等。这些措施有效地克服了本地科学知识供给不足的问题,大大促进了深圳的赶超。此外,2010年推出的"孔雀计划",通过丰富的补贴,吸引了成千上万的海外和国内人才迁移到深圳。在深圳,正是因为出现了持续深化的研发过程,尽管原有的科学基础相对薄弱,还是实现了专利技术的爆炸性增长。深圳从支持鼓励四个90%的发展起步,逐渐过渡为构建综合创新体系,创设高校、重点试验室和工程中心,为新技术从概念到实现提供了强大的技术和产业支撑。

第二节 深圳继续推进高质量发展面临的挑战

在扩大开放方面,深圳在全球产业链和创新网络中的进一步攀升面临着诸多挑战。全球技术保护主义抬头,以美国为首的发达国家对华实施技术封锁,对深圳进一步创新发展造成极大限制。这种恶化的国际环境暴露了深圳在许多瓶颈技术领域(如芯片生产)的各种弱点,并对其进一步融入全球创新网络和技术赶超提出了新的挑战。

在持续创新方面，深圳在追赶阶段采取的技术赶超路径面临瓶颈。世界经验表明，区域的经济发展离不开科技创新的支撑，而科技创新主要源自高等教育。深圳早期的发展有两个因素：一是对于国外先进技术的模仿和改良，二是依赖于对深圳外部的科学知识——如香港和北京——的成功商业化。在追赶阶段，成熟的前沿技术具有相对明确的技术标准和技术路线，选择错误技术路线的可能性低。当前随着全球技术复杂性的提升，走在全国创新前沿的深圳企业逐步进入了研发的"无人区"，进入无可复制、没有榜样的阶段，深圳基础研究能力依然薄弱，长期依赖国外、香港、北京等区域的基础知识供给，原创性创新、科学驱动型创新不足，本地科学知识供给不足带来的掣肘效应显现，限制了深圳做出重大科学发现和突破性创新的能力。

创新主体对于高风险高投入的原始创新投入有待提升。原始创新、突破性创新依赖先进科学知识的供给和长期持久的研发投入。深圳过去的成功在于享受了全球产业转移带来的红利，并准确把握了新一代技术革命的机遇，并通过集中于迅速迭代的ICT硬件制造深度融入全球产业链并实现了迅速爬升。而当前，全球技术处于短周期技术向长周期的技术变轨时代，原始创新、突破性创新依赖于对高风险、高投入但高回报的基础科研、原创性技术和复杂技术进行长期布局和投资。企业研发多集中于投资少、收益快、迅速迭代的短周期技术，缺乏对于需要长期知识积累的原创性技术、突破性技术的投资。由于高质量技术创新的高风险和高投入，中小型企业往往无力投入，大企业也缺乏投资意愿。

在湾区协作方面，粤港澳大湾区是整个中国最开放的地区，"一二三三四"的特征使其具备了独特的制度优势、金融优势、创新优势、产业优势和交通优势，可以预见粤港澳大湾区可以成长为创新能力高、产业优势大、生态环境好的世界级湾区。但是需要认识到，与长三角城市群相比，目前粤港澳大湾区内城市协同程度有待进一步加强，人均收入差异化还存在较大差异。截至目前，粤港澳大湾区城市之间创新主体的互动远不及长三角地区，主要表现在关键节点城市少，节点城市地理距离近，网络规模小。创新要素尤其是知识在区域内的流动仍不通畅。

在绿色低碳方面，深圳过去10年大力推动生态环境与经济社会的协调发展，在探索绿色低碳发展道路中已经取得初步成就：城市GDP总量在全国大中城市中排名第三，万元GDP能耗仅为全国平均水平的58%。但对于高速增长的超大型城市，深圳在实现碳达峰过程中仍旧面临着资源环境承载压力大、发展不均衡不协调、能源结构不够清洁、碳排放数据核算基础较差等问题，迫切需要开展深入研究。

第三节 走向未来的深圳高质量发展之路

创新是高质量发展的动力源泉，也是企业在市场竞争中发展壮大的制胜法宝。高质量发展要解决经济运行的效率问题，要以最少的要素投入，实现最大的经济产出，就必须依靠创新。培育高质量创新，最重要的是转变发展理念，实现从追求知识产权的数量型增长到质量型增长的转变、从追求短平快的短期技术突破到高风险高投入高收益的突破性创新的转变。同时从孤立式发展、孤岛式研发转向鼓励开放创新、鼓励跨行业、跨部门的广泛合作，构建以企业家和管理者为主导，科学家为基础，工程师为核心、风险投资者、技术服务中介广泛参与、政府提供优越环境和基础设施的创新生态系统。

一 以高水平开放促进高质量发展

经济全球化促使信息、技术、知识、人才的跨国、跨区域流动更趋活跃，各种生产力要素和科技资源加速在全球范围内自由配置。尤其在新一轮科技革命和产业变革提速的背景下，高端创新要素和创新资源在全球范围内流动速度更快、更具方向性。高质量发展企业应坚持引进来与走出去相结合，以更加主动的姿态融入全球创新网络，以更加开阔的胸怀吸纳全球创新资源，同时积极推动技术和标准输出，成为行业游戏规则的重要制定者，努力向产业链高端跃升，争取在全球竞争中占据有利位置。

在国际合作上，深圳应该坚定不移地继续扩大开放。在与美国科技合作受阻的情况下，应调整合作重点，积极寻求替代技术，加强与欧洲发达国家技术合作，积极争取与荷兰、法国、德国、芬兰等欧洲发达国家的技术交流，获取先进技术，推动创新合作发展。欧洲国家近年来经济较为低迷，又受贸易保护主义影响，需要中国的广阔市场和完善的产业链支持。其在微电子、能源、信息通信、汽车、航空航天等领域有着较为深厚的技术积累和人才储备，在全球范围内优势明显。加强与欧洲各国的高水平研发团队合作，充分利用这些高科技人才和优势技术资源，寻找美国核心技术的替代性技术，可以缓解深圳企业技术需求的"燃眉之急"，迅速提升深圳在相应领域的核心技术研发能力和水平。另外，进一步扩展南南合作。鼓励企业学习华为和深圳传音控股股份有限公司的模式，通过扩展对非洲和东南亚等"一带一路"沿线发展中国家的技术转移和技术输出，迅速抢占当地市场。

不断提高深圳城市和科技企业的国际竞争力，增强在全球产业链和创新网络中的话语权和议价能力。依托领先企业和高等院校，结合相关产业链上下游企业及创新资源，促进综合性的科技创新和产业集聚平台建设。仿效美国半导体制造技术战略联盟（SEMATECH）的成功经验，组织对接重点行业和领域内的企业与研究机构，整合优势研发资源，搭建创新"桥梁"，突破组织边界的壁垒，实现合理分工、资源共享、优势互补，打造全链条创新，增强区域创新系统的粘性和韧性。加大海外高新科技的引进力度，鼓励外资企业在深圳建立技术转移机构或产业合作办公室。鼓励和支持本地领先企业赴欧洲、日本等发达国家和地区建立研发中心和产业合作基地，并购海外高新企业。积极承办有广泛影响力和较高学术水平的国际学术会议，与具有影响力的国际科技、学术和专业组织进行接洽，提升城市的国际知名度和话语权。

二 科学引领是高质量发展的应有之义

高水平大学作为育才高地、创新源泉，是决定一个区域竞争力和软实力的核心要素，将在深圳践行先行示范区意见中发挥关键作用。高校是科技创新的重要来源地，高水平大学既担负着培养大批优秀创新型人才的重任，也是高水平科研成果的集中产生地，更是影响一个地区科技创新水平的风向标。深圳未来的高质量发展必须聚焦大学，尤其是高水平大学。从长远来看，大学研究是科学发现主要来源，企业是科学产业化的实践者，将大学与政府研究机构的科学洞见源源不断地合成创新增长的不竭动力，既是形成强大的从科学到产业创新动态升级的能力，也是发展中国家实现全要素生产率追赶的重大历史使命。促进生产具有高价值、难以被编撰、难以被复制的复杂知识，从而为企业、行业或区域获取竞争优势提供稳定基础，强化企业创新主体地位，促进各类创新要素向企业集聚，形成以企业为主体、市场为导向、产学研用深度融合的技术创新体系是增强创新能力的关键路径之一。

加强与高水平大学科学研究合作，打造城市科研互动、资源共享、创新互进的优势，为科技创新提供更多活力与动力，为加快科技成果转化为现实生产力提供强有力支撑，助推深圳科技产业化，必然成为深圳先行示范的重要方向。着力引进国内外名校和著名研究机构，打造以知识为主体的创新体系，连带企业、中介、政府等建立全方位创新体系，环环相扣，相互依托，营造宽松环境，将基础研究—应用研究、大学—产业有机结合起来，打造并激活整个创新链，这是科学能够产生巨大产业竞争力的前景，让深圳真正具备原始创新的能力，成为名副其实的国际科技创新中心，知识创新与新技术市场应用的重要基地。

继续加强基础研究投入，针对底层关键技术、"卡脖子技术"和平台技术进行重点技术攻关，推进国产替代性技术发展。政府牵头和加大扶持力度，进行重大科技攻关，激励自主可控技术的研发，集中突破关键技术壁垒。针对基础研究，制定有前瞻性的长期规划，进行持续、多样化和分散化的政府投资与支持。完善科研经费制度，鼓励高校和科研院所结合深圳产业需求，勇于挑战前沿、宽容失败。推动企业结合自身需求，进行源头式创新、探索式和颠覆式创新，以夯实参与全球市场竞争的创新基础。

充分发挥大学特别是理工科高校的知识创造的坚实作用。促进理工科高校从单纯的教学与科研机构转变为开放的创业型大学，致力于培养下一代的高科技创业企业家，面向学校和社会提供涵盖了创新经济与管理、研发战略、知识产权战略管理、知识产权法等交叉学科的培训；高度重视大学科技成果管理与转化，建设科技成果转移办公室，完善大学科研人员成果转化规章制度，聘请熟悉知识产权成果转化及相关领域的法律、技术和经营管理人才，组建专门的知识产权转化团队，为产学合作、技术成果转化提供高水平服务。鼓励企业与大学紧密合作，仿效日本的产学合作模式，与大学互相长期派遣常驻人才，研发团队从事应用性的基础研究、原创性的研究，对于有长期价值、复杂性高的技术做好长期技术攻关的准备。

三 绿色是中国和中国企业高质量发展的底色

推动绿色发展，促进人与自然和谐共生，不仅是应对气候变化的关键，也是实现可持续发展的必然路径。企业由中低端向高端升级，与由高碳向低碳转型，属于高质量发展的同一过程。通过调动企业绿色低碳转型的内生动力和创新活力，将以碳减排为抓手的绿色低碳理念贯穿于企业产品制造、供应链管理等全过程，提升生产效能，拓展市场空间，助推产业体系"绿化"，助力高质量发展。

深挖智慧城市技术，创新驱动推进"碳中和"。依托绿色建筑规模化和交通工具电气化发展，创造更多的"数字化"和"绿色化"的应用场景。一方面，积极应用与推广交通领域的新技术新能源，加强智能网联交通系统建设，完善交通绿色出行体系，从源头减少碳排放量；另一方面，积极探索和发展数字化智能建筑解决方案（如"光—储—直柔"建筑、光储充一体化设施），推动不同区域的建筑群或园区构建互动虚拟电厂，发挥政策引导和市场化应用的合力，实现创新驱动建筑物智能化减少建筑物排放。

超前探索中国东部地区实现碳中和的路径和机制。从整体看，中国光伏资源主要集中在中西部地区，与中国化石能源"西北多东南少"的分布较为趋同，要完成从以传统化石能源为主转向以可再生能源为主的能源革命,需要从战略上解决稳定性较弱的可再生能源东送问题,也要前瞻性地提升东南地区城市,特别是沿海大城市可再生能源占比,以三七开方式,即自身供给30%的可再生能源,外购70%的可再生能源,实现东南地区的碳中和。

加大生态文明建设力度,将绿水青山就是金山银山落到实处。中国现有大部分落后地区,不仅生态环境优美,也拥有较为丰富的太阳能资源和较好的风力条件。未来应考虑将传统的扶贫方式,转变为可再生能源基地建设与绿电购买的共同开发合作模式。引领探索"风光"电力市场化运行,将传统的结对帮扶转化为可再生能源区域协作交易。在不改变区域生态的前提下,将绿水青山转化为金山银山,同时,林业碳汇也是碳中和的应有之义,将经济林植种引入区域碳减排补偿,践行绿水青山就是金山银山的理念,助力实现区域均衡发展和碳中和目标。

四 健全完善的知识产权体系

努力营造更加良好的知识产权政策环境、体制环境及法治环境。充分激发创新主体的创造力,要进一步加强投资和完善创新基础设施,增加对高风险、高回报的原创性技术、突破性技术的投入;对研发和专利的补贴,强化专利质量效益导向,重视技术的实际经济、法律和社会效益,从事前补助转向增强事后补助;针对有巨大市场潜力的高价值专利提供知识产权咨询、专利申请、文书写作、知识产权布局相关的支持和奖励;加强对基础科学的长期、稳定投入与支持,进一步推动对于本地基础科学的建设,在引进外地大学时结合深圳本地产业和技术的发展需求,提升引进的针对性,对于深圳现有科研机构,增强对于该科研机构的本地服务、现实科技成果的考察;学习美国政府中小企业管理局(Small Business Administration)并进行针对性投入和补贴的模式,为科创型中小企业提供专门扶持;加强深圳市有核心竞争力的重点领域和企业的专利保护工作。

有效激励高价值专利创造,研究和完善以质量和价值为导向的知识产权统计指标体系,健全高价值专利支持政策,优化高质量专利资助奖励政策和考核评价机制，完善现有的无形资产评估制度，对高价值专利提供全链条保护。仿效上海模式，进一步加强与世界知识产权组织及世界五大专利局的合作，成立深圳市国际知识产权学院，服务于深圳知识产权发展；深化知识产权融资服务；引进外部高水平知识产权服务中介，培育本市高水平、多元化的技术中介服务机构、知识产权运营服务平台，协助科创型企业防范可能的侵权风险、最大化企业研发效益。

五 积极响应建设粤港澳大湾区

深度融入区域经济协调发展，能够实现企业与区域高质量发展双赢。推动高质量发展需要建立在具有韧性的经济基础上，必须解决区域经济发展不平衡、不协调的问题。在地方调动产业发展积极性与创造力、保障各种要素在国土空间上自由流动和优化配置的过程中，企业通过敏锐识别区域经济的互补和协同效应，借力地区间产业优势互补、合理分工、协同发展形成的比较优势，融入区域产业链和供应链，能够更高效地配置人力资源和生产资料，提升自身的抗风险能力和发展韧性，加快高质量发展。鼓励湾区内不同城市的创新主体通过互动、合作联系在一起，促进各种生产要素在城市中快速便捷流通。

创新趋同趋势下，大湾区内部以深圳、香港以及广州为代表的创新策源地城市不应该简单追求创新产出数量，而是要更加注重创新产出质量，应当更多地承担基础研究性的重大创新活动。与港澳的合作联系有待加强，充分发挥香港科学研发优势与深圳产业化优势。周边城市则要发挥好生产生活成本低、劳动力成本低等优势，通过承接产业转移，人力资本转移以及模仿学习等多途径形成创新追赶。通过创新"核心策源地"与外围城市的协同互动，提升粤港澳大湾区整体创新能力。

参考文献

Acemoglu D, Aghion P, Bursztyn L, Hemous D. The Environment and Directed Technical Change. *The American Economic Review*, 2012, 102 (1): 131–166.

Aghion P, Dechezleprêtre A, Hemous D, Martin R, Reenen J V. Carbon Taxes, Path Dependency and Directed Technical Change: Evidence from the Auto Industry. *Journal of Political Economy*, 2016, 124 (1): 1–51.

Aghion, Philippe, Jing Cai, MathiasDewatripont, Luosha Du, Ann Harrison, and Patrick Legros. 2015. Industrial Policy and Competition. *American Economic Journal: Macroeconomics*, 7 (4): 1–32.

Arts S, Fleming L. Paradise of novelty – or loss of human capital? Exploring new fields and inventive output. *Organization Science*, 2018, 29 (6): 986–1236.

Arts S, Veugelers R. The Technological Origins and Novelty of Breakthrough Inventions. *SSRN Electronic Journal*, 2013, DOI: 10.2139/ssrn.2230366.

Arts, S., Hou, J., Gomez, J. C., 2021. Natural language processing to identify the creation and impact of new technologies in patent text: Code, data, and new measures. *Research Policy*, 104–144.

Ascani, A., Bettarelli, L., Resmini, L., & Balland, P.-A. (2020a). Global networks, local specialisation and regional patterns of innovation (No. 2002; Papers in Evolutionary Economic Geography (PEEG)). Utrecht University, Department of Human Geography and Spatial Planning, Group Economic Geography. https://ideas.repec.org/p/egu/wpaper/2002.html.

Ascani, A., Bettarelli, L., Resmini, L., & Balland, P.-A. (2020b).

Global networks, local specialisation and regional patterns of innovation (No. 2002; Papers in Evolutionary Economic Geography (PEEG)). Utrecht University, Department of Human Geography and Spatial Planning, Group Economic Geography. https://ideas.repec.org/p/egu/wpaper/2002.html.

Audretsch, D. B., & Feldman, M. P. Innovative Clusters and the Industry Life Cycle. *Review of Industrial Organization*, 1996, 11: 253–273.

Azoulay, P., & Li, D. (2020). Scientific Grant Funding. In Innovation and Public Policy (pp. 117–150). University of Chicago Press. https://www.nber.org/books-and-chapters/innovation-and-public-policy/scientific-grant-funding.

Bakker R. M., Knoben J. Built to last or meant to end: Intertemporal choice in strategic alliance portfolios. *Organization Science*, 2015, 26 (1) 256–276.

Balassa, B. (1965). TradeLiberalisation and "Revealed" Comparative Advantage. The Manchester School, 33 (2), 99–123. https://doi.org/10/fqg5zv.

Balland P. A., Rigby D. The Geography of Complex Knowledge. *Economic Geography*, 2017, 93 (1): 1–23.

Balland, P.-A. (2017). Economic Geography in R: Introduction to the EconGeo package (No. 1709; Papers in Evolutionary Economic Geography (PEEG)). Utrecht University, Department of Human Geography and Spatial Planning, Group Economic Geography. https://ideas.repec.org/p/egu/wpaper/1709.html.

Balland, P.-A., & Rigby, D. (2017). The Geography of Complex Knowledge. Economic Geography, 93 (1), 1–23. https://doi.org/10.1080/00130095.2016.1205947.

Barnard, H., & Chaminade, C. (2011). Global Innovation Networks: What are they and where can we find them? 18.

Barro R. J. and Sala-i-Martin X., "Convergence", *Journal of Political Economy*, Vol. 100 No. 2, 1992.

Barro R. J., "Economic growth in a cross section of countries", *The Quarterly Journal of Economics*, Vol. 106 No. 2, 1991.

Baum J C, Cowan R, Jonard N. Network – Independent Partner Selection and the Evolution of Innovation Networks. *Management Science*, 2010, 56 (11): 2094 – 2110.

Bloom N., Jones C. I., Van Reenen J. and Webb M., "Are ideas getting harder to find?", *American Economic Review*, Vol. 110 No. 4, 2020.

Bloom, N., Jones, C. I., Van Reenen, J., & Webb, M. (2017). Are Ideas Getting Harder to Find? (Working Paper No. 23782; Working Paper Series). National Bureau of Economic Research. https://doi.org/10.3386/w23782.

Chandy R K, Tellis G J. Organizing for radical product innovation: The overlooked role of willingness to cannibalize. *Journal of Marketing Research*, 1998, 35 (4): 474 – 487.

Chandy R, Tellis G. The incumbent's curse? Incumbency size and radical product innovation. *Journal of Marketing*, 2000, 64 (1): 1 – 17.

Chen, X., &Ogan, T. L. L. (2017). China's Emerging Silicon Valley: How and Why Has Shenzhen Become a Global Innovation Centre. https://www.academia.edu/32538971/China_s_Emerging_Silicon_Valley_How_and_Why_Has_Shenzhen_Become_a_Global_Innovation_Centre.

Christensen C M, Raynor M E. *The innovator's solution: Creating and sustaining successful growth*. Boston: Harvard Business School Press, 2003, 66 – 76.

Christensen C M. *The Innovator's Dilemma: When New Technologies Cause Great FirmsTo Fail*. Boston, MA: Harvard Business School Press, 1997.

Christensen C M. The Ongoing Process of Building a Theory of Disruption. *Journal of Product Innovation Management*, 2006, 23 (1): 39 – 55.

Christensen C, Bower J. Customer power, strategic investment, and the failure of leading firms. *Strategic Management Journal*, 2015, 17 (3): 197 – 218.

Cohen B, Winn M I. Market imperfections, opportunity and sustainable entrepreneurship. *Journal of Business Venturing*, 2007, 22 (1): 29 – 49.

Curran D. Risk, innovation, and democracy in the digital economy. *European Journal of Social Theory*, 2018, 21 (2): 207 – 226.

Davis D R, Dingel J I. The Comparative Advantage of Cities. *Journal of International Economics*, 2020, 123: 103291.

De Noni I, Orsi L, Belussi F. The Role of Collaborative Networks in Supporting the Innovation Performances of Lagging – Behind European Regions. *Research Policy*, 2018, 47 (1): 1 – 13.

De Noni, I., Belussi, F., 2021. Breakthrough Invention Performance of Multispecialized Clustered Regions in Europe. *Economic Geography*, 164 – 186.

Desmet K, Henderson J V. The Geography of Development within Countries. *Handbook of Regional and Urban Economics*. Elsevier, 2015, 5: 1457 – 1517.

Donald R. Davis and Jonathan I. Dingel, "The Comparative Advantage of Cities", *Journal of International Economics* 123 (March 2020): 103291.

Du, J. (2020). *The Shenzhen Experiment: The Story of China's Instant City*. Harvard University Press.

Duranton G. and Puga D., "Nursery cities: urban diversity, process innovation, and the life cycle of products", *American Economic Review*, Vol. 91 No. 5, 2001.

Duranton G. Urban evolutions: The Fast, the Slow, and the Still. *American Economic Review*, 2007, 97 (1): 197 – 221.

Dyer J H, Nobeoka K. Creating and Managing a High – Performance Knowledge – Sharing Network: The Toyota Case. *Strategic Management Journal*, 2000, 21 (3): 345 – 367.

Engel, J. S., & del – Palacio, I. (2009). Global networks of clusters of innovation: Accelerating the innovation process. Business Horizons, 52 (5), 493 – 503. https: //doi. org/10. 1016/j. bushor. 2009. 06. 001.

Enrico Moretti, "The Effect of High – Tech Clusters on the Productivity of Top Inventors," American Economic Review 111, no. 10 (October 1,

2021): 3328 - 75.

Ettlie J E, etal. Organization Strategy and Structural Differences for Radical Versus Incremental Innovation. *Management Science*, 1984, 682 - 695.

Fagerberg J., Mowery D. C. and Nelson R. R., *The Oxford Handbook of Innovation*, Oxford university press, 2005.

Fink, C. (2022). Calculating private and social returns to COVID - 19 vaccine innovation (No. 72; WIPO Economic Research Working Paper Series). https://www.wipo.int/publications/en/details.jsp?id=4595&plang=EN.

Florida R, Mellander C, Stolarick K. Inside the Black Box of Regional Development—Human Capital, the Creative Class and Tolerance. *Journal of economic geography*, 2008, 8 (5): 615 - 649.

Fosfuri A, Tribo J A. Exploring the Antecedents of Potential Absorptive Capacity and Its Impact on Innovation Performance. *Omega*, 2008, 36 (2): 173 - 187.

Frenkel, A., &Maital, S. (2014). *Mapping National Innovation Ecosystems: Foundations for Policy Consensus*. Edward Elgar Publishing.

Fu, X., Pietrobelli, C., & Soete, L. (2011). The Role of Foreign Technology and Indigenous Innovation in the Emerging Economies: Technological Change and Catching - up. World Development, 39 (7), 1204 - 1212. https://doi.org/10.1016/j.worlddev.2010.05.009.

Fujita M, Thisse J F. Does Geographical Agglomeration Foster Economic Growth? And Who Gains and Loses from It?. *The Japanese Economic Review*, 2003, 54 (2): 121 - 145.

Fujita. M and Thisse, F. Jacque, *Economics of Agglomeration: Cities, Industrial Location, and Regional Growth*. United Kingdom: Cambridge university Press 2002.

Galor O., "Convergence? Inferences from theoretical models", *The Economic Journal*, Vol. 106 No. 437, 1996.

Garcia R, Calantone R. A critical look at technological innovation typology and innovativeness terminology: a literature review. *Journal of Product Innovation Management*, 2002, 19 (2): 110 - 132.

Gemunden H G, Ritter T, Heydebreck P. Network configuration and innovation success: an empiric alanalysis in German high - tech industries. *International Journal of Research in Marketing*, 1996 (13): 449 - 462.

Gene M. Grossman and Elhanan Helpman, "Outsourcing Versus FDI in Industry Equilibrium", *Journal of the European Economic Association 1*, no. 2 - 3 (May 1, 2003): 317 - 27.

Gene M. Grossman and Elhanan Helpman, "Quality Ladders in the Theory of Growth", *The Review of Economic Studies 58*, no. 1 (January 1, 1991): 43 - 61.

Gilles Duranton and Diego Puga, "Diversity and Specialisation in Cities: Why, Where and When Does It Matter?", *Urban Studies 37*, no. 3 (March 2000): 533 - 55.

Gilles Duranton and Diego Puga, "Nursery Cities: Urban Diversity, Process Innovation, and the Life Cycle of Products", *American Economic Review 91*, no. 5 (December 2001): 1454 - 77.

Gina O'Connor, McDermott C M. The human side of radical innovation. *Journal of Engineering And Technology Management*, 2004, 21 (1 - 2): 11 - 30.

Gordon Anderson and Ying Ge, "The Size Distribution of Chinese Cities", *Regional Science and Urban Economics 35*, no. 6 (November 2005): 756 - 776.

Govindarajan V, Kopalle P K. The Usefulness of Measuring Disruptiveness of Innovations Ex - Post in Making Ex Ante Predictions. *Journal of Product Innovation Management*, 2006, 23 (1): 12 - 18.

Guan J, Liu N. Exploitative and exploratory innovations in knowledge network and collaboration network: A patent analysis in the technological field of Nano - energy. *Research Policy*, 2016 45 (1): 97 - 112.

Hall, B. H., Mairesse, J., & Mohnen, P. (2009). Measuring the Returns to R&D (Working Paper No. 15622; Working Paper Series). National Bureau of Economic Research. https://doi.org/10.3386/w15622.

Hansen M T. The search – transfer problem: the role of weak ties in sharking knowledge across organization subunits. *Administrative Science Quarterly*, 1999, 44 (1): 82 – 111.

Hargadon A. *How Breakthroughs Happen: The Surprising Truth About How Companies Innovate*. Boston: Harvard Business Review Press, 2003.

Henderson R M, Clark K B. Architectural Innovation: The Reconfiguration of Existing Product Technologies and the Failure of Established Firms. *Administrative Science Quarterly*, 1990, 35 (1): 9 – 30.

Hidalgo, C. A., & Hausmann, R. (2009). The building blocks of economic complexity. Proceedings of the National Academy of Sciences, 106 (26), 10570 – 10575. https://doi.org/10/fpzkth.

Hoffert M I, et al. Advanced technology paths to global climate stability: Energy for a greenhouse planet. *Science*, 2002, 298 (5595): 981 – 987.

Huawei & Oxford Economics. Digital Spillover. Measuring the True Impact of the Digital Economy. Shenzhen: Huawei Technologies. 2018.

J. V. Henderson, "Locational Pattern of Heavy Industries: Decentralization Is More Efficient", *Journal of Policy Modeling* 10, no. 4 (December 1, 1988): 569 – 80.

J. V. Henderson, "The Sizes and Types of Cities", *The American Economic Review 64*, no. 4 (1974): 640 – 56.

Jesemann I. Support of startup innovation towards development of new industries. *Procedia CIRP*, 2020, 88: 3 – 8.

Jones B. F., "The burden of knowledge and the "death of the renaissance man": Is innovation getting harder?", *The Review of Economic Studies*, Vol. 76 No. 1, 2009.

Juan Pablo Chauvin et al., "What Is Different about Urbanization in Rich and Poor Countries? Cities in Brazil, China, India and the United States", *Journal of Urban Economics* 98 (March 2017): 17 – 49.

Jun, F. (2021). The Story of Spring—Shenzhen: An Instant City. https://www.isscad.pku.edu.cn/research/casestudies/512946.htm.

Jung H J, Lee J. The quest for originality: A new typology of knowledge search and breakthrough inventions. *Academy of Management Journal*, 2016, 59 (5): 1725 – 1753.

Kelley D. Adaptation and organizational connect – edness incorporate radical innovation programs. *Journal of Product Innovation Management*, 2009, 26 (5): 487 – 501.

Kerr, W., & Robert-Nicoud, F. (2019). Tech Clusters (SSRN Scholarly Paper ID 3491774). Social Science Research Network. https://papers.ssrn.com/abstract = 3491774.

Kremer M., Willis J. and You Y., "Converging to convergence", *NBER Macroeconomics Annual*, Vol. 36 No. 1, 2022.

Kwon, D., & Sorenson, O. (2021). The Silicon Valley Syndrome. Entrepreneurship Theory and Practice, 10422587211050892. https://doi.org/10/gm8m44.

Lai, H., Chiu, Y., & Leu, H. (2005). Innovation capacity comparison of China's information technology industrial clusters: The case of Shanghai, Kunshan, Shenzhen and Dongguan. Technology Analysis & Strategic Management, 17 (3), 293 – 316. https://doi.org/10.1080/09537320500211284.

Lee, K. (2019). The Art of Economic Catch – Up: Barriers, Detours and Leapfrogging in Innovation Systems. Cambridge University Press.

Leifer R, Gina O C, Rice M P. Implementing radical innovation in mature firms: the role of hubs. *Academy of management perspectives*, 2001, 15 (3): 102 – 113.

Leifer R, McDermott C M, et al. *Radical Innovation: How Mature Companies Can Outsmart Upstarts*. Boston: Harvard Business Review Press; 1st edition, 2000, 62 – 98.

Lettl C. User involvement competence for radical innovation. *Journal of Engineering and Technology Management*, 2007, 24 (1/2): 53 – 75.

Lipsey, R., Carlaw, K., &Bekar, C.. *Economic Transformations: General Purpose Technologies and Long – Term Economic Growth*. Oxford: Oxford University Press, 2006.

Liu C – H. The effects of innovation alliance on network structure and density of cluster. *Expert Systems with Applications*, doi: 10.1016/j.eswa.2010.06.064.

Liu H W, Gallagher K S. Catalyzing strategic transformation to a low-carbon economy: A CCS roadmap for China. *Energy Policy*, 2010, 38 (1): 59-74.

Lowik S, Kraaijenbrink J, Groen A J. Antecedents and effects of individual absorptive capacity: A micro-foundational perspective on open innovation. *Journal of Knowledge Management*, 2017, 21 (6): 1319-1341.

Luo Y. Industrial dynamics and managerial networking in an emerging market: the case of China. *Strategic Management Journal*, 2003, 24 (13): 1315-1327.

Lüthje, B., Hürtgen, S., Pawlicki, P., & Sproll, M. (2013). *From Silicon Valley to Shenzhen: Global Production and Work in the IT Industry*. Rowman & Littlefield Publishers.

Marchi V D. Environmental Innovation and R&D Cooperation: Empirical Evidence from Spanish Manufacturing Firms. *Research Policy*, 2012, 41 (3): 614-623.

Markides C. Disruptive Innovation: In Need of Better Theory. *Journal of Product Innovation Management*, 2006, 23 (1): 19-25.

Masahisa Fujita and Jacques-François Thisse, "New Economic Geography: An Appraisal on the Occasion of Paul Krugman's 2008 Nobel Prize in Economic Sciences," *Regional Science and Urban Economics* 39, no. 2 (March 2009): 109-19.

Masahisa Fujita and Paul Krugman, "When Is the Economy Monocentric?: Von Thünen and Chamberlin Unified," Regional Science and Urban Economics, Recent Advances in Urban Economics and Land Use: A Special Issue in Honour of Hiroyuki Yamada, 25, no. 4 (August 1, 1995): 505-28.

Masahisa Fujita, "Dynamics of Innovation Fields with Endogenous Heterogeneity of People," in New Directions in Regional Economic Development, ed. Charlie Karlsson et al., *Advances in Spatial Science* (Berlin, Heidelberg: Springer, 2009), 59-78.

Masahisa Fujita, Paul Krugman, and Tomoya Mori, "On the Evolution of Hierarchical Urban Systems1The First Version of the Paper Was Presented at the 41st North American Meetings of Regional Science International, Niagara Falls, Ontario, Canada, 17 – 20 November, 1994. 1," *European Economic Review* 43, no. 2 (February 15, 1999): 209 – 51.

McLaughlin G E, Robock S. Why Industry Moves South, NPA Committee of the South. Report, 1949.

Moerenhout T, Devisch Ignaas, Cornelis G. E – health beyond technology: Analyzing the paradigm shift that lies beneath. *Medicine, HealthCare, and Philosophy*, 2018, 21 (1): 31 –41.

Motohashi, K. (2018). The Regional Innovation System in China: Regional comparison of technology, venture financing, and human capital focusing on Shenzhen (No. 18012; Policy Discussion Papers). Research Institute of Economy, Trade and Industry (RIETI). https://ideas.repec.org/p/eti/polidp/18012.html.

Nelson R, Winter S. In search of useful theory innovation. *Research policy*, 1977, 6 (1): 36 –76.

OECD. (2008). *OECD Reviews of Innovation Policy: China 2008*. OECD Publishing.

OECD. (2014). Main Science and Technology Indicators. https://www.oecd – ilibrary.org/content/data/data – 00182 – en.

OECD. (2017). The links between global value chains and global innovation networks: An exploration (OECD Science, Technology and Industry Policy Papers No. 37). https://doi.org/10.1787/76d78fbb – en.

OECD. *Measuring the Digital Economy: A New Perspective*. OECD Publishing, 2014.

Patel D., Sandefur J. and Subramanian A., "The new era of unconditional convergence", *Journal of Development Economics*, Vol. 152, 2021.

Pee, L. G. Customer Co – Creation in B2C E – Commerce: Does It Lead to Better New Products. *Electronic Commerce Research*, 2016, 16 (2): 217 –243.

Pierre – Alexandre Balland, Cristian Jara – Figueroa, Sergio G. Petralia, Mathieu P. A. Steijn, David L. Rigby, et al., "Complex Economic Activities Concentrate in Large Cities", *Nature Human Behaviour*, January 13, 2020, 1 – 7.

Ponomarev I V, Lawton B K, Williams D E, et al. Breakthrough Paper Indicator 2.0: Can Geographical Diversity and Interdisciplinarity Improve the Accuracy of Outstanding PapersPrediction?. *Scientometrics*, 2014, 100 (3): 755 – 765.

Porter M. E., *Clusters and the new economics of competition*, Harvard Business Review Boston, 1998.

Pritchett L., "Divergence, big time", *Journal of Economic perspectives*, Vol. 11 No. 3, 1997.

Rice M P. Virtuality and uncertainty in the domain of discontinuousinnovation. *International Conference on Engineering and Technology Management*, 1996.

Richard E. Baldwin and Philippe Martin, "Chapter 60 – Agglomeration and Regional Growth", in Handbook of Regional and Urban Economics, ed. J. Vernon Henderson and Jacques – François Thisse, vol. 4, *Cities and Geography* (Elsevier, 2004), 2671 – 2711.

Riddel M, Schwer R K. Regional Innovative Capacity with Endogenous Employment: Empirical Evidence from the US. *Review of Regional Studies*, 2003, 33 (1): 73 – 84.

Romer P. M., "Endogenous technological change", *Journal of Political Economy*, Vol. 98 No. 5, Part 2, 1990.

Rosenthal SS, Strange W C. How Close is Close? The Spatial Reach of Agglomeration Economies. *Journal of Economic Perspectives*, 2020, 34 (3): 27 – 49.

Rossi – Hansberg, E., & Wright, M. L. J. (2007). Urban structure and growth. *Review of Economic Studies*, 74 (2), 597 – 624.

Rowley T, Behrens D, Krackhardt D Redundant governance structures: analysis of structural and relational embeddedness in the steel and semiconductor industries. *Strategic Management Journal*, 2000, 21 (3): 369 – 386.

Rozenfeld H D, Rybski D, Gabaix X, et al. The area and population of cities: New insights from a different perspective on cities. *American Economic Review*, 2011, 101 (5): 2205 – 25.

Sala – i – Martin X. X. , "The classical approach to convergence analysis", *The Economic Journal*, 1996.

Sandberg B. Enthusiasm in the development of radical innovations. *Creativity & Innovation Management*, 2007, 16 (3): 265 – 273.

Schaefer, K. J. (2020). Catching up by hiring: The case of Huawei. Journal of International Business Studies, 1 – 16. https://doi.org/10.1057/s41267 – 019 – 00299 – 5.

Schmidt G M, Druehl C T. When Is a Disruptive Innovation Disruptive?. *Journal of Product Innovation Management*, 2008, 25 (4): 347 – 369.

Soete, L. (1987). The impact of technological innovation on international trade patterns: The evidence reconsidered. Research Policy, 16 (2), 101 – 130. https://doi.org/10.1016/0048 – 7333 (87) 90026 – 6.

Solow R. M. , "A contribution to the theory of economic growth", *The Quarterly Journal of Economics*, Vol. 70 No. 1, 1956.

Sonn J. W. and Park I. K. , "The increasing importance of agglomeration economies hidden behind convergence: Geography of knowledge production", *Urban Studies*, Vol. 48 No. 10, 2011.

StevenKlepper. *Experimental Capitalism: The Nanoeconomics of American High – Tech Industries*. Princeton University Press, 2015, 230 – 231.

Stevens GA , Burley J. Piloting the rocket of radical innovation. *Research – Technology Management*, 2003, 46 (2).

Strumsky, D. , & Lobo, J. (2015). Identifying the sources of technological novelty in the process of invention. Research Policy, 44 (8), 1445 – 1461. https://doi.org/10/f7npvg.

Stuart S. Rosenthal and William C. Strange, "How Close Is Close? The Spatial Reach of Agglomeration Economies," *Journal of Economic Perspectives*

34, no. 3 (August 1, 2020): 27 –49.

Stuart T. Network positions and propensities to collaborate: an investigation of strategic alliance formation in a high – technology industry. *Administrative Science Quarterly*, 1998, 43 (3): 668 –698.

Sturgeon, Timothy, et al. Digitalization, Geographies of Production and Varieties of Digitized Capitalism (Session 2). 31st Annual Meeting. SASE, 2019.

Sun L Y, Miao C L, Yang L. Ecological – Economic Efficiency Evaluation of Green Technology Innovation in Strategic Emerging Industries based on Entropy Weighted TOPSIS Method. *Ecological Indicators*, 2017, 73 (3): 554 –558.

Suzumura, K. Cooperative and Noncooperative R&D in an Oligopoly with Spillovers, *American Economic Review*, 1992, 82: 1307 –1320.

Tang J. and Cui W., "Does urban agglomeration affect innovation convergence: evidence from China", *Economics of Innovation and New Technology*, 2021.

Tang, J. (2014). Shenzhen: Fromlabour – intensive to innovation – driven economic growth. In The Oxford Companion to the Economics of China. Oxford University Press. https://doi.org/10.1093/acprof:oso/9780199678204.003.0095.

Taylor, M. Z. (2016). *The Politics of Innovation: Why Some Countries Are Better Than Others at Science and Technology*. Oxford University Press. https://doi.org/10.1093/acprof:oso/9780190464127.001.0001.

The Economist. (2019, January 24). Globalisation has faltered. The Economist. https://www.economist.com/briefing/2019/01/24/globalisation – has – faltered.

Thierer, A. (2021, August 18). Government Planning and Spending Won't Replicate Silicon Valley. Discourse. https://www.discoursemagazine.com/economics/2021/08/18/government – planning – and – spending – wont – replicate – silicon – valley/.

Tou Y, et al. Harnessing soft innovation resources leads to neo open innovation. *Technology in Society*, 2019, 58.

Trajtenberg M., 2018, AI as the Next GPT: A Political – Economy Perspective, NBER workingpaper, No. 24245.

Tushman M L, Anderson P. Technological Discontinuities and Organizational Environments. *Administrative Science Quarterly*, 1986, 31 (3), 439.

UN – Habitat. (2020). Global Urban Competitiveness Report (2019 – 2020). UN – Habitat.

Veblen T., Imperial Germany and the industrial revolution, Transaction Publishers, 1990.

Volker Grossman Contest for attention in a quality – ladder model of endogenous growth, presented atCESifo area conference on public sector economics May 2003.

Wang, C., & Wang, L. (2017). Unfolding policies for innovation intermediaries in China: A discourse network analysis. Science and Public Policy, 44 (3), 354 – 368. https://doi.org/10.1093/scipol/scw068.

Wei, S. – J., Xie, Z., & Zhang, X. (2017). From "Made in China" to "Innovated in China": Necessity, Prospect, and Challenges. The Journal of Economic Perspectives, 31 (1), 49 – 70. https://doi.org/10/gfgt89.

WIPO. (2019a). World Intellectual Property Report 2019: The Geography of Innovation: Global Hotspots, Local Networks. World Intellectual Property Organization. https://www.wipo.int/publications/en/details.jsp?id = 4467&plang = EN.

WIPO. (2019b). World Intellectual Property Report 2019 – The Geography of Innovation: Local Hotspots, Global Networks (Chinese version). WIPO. https://books.google.com.hk/books?id = XmbpDw AAQBAJ&pg = PA7&lpg = PA7&dq = % E5% B0% B9% E5% BE% B7% E4% BA% 91&source = bl&ots = urCq4cYygj&sig = ACfU3U0AGvdOtZATY1LpY9z SBTnTje_bSA&hl = zh – CN&sa = X&redir_esc = y&sourceid = cndr#v = onepage&q = % E5% B0% B9% E5% BE% B7% E4% BA% 91&f = false.

WIPO. (2019c). World Intellectual Property Report 2019 – The Geography of Innovation: Local Hotspots, Global Networks. WIPO.

WIPO. (2021). World Intellectual Property Indicators 2021. https://doi.org/10.34667/tind.44461.

World bank. The Innovation Imperative for Developing East Asia 2021.

World Bank. (2010). Building Engines for Growth and Competitiveness in China: Experience with Special Economic Zones and Industrial Clusters. World Bank Publications.

WTO. Global Value Chain Development Report 2019. Technological Innovation, Supply Chain Trade, and Workers in a Globalized World. Switzerland: Geneva, 2019.

Yang Fu and Xiaoling Zhang, "Mega Urban Agglomeration in the Transformation Era: Evolving Theories, Research Typologies and Governance", Cities 105 (October 2020): 102813.

Yang X., Zhang H., Lin S., Zhang J. and Zeng J., "Does high-speed railway promote regional innovation growth or innovation convergence?", *Technology in Society*, Vol. 64, 2021.

Yang, C. (2009). Strategic Coupling of Regional Development in Global Production Networks: Redistribution of Taiwanese Personal Computer Investment from the Pearl River Delta to the Yangtze River Delta, China. Regional Studies, 43 (3), 385 – 407. https://doi.org/10.1080/00343400802508836.

Yang, C. (2016). Evolution of regional innovation systems in China: Insights from emerging indigenous innovation in Shenzhen. In Chapters (pp. 322 – 333). Edward Elgar Publishing. https://ideas.repec.org/h/elg/eechap/16055_19.html.

Yin, D., Motohashi, K., & Dang, J. (2020). Large-scale name disambiguation of Chinese patent inventors (1985 – 2016). Scientometrics, 122 (2), 765 – 790. https://doi.org/10.1007/s11192-019-03310-w.

Zipf G. K., *Human Behavior and the Principle of Least Effort*. Published by Addison – Wesley. Cambridge, 1949.

Zittrain, J. L. The Generative Internet. *Havard Law Review*, 2006, 119 (7): 1975 – 2040.

Nick Clegg：《我们为什么要设立绿色投资银行》，《低碳世界》2011年第4期，第10—12页。

艾学峰：《深化深港科技合作 凝聚创新发展动力》，《经济日报》2019年1月24日。

安同良、周绍东、皮建才：《R&D补贴对中国企业自主创新的激励效应》，《经济研究》2009年第10期。

白雪飞、杜娟：《自主创新与高质量发展的互动机理与实证研究》，《技术经济与管理研究》2019年第9期。

步一军、阮传胜：《我国现行科技法制对科技创新的作用、不足和对策》，《民主与科学》1999年第4期。

蔡跃洲、陈楠：《新技术革命下人工智能与高质量增长、高质量就业》，《数量经济技术经济研究》2019年第36（5）期。

蔡跃洲：《数字经济的国家治理机制——数据驱动的科技创新视角》，《北京交通大学学报》（社会科学版）2021年第20（2）期。

曾志敏、曾坚朋、杨泽森：《广东创新驱动的高质量发展：理论路径与现实探索》，《城市观察》2018年第6期。

陈安源：《为建设综合性国家科学中心提供人才保障的对策建议》，《理论建设》2018年第1期。

陈剑、黄朔、刘运辉：《从赋能到使能—数字化环境下的企业运营管理》，《管理世界》2020年第36（2）期。

陈劲、叶伟巍：《新时代中国式创新型国家理论的核心机理和关键特征》，《创新科技》2022年第22（1）期。

陈娟、罗小安、樊潇潇等：《欧洲研究基础设施路线图的制定及启示》，《中国科学院院刊》2013年第28（3）期。

陈娟、周华杰、樊潇潇等：《美国能源部大科学装置建设管理与启示》，《前沿科学》2016年第10（2）期。

陈林、周圣强：《构建广佛都市圈的产业分析——区域产业协作与布局研究》，《科技管理研究》2012年第32（15）期。

陈鹏、逯元堂、高军等：《我国绿色金融体系构建及推进机制研究》，《环境保护科学》2016年第42（1）期。

陈强：《长三角区域创新网络协同治理的思路与对策》，《科学发展》

2018年第6期。

陈文虎、杨杰峰：《对我国绿色债券信用评级模型的思考》，《中国外汇》2021年第14期。

陈晓、张明：《中国的绿色债券市场：特征事实、内生动力与现存挑战》，《国际经济评论》2022年第1期。

陈泽鹏、李成青、吴耀锵等：《基于粤港澳大湾区战略下的广东商业银行经营转型探析》，《广东经济》2018年第6期。

程亮、陈鹏、逯元堂等：《建立国家绿色发展基金：探索与展望》，《环境保护》2020年第48（15）期，第39—43页。

川江：《深圳先行示范区到底该如何"先行"》，《中国商界》2019年第10期。

崔宏轶、潘梦启、吴帅：《我国经济特区科技人才政策变迁及对策建议——以深圳为例》，《江淮论坛》2020年第5期。

崔宏轶、张超：《综合性国家科学中心科学资源配置研究》，《经济体制改革》2020年第2期。

崔惠玉、徐颖、王宝珠：《发展我国绿色政府债券：问题及对策》，《经济研究参考》2022年第2期。

崔霞：《深圳加快建设国家创新型城市》，《深圳商报》2008年11月24日。

崔竹簌：《粤港澳大湾区建设背景下跨境税收制度的协调研究》，《上海海关学院》2021年第7期。

戴欣、张猛、唐杰：《创新驱动与粤港澳大湾区城市群发展》，《开放导报》2018年第6期。

戴欣：《城市规模与产业结构关系的探究》，哈尔滨工业大学，2018年。

邓剑虹、徐传谌、周维良：《双循环新发展格局下港口腹地时空演变机理——以粤港澳大湾区港口群为例》，《中国流通经济》2022年第36（1）期。

邓剑虹、徐传谌、周维良：《双循环新发展格局下港口腹地时空演变机理——以粤港澳大湾区港口群为例》，《中国流通经济》2022年第36（1）期。

邓荣荣、张翱祥：《中国城市数字经济发展对环境污染的影响及机理研究》,《南方经济》2022 年第 2 期。

丁守海、徐政:《新格局下数字经济促进产业结构升级:机理、堵点与路径》,《理论学刊》2021 年第 3 期。

丁洋、黄夏伟、梁晓峰:《区域先导产业选择的质量方法与实证研究——以湖北省制造业为例》,《宏观质量研究》2022 年第 10 (1) 期。

段小华、刘峰:《欧洲科研基础设施的开放共享:背景、模式及其启示》,《全球科技经济瞭望》2014 年第 29 (1) 期。

[美] 范内瓦·布什、拉什·D. 霍尔特:《科学:无尽的前沿》,崔传刚译,中信出版社 2021 年版。

樊霞、朱桂龙:《基于 ROT 的突破性技术创新项目投资决策研究》,《科技管理研究》2007 年第 10 期。

方兴东:《美国对华科技政策研判》,《人民论坛·学术前沿》2021 年第 19 期。

菲利普·阿吉翁:《寻求竞争力:对中国增长政策设计的启示》,《比较》,中信出版集团 2014 年版。

冯军政:《企业突破性创新和破坏性创新的驱动因素研究——环境动态性和敌对性的视角》,《科学学研究》2013 年第 31 (9) 期。

冯伟波、周源、周羽:《开放式创新视角下美国国家实验室大型科研基础设施共享机制研究》,《科技管理研究》2020 年第 40 (1) 期。

付晔、欧阳国桢:《资源配置视角下的广东省重点实验室建设发展研究》,《科技管理研究》2016 年第 6 期。

付玉秀、张洪石:《突破性创新:概念界定与比较》,《数量经济技术经济研究》2004 年第 3 期。

傅京燕、刘玉丽:《粤港澳大湾区绿色债券助推产业转型的实践探索》,《环境保护》2020 年第 48 (12) 期。

高剑:《高质量发展在路上 创新成为第一动力》,《东莞日报》2021 年 1 月 20 日。

宫倩楠、阳圆、杨欢等:《从城市化到城市群化——中国主要城市(群)人口与发展学术研讨会会议综述》,《人口与经济》2020 年第 1 期。

笪丰明：《粤港澳大湾区新经济体生态构建与区域创新路径选择》，《经济论坛》2018 年第 12 期。

辜胜阻：《高质量发展要让创新要素活力竞相迸发》，《经济研究》2019 年第 10 期。

古小东、郑泽华：《我国内地与香港绿色金融的激励政策研究》，《环境保护》2021 年第 49（14）期。

郭兵、严梦莹：《企业知识网络能力在产学研合作中的应用研究》，《工业技术经济》2011 年第 30（1）期。

郭飞：《关于中国科技自立自强的若干思考》，《经济纵横》2021 年第 2 期。

郭巍：《绿色低碳建设的深圳经验》，《中国报道》2021 年第 11 期。

郭先登：《论"双循环"的区域经济发展新格局——兼论"十四五"及后两个规划期接续运行指向》，《经济与管理评论》2021 年第 37（1）期。

哈尔滨工业大学（深圳）经济管理学院课题组：《粤港澳大湾区发展规划研究》，《开放导报》2017 年第 4 期。

韩芳、张生太、冯凌子等：《基于专利文献技术融合测度的突破性创新主题识别——以太阳能光伏领域为例》，《数据分析与知识发现》2021 年第 5（12）期。

韩先锋、宋文飞、李勃昕：《互联网能成为中国区域创新效率提升的新动能吗》，《中国工业经济》2019 年第 7 期。

贺冰清：《加快深化自然资源要素市场改革——深入学习贯彻十九届五中全会精神》，《中国国土资源经济》2021 年第 34（3）期。

贺灿飞、王文宇、朱晟君：《"双循环"新发展格局下中国产业空间布局优化》，《区域经济评论》2021 年第 4 期。

侯强：《论 20 世纪 90 年代以来我国科技法制建设的深化发展及其对策》，《科技管理研究》2014 年第 34（22）期。

胡荣荣：《新时代香港发展的战略方向与载体》，《中国发展观察》2018 年第 5 期。

胡兴旺、周淼：《优化营商环境的国内外典型做法及经验借鉴》，《财政科学》2018 年第 9 期。

胡耀亭、陈作华：《创新资本形成："双区"建设的优先目标与实现路径》，《深圳大学学报》（人文社会科学版）2020 年第 37（2）期。

胡中文：《碳中和目标下绿色债券的经济效应研究》，《生产力研究》2022 年第 6 期。

黄凡、段成荣：《从人口红利到人口质量红利——基于第七次全国人口普查数据的分析》，《人口与发展》2022 年第 28（1）期。

黄海燕：《新阶段、新形势：我国体育产业发展战略前瞻》，《上海体育学院学报》2022 年第 46（1）期。

黄剑辉、应习文、袁雅珵：《粤港澳大湾区发展及商业银行机遇》，《金融博览》2019 年第 4 期。

黄敏聪：《国内外重大科技基础设施知识产权保护模式研究》，《科技与法律》2020 年第 1 期。

黄耀福、李郇：《粤港澳大湾区空间一体化历程》，《中国名城》2022 年第 36（5）期。

贾晖、郭亚楠、初浩等：《后疫情时代下数字经济带动经济发展的实证分析》，《工业技术经济》2020 年第 11 期。

蒋国平、葛明慧：《企业突破性技术创新的管理方法》，《经营与管理》2007 年第 10 期。

蒋雅丽：《人工智能 2019 发展驶入快车道，应用全面开花》，《通信世界》2019 年第 35 期。

经济合作和发展组织：《经合组织成员国经济增长的来源》，2003 年。

库姆斯等著：《经济地理学：区域与国家一体化》，安虎森等译，中国人民大学出版 2011 年版。

李海舰、张璟龙：《关于数字经济界定的若干认识》，《企业经济》2021 年第 7 期。

李建奇：《数字化变革、非常规技能溢价与女性就业》，《财经研究》2022 年第 48（7）期。

李健：《国家重大科研设施与仪器开放共享机制研究》，中央民族大学，2016 年。

李杰：《双循环格局下西部大开发促进区域协调发展机理效应论析》，《四川大学学报（哲学社会科学版）》2022 年第 1 期。

李静海：《抓住机遇推进基础研究高质量发展》，《中国科学院院刊》2019年第34（5）期。

李琼、余清霜：《新发展阶段与新发展格局构建》，《福建师范大学学报（哲学社会科学版）》2021年第3期。

李水生：《深圳：先行示范 全力为全省实现碳达峰目标作贡献》，《环境》2021年第3期。

李先江：《绿色创业导向、探索性学习和低碳突破性创新关系研究》，《科学学与科学技术管理》2013年第34（8）期。

李兴新、郭晓花、侯玉华等：《新形势下移动终端安全需求和对策》，《邮电设计技术》2021年第6期。

李应博、周斌彦：《后疫情时代湾区治理：粤港澳大湾区创新生态系统》，《中国软科学》2020年第S1期。

李子彬：《我在深圳当市长》，中信出版集团股份有限公司2020年版。

梁安柱：《浅析绿色金融及债券市场与广西绿色债券发展》，《市场论坛》2021年第5期。

梁琦：《产业集聚论》，商务印书馆2004年版。

林二伟、张雄化：《"十四五"时期深圳市创新发展与对策》，《企业科技与发展》2021年第6期。

林致远：《以先行示范区构建高质量发展战略高地》，《经济参考报》2019年8月22日。

刘琛、宋尧：《中国碳排放权交易市场建设现状与建议》，《国际石油经济》2019年第27（4）期。

刘东亮、柏禹含：《对加快绿色债券市场发展的思考》，《中国外汇》2021年第9期。

刘国军：《湾区经济发展战略对湛茂阳城市带实现高质量发展的重要影响》，《广东经济》2019年第1期。

刘江会、黄国妍、鲍晓晔：《顶级"全球城市"营商环境的比较研究——基于SMILE指数的分析》，《学习与探索》2019年第8期。

刘璟：《粤港澳大湾区经济高质量增长的路径选择研究》，《经济论坛》2021年第2期。

刘亮、卢杭华：《多地制定新能源汽车产业2025年目标 同一"赛道"

上肇庆如何突围》，《中国产经》2022年第7期。

刘璐、张君瑞、陈天彤等：《我国绿色债券发展与展望》，《金融纵横》2021年第7期。

刘名武、林强、王晓斐：《供应链减排运作决策研究现状与发展趋势》，《电子科技大学学报》（社科版）2022年第24（2）期。

刘睿、孔俊轩：《中国共产党百年追寻科技自立自强的演进逻辑与基本经验》，《决策与信息》2022年第2期。

刘文清：《粤港澳大湾区终身教育体系构建探索》，《广东开放大学学报》2018年第27（5）期。

刘艳、王涛：《学习党史的基本立场——以〈关于建国以来党的若干历史问题的决议〉为依据》，《邓小平研究》2021年第6期。

刘宇雷、王超：《多校区运行模式下高校大型仪器设备共享优化策略研究》，《实验技术与管理》2019年第36（12）期。

刘智强、周蓉、周空等：《OBHRM领域的突破性创新研究：现状、整合与展望》，《管理学报》2021年第18（9）期。

龙继林、刘光才：《航空运输服务破坏性创新探索》，《管理现代化》2012年第2期。

娄成武、张国勇：《基于市场主体主观感知的营商环境评估框架构建——兼评世界银行营商环境评估模式》，《当代经济管理》2018年第40（6）期。

鲁若愚、周阳、丁奕文等：《企业创新网络：溯源、演化与研究展望》，《管理世界》2021年第37（1）期。

陆欣欣：《财政分权对城乡收入差距的影响——基于区域技术创新的遮掩效应》，《西昌学院学报》（自然科学版）2021年第35（4）期。

逯元堂、陈鹏、高军等：《中国环境保护基金构建思路探讨》，《环境保护》2016年第44（19）期。

逯元堂、吴舜泽、陈鹏：《环境保护基金特征及构建思路研究》，《生态经济》2015年第31（9）期。

路风：《冲破迷雾——揭开中国高铁技术进步之源》，《管理世界》2019年第9期。

罗珉、李亮宇：《互联网时代的商业模式创新：价值创造视角》，《中国工业经济》2015 年第 1 期。

罗贞礼：《我国数字经济发展的三个基本属性》，《人民论坛·学术前沿》2020 年第 17 期。

吕铁、李载驰：《数字技术赋能制造业高质量发展——基于价值创造和价值获取的视角》，《学术月刊》2021 年第 4 期。

吕学都：《气候投融资发展的现状、问题及推进创新的思考》，《可持续发展经济导刊》2022 年第（Z1）期。

马化腾、孟昭莉、闫德利等：《数字经济：中国创新增长新动能》，中信出版集团 2017 年版。

[法] 迈克尔·斯托帕尔：《城市发展的逻辑》，中信出版集团 2020 年版。

孟猛猛、雷家骕、焦捷：《专利质量、知识产权保护与经济高质量发展》，《科研管理》2021 年第 42（1）期。

孟庆时、余江、陈凤：《深度数字化条件下的突破性创新机遇与挑战》，《科学学研究》2022 年第 40（7）期。

缪小明、赵静：《基于突破性创新视角的我国新能源汽车产业技术轨道研究》，《科技管理研究》2013 年第 33（8）期。

欧阳志楠：《广东自贸试验区建设背景下珠三角产业集群转型升级研究》，海南大学，2015 年。

潘泽生、甄树宁：《重大科技基础设施在国家创新体系中的地位与作用》，《中国高校科技》2012 年第 9 期。

庞金友：《大变局时代国家治理能力的谱系与方略》，《人民论坛·学术前沿》2020 年第 22 期，第 76—83 页。

彭灿、奚雷、张学伟：《高度动态与竞争环境下突破性创新对企业持续竞争优势的影响研究》，《科技管理研究》2018 年第 38（24）期。

彭刚、朱莉、陈榕：《SNA 视角下我国数字经济生产核算问题研究》，《统计研究》2021 年第 7 期。

戚晓曜：《区域创新体系及其构建研究——基于深圳的实践》，《特区经济》2021 年第 5 期。

秦剑：《突破性创新：国外理论研究进展和实证研究综述》，《技术经济》2012 年第 31（11）期。

裘莹、郭周明：《数字经济推进我国中小企业价值链攀升的机制与政策研究》，《国际贸易》2019年第11期。

阮国祥、阮平南、宋静：《网络嵌入和技术创新的协同演化研究》，《北京理工大学学报（社会科学版）》2010年第12（4）期。

深圳特区报评论员：《着力打造高质量发展高地》，《深圳特区报》2019年9月19日。

深圳统计局、国家统计局深圳调查队编：《深圳统计年鉴2021》，中国统计出版社2021年版。

沈国兵、袁征宇：《企业互联网化对中国企业创新及出口的影响》，《经济研究》2020年第1期。

沈体雁、劳昕：《"国外城市规模分布研究进展及理论前瞻——基于齐普夫定律的分析"》，《世界经济文汇》2012年第5期。

施炳展、李建桐：《互联网是否促进了分工：来自中国制造业企业的证据》，《管理世界》2020年第4期。

史英哲、云祉婷：《东北三省绿色债券的发展与展望》，《中国经济评论》2021年第10期。

世界银行：《东亚奇迹：经济增长与公共政策》，财政部世界银行业务司译，中国财政经济出版社1995年版，第1页。

苏屹、林周周、欧忠辉：《基于突变理论的技术创新形成机理研究》，《科学学研究》2019年第37（3）期。

孙建捷：《粤港澳大湾区，中国经济新的增长极——粤港澳大湾区与世界湾区经济研究》，《住宅与房地产》2021年第8期。

孙金龙：《为全球气候治理贡献中国智慧中国方案中国力量》，《当代世界》2022年第6期。

孙庭阳：《新形势新思维：碳中和是"必须项"，绿色金融是"加速器"》，《中国经济周刊》2021年第8期。

谭传武：《高性能BICMOS电荷泵电源管理芯片设计》，湖南工业大学，2010年。

汤燕良、周祥胜、李成悦等：《多元动力下都市圈发育特征及规划响应重点——以珠三角城市群为例》，《面向高质量发展的空间治理——2020中国城市规划年会论文集（14区域规划与城市经济）》，

2021 年。

唐杰、戴欣、李珏:《市场经济下深圳转型路径研究》,《特区实践与理论》2020 年第 1 期。

唐杰、戴欣、潘强等:《经济增长方式转型中的创新政策》,《比较》2021 年第 115 辑。

唐杰、戴欣、唐文等:《我国经济增长与空间均衡问题》,《开放导报》2017 年第 1 期。

唐杰、戴欣:《马克思的创新理论及深圳的实践》,《开放导报》2018 年第 5 期。

唐杰、戴欣:《深圳力争成为全球创新标杆城市》,《中国发展观察》2020 年第 17 期。

唐杰、戴欣:《数字经济产业的创新关联——来自深圳市创新企业的证据》,《中山大学学报》(社会科学版) 2021 年第 61(6)期。

唐杰、李珏、戴欣:《打造深圳高质量发展新引擎》,《深圳社会科学》2019 年第 6 期。

唐杰、李珏、王东:《深圳创新增长与公共政策研究》,《深圳职业技术学院学报》2022 年第 21(3)期。

唐杰、王东:《深圳创新转型的理论意义》,《深圳社会科学》2018 年第 1 期。

唐杰:《对短期总需求管理与长期供给侧结构性改革关系的分析》,《经济导刊》2021 年第 5 期。

唐杰:《高速增长结束后,如何奏响中国奇迹新乐章》,《中国经济周刊》2015 年第 33 期。

唐杰:《经济发展中的市场与政府——深圳 40 年创新转型总结与思考》,《开放导报》2020 年第 4 期。

陶长琪、郭彦廷:《知识复杂度对产业结构升级的作用机制研究》,《江西师范大学学报》(自然科学版) 2020 年第 44(2)期。

汪云兴、何渊源:《深圳科技创新:经验、短板与路径选择》,《开放导报》2021 年第 5 期。

王必丰:《迈向高质量绿色建筑发展之路——学习〈深圳经济特区绿色建筑条例〉的认识与体会》,《住宅与房地产》2022 年第 11 期。

王成义:《深圳经济特区立法权:历史、学理和实践》,《地方立法研究》2019年第4(1)期。

王佳希、杨翘楚:《中国在全球创新网络中的地位测度——来自美国专利数据库的证据》,《中国科技论坛》2022年第7期。

王金凤、蔡豪、冯立杰等:《外部环境不确定性、网络惯例与双元创新关系研究》,《科技进步与对策》2020年第37(6)期。

王立军、王书宇:《四大综合性国家科学中心建设做法及启示》,《杭州科技》2020年第6期。

王炼:《美国科研仪器设施开放共享的政策与实践》,《全球科技经济瞭望》2017年第32(9)期。

王娜、王毅:《产业创新生态系统组成要素及内部一致模型研究》,《中国科技论坛》2013年第5期。

王倩倩:《对标三大湾区 打造世界湾区最新增长极》,《国资报告》2019年第6期。

王如玉、梁琦、李广乾:《虚拟集聚:新一代信息技术与实体经济深度融合的空间组织新形态》,《管理世界》2018年第2期。

王如玉、王志高、梁琦等:《金融集聚与城市层级》,《经济研究》2019年第11期。

王一楠:《我国绿色债券评估认证标准体系构建》,河北经贸大学,2019年。

王玉华、郭红燕、刘瓒:《专用研究设施型大科学装置的科技成果转化路径探析》,《科技促进发展》2021年第17(7)期。

王玉明、王沛雯:《珠三角城市群一体化发展:经验总结、问题分析及对策建议》,《城市》2015年第1期。

王植、张慧智、黄宝荣:《有效治理视角:现代城市建设绿色低碳循环发展的经济体系——基于深圳实践与政企调查研究》,《当代经济管理》2021年第43(3)期。

魏江、刘嘉玲、刘洋:《数字经济学:内涵、理论基础与重要研究议题》,《科技进步与对策》2021年第OL期。

魏凌、闻广、成立:《深圳公共住房供给:制度演进、现实困境与优化路径》,《城乡建设》2021年第23期。

文雅靖：《综合性国家科学中心建设中的法治体系》，《开放导报》2019年第6期。

吴飞虹：《银行业支持粤港澳大湾区建设的支点与路径研究》，《海南金融》2019年第5期。

吴吉：《用"五大发展理念"评价企业发展》，《深圳商报》2021年11月23日。

吴小娟：《"一带一路"绿色债券市场发展现状、困境及对策》，《对外经贸实务》2021年第6期。

夏怡然、陆铭：《跨越世纪的城市人力资本足迹——历史遗产、政策冲击和劳动力流动》，《经济研究》2019年第54（1）期。

徐放：《粤港澳大湾区城市群经济联系及空间结构特征研究》，华南理工大学，2019年。

徐建中、李奉书、晏福等：《齐美尔联接对企业颠覆性绿色技术创新的影响——基于知识视角的研究》，《管理评论》2020年第32（6）期。

许恒、张一林、曹雨佳：《数字经济、技术溢出与动态竞合政策》，《管理世界》2020年第11期。

许时泽、杜德斌：《上海与深圳城市创新活力比较研究》，《科技管理研究》2019年第39（18）期。

薛成、孟庆玺、何贤杰：《网络基础设施建设与企业技术知识扩散——来自"宽带中国"战略的准自然实验》，《财经研究》2020年第4期。

薛姝、张文霞、何光喜：《从科研人员角度看当前我国基础研究存在的问题》，《科技中国》2021年第10期。

严斌剑、吴启凡：《数字经济、研发投入强度对区域全要素生产率的影响研究》，《价格理论与实践》2021年第9期。

杨斌：《中国功率半导体市场发展迅速 国外厂商优势明显》，《电子与电脑》2006年第6期。

杨传开、蒋程虹：《全球城市营商环境测度及对北京和上海的政策启示》，《经济体制改革》2019年第4期。

杨建国：《论我国科技法制定中的偏差与矫治》，《华中科技大学学报（社会科学版）》2010年第24（1）期。

杨思莹：《政府推动关键核心技术创新：理论基础与实践方案》，《经济学家》2020年第9期。

杨颖贤：《PPP模式养老服务探索》，华中师范大学，2020年。

殷群、田玉秀：《数字化转型影响高技术产业创新效率的机制》，《中国科技论坛》2021年第3期。

尹惠斌：《团队知识冲突对企业突破性创新绩效的影响研究》，《科技进步与对策》2012年第29（16）期。

游达明、杨晓辉、程健：《基于期权博弈的企业突破性技术创新决策分析》，《系统工程》2010年第28（11）期。

余东华、李云汉：《数字经济时代的产业组织创新——以数字技术驱动的产业链群生态体系为例》，《改革》2021年第7期。

余秀冰：《构建学习型党组织的几点思考》，《中国城市经济》2011年第1期。

余永定、杨博涵：《中国城市化和产业升级的协同发展》，《经济学动态》2021年第10期。

袁雅珵：《粤港澳大湾区发展前景及商业银行机遇》，《中国国情国力》2019年第4期。

臧树伟、陈红花、梅亮：《能力演化、制度供给与企业突破性创新》，《科学学研究》2021年第39（5）期。

张超、唐杰：《专利权质押融资是否缓解了中小企业的融资约束？》，《中央财经大学学报》2022年第9期。

张超、施洁：《知识产权质押融资模式的演化博弈研究》，《技术经济与管理研究》2021年第11期。

张超、唐杰：《知识产权质押融资环境下专利与商标价值决定因素研究》，《工业技术经济》2021年第40（8）期。

张超、唐杰：《中国经济高质量发展机制：制度动因、要素保障与实现途径——兼论深圳经济高质量发展的实现路径》，《湖南社会科学》2021年第3期。

张洪石、陈劲：《突破性创新的组织模式研究》，《科学学研究》2005年第23（4）期。

张猛、戴欣：《社会驱动视角下的高质量发展——以深圳创新经济形成和发展为例》，《深圳社会科学》2020年第5期。

张其富、吴一丁、赖丹：《双循环视角下粤港澳大湾区与周边地区均衡发展研究》，《企业经济》2021年第40（11）期。

张倩肖、李佳霖：《构建"双循环"区域发展新格局》，《兰州大学学报（社会科学版）》2021年第49（1）期。

张锐：《欧盟碳市场的运营绩效及对中国的启示》，《决策与信息》2021年第11期。

张锐：《欧盟碳市场的运营绩效与基本经验》，《对外经贸实务》2021年第8期。

张炜：《高等教育现代化的高质量特征与要求》，《中国高教研究》2018年第11期。

张夏准：《富国陷阱：发达国家为何踢开梯子》，社会科学文献出版社2009年版。

张耀方：《综合性国家科学中心的内涵、功能与管理机制》，《中国科技论坛》2017年第6期。

张艺璇：《中国关键核心技术突破的影响因素研究综述》，《科技经济市场》2022年第1期。

张翼鸥、谷人旭：《中国城市知识复杂性的空间特征及影响研究》，《地理学报》2018年第73（8）期。

张翼鸥、谷人旭：《中国城市知识复杂性的空间特征及影响研究》，《地理学报》2018年第73（8）期。

张志峰、Jindalv：《基于尖点突变的制造系统耗散结构模型及其度量》，《机械工程学报》2011年第47（14）期。

张志勤：《欧盟大型科研基础设施概述及政策走向》，《全球科技经济瞭望》2015年第30（6）期。

赵杰红：《以低碳社区引领和谐城市创建——上海闵行推进低碳社区经验谈》，《环境保护》2012年第9期。

赵磊、陈淑婷：《绿色债券界定的国内外标准比较研究》，《金融纵横》2017年第12期。

赵明剑、司春林：《基于突破性技术创新的技术跨越机会窗口研究》,《科学学与科学技术管理》2004年第5期。

赵涛、张智、梁上坤:《数字经济、创业活跃度与高质量发展——来自中国城市的经验证据》,《管理世界》2020年第36(10)期。

赵涛、张智、梁上坤:《数字经济、创业活跃度与高质量发展——来自中国城市的经验证据》,《管理世界》2020年第10期。

赵悦:《重大疫情防控体制机制建设与城市治理现代化》,《东北财经大学学报》2021年第1期。

郑向阳、甄士龙、吴凡:《探索建立雄安新区绿色金融标准体系》,《河北金融》2021年第4期。

郑雨稀、杨蓉:《数字经济与企业创新:基于创新需求的视角》,《科技管理研究》2022年第42(10)期。

中国人民银行湘潭市中心支行课题组,陈翊高:《欧盟、英国绿色金融体系建设的国际经验及启示》,《金融经济》2021年第12期。

中国银行全球金融市场研究中心课题组:《绿色债券:中欧标准对比及商业银行业务启示》,《国际金融》2021年第9期。

中华人民共和国中央人民政府:《中华人民共和国国民经济和社会发展第十四个五年规划和2035年远景目标纲要》,2021年。

钟坚:《历史性跨越(上)——深圳经济特区改革开放和现代化建设回顾与思考》,《特区实践与理论》2018年第2期。

周广肃、樊纲:《互联网使用与家庭创业选择——来自CFPS数据的验证》,《经济评论》2018年第5期。

周文强、顾新、杨雪:《多维知识搜寻平衡对突破性技术形成的影响机制研究》,《软科学》2021年第35(10)期。

朱莉、袁丹:《深圳国际人才引进障碍及对策研究》,《特区经济》2020年第1期。

庄子银、贾红静、肖春唤:《突破性创新研究进展》,《经济学动态》2020年第9期。

后 记

作为一个几乎没有资金、技术和技能的地区,深圳几乎是抓住了经济全球化的所有机遇,成为沿着质量阶梯快速向上攀登的经典范例。讲好深圳故事,挖掘深圳创新增长的秘密,探究深圳践行高质量发展的经验,对于明晰创新驱动高质量增长,理解转换经济增长方式,从廉价转向高效,从数量转向质量,从低端走向高端,具有重要的理论和现实意义。近十年,深圳始终坚持中国特色社会主义经济制度推动经济高质量发展,从重视资本积累转向重视知识积累、从重视物质转向重视人力资本、从重视现有产品转向重视未来产品、从重视工艺技术转向重视科学创意、从重视规模转型重视多元化、从重视服从转向重视分歧,在产业创新网络中,充分发挥市场在资源配置中的决定性作用,并更好的发挥政府作用,不断创新发展,在实现中国特色社会主义现代化道路上奋勇争先,在高质量发展道路上阔步前行。

本书俯瞰全球近半个世纪以来创新格局的嬗变,依据海量地理信息定位的国际专利和科研论文数据,阐述并探索了从全球生产网络到全球价值链再到全球创新网络的形成过程;从中国创新网络视角审视深圳的创新,厘清深圳攀爬的路径与合作对象;在此基础上,利用专利合作、论文合作与创新政策支持企业数据库,将视野落到湾区和产业创新网络中的深圳,突出城市群的比较研究,在专利产出视角下实证检验了粤港澳大湾区创新趋同趋势,立足深圳经历多次转型升级的背景,从产业链、产业集群、创新扶持政策的角度深入分析深圳产业形成自我强化趋势的现象与联系。未来,深圳继续先行先试,在科学引领的时代继续展露本领,在绿色低碳领域继续探索达峰路径与行动措施,续写更多"春天的故事"。

本书第一、二章为联合国世界知识产权组织（World Intellectual Property Organization，WIPO）数据分析司创新经济学处与哈尔滨工业大学（深圳）经济管理学院合作研究项目——"探索发展中国家的区域创新生态系统：来自深圳的经验"的衍生成果。该成果已在2022年9月在新加坡发布（Global Innovation Hotspots：Innovation ecosystems and catching–up in developing countries：Evidence from Shenzhen），引起全球研究学者的广泛讨论。本书在此基础上，结合了编写组成员在深圳经济高质量发展相关领域研究的最新成果，并对深圳部分企业的调研成果进行深入挖掘，秉持理论前沿与现实相结合的研究原则，对成果进行多次打磨修改，为深圳经济高质量发展的研究提供了丰富的视角。

本书是在香港中文大学（深圳）唐杰教授的主持下，由哈尔滨工业大学（深圳）经管学院师生通力合作完成的学术成果。全书撰写分工如下：

第一章：［瑞士］胡里奥·拉福（Julio Raffo），尹德云

第二章：尹德云，胡里奥·拉福，唐杰

第三章：唐杰，江涛，戴欣，吴昭，张超，尹德云

第四章：崔文岳，戴欣，江涛，唐杰

第五章：张致鹏，李珏，戴欣，崔文岳，张超

第六章：褚鹏飞，袁帅，张超

第七章：蒋晶晶，刘俊伶，曾元，张致鹏，李珏，杨洋，刘书菡，袁若瑶，樊楚瑶

第八章：全体作者

全书通改、定稿：唐杰、戴欣

全书格式、图片、文字校对：江涛、董宇坤、赵一锦、张华伟

本书编写过程中得到了多位专家的支持与指导。感谢黄成院长与经管学院诸位老师的鼎力支持。本书特别感谢WIPO创新经济团队，特别是创新经济处处长胡里奥·拉福（Julio Raffo）博士的支持！

本书得益于深圳市社会科学联合会《深圳这十年》特辑的出版计划，在此深表感谢！同时，衷心感谢中国社会科学出版社为本书

顺利出版给予的积极支持。

本书试图带领广大读者从不同的维度去探索深圳在新时代经济高质量发展的道路与奥秘，但由于时间与水平的限制，本书一定还存在不完善的地方，欢迎广大读者批评指正！

《新时代深圳经济高质量发展研究》编写组

2022年12月